Nova Lei de Improbidade Administrativa

Nova Lei de Improbidade Administrativa

ANÁLISE DA LEI N. 8.429/92 À LUZ DAS ALTERAÇÕES EMPREENDIDAS PELA LEI N. 14.230/21

2023 • 2ª Edição

Rafael de Oliveira Costa
Renato Kim Barbosa

ALMEDINA

NOVA **LEI DE IMPROBIDADE ADMINISTRATIVA**
ANÁLISE DA LEI N. 8.429/92 À LUZ DAS ALTERAÇÕES
EMPREENDIDAS PELA LEI N. 14.230/21
2ª EDIÇÃO

AUTOR: Rafael de Oliveira Costa e Renato Kim Barbosa

DIRETOR ALMEDINA BRASIL: Rodrigo Mentz
EDITORA JURÍDICA: Manuella Santos de Castro
EDITOR DE DESENVOLVIMENTO: Aurélio Cesar Nogueira
ASSISTENTES EDITORIAIS: Larissa Nogueira e Letícia Gabriella Batista
ESTAGIÁRIA DE PRODUÇÃO: Laura Roberti

DIAGRAMAÇÃO: Almedina
DESIGN DE CAPA: FBA

ISBN: 978-65-5627-933-6
Agosto, 2023

Dados Internacionais de Catalogação na Publicação (CIP)
(Câmara Brasileira do Livro, SP, Brasil)

Costa, Rafael de Oliveira
Nova lei de improbidade administrativa : análise
da lei n. 8.429/92 à luz das alterações empreendidas
pela lei n. 14.230/21 / Rafael de Oliveira Costa,
Renato Kim Barbosa. -- 2. ed. -- São Paulo :
Almedina, 2023.
Bibliografia.
ISBN 978-65-5627-933-6
1. Direito administrativo - Brasil 2. Improbidade
administrativa - Legislação - Brasil I. Barbosa,
Renato Kim. II. Título.

23-162672 CDU-35.086(81)(094.56)

Índices para catálogo sistemático:
1. Brasil : Improbidade administrativa : Direito
administrativo : Leis comentadas
35.086(81)(094.56)
Aline Graziele Benitez – Bibliotecária – CRB-1/3129

Este livro segue as regras do novo Acordo Ortográfico da Língua Portuguesa (1990).

EDITORA: Almedina Brasil
Rua José Maria Lisboa, 860, Conj.131 e 132, Jardim Paulista | 01423-001 São Paulo | Brasil
www.almedina.com.br

A amizade verdadeira é o caminho mais curto para tornar os sonhos em realidade.

Aos nossos filhos, por terem nos ensinado que somos eternamente responsáveis por tudo aquilo que neles cativamos.

Aos nossos pais, por terem nos ensinado a cativar o amor.

E às nossas esposas e aos nossos irmãos, pelo amor e companheirismo.

NOTA À 2ª EDIÇÃO

Apresentamos, após intensos trabalho e pesquisa, a 2ª edição da nossa obra "Nova Lei de Improbidade Administrativa", atentos aos recentes posicionamentos atinentes à matéria.

Trata-se de atualização substancial que incorpora novos temas e abordagens relativas à temática da probidade administrativa, principalmente em razão das recentes alterações jurisprudenciais no âmbito dos Tribunais Superiores.

E o fazemos em atenção aos leitores que têm se valido deste trabalho não apenas para seus estudos e suas pesquisas, mas que têm prestigiado a nossa obra – aos quais desejamos registrar nossa gratidão.

Nesta edição, além de novos julgados relevantes, fizemos alusão a vários artigos e obras jurídicas recentes e atuais de incontáveis juristas que vêm contribuindo para o tema e que em muito poderão auxiliar o aprofundamento do leitor na compreensão da probidade administrativa.

São Paulo, inverno de 2023.

Rafael de Oliveira Costa
Renato Kim Barbosa

SUMÁRIO

INTRODUÇÃO

A "Nova" Lei de Improbidade Administrativa é fruto das alterações empreendidas pela Lei n. 14.230/2021 na Lei n. 8.249/1992. Em razão das profundas mudanças realizadas, produziu-se, na realidade, um novo diploma legal, cujas balizas deverão ser enfrentadas pela doutrina e pela jurisprudência – motivo pelo qual, inclusive, optamos por fazer uso na presente obra do termo "*Nova*" antes de "Lei de Improbidade Administrativa".

O estatuto em apreço consiste em importante instrumento de combate à corrupção em nosso país, atinente a todos os Poderes e órgãos públicos, bem como a entes privados que recebem dinheiro ou qualquer outro benefício de origem pública. E as alterações levadas a cabo em 2021, que serão objeto de estudo aprofundado nesta obra, reestruturaram o sistema de prevenção e repressão à improbidade administrativa, bem como todo o Microssistema Anticorrupção.

Este livro foi edificado e estruturado conforme a "Nova" Lei de Improbidade Administrativa – não se trata, desse modo, de mera atualização – e pretende, assim, realizar uma análise crítica e reflexiva, mas também didática e objetiva, das modificações empreendidas, visando a propiciar aos estudantes e operadores do Direito um arcabouço doutrinário e jurisprudencial apto ao desempenho de seus respectivos misteres.

Assim, serão analisadas as noções propedêuticas da matéria, bem como os atos de improbidade administrativa que importam enriquecimento ilícito, que causam prejuízo ao erário e que atentam contra os princípios da Administração Pública. Também serão apreciadas as sanções aplicáveis aos agentes ímprobos, o inquérito civil, a declaração de bens, o procedimento administrativo, o processo judicial, as disposições penais e a prescrição.

Por fim, elaboramos um quadro comparativo entre a redação originária da Lei n. 8.429/1992 e a atual redação conferida pela Lei n. 14.230/2021, bem como apresentamos modelos de petição inicial, despacho saneador e sentença, com a finalidade de auxiliar nos estudos e no desempenho laboral daqueles que militam na área.

Esperamos que o leitor nos acompanhe nessa jornada e que, ao final, sejamos capazes de utilizar a nova lei para combater, de forma mais efetiva, um dos fatores mais nefastos de degradação de nosso país: a corrupção.

CAPÍTULO 1
PARTE GERAL

1. Introdução

A corrupção tem refletido nefasto fator de deterioração de nosso país. Parece quase "natural" que alguns agentes públicos – por desvio de formação, falta de discernimento, escolha própria ou efetiva má-fé – utilizem-se das posições que ocupam para satisfazerem interesses pessoais em detrimento da coletividade.[1] O prejuízo monetário ocasionado continua a privar a população de necessidades básicas, como, *v.g.*, saúde, educação, trabalho e moradia.[2] E, desse modo, a corrupção elide não apenas a legitimidade das instituições públicas, mas atenta também contra a sociedade, a ordem moral e a justiça.

Em que pese os resultados relevantes alcançados nos últimos anos – em especial, como decorrência do aperfeiçoamento e fortalecimento de nossos órgãos de controle –, não restam dúvidas de que o problema permanece e que inúmeros atos de corrupção continuam impunes.[3] E mais:

[1] COSTA, Rafael de Oliveira. Fortalecimento do Ministério Público e efetividade no combate à corrupção. **Jornal digital do Estadão**, 29 out. 2020. Blog do Fausto Macedo. Disponível em: https://politica.estadao.com.br/blogs/fausto-macedo/fortalecimento-do-ministerio-publico-e-efetividade-no-combate-a-corrupcao/. Acesso em: 31 out. 2021.

[2] BARBOSA, Renato Kim. **Corrupção e Dano Social**: Análise da Responsabilidade Civil inclusive na *Nova* Lei de Improbidade Administrativa. São Paulo: Almedina, 2022, p. 21-25.

[3] COSTA, Rafael de Oliveira. Fortalecimento do Ministério Público e efetividade no combate à corrupção. **Jornal digital do Estadão**, 29 out. 2020. Blog do Fausto Macedo. Disponível em: https://politica.estadao.com.br/blogs/fausto-macedo/fortalecimento-do-ministerio-publico-e-efetividade-no-combate-a-corrupcao/. Acesso em: 31 out. 2021.

não se dissipou, ainda, a equivocada percepção, não apenas entre os agentes públicos, mas também em meio à própria população, de que existe um limite entre o público e o privado, entre os interesses da coletividade e os interesses "de cada um".

A luta contra a corrupção (pública, privada ou público-privada) precisa ser travada em duas linhas distintas: 1) efetivação dos direitos humanos, de modo a permitir o desenvolvimento físico e intelectual de cada pessoa e o exercício pleno da cidadania, inclusive para que o indivíduo possa afastar-se das práticas corruptivas; e 2) resguardo do patrimônio público e social, mediante o combate aos atos de corrupção, seja sob o viés preventivo, seja sob o caráter repressivo. Nesse sentido, colacionam-se os seguintes conceitos de corrupção (destaques no original):

> [...] a palavra "corrupção" possui origem no latim *corruptĭo*, que significa ato, processo ou efeito de corromper, ou, ainda, deterioração. Dessa definição, vislumbra-se um **conceito amplíssimo** de corrupção, que abarca, inclusive, atos praticados na área privada, vale dizer, quando uma pessoa física ou jurídica, de qualquer forma, corrompe outra para obter fins ilícitos, ainda que tal relação espúria ocorra totalmente fora do âmbito estatal. Na área pública, também a partir dessa etimologia, pode-se dessumir um **conceito amplo** de corrupção, que consiste em ato comissivo ou omissivo praticado por agente público que, utilizando o poder conferido pela lei, busca obter vantagem indevida para si ou para terceiros. Dessa forma, as finalidades da norma são relegadas a segundo plano, havendo, como característica, desvio de poder e enriquecimento ilícito. Já em **sentido estrito**, menciona-se o conceito advindo do Direito Penal, elencado no artigo 317, *caput*, do Código Penal – Decreto-lei n. 2.848, de 7 de dezembro de 1940 –, que trata do crime de corrupção passiva. [...] E a outra face da mesma moeda é o delito de corrupção ativa, aplicável aos particulares, definido pelo artigo 333, *caput*, do citado *codex* como o ato de "oferecer ou prometer vantagem indevida a funcionário público, para determiná-lo a praticar, omitir ou retardar ato de ofício".[4]

Com efeito, o patrimônio público é composto pelo conjunto de bens, direitos e valores pertencentes a todos os cidadãos. Engloba bens e interesses de natureza moral, econômica, estética, artística, histórica, ambiental e

[4] BARBOSA, Renato Kim. **Corrupção e Dano Social**: Análise da Responsabilidade Civil inclusive na *Nova* Lei de Improbidade Administrativa. São Paulo: Almedina, 2022, p. 123-125.

turística.[5] Trata-se de conceito amplo, que abrange inclusive os princípios éticos – visto que, embora não sejam bens corpóreos, compõem o patrimônio moral de nossa sociedade.

Exatamente visando a assegurar a integridade do patrimônio público é que o artigo 1º, *caput*, da Lei n. 8.429/1992 erige o sistema de responsabilização por atos de improbidade administrativa, responsável por tutelar a probidade na organização do Estado e no exercício de suas funções.[6]

2. Improbidade administrativa

A expressão "probidade" significa integridade, honra e honestidade. "Improbidade", por sua vez, deriva:

> [...] do latim *improbitas* (má qualidade, imoralidade, malícia), juridicamente, liga-se ao sentido desonestidade, má fama, incorreção, má conduta, má índole, mau caráter. Desse modo, improbidade revela a qualidade do homem que não procede bem, por não ser honesto, que age indignamente, por não ter caráter, que não atua com decência, por ser amoral.[7]

Contudo, existem diversas correntes que buscam explicar a relação entre moralidade e probidade. Uma primeira posição entende que a probidade administrativa decorre do princípio da moralidade administrativa.[8]

Já uma segunda posição advoga que a probidade administrativa é mais ampla que a moralidade administrativa, conjugando-a com outros prin-

[5] Na feliz definição do artigo 1º, § 1º, da Lei da Ação Popular: "Consideram-se patrimônio público para os fins referidos neste artigo, os bens e direitos de valor econômico, artístico, estético, histórico ou turístico."

[6] De forma mais específica, o artigo 1º, § 5º, da Lei n. 8.429/1992 dispõe que: "Os atos de improbidade violam a probidade na organização do Estado e no exercício de suas funções e a integridade do patrimônio público e social dos Poderes Executivo, Legislativo e Judiciário, bem como da administração direta e indireta, no âmbito da União, dos Estados, dos Municípios e do Distrito Federal."

[7] Silva, De Plácido e. **Vocabulário jurídico.** Rio de Janeiro: Forense, v. I, 1984, p. 431.

[8] Para os defensores dessa corrente, o princípio da probidade administrativa é "decorrência do princípio da moralidade administrativa e informado pelos mesmos valores que incidem neste. Mas adquire contorno próprio, por sua função instrumentalizadora da moralidade administrativa, desempenhando uma atuação sensível de garantia da eficácia (ainda que no sentido negativo, de proibição ou vedação) dos princípios da Administração Pública. Para o agente público, surge como ônus ou dever de boa administração, exigindo que os atos por ele praticados demonstrem sua habilitação moral guiada pelo senso ético no exercício de cargo, função ou emprego público." (Martins Júnior, Wallace Paiva. **Probidade Administrativa.** São Paulo: Saraiva, 2009, p. 114.)

cípios – *v.g.*, legalidade, impessoalidade, eficiência e própria moralidade administrativa.[9] A recente redação conferida ao artigo 1º, § 4º, da Lei n. 8.429/1992, pela Lei n. 14.230/2021, parece encampar essa posição, estabelecendo a aplicação dos princípios constitucionais do Direito Administrativo Sancionador ao sistema de improbidade administrativa.[10] Assim, pode-se destacar a incidência no campo da improbidade administrativa do princípio da legalidade da Administração Pública, o princípio da segurança jurídica, o princípio da proibição do excesso ou proporcionalidade e o princípio da proteção jurídica e das garantias processuais.[11] Sobre o tema, é preciso esclarecer que:

> Direitos e garantias constitucionais individuais que merecem atenção cuidadosa no Direito Administrativo Sancionador podem ser catalogados e classificados como princípios materiais e processuais. São materiais, vez que incidem diretamente na relação jurídico-administrativa sancionadora: legalidade, tipicidade, irretroatividade de norma mais prejudicial, imputação adequada, pessoalidade, proporcionalidade, prescritibilidade e *non bis in idem*. São princípios processuais, vez que incidem na relação jurídico-processual administrativa que objetiva a produção do ato administrativo sancionador: devido processo legal, imparcialidade, contraditório, ampla defesa, presunção de inocência, garantia da não-auto-responsabilização, inadmissibilidade de provas ilícitas, recorribilidade, definição a priori da competência administrativa sancionadora, motivação e duração razoável do processo.[12]

[9] Por todos, conferir: MAGALHÃES JÚNIOR, Alexandre Alberto de Azevedo. A Tutela do Patrimônio Público. *In*: Vitorelli, Edilson (Org.). **Manual de Direitos Difusos**. Salvador: Juspodivm, 2019, p. 502.

[10] Essa já era a posição adotada pelo STJ: "As sanções da Lei de Ação Popular, da Lei de Ação Civil Pública e da Lei de Improbidade Administrativa não têm caráter penal, mas formam o arcabouço do direito administrativo sancionador, de cunho eminentemente punitivo, fato que autoriza trazermos à baila a lógica do Direito Penal, ainda que com granus salis. É razoável pensar, pois, que pelo menos os princípios relacionados a direitos fundamentais que informem o Direito Penal devam, igualmente, informar a aplicação de outras leis de cunho sancionatório. (...) De acordo com essa linha de argumentação, um princípio norteador do Direito Penal que, em minha opinião, deve ter plena aplicação no campo do Direito Administrativo sancionador é o princípio da culpabilidade (...)" (STJ REsp 765212/AC)

[11] Cf. GARCÍA, Alejandro Nieto. **Derecho Administrativo Sancionador**. 5. ed. Madri: Tecnos, 2017.

[12] OLIVEIRA, José Roberto Pimenta; GROTTI, Dinorá Adelaide Musetti Grotti. Direito administrativo sancionador brasileiro: breve evolução, identidade, abrangência e funcionalidades. **Interesse Público**. Belo Horizonte, ano 22, n. 120, p. 83-126, mar./abr. 2020.

O Sistema de Improbidade Administrativa, à luz de sua dimensão constitucional (artigo 37, § 4º, da Constituição) e legal, deve ter sua exegese orientada pelas finalidades de prevenção, dissuasão e sancionamento de agentes que praticaram atos ímprobos. Com efeito, o Direito Administrativo Sancionador integra o Direito Administrativo e não o Direito Penal, de modo que não é possível a reprodução automática de institutos criminais, que, no âmbito administrativo, devem ter como fundamento constitucional primordial a busca do interesse público.

Por fim, uma terceira posição sustenta que moralidade administrativa e probidade administrativa se equivalem, tendo a Constituição Federal apontado a moralidade como princípio (artigo 37, *caput*) e a improbidade como lesão a este princípio (artigo 37, § 4º).[13]

Entendemos que o conceito de improbidade administrativa deve ser conferido em sentido amplo, abrangendo toda conduta dolosa corrupta, violadora do dever de probidade no exercício da função pública ou na gestão de recursos públicos, praticada por agente público, em conjunto ou não com particular ou pessoas jurídicas, que implique enriquecimento ilícito, lesão ao erário ou ofensa aos princípios que regem a Administração Pública, acarretando a imposição de sanções diferenciadas.[14] Desse modo:

> Vislumbra-se, em tal contexto, que todo ato de corrupção é também um ato de improbidade administrativa, mas a assertiva inversa não é verdadeira. Assim, conclui-se que a improbidade administrativa é conceito técnico-jurídico mais amplo – gênero –, abarcando a corrupção – espécie. Dessa forma,

[13] Carvalho Filho, José dos Santos. **Manual de Direito Administrativo.** Rio de Janeiro: Lumen Juris, 2010, p. 1166-1167.

[14] Note-se que meras irregularidades formais não caracterizam necessariamente atos de improbidade administrativa, nos termos da Súmula n. 33 do Conselho Superior do Ministério Público do Estado de São Paulo (CSMP-SP): "O Conselho Superior do Ministério Público homologará o arquivamento de inquéritos civis ou assemelhados que tenham por objeto irregularidades simplesmente formais praticadas no âmbito da administração pública, como tais se considerando aquelas relativas a não existência de livros e controles ou sua incorreção, contabilidade ou tesouraria deficiente e inadequado controle da dívida ativa e de bens, caso não existam indícios de que tais faltas, por ação ou omissão, foram meios para a prática de ato que encontre adequação na Lei 8.429/92." E, ainda, a Súmula n. 66 do CSMP-SP: "HOMOLOGA-SE promoção de arquivamento de expedientes em que haja notícia de falhas meramente formais em procedimentos licitatórios, sem indícios concretos de que tenham ensejado restrição da competitividade do certame, direcionamento da contratação ou danos ao erário passíveis de apuração."

sintetizando as explanações realizadas acima, pode-se asseverar que o conceito amplo de corrupção possui similitude com o conceito de improbidade administrativa. Já o conceito estrito de corrupção assemelha-se à modalidade de improbidade administrativa que importa em enriquecimento ilícito.[15]

Nesse sentido, a Lei n. 14.230/2021 inseriu o § 1º ao artigo 1º da LIA, passando a definir ato de improbidade administrativa, *in verbis*:

> Art. 1º, § 1º Consideram-se atos de improbidade administrativa as condutas dolosas tipificadas nos arts. 9º, 10 e 11 desta Lei, ressalvados tipos previstos em leis especiais.

Assim, os atos ímprobos são mais do que simples atos ilegais ou práticas irregulares, pois exigem "o espírito de desprezo à coisa pública e aos seus princípios e normas éticas, circunstância que causa lesão aos cofres públicos e/ou enriquecimento ilícito do autor do fato ou de terceiros."[16]

3. Sistemas normativos

3.1. Sistema normativo internacional

A probidade administrativa encontra-se regulamentada por diversos documentos internacionais de combate à corrupção. A título de exemplo, o artigo 15 da Declaração dos Direitos do Homem e do Cidadão, de 1789, dispõe que "a sociedade tem o direito de pedir contas a todo agente público pela sua administração".

A Declaração Universal dos Direitos Humanos, de 1948, prevê em seu artigo 21 que "todo ser humano tem o direito de tomar parte no governo de seu país, diretamente ou por intermédio de representantes livremente escolhidos; todo ser humano tem igual direito de acesso ao serviço público de seu país; a vontade do povo será a base da autoridade do governo; essa

[15] BARBOSA, Renato Kim. **Corrupção e Dano Social**: Análise da Responsabilidade Civil inclusive na *Nova* Lei de Improbidade Administrativa. São Paulo: Almedina, 2022, p. 125-126.

[16] Já "ilegalidades e práticas irregulares não denotam necessariamente aspectos de má intenção e de maus desígnios, que são característicos da improbidade administrativa e integram o próprio tipo ímprobo previsto em lei. Isto porque na improbidade administrativa já existe a volição preordenada para a prática da conduta que propiciará o locupletamento frente aos cofres públicos ou lesará o Erário, o que não é encontrável em atos simplesmente ilegais do Administrador Público." (STJ, AREsp 403.575-RJ, Rel. Min. Napoleão Nunes Maia Filho, Data do julgamento: 27/11/2018.)

vontade será expressa em eleições periódicas e legítimas, por sufrágio universal, por voto secreto ou processo equivalente que assegure a liberdade de voto".

Especificamente sobre o tema "combate à corrupção", pode-se destacar quatro diplomas normativos:

a) Convenção das Nações Unidas contra a Corrupção, conhecida como "Convenção de Mérida" e promulgada pelo Decreto n. 5.687/2006;
b) Convenção Interamericana Contra a Corrupção, de 1996, promulgada no Brasil pelo Decreto n. 4.410/2002;
c) Convenção sobre o Combate à Corrupção de Funcionários Públicos Estrangeiros em Transações Comerciais Internacionais, elaborada pela Organização para a Cooperação e Desenvolvimento Econômico (OCDE) e promulgada pelo Decreto n. 3.678/2000; e
d) Convenção das Nações Unidas contra o Crime Organizado Transnacional (Convenção de Palermo), assinada em 2000.

3.2. Sistema normativo nacional

3.2.1. Constituição da República de 1988

A proteção à probidade administrativa encontra expressa menção em quatro dispositivos constitucionais, conforme analisado a seguir.

a) *Previsão direta e específica*: o dever de punição de agentes públicos pela prática de improbidade administrativa encontra previsão no artigo 37, § 4º, da Carta Magna: "Os atos de improbidade administrativa importarão a suspensão dos direitos políticos, a perda da função pública, a indisponibilidade dos bens e o ressarcimento ao erário, na forma e gradação previstas em lei, sem prejuízo da ação penal cabível."

Trata-se de norma de eficácia limitada, cuja aplicabilidade ganhou alcance prático com a edição da Lei n. 8.429/1992, conhecida como "Lei de Improbidade Administrativa". Tal diploma é, portanto, o responsável por definir os contornos concretos para o dispositivo constitucional em apreço.

O agente público deve exercer suas atribuições orientado por padrões de comportamento que se baseiam na imparcialidade, na honestidade e na probidade. Na hipótese de inobservância desses padrões, é possível a suspensão dos direitos políticos, a perda da função pública, a indisponibilidade dos bens e o ressarcimento ao erário, sem prejuízo da ação penal cabível e da aplicação de outras sanções previstas em sede infraconstitucional.

b) *Previsões indiretas*:

b.1) O artigo 14, § 9º, da Constituição Federal atenta para a vinculação entre a improbidade administrativa e a esfera eleitoral. A Carta Magna fixa as principais causas de inelegibilidade e relega à Lei Complementar n. 64/1990 a regulamentação de outros casos de inelegibilidade, a fim de proteger a probidade administrativa, a moralidade para o exercício de mandato e a normalidade e a legitimidade das eleições contra a influência do poder econômico ou o abuso do exercício de função, cargo ou emprego na Administração Pública direta ou indireta, *in verbis*:

> Art. 14. [...] § 9º – Lei complementar estabelecerá outros casos de inelegibilidade e os prazos de sua cessação, a fim de proteger a probidade administrativa, a moralidade para exercício de mandato considerada vida pregressa do candidato, e a normalidade e legitimidade das eleições contra a influência do poder econômico ou o abuso do exercício de função, cargo ou emprego na administração direta ou indireta. [...].

b.2) O artigo 15, inciso V, da Constituição Federal estabelece, como decorrência da prática de improbidade administrativa, a suspensão dos direitos políticos: "Art. 15. É vedada a cassação de direitos políticos, cuja perda ou suspensão só se dará nos casos de: [...] V – improbidade administrativa, nos termos do art. 37, § 4º."

b.3) O artigo 85, *caput*, inciso V, da Carta Magna dispõe que: "Art. 85. São crimes de responsabilidade os atos do Presidente da República que atentem contra a Constituição Federal e, especialmente, contra: [...] V – a probidade na administração; [...]."

b.4) O artigo 97, § 10, inciso III, do Ato das Disposições Constitucionais Transitórias, dispõe que, no caso de não liberação tempestiva dos recursos de que tratam o inciso II do § 1º e os §§ 2º e 6º do mesmo dispositivo, o chefe do Poder Executivo responderá na forma da legislação de responsabilidade fiscal e de improbidade administrativa.

3.2.2. Fontes infraconstitucionais

Dentre os inúmeros diplomas normativos que regem a proteção do patrimônio público, podem ser citados os seguintes: Lei n. 4.717/1965 (Lei da Ação Popular), Decreto-Lei n. 201/1967 (crimes praticados por prefeitos), Código Penal (Crimes contra a Administração Pública), Lei n. 7.347/1985 (Lei da Ação Civil Pública), Lei n. 12.527/2011 (Lei de Acesso à Informação),

Lei n. 12.846/2013 (Lei Anticorrupção), Lei n. 14.133/2021 (Lei de Licitações e Contratos Administrativos).

O artigo 52 do Estatuto da Cidade (Lei n. 10.257/2001) também prevê que o prefeito e outros agentes públicos incorrerão em ato de improbidade administrativa quando praticarem uma das seguintes condutas: a) deixar de proceder, no prazo de cinco anos, ao adequado aproveitamento do imóvel incorporado ao patrimônio público; b) utilizar áreas obtidas por meio do direito de preempção em desacordo com o disposto no artigo 26 da lei; c) aplicar os recursos auferidos com a outorga onerosa do direito de construir e de alteração de uso em desacordo com o previsto no artigo 31 da lei; d) aplicar os recursos auferidos com operações consorciadas em desacordo com o previsto no § 1º do artigo 33 da lei; dentre outras condutas.

Do mesmo modo, o artigo 73 da Lei de Responsabilidade Fiscal (Lei Complementar n. 101/2000) indica que o seu descumprimento configurará ato de improbidade administrativa.

No âmbito eleitoral, o artigo 73, *caput*, incisos I a VIII, e § 7º, da Lei n. 9.504/1997 estabelece condutas vedadas aos agentes públicos, sob pena de configurar ato de improbidade administrativa, na forma do artigo 11, inciso I, da Lei n. 8.429/1992 – este último dispositivo, contudo, foi revogado pela Lei n. 14.230/2021.

O artigo 32, § 2º, da Lei de Acesso à Informação (Lei n. 12.527/2011) dispõe também que a prática das condutas ilícitas enumeradas no *caput* pode configurar ato de improbidade administrativa.

O artigo 12 da Lei de Conflito de Interesses (Lei n. 12.813/2013) estabelece, ainda, que o agente público que pratica os atos previstos nos artigos 5º e 6º do mesmo diploma incorre em improbidade administrativa, na forma do artigo 11 da Lei n. 8.429/1992, quando não caracterizada qualquer das condutas descritas nos artigos 9º e 10 da Lei de Improbidade Administrativa.

A Lei Geral de Proteção de Dados (Lei n. 13.709/2018) dispõe em seu artigo 55-F, parágrafo único, que praticam atos de improbidade administrativa os membros do Conselho Diretor que, durante e após o exercício do cargo, violarem os princípios da finalidade, adequação, necessidade, livre acesso, qualidade de dados, transparência, segurança, prevenção, não discriminação, responsabilização e prestação de contas.

Por fim, a Lei n. 13.425/2017 dispõe, em seu artigo 13, que incorre em improbidade administrativa, nos termos do artigo 11 da Lei n. 8.429/1992, o prefeito municipal que deixar de tomar as providências necessárias para garantir a observância às normas especiais de prevenção e combate a incêndio e a desastres para locais de grande concentração e circulação de pessoas no prazo máximo de dois anos, contados da data de entrada em vigor da referida Lei n. 13.425/2017.[17]

4. Direito difuso à probidade administrativa

Os bens (direitos ou interesses) jurídicos dividem-se em individuais e coletivos, consoante consagrado na Constituição da República Federativa do Brasil de 1988, cujo Capítulo I de seu Título II possui a seguinte nomenclatura: "Dos Direitos e Deveres Individuais e Coletivos".

Trata-se, contudo, de rol meramente exemplificativo, pois o constituinte aderiu a uma concepção materialmente aberta dos direitos fundamentais. Com efeito, o § 2º do artigo 5º da Constituição admite a existência de direitos materialmente fundamentais implícitos ou não expressos, bem como a existência de direitos fundamentais previstos topologicamente em locais diversos do texto constitucional – ou seja, fora das hipóteses previstas no Título II –, consagrando até mesmo aqueles previstos em tratados internacionais que disponham sobre o tema.[18]-[19]

[17] A principal discussão envolvendo a matéria concerne ao controle do conteúdo da norma editada. Uma primeira corrente sustenta que a simples edição da norma afasta eventual responsabilização do agente público, uma vez que o artigo 13 da Lei n. 13.425/2017 não estabelece qualquer diretriz acerca do conteúdo da norma a ser editada. Entendemos, contudo, que o prefeito só se desincumbirá do dever imposto pela Lei n. 13.425/2017 se editar diploma normativo que promova a efetiva proteção ao bem jurídico tutelado, ou seja, a prevenção e o combate a incêndios e desastres. Descumprida tal finalidade, estará caracterizado desvio de finalidade, vício insanável e que tem como consequência a responsabilização do agente público. Assim, ainda que exista formalmente a norma, o prefeito incorrerá na prática de ato de improbidade administrativa. Por fim, uma terceira posição entende ser possível a responsabilização não pelas disposições contidas na Lei n. 13.425/2017, mas, sim, pelo artigo 11 da Lei n. 8.429/1992, em razão da violação aos princípios da Administração Pública – contudo, é importante lembrar a alteração empreendida pela Lei n. 14.230/2021, que impôs rol taxativo ao referido dispositivo.

[18] Nesse sentido, o Supremo Tribunal Federal, julgando a ação direta de inconstitucionalidade n. 939/DF, admitiu a existência de direitos fundamentais positivados na Constituição de 1988 fora da normatização expressa do título constitucional que versa sobre os direitos fundamentais. A título de exemplo, o princípio da anterioridade tributária previsto no artigo 150, inciso III, alínea "b", seria um direito fundamental do contribuinte, atendendo ao preconizado pelo artigo 5º, § 2º, da Carta Magna.

[19] Em se partindo da concepção da existência de um direito difuso à probidade, todos os tratados e convenções internacionais sobre o tema passam a ter status supralegal, nos termos

Dentre os direitos fundamentais que se encontram positivados topologicamente em capítulos distintos da Constituição, importa ressaltar o direito difuso à probidade administrativa, que pode ser extraído de exegese sistemática de diversos dispositivos da Carta Magna, dentre os quais:

a) o princípio republicano (artigo 1º, *caput*);
b) o princípio democrático (artigo 1º, parágrafo único);
c) os fundamentos da República, em especial a soberania, a cidadania e a dignidade da pessoa humana (artigo 1º, *caput*, incisos I a III;);
d) os objetivos fundamentais da República (artigo 3º, incisos I e II: construir uma sociedade livre, justa e solidária; garantir o desenvolvimento nacional);
e) a prevalência dos direitos humanos e da defesa da paz nas suas relações internacionais (artigo 4º, *caput*, incisos I e VI); e
f) os princípios constitucionais administrativos elencados no *caput* do artigo 37 (legalidade, impessoalidade, moralidade, publicidade e eficiência).[20]

Trata-se de direito que exige atuação honesta, eficiente e transparente de agentes públicos em relação à utilização do patrimônio material ou imaterial do Estado. Assim, como a probidade administrativa é titularizada por toda a sociedade, insere-se na categoria dos interesses ou direitos difusos, apresentando as seguintes características:

> a) a indeterminação dos sujeitos: a defesa da probidade administrativa não pertence a uma pessoa isolada, nem a um grupo delimitado de pessoas, mas sim à coletividade como um todo; b) a indivisibilidade do objeto: o interesse no respeito à probidade administrativa é a um só tempo de todos e de cada qual; c) o fato de agregação dos sujeitos: os titulares do direito à probidade administrativa estão agregados em função de uma situação de fato em comum, à circunstância de estarem sujeitos aos efeitos da lesão à probidade administrativa.[21]

do entendimento consagrado pelo STF (RE 349.703, Rel. Carlos Britto, Rel. p/ acórdão: Gilmar Mendes, Julgado em 03/12/2008).

[20] Em sentido similar: Santos, Roberto Lima. Direito fundamental à probidade administrativa e as convenções internacionais de combate à corrupção. **Revista de Doutrina da 4ª Região**, Porto Alegre, n. 50, out. 2012.

[21] Andrade, Adriano; Masson, Cleber; Andrade, Landolfo. **Interesses difusos e coletivos**. 7. ed. São Paulo: Método, 2016, p. 701-702.

Sobre o tema, Teori Albino Zavascki ensina ainda que:

> O direito a um governo honesto, eficiente e zeloso pelas coisas públicas, tem, nesse sentido, natureza transindividual – decorrendo, como decorre, do Estado Democrático, ele não pertence a ninguém individualmente: o seu titular é o povo, em nome e em benefício de quem o poder deve ser exercido.[22]

A jurisprudência dos tribunais superiores também restou firmada nesse sentido. O Superior Tribunal de Justiça, em voto do ministro Humberto Martins no julgamento do Recurso Especial n. 1.516.178/SP, assentou que "é cabível a propositura de ação civil pública que tenha como fundamento a prática de ato de improbidade administrativa, tendo em vista a natureza difusa do interesse tutelado".

Por fim, corolário do direito difuso à probidade administrativa, parcela da doutrina tem advogado até mesmo a existência de um direito fundamental anticorrupção, com base no direito de petição (artigo 5º, *caput*, inciso XXXIV, da Constituição), na ação popular (artigo 5º, *caput*, inciso LXXIII, da Constituição), na ação de impugnação ao mandato eletivo (artigo 14, § 10, da Constituição), nos princípios da Administração Pública (artigo 37, *caput*, da Constituição), na previsão da prestação de contas da Administração Pública direta e indireta como "princípio constitucional sensível" apto a legitimar a intervenção federal ou estadual (artigo 34, inciso VII, alínea "d", combinado com o artigo 35, inciso II, ambos da Constituição), a probidade administrativa como parâmetro de gestão a ser observado pelos agentes públicos (artigo 37, § 4º, da Constituição), dentre outros dispositivos.[23]

[22] ZAVASCKI, Teori Albino. **Processo coletivo**: tutela de direitos coletivos e tutela coletiva de direitos. 7. ed. São Paulo: Revista dos Tribunais, 2017, p. 100.

[23] "Pois bem, pelos princípios e regras contemplados nessa classificação, percebe-se que o Texto Supremo de 1988 deixou positivado um bloco normativo anticorrupção superior, que serve, como qualquer norma constitucional, de guia e limite para a produção legislativa e a respetiva atuação administrativa supervenientes, sob pena de inconstitucionalidade, posto ser ilegítimo e antijurídico que o legislador ordinário (com duplo sentido inequívoco) possa frustrar essa realidade constitucional para, muitas vezes, criar obstáculos sabotadores ao pretendido enfrentamento dessa mazela chamada corrupção, ou mesmo para criar mecanismos de imunização totalmente fora do propósito constitucional de termos uma república24 e um Estado de Direito materialmente concretizados." (ZIESEMER, Henrique da Rosa; PINHEIRO, Igor Pereira. **Nova lei de improbidade administrativa comentada**. Leme: Mizuno, 2022, p. 22.)

4.1. Direito fundamental de repúdio à impunidade pela prática de atos de improbidade administrativa

A Constituição Federal dispõe expressamente, em seu artigo 5º, § 2º, que os direitos e as garantias não são excludentes de outros decorrentes do regime e princípios por ela adotados ou dos tratados internacionais em que a República Federativa do Brasil seja parte. Assim, inobstante existam direitos e garantias constitucionais fundamentais expressamente disciplinados, a Constituição permite que direitos individuais e coletivos não previstos inicialmente sejam compatíveis com o ordenamento jurídico.

Em um Estado Democrático de Direito não apenas devem ser absolvidos os inocentes, mas como também é essencial a devida punição dos culpados. De fato, os direitos fundamentais não se prestam apenas à proteção dos acusados perante o Estado, mas também à tutela do interesse de toda a sociedade de que aqueles que perpetraram atos de improbidade administrativa sejam devidamente sancionados, consubstanciando a ideia de justiça. Nesse sentido:

> A Constituição Federal reconheceu de maneira inequívoca a importância da punição para a efetivação dos direitos fundamentais, quando estatuiu que "a lei punirá qualquer discriminação atentatória dos direitos e liberdades fundamentais" (art. 5º, XLI, CF/88) e que "a lei punirá severamente o abuso, a violência e a exploração sexual da criança e do adolescente" (art. 227, § 4º, CF/88).[24]

A impunidade proveniente de interpretação inadequada dos direitos humanos não resguarda a sociedade; ao contrário, a corrompe. Por este motivo, Marmelstein sustenta que:

> [...] os direitos fundamentais não compactuam com a impunidade, já que o Estado tem o dever de punir qualquer violação a esses direitos. Portanto, jamais se deve imputar aos direitos fundamentais a culpa pela impunidade crônica que assola o país. A culpa, na verdade, não é dos direitos em si, mas das interpretações extremistas que são feitas, inclusive por alguns membros do Judiciário, que colocam as garantias processuais como valores intocáveis e inflexíveis, sem atentar para a ideia de proporcionalidade e para o dever de combater a criminalidade.[25]

24 VITORELLI, Edilson. **Manual de Direitos Difusos**. Salvador: Juspodivm, 2019, p. 116.

25 MARMELSTEIN, George. **Curso de Direitos Fundamentais**. São Paulo: Atlas, p. 419-420.

Nesse liame, o princípio da proporcionalidade, em sua vertente da proibição da proteção insuficiente, exige da Administração Pública uma constante evolução na tutela dos direitos fundamentais e no enfrentamento da corrupção, não podendo o legislador retroagir no regime jurídico alcançado.[26]

5. Controle da probidade administrativa

A corrupção precisa ser combatida em todas as suas frentes, não sendo possível enfrentá-la de forma compartimentada. Para tanto, as principais ferramentas são o conhecimento, a informação e a consolidação de uma cultura de enfrentamento, inclusive por meio do desenvolvimento de valores éticos, da cidadania e da consciência reflexiva nas futuras gerações.

Contudo, sob o aspecto jurídico-formal, o controle da probidade administrativa pode ser classificado em preventivo ou repressivo. O controle preventivo busca evitar e desestimular a prática de atos de improbidade administrativa. O controle repressivo tende à efetiva responsabilização do agente ímprobo, com a aplicação de sanções.

5.1. Controle preventivo

5.1.1. Suspeição e impedimentos

O artigo 253 do Código de Processo Penal e os artigos 144 a 148 do Código de Processo Civil estabelecem os casos de suspeição e impedimentos para juízes, membros do Ministério Público, serventuários da Justiça, entre outros, evitando a prática de atos de corrupção no bojo de processos judiciais.

5.1.2. Incompatibilidades

Os artigos 54, *caput*, incisos I e II, e 55, *caput*, inciso I, da Constituição Federal preveem incompatibilidades e impedimentos dos parlamentares, com o escopo de evitarem interferências privadas na atuação desses agentes políticos, *in verbis*:

[26] "O Estado não pode legislar abusivamente. A atividade legislativa está necessariamente sujeita à rígida observância de diretriz fundamental, que, encontrando suporte teórico no princípio da proporcionalidade, veda os excessos normativos e as prescrições irrazoáveis do Poder Público." (STF, ADI 1407-MC, Rel. Ministro Celso de Mello – 07/03/1996.)

> Art. 54. Os Deputados e Senadores não poderão:
>
> I – desde a expedição do diploma:
>
> a) firmar ou manter contrato com pessoa jurídica de direito público, autarquia, empresa pública, sociedade de economia mista ou empresa concessionária de serviço público, salvo quando o contrato obedecer a cláusulas uniformes;
>
> b) aceitar ou exercer cargo, função ou emprego remunerado, inclusive os de que sejam demissíveis "ad nutum", nas entidades constantes da alínea anterior;
>
> II – desde a posse:
>
> a) ser proprietários, controladores ou diretores de empresa que goze de favor decorrente de contrato com pessoa jurídica de direito público, ou nela exercer função remunerada;
>
> b) ocupar cargo ou função de que sejam demissíveis "ad nutum", nas entidades referidas no inciso I, "a";
>
> c) patrocinar causa em que seja interessada qualquer das entidades a que se refere o inciso I, "a";
>
> d) ser titulares de mais de um cargo ou mandato público eletivo.
>
> Art. 55. Perderá o mandato o Deputado ou Senador: I – que infringir qualquer das proibições estabelecidas no artigo anterior;

5.1.3. Nepotismo

A expressão nepotismo deriva do latim "*nepos*" ou "*nipotis*", ou seja, "neto" e "sobrinho", significando, de forma ampla, a prática de condutas que impliquem favorecimento em prol de familiares. A temática vem tratada na Súmula Vinculante n. 13 do Supremo Tribunal Federal:

> A nomeação de cônjuge, companheiro ou parente em linha reta, colateral ou por afinidade, até o terceiro grau, inclusive, da autoridade nomeante ou de servidor da mesma pessoa jurídica investido em cargo de direção, chefia ou assessoramento, para o exercício de cargo em comissão ou de confiança ou, ainda, de função gratificada na administração pública direta e indireta em qualquer dos Poderes da união, dos Estados, do Distrito Federal e dos Municípios, compreendido o ajuste mediante designações recíprocas, viola a Constituição Federal.

De forma didática, a referida súmula estabelece que não podem ser nomeados parentes – cônjuge, companheiro ou parente em linha reta ou colateral, até o terceiro grau inclusive – que tenham relação com a autoridade nomeante, servidor da mesma pessoa jurídica ocupante de cargo em comissão, função de confiança ou gratificada, nas entidades da Administração Pública direta e indireta, da União, dos estados, do Distrito Federal e dos municípios. A vedação ao nepotismo não exige a edição de lei formal, dado que essa proibição decorre diretamente dos princípios contidos no artigo 37, *caput*, da Constituição Federal.[27]

Contudo, o artigo 11, § 5º, da Lei n. 8.429/1992 dispõe que não se configurará improbidade administrativa a mera nomeação ou indicação política por parte dos detentores de mandatos eletivos. Faz-se necessária a aferição, com o advento da Lei n. 14.230/2021, de um novo requisito: a presença de *dolo com finalidade ilícita por parte do agente*.[28]

Atente-se para o fato de que nepotismo cruzado – caracterizado pelo ajuste mediante designações recíprocas em diferentes entidades – também encontra vedação na Constituição Federal.[29] Assim, por exemplo, um secretário municipal não pode nomear para cargo em comissão na Prefeitura o filho de um vereador, o qual, por sua vez, nomeara o pai do referido secretário para cargo comissionado na Câmara Municipal. Nesse sentido, vale destacar a nova redação do artigo 11, *caput*, inciso XI, da Lei n. 8.429/1992, que incluiu expressamente o nepotismo cruzado entre os atos de improbidade administrativa que implicam violação aos princípios da Administração Pública (destaques nossos):

> Art. 11 [...] XI – nomear cônjuge, companheiro ou parente em linha reta, colateral ou por afinidade, até o terceiro grau, inclusive, da autoridade nomeante ou de servidor da mesma pessoa jurídica investido em cargo de direção, chefia ou assessoramento, para o exercício de cargo em comissão ou de confiança ou, ainda, de função gratificada na administração pública direta e indireta em qualquer dos Poderes da União, dos Estados, do Distrito Federal e dos Municípios, **compreendido o ajuste mediante designações recíprocas**; [...].

[27] Nesse sentido, o Tema n. 66 da Repercussão Geral, do Supremo Tribunal Federal: "CONSTITUCIONAL. NEPOTISMO. PRINCÍPIO DA MORALIDADE. NECESSIDADE DE LEI EM SENTIDO FORMAL. EXISTÊNCIA DE REPERCUSSÃO GERAL. Questão que transcende os interesses subjetivos das partes."

[28] Remetemos o leitor à análise do dolo específico quando da abordagem do artigo 11 da Lei n. 8.429/1992.

[29] Cf. BARBOSA, Renato Kim. Nepotismo, mesmo indireto, contraria princípios basilares do Direito Público. **Revista Eletrônica Conjur**, 11 abr. 2016. Coluna MP no Debate. Disponível em: https://www.conjur.com.br/2016-abr-11/mp-debate-nepotismo-indireto-nega-principios-basilares-direito-publico. Acesso em: 22 out. 2021.

O Supremo Tribunal Federal tem entendido que existe uma exceção em relação à vedação ao nepotismo: os *agentes políticos* (*v.g.*, ministros ou secretários de governo) podem ser livremente nomeados, sem que a prática seja ilícita.[30] Contudo, é necessária a presença de dois requisitos: a) a qualificação técnica; e b) a idoneidade moral do nomeado. Nesse sentido:

> [...] a nomeação de agente para exercício de cargo na administração pública, em qualquer nível, fundada apenas e tão somente no grau de parentesco com a autoridade nomeante, sem levarem conta a capacidade técnica para o seu desempenho de forma eficiente, além de violar o interesse público, mostra-se contrária ao princípio republicano [...] Nesse contexto, quanto aos cargos políticos, deve-se analisar, ainda, se o agente nomeado possui a qualificação técnica necessária ao seu desempenho e se não há nada que desabone sua conduta.[31]

Por fim, o Supremo Tribunal Federal assentou, no Tema n. 29 de Repercussão Geral, que leis que tratam dos casos de vedação a nepotismo não são de iniciativa exclusiva do chefe do Poder Executivo.[32]

5.1.4. Códigos de Ética

Trata-se de diplomas normativos que fixam deveres éticos e morais com o escopo de motivar a confiança da população e serem seguidos pelos agentes públicos, em especial no que tange à moralidade, honestidade, lealdade e probidade.

Importa consignar que os Códigos de Ética incidem não apenas na órbita pública, mas também na seara privada. Nesse sentido, a Lei n. 12.846/2013 (Lei Anticorrupção) dispõe, em seu artigo 7º, *caput*, inciso VIII:

> Art. 7º. Serão levados em consideração na aplicação das sanções: [...] VIII – a existência de mecanismos e procedimentos internos de integridade, audi-

30 "AGRAVO REGIMENTAL NA RECLAMAÇÃO. NOMEAÇÃO DE PARENTE PARA CARGO PÚBLICO DE NATUREZA POLÍTICA. DESRESPEITO À SÚMULA VINCULANTE 13. INOCORRÊNCIA. PRECEDENTES. AGRAVO REGIMENTAL A QUE SE NEGA PROVIMENTO." (Reclamação n. 17.882-AgR/SC, Relator o Ministro Teori Zavascki, Segunda Turma, DJe 2.6.2015.)

31 STF, Reclamação n. 17.102/SP, Dec. Monocrática, Rel. Min. Luiz Fux, Dje 15.02.2016.

32 Ementa: "Natureza jurídica de regra legislativa municipal cujo objetivo é impedir a prática do nepotismo no âmbito da Administração Pública local. Competência para iniciar o processo legislativo. Relevância e transcendência caracterizadas. Repercussão geral reconhecida."

toria e incentivo à denúncia de irregularidades e a aplicação efetiva de códigos de ética e de conduta no âmbito da pessoa jurídica; [...].

Por fim, a Convenção das Nações Unidas contra a Corrupção reza, em seu artigo 8º, acerca do compromisso assumido pelos Estados signatários – dentre os quais se inclui o Brasil – de editar Códigos de Conduta para servidores públicos.[33]

5.1.5. Conflito de interesses

O artigo 3º, inciso I, da Lei n. 12.813/2013 define conflito de interesses como "a situação gerada pelo confronto entre interesses públicos e privados, que possa comprometer o interesse coletivo ou influenciar, de maneira imprópria, o desempenho da função pública".

A título exemplificativo, pode-se mencionar duas hipóteses de conflito de interesses, conforme o artigo 5º da citada lei: a) a divulgação ou uso de informação privilegiada, em proveito próprio ou de terceiro, obtida em

[33] "Artigo 8. Códigos de conduta para funcionários públicos. 1. Com o objetivo de combater a corrupção, cada Estado Parte, em conformidade com os princípios fundamentais de seu ordenamento jurídico, promoverá, entre outras coisas, a integridade, a honestidade e a responsabilidade entre seus funcionários públicos. 2. Em particular, cada Estado Parte procurará aplicar, em seus próprios ordenamentos institucionais e jurídicos, códigos ou normas de conduta para o correto, honroso e devido cumprimento das funções públicas. 3. Com vistas a aplicar as disposições do presente Artigo, cada Estado Parte, quando proceder e em conformidade com os princípios fundamentais de seu ordenamento jurídico, tomará nota das iniciativas pertinentes das organizações regionais, interregionais e multilaterais, tais como o Código Internacional de Conduta para os titulares de cargos públicos, que figura no anexo da resolução 51/59 da Assembléia Geral de 12 de dezembro de 1996. 4. Cada Estado Parte também considerará, em conformidade com os princípios fundamentais de sua legislação interna, a possibilidade de estabelecer medidas e sistemas para facilitar que os funcionários públicos denunciem todo ato de corrupção às autoridades competentes quando tenham conhecimento deles no exercício de suas funções. 5. Cada Estado Parte procurará, quando proceder e em conformidade com os princípios fundamentais de sua legislação interna, estabelecer medidas e sistemas para exigir aos funcionários públicos que tenham declarações às autoridades competentes em relação, entre outras coisas, com suas atividades externas e com empregos, inversões, ativos e presentes ou benefícios importantes que possam das lugar a um conflito de interesses relativo a suas atribuições como funcionários públicos. 6. Cada Estado Parte considerará a possibilidade de adotar, em conformidade com os princípios fundamentais de sua legislação interna, medidas disciplinares ou de outra índole contra todo funcionário público que transgrida os códigos ou normas estabelecidos em conformidade com o presente Artigo."

razão das atividades exercidas; e b) o exercício de atividade que implique a prestação de serviços ou a manutenção de relação de negócio com pessoa física ou jurídica que tenha interesse em decisão do agente público ou de colegiado do qual este participe.

Em decorrência de conflito de interesses, a conduta do agente pode caracterizar a prática de improbidade administrativa, nos termos do artigo 12, *caput*, da Lei n. 12.813/2013:

> Art. 12. O agente público que praticar os atos previstos nos arts. 5º e 6º desta Lei incorre em improbidade administrativa, na forma do art. 11 da Lei nº 8.429, de 2 de junho de 1992, quando não caracterizada qualquer das condutas descritas nos arts. 9º e 10 daquela Lei.

5.1.6. Teste de integridade

O teste de integridade consiste em instrumento de avaliação que parte de um "cenário criado" para a análise dos valores éticos do agente público. Trata-se de simulação de situações sem o conhecimento do agente, com o objetivo de testar sua predisposição para cometer ilícitos contra a Administração Pública.[34]

Como exemplo, menciona-se a hipótese de um integrante da corregedoria de um determinado ente público que comparece de forma disfarçada e oferece "propina" para verificar a integridade de servidor público.

5.1.7. Cadastro Nacional de Condenados por Ato de Improbidade Administrativa e por Ato que implique Inelegibilidade (CNCIAI)

Trata-se de instrumento que reúne informações sobre pessoas físicas e jurídicas definitivamente condenadas por atos de improbidade administrativa

[34] Segundo o Manual Técnico para a Convenção das Nações Unidas contra a Corrupção (Decreto n. 5.867/2006): "*Integrity testing is a method that enhances both the prevention and prosecution of corruption and has proved to be an extremely effective and efficient deterrent to corruption. Integrity testing is usually utilized in circumstances where intelligence exists providing indications that na individual or a number of individuals, usually public officials, are corrupt. A scenario is created in which, for example, a public civil servant is placed in a typical everyday situation where he or she has the opportunity to use personal discretion in deciding whether or not to engage in criminal or other inappropriate behaviour. The employee may be offered the opportunity to take a bribe by an undercover officer or be presented with an opportunity to solicit a bribe through, for example, an abuse of public functions.*" (Nações Unidas. Technical Guide to the United Nations Convention Against Corruption. Nova Iorque: 2009, p. 186. Disponível em: https://www.unodc.org/documents/corruption/Technical_Guide_UNCAC.pdf. Acesso em: 27 out. 2021.

ou que impliquem inelegibilidade do réu. Além de contribuir no combate repressivo, tal cadastro é adotado como meio de prevenção da corrupção, de forma similar à técnica do "*name and shame*", consistente em publicizar más práticas de agentes ímprobos.

Nesse sentido, a Resolução Conjunta n. 6/2020 do Conselho Nacional de Justiça instituiu sistemática unificada para o envio, no âmbito do Poder Judiciário, de informações referentes a condenações por improbidade administrativa e a outras situações que impactem no gozo dos direitos políticos. As informações devem ser relativas a:

a) condenações por improbidade administrativa transitadas em julgado;
b) acordos de não persecução cível relativos à improbidade administrativa;
c) cumprimentos de sanções e termos de acordo de improbidade administrativa;
d) condenações criminais transitadas em julgado;
e) outras hipóteses de suspensão dos direitos políticos ou de incidência da Lei Complementar n. 64/1990, dentre outras medidas.

5.1.8. *Compliance*

A expressão "*compliance*" designa um conjunto de medidas adotadas por pessoas jurídicas públicas ou privadas visando a garantir o cumprimento do ordenamento jurídico e de princípios de ética e integridade.

Tradicionalmente, os programas de **compliance** foram aplicados no âmbito das corporações (**corporate compliance**), com o intuito de garantir o cumprimento do ordenamento jurídico no âmbito negocial.

Mais recentemente, contudo, muito se tem falado em **criminal compliance**. A ideia consiste em abandonar a perspectiva meramente reativa na esfera penal, para alcançar uma concepção preventiva de combate à criminalidade e evitar, assim, a ocorrência de delitos.[35]Nesse sentido, a Lei n. 9.613/1998 e a Resolução n. 2.554/1998 do Conselho Monetário Nacional inauguraram uma nova perspectiva, tendo a primeira tornado crime

[35] Silva Sánchez, Jesús-Maria. Deberes de vigilância y compliance empresarial. *In*: Kuhlen, L.; Montiel, J. P.; Gimeno, I. O. U. (Org.). **Compliance y teoría del Derecho Penal**. Madrid: Marcial Pons, 2013, p. 79-106.

a conduta de ocultar ou dissimular a origem de bens produtos de crime e criado o Conselho de Controle de Atividades Financeiras (COAF).[36]

[36] Cf. artigos. 10 a 11-A da Lei n. 9.613/1998: "Art. 10. As pessoas referidas no art. 9º: I – identificarão seus clientes e manterão cadastro atualizado, nos termos de instruções emanadas das autoridades competentes; II – manterão registro de toda transação em moeda nacional ou estrangeira, títulos e valores mobiliários, títulos de crédito, metais, ou qualquer ativo passível de ser convertido em dinheiro, que ultrapassar limite fixado pela autoridade competente e nos termos de instruções por esta expedidas; III – deverão adotar políticas, procedimentos e controles internos, compatíveis com seu porte e volume de operações, que lhes permitam atender ao disposto neste artigo e no art. 11, na forma disciplinada pelos órgãos competentes; IV – deverão cadastrar-se e manter seu cadastro atualizado no órgão regulador ou fiscalizador e, na falta deste, no Conselho de Controle de Atividades Financeiras (Coaf), na forma e condições por eles estabelecidas; V – deverão atender às requisições formuladas pelo Coaf na periodicidade, forma e condições por ele estabelecidas, cabendo-lhe preservar, nos termos da lei, o sigilo das informações prestadas. § 1º Na hipótese de o cliente constituir-se em pessoa jurídica, a identificação referida no inciso I deste artigo deverá abranger as pessoas físicas autorizadas a representá-la, bem como seus proprietários. § 2º Os cadastros e registros referidos nos incisos I e II deste artigo deverão ser conservados durante o período mínimo de cinco anos a partir do encerramento da conta ou da conclusão da transação, prazo este que poderá ser ampliado pela autoridade competente. § 3º O registro referido no inciso II deste artigo será efetuado também quando a pessoa física ou jurídica, seus entes ligados, houver realizado, em um mesmo mês-calendário, operações com uma mesma pessoa, conglomerado ou grupo que, em seu conjunto, ultrapassem o limite fixado pela autoridade competente. Art. 10A. O Banco Central manterá registro centralizado formando o cadastro geral de correntistas e clientes de instituições financeiras, bem como de seus procuradores. Art. 11. As pessoas referidas no art. 9º: I – dispensarão especial atenção às operações que, nos termos de instruções emanadas das autoridades competentes, possam constituir-se em sérios indícios dos crimes previstos nesta Lei, ou com eles relacionar-se; II – deverão comunicar ao Coaf, abstendo-se de dar ciência de tal ato a qualquer pessoa, inclusive àquela à qual se refira a informação, no prazo de 24 (vinte e quatro) horas, a proposta ou realização: a) de todas as transações referidas no inciso II do art. 10, acompanhadas da identificação de que trata o inciso I do mencionado artigo; e b) das operações referidas no inciso I; III – deverão comunicar ao órgão regulador ou fiscalizador da sua atividade ou, na sua falta, ao Coaf, na periodicidade, forma e condições por eles estabelecidas, a não ocorrência de propostas, transações ou operações passíveis de serem comunicadas nos termos do inciso II. § 1º As autoridades competentes, nas instruções referidas no inciso I deste artigo, elaborarão relação de operações que, por suas características, no que se refere às partes envolvidas, valores, forma de realização, instrumentos utilizados, ou pela falta de fundamento econômico ou legal, possam configurar a hipótese nele prevista. § 2º As comunicações de boa-fé, feitas na forma prevista neste artigo, não acarretarão responsabilidade civil ou administrativa. § 3º O Coaf disponibilizará as comunicações recebidas com base no inciso II do *caput* aos respectivos órgãos responsáveis pela regulação ou fiscalização das pessoas a que se refere o art. 9º. Art. 11-A. As transferências internacionais e os saques em espécie deverão ser previamente comunicados à instituição financeira, nos termos, limites, prazos e condições fixados pelo Banco Central do Brasil."

Nos últimos tempos, vem ganhando envergadura a expressão "**public compliance**", responsável por designar "integridade, conformidade normativa, ou cumprimento do Direito" pela Administração Pública. Em verdade:

> [...] o **public compliance** não se liga, direta e necessariamente, a um "Estado regulador", assim como não compõe uma estratégia maior, de regulação induzida. Apenas representa um processo de incorporação, na depuração do Estado, de ensinamentos importantes proporcionados pelo **compliance** das empresas. Afinal, como sustenta Adán Nieto Martín, seria incoerente o Estado compelir as empresas a adotarem medidas que ele mesmo, como organização, não adota.[37]

Trata-se, assim, de uma releitura do **corporate compliance** e do **criminal compliance** para o âmbito público. Permite-se, em tal contexto, a prevenção da corrupção a partir da adaptação de seus elementos fundamentais: cultura de **compliance**, institucionalização, análise de riscos, programa de **compliance** e investigação interna.

A Lei n. 14.133/2021, conhecida como "Nova Lei de Licitações", tangenciou o tema em alguns de seus dispositivos. Previu, por exemplo, a obrigatoriedade da adoção de programas de *compliance* em licitações de grande vulto (artigo 25, § 4º), a sua utilização como critério de desempate em licitações (artigo 60, *caput*, inciso IV) e para a redução de sanções (artigo 156, § 1º, inciso V) e, por fim, a adoção de programa de *compliance* como requisito para a reabilitação administrativa (artigo 163, parágrafo único).

Por fim, sem olvidar da existência de alguma regulamentação da matéria no âmbito das empresas estatais pela Lei n. 13.303/2016 e de atos normativos esparsos, ainda há muito a implementar e avançar na esfera do **public compliance.** Com efeito, inexiste até o momento uma sistematização legal do tema.[38]

[37] JUNQUEIRA, Gabriel Marson. **A prevenção da corrupção na Administração Pública**: contributos criminológicos, do *corporate compliance* e *public compliance*. Belo Horizonte: D'Plácido, 2019, p. 103.

[38] Já tivemos a oportuna de analisar aqueles que entendemos serem os elementos fundamentais de um Sistema de Integridade para a Administração Pública: "a) Cultura de *compliance* – todos os agentes da Administração Pública devem interiorizar a necessidade de que tudo o que sucede na entidade, das portas para dentro ou das portas para fora, observe o ordenamento jurídico, tomando como base: 1) A edição de códigos de conduta – não devem se

basear em modelos pré-concebidos, mas em instrumentos individualizados, detalhando ao máximo os comportamentos devidos em cada setor da entidade e envolvendo em seu processo de elaboração não apenas os agentes públicos a que se destinam, mas também os cidadãos em geral. E mais: a cultura ética deve ser assumida pela Administração Pública desde cima (*tone from the top*), ou seja, deve partir do topo da hierarquia, refletida em atitudes concretas. 2) A realização de cursos de formação sobre a legislação vigente e sobre o próprio Sistema de Integridade; 3) A realização de campanhas anticorrupção, de modo sensibilizar os agentes públicos e a população quanto à existência, causas e gravidade da corrupção; 4) A adoção de uma "política de portas abertas"; 5) A observância de regras de *good governance*, ou seja, a gestão da entidade não prejudicar a lealdade ao interesse público, as necessidades da população, o compromisso de melhorar o bem-estar e de prestar serviços públicos de forma eficiente. b) Institucionalização – deve existir um setor de *compliance*; tal setor deve gozar de suficiente independência, dispor de todos os meios necessários – materiais, humanos e técnicos – para o cumprimento de suas tarefas e, ainda, as funções atribuídas aos seus integrantes devem ser perfeitamente delimitadas. Ademais, deve-se garantir a independência, estrutura e autoridade da instância interna de cada entidade responsável pela aplicação do programa de integridade e fiscalização de seu cumprimento, através da separação das funções de supervisão e de execução, ficando a primeira confiada a um órgão composto por pessoas que não integram a Administração Pública, conforme consta da proposta legislativa que acompanha este estudo. c) Análise ou individualização de riscos (*gap analysis*) – identificar e valorar os riscos, estimando a probabilidade de sua materialização e, caso ocorram, o valor concreto do dano. Deve ser feita de forma continuada, constantemente revisada e apresentar-se de forma flexível. d) Programa de Integridade (ou *Compliance*) – O programa de integridade consiste, no âmbito da Administração Pública, no conjunto de mecanismos e procedimentos internos de integridade, auditoria e incentivo à denúncia de irregularidades e na aplicação efetiva de políticas e diretrizes com objetivo de detectar e sanar desvios, fraudes, irregularidades e atos ilícitos.25 Trata-se, em verdade, de um "organismo vivo", que não pode ser vislumbrado como algo acabado ou estático.26 Assim, cada entidade da Administração Pública deverá elaborar de forma detalhada e individualizada o seu Programa de Integridade Institucional, contendo, no mínimo: I. medidas que procuram delimitar claramente os âmbitos de competência dentro da entidade; II. protocolos para formação e execução de certas decisões; III. controles de gastos e controles internos, em especial no que concerne aos registros contábeis, que devem refletir de forma completa e precisa as transações da entidade, atentando-se para a qualidade das despesas, sua eficácia e oportunidade (controle material); IV. procedimentos específicos para prevenir fraudes e ilícitos no âmbito de processos licitatórios, na execução de contratos administrativos ou em qualquer interação com o setor privado, ainda que intermediada por terceiros; V. sanções aplicáveis em caso de violação às regras do Sistema de Integridade, inclusive no que tange às estratégias patrimoniais de combate a condutas desviadas e recuperação de ativos; VI. procedimentos que assegurem a pronta interrupção de irregularidades ou infrações detectadas e a tempestiva remediação dos danos gerados; VII. política da entidade de conservação e arquivo de documentos, sem prejuízo da legislação que rege a matéria; VIII. a instituição de canais próprios de recebimento de denúncias (*whistleblowing*), abertos e amplamente divulgados a agentes públicos e terceiros, assegurando a qualquer pessoa o direito de relatar informações sobre crimes contra a administração pública, ilícitos administrativos

5.1.9. Evolução patrimonial

O monitoramento da evolução patrimonial do agente público constitui instrumento importante de preservação da moralidade e ética na Administração Pública. Sobre o tema, o artigo 13 da Lei n. 8.429/1992 dispõe acerca da obrigatoriedade de o agente público, para tomar posse e entrar

ou quaisquer ações ou omissões lesivas ao interesse público; IX. mecanismos de proteção que impeçam qualquer espécie de retaliação a pessoa que utilize o canal de denúncias. Na elaboração e aplicação do Programa de Integridade Institucional, deve-se observar as seguintes diretrizes: a) comprometimento das entidades que integram a Administração Pública com o Programa de Integridade Institucional, de forma a garantir a sua transparência, a sua efetividade e a sua eficácia em todos os âmbitos da atuação Institucional; b) alinhamento do Programa de Integridade Institucional ao Planejamento Estratégico e aos objetivos institucionais das entidades; c) observância rígida da reserva e alocação dos recursos necessários para o desenvolvimento, a implementação e a melhoria do Programa de Integridade Institucional; d) aprovação democrática dos objetivos e das estratégias do Programa de Integridade Institucional, com a efetiva participação dos integrantes da entidade, assim como a participação social e o comprometimento das Chefias Institucionais; e) identificação e avaliação periódicas dos deveres do Programa de Integridade Institucional; f) clareza na atribuição da responsabilidade pelos resultados do Programa de Integridade Institucional; g) identificação e observância das competências e das necessidades de treinamento periódico e contínuo, sobre o direito vigente e sobre o próprio Programa de Integridade, de modo a garantir que os servidores e integrantes das entidades cumpram com os seus deveres; h) estímulo aos comportamentos que criam e sustentam o Programa de Integridade Institucional, com o combate efetivo, sem tolerância, aos comportamentos que comprometem o Programa; i) a existência de controles efetivos e gerenciamento dos deveres decorrentes do Programa de Integridade Institucional, de forma a alcançar os comportamentos adequados para se alcançar os objetivos as metas do Programa; j) monitoramento do desempenho do Programa de Integridade Institucional, com a devida mensuração e publicação dos respectivos relatórios para fins de controle social; k) demonstração pública da existência e do cumprimento rigoroso do Programa de Programa Institucional, por intermédio de documentação e identificação de boas práticas institucionais, l) análise crítica regular e contínua sobre do Programa de Integridade Institucional, com vista ao seu aperfeiçoamento; m) adoção de uma "política de portas abertas", ou seja, a possibilidade de que qualquer empregado/servidor procurar diretamente o responsável pelo sistema de integridade, sem receio de represálias e de forma confidencial, para noticiar irregularidades; n) a realização periódica de campanhas anticorrupção, de modo sensibilizar os agentes públicos e a população quanto à existência, causas e gravidade da corrupção; o) comprometimento da alta direção da entidade, incluídos os conselhos, evidenciado pelo apoio visível e inequívoco ao programa. e) Procedimentos de investigação interna – devem ter como objetivos: a) sancionar os infratores; b) melhorar os sistemas de controle; e c) cooperar com a administração da justiça e com o Ministério Público." (Costa, Rafael de Oliveira. *Public Compliance*, Processos Estruturais e a Tutela do Direito Difuso à Probidade Administrativa. *In*: João Luiz Barbosa. (Org.). **Constituição, Direito e Temas Transversais**. Osasco: EdiFieo, v. 1, 2021, p. 46-63.)

em exercício, apresentar de declaração de imposto de renda e proventos de qualquer natureza:

> Art. 13. A posse e o exercício de agente público ficam condicionados à apresentação de declaração de imposto de renda e proventos de qualquer natureza, que tenha sido apresentada à Secretaria Especial da Receita Federal do Brasil, a fim de ser arquivada no serviço de pessoal competente. [...].[39]

A declaração de bens será atualizada anualmente e na data em que o agente público deixar o exercício do mandato, do cargo, do emprego ou da função (artigo 13, § 2º, da Lei n. 8.429/1992).

Por fim, será apenado com a pena de demissão, sem prejuízo de outras sanções cabíveis, o agente público que se recusar a prestar a declaração dos bens dentro do prazo ou que prestar declaração falsa (artigo 13, § 3º, da Lei n. 8.429/1992).

5.2. Controle repressivo

O controle repressivo tende à efetiva responsabilização do agente ímprobo, com a aplicação de sanções, e pode ser classificado de três formas distintas: administrativo, legislativo ou judicial.

5.2.1. Administrativo

O controle repressivo administrativo consiste na apuração de infrações e aplicação de sanções, por meio de procedimento administrativo disciplinar (PAD) ou similar, aos agentes púbicos que tenham praticado ato de improbidade administrativa.[40]

Sobre o tema, a Súmula n. 601 do Superior Tribunal de Justiça estabelece ser possível a instauração de processo administrativo disciplinar com base em denúncia anônima, em razão do poder-dever de autotutela imposto à

[39] Entendemos inconstitucional a revogação do § 1º do artigo 13 pela Lei n. 14.230/2021, pois não é possível afastar a apresentação da declaração patrimonial de cônjuge e dependentes, em atenção ao princípio da vedação ao retrocesso social. Com efeito, tal medida poderia facilitar a ocultação de bens indevidamente auferidos pelo agente público.

[40] Nesse sentido, o artigo 12, *caput*, da Lei n. 8.429/1992 dispõe que (destaques nossos): "Art. 12. Independentemente do ressarcimento integral do dano patrimonial, de efetivo, e das sanções penais comuns e de responsabilidade, civis **e administrativas previstas na legislação específica**, está o responsável pelo ato de improbidade sujeito às seguintes cominações, que podem ser aplicadas isolada ou cumulativamente, de acordo com a gravidade do fato: [...]."

Administração Pública, desde que devidamente motivada e com amparo em investigação ou sindicância.

Compete à autoridade administrativa aplicar ao servidor público a pena de demissão em razão da prática de improbidade administrativa, independentemente de prévia condenação, por autoridade judiciária, à perda da função pública. Nesse sentido é o teor da Súmula n. 651 do Superior Tribunal de Justiça: "Compete à autoridade administrativa aplicar a servidor público a pena de demissão em razão da prática de improbidade administrativa, independentemente de prévia condenação, por autoridade judiciária, à perda da função pública."

Por fim, não se pode olvidar a Lei n. 12.846/2013 (Lei Anticorrupção), que introduziu no ordenamento jurídico pátrio a responsabilização administrativa e civil de pessoas jurídicas pela prática de atos contra a Administração Pública.

5.2.2. Legislativo

O Poder Legislativo pode exercer dois tipos de controle sobre a Administração Pública: político (por exemplo, comissão parlamentar de inquérito) e financeiro (por meio do auxílio do Tribunal de Contas).[41]

5.2.3. Judicial

O controle repressivo jurisdicional dos atos de improbidade administrativa pode ser realizado por meio da ação de improbidade administrativa

[41] "O poder legislativo exerce dois tipos de controle sobre a administração pública. O primeiro é o controle político, o qual incide sobre a função administrativa e organização dos Poderes Executivo e Judiciário, como, por exemplo: convocação de Ministros de Estados para que prestem informações acerca de assuntos previamente determinados (art. 50 da CF/88); o processo e julgamento do Presidente e Vice-Presidente da República em crimes de responsabilidade (art. 52 da CF/88); a aprovação da escolha de Magistrados, Ministros do TCU, Procurador-Geral da República, etc. (art. 52, inciso III, da CF/88). As Comissões Parlamentares de Inquérito também retratam o exercício do poder político, com a prerrogativa de exercer função investigatória própria das autoridades judiciais (art. 58, § 3º, da CF). A segunda forma é o controle financeiro, que consiste no controle externo exercido pelo Poder Legislativo, por meio da fiscalização contábil, financeira, orçamentária, operacional e patrimonial, sobre os atos próprios e dos demais poderes, da administração pública direta e indireta, com o auxílio do Tribunal de Contas, com o escopo de verificar a legalidade, legitimidade, economicidade, aplicação de subvenções e renúncia de receitas, na forma do artigo 70 da Constituição Federal." (MAGALHÃES JÚNIOR, Alexandre Alberto de Azevedo. A Tutela do Patrimônio Público. *In*: Vitorelli, Edilson (Org.). **Manual de Direitos Difusos**. Salvador: Juspodivm, 2019, p. 519.)

(Lei n. 8.429/1992), da ação popular (Lei n. 4.717/1965), ação de impugnação de mandato eletivo (Lei Complementar n. 64/1990), ação de investigação judicial eleitoral (Lei Complementar n. 64/1990) e representação em razão de práticas eleitorais que importem em condutas vedadas aos agentes públicos (artigo 73 da Lei n. 9504/1997).[42]

5.3. Fortalecimento do Ministério Público e controle dos atos de improbidade[43]

Para além da análise do aspecto jurídico-formal do controle da prática de atos de improbidade administrativa, a missão institucional do Ministério Público, incumbido da defesa da ordem jurídica e do regime democrático, tem permitido à instituição exercer a condição de protagonista na repressão das violações perpetradas em face da coisa pública.

A partir do advento da Constituição Federal de 1988, o Ministério Público teve sua atuação regulamentada pelo Título IV – Da Organização dos Poderes –, no capítulo Das Funções Essenciais à Justiça, tratando-se de "instituição permanente, essencial à função jurisdicional do Estado, incumbindo-lhe a defesa da ordem jurídica, do regime democrático e dos interesses sociais e individuais indisponíveis" (artigo 127, *caput*).

Desde então, o *Parquet* tem exercido seu papel intransigente de defesa do princípio da moralidade, tornando-se o último reduto político-moral da sociedade.[44] Se, por um lado, percebe-se a descrença da coletividade

[42] Cf. Magalhães Júnior, Alexandre Alberto de Azevedo. A Tutela do Patrimônio Público. *In*: Vitorelli, Edilson (Org.). **Manual de Direitos Difusos**. Salvador: Juspodivm, 2019.

[43] O presente tópico contempla uma síntese aperfeiçoada das ideias defendidas em: Costa, Rafael de Oliveira. Fortalecimento do Ministério Público e efetividade no combate à corrupção. **Jornal digital do Estadão**, 29 out. 2020. Blog do Fausto Macedo. Disponível em: https://politica.estadao.com.br/blogs/fausto-macedo/fortalecimento-do-ministerio-publico-e-efetividade-no-combate-a-corrupcao/. Acesso em: 31 out. 2021.

[44] Cf. Costa, Rafael de Oliveira. **Do Ministério Público como Superego da Sociedade**: *design* institucional e legitimidade na atuação judicial e extrajudicial. Florianópolis: Sequência, v. 38, 2017. Vale destacar que: "[...] o Ministério Público vem se tornando – juntamente com o Poder Judiciário – o último reduto político-moral da sociedade. É o que Ingeborg Maus convencionou chamar de 'superego da sociedade órfã' no contexto da expansão do papel dos atores judiciais (Maus, 2002, p. 186-187). A instituição exsurge com novas atribuições e competências que até então não lhe eram afeitas, aumentando progressivamente seu espaço de atuação, num movimento em que procura substituir funcionalmente a figura da imago paterna, responsável por ditar os valores morais da sociedade, que o Executivo e o Judiciário até então desempenharam (Maus, 2002, p. 186-187). Com efeito, a figura do 'pai'

nos Poderes Executivo e Legislativo, o Ministério Público brasileiro tem despontado como guardião da Constituição e responsável por garantir a moralidade, a honestidade e a probidade administrativa. Nesse sentido:

> Trata-se de protagonismo que vem sendo paulatinamente alcançado em equilíbrio dinâmico com o princípio da separação dos poderes, dispondo a Instituição atualmente de meios judiciais – como a ação penal coletiva e o ajuizamento de ação civil pública em face da prática de atos de improbidade administrativa – e extrajudiciais – como a recomendação e o termo de ajustamento de conduta -, bem como do novo acordo de não persecução cível, previsto no artigo 17, § 1º, da Lei nº 8.429/1992.[45]

A importância da função tem sido reforçada pela atuação aguerrida de membros do Ministério Público e pelo desenvolvimento de soluções inovadoras e proativas, em especial por ser comum o envolvimento de orga-

desempenha o papel de 'superego' da sociedade, visto que esta última encontra-se carente de um órgão central que fixe os 'valores socialmente adequados' (MAUS, 2002, p. 186-187). Se por um lado percebe-se a descrença no Executivo e no Judiciário como concretizadores dos direitos fundamentais, a ampliação do papel exercido pelo Ministério Público brasileiro implica na transferência de parcela do ônus moral da sociedade, passando a atuar como 'superego'. A título de exemplo, pode-se mencionar a recente rejeição da Proposta de Emenda Constitucional n. 37, que acrescentaria o § 10 ao artigo 144 da Constituição Federal, para definir a competência exclusiva para a investigação criminal pelas polícias federal e civis dos Estados e do Distrito Federal. O que se observa, portanto, é a ascensão do Ministério Público[4] à qualidade de responsável pela moral na sociedade brasileira (MAUS, 2002, p. 192). [...] Frise-se que, ao contrário do que ocorre na Alemanha – país no qual Maus vislumbra o Judiciário como 'superego' da sociedade -, no Brasil, o Ministério Público, atuando como responsável pela 'filtragem' das principais demandas coletivas levadas ao conhecimento do Poder Judiciário – especialmente na seara da improbidade administrativa – e contando com amplo apoio popular, tornou-se verdadeiro órgão de confiança da sociedade, dizendo, a partir de um juízo de violação ao ordenamento – e consequente propositura de demandas, celebração de termos de ajustamento de conduta ou expedição de recomendações – aquilo que é ou não honesto, probo ou moralmente adequado. Assim, na condição de representante da sociedade e fiscal do cumprimento das leis, a instituição passou a ter a função de superego. As medidas adotadas por Promotores e Procuradores, embasadas em argumentos de natureza moral (honestidade, probidade, entre outros), passaram a ditar valores a serem seguidos pela sociedade."

[45] COSTA, Rafael de Oliveira. Fortalecimento do Ministério Público e efetividade no combate à corrupção. **Jornal digital do Estadão**, 29 out. 2020. Blog do Fausto Macedo. Disponível em: https://politica.estadao.com.br/blogs/fausto-macedo/fortalecimento-do-ministerio-publico-e-efetividade-no-combate-a-corrupcao/. Acesso em: 31 out. 2021.

nizações criminosas e a dispersão de lesados.[46] A independência funcional e os instrumentos que foram outorgados à instituição pela Constituição – competência para promover o inquérito civil, expedir notificações, requisitar informações e documentos, ajuizar a ação civil pública, dentre outras – fazem dele um órgão estruturado e apto ao combate à corrupção.

Assim, o fortalecimento do Ministério Público, guardião constitucional da probidade, vem ao encontro das necessidades da sociedade brasileira, que anseia por um país em que a corrupção não seja a regra. Fortalecimento que deve ocorrer não apenas na atuação jurisdicional e extrajudicial, mas também no âmbito estrutural – ampliação dos recursos materiais e humanos[47] –, inclusive por meio do fomento à formação continuada dos agentes ministeriais, na forma do artigo 23-A da Lei n. 8.429/1992[48] e do emprego de novas tecnologias da informação, de modo a permitir a célere apuração de violações ao ordenamento e a adoção de medidas em face de agentes ímprobos.

Em suma, fortalecer o Ministério Público significa atender aos interesses da coletividade, tornando mais eficiente o combate à corrupção.

5.4. Microssistema Anticorrupção

O Microssistema Anticorrupção busca conferir sistematicidade e integridade na aplicação dos diversos instrumentos de tutela da probidade administrativa e do erário.[49] Diante da interdependência e das normas de

[46] Costa, Rafael de Oliveira. Fortalecimento do Ministério Público e efetividade no combate à corrupção. **Jornal digital do Estadão**, 29 out. 2020. Blog do Fausto Macedo. Disponível em: https://politica.estadao.com.br/blogs/fausto-macedo/fortalecimento-do-ministerio-publico-e-efetividade-no-combate-a-corrupcao/. Acesso em: 31 out. 2021.

[47] A ampliação dos recursos materiais e humanos é essencial, inclusive, para que seja possível o cumprimento dos novos prazos estabelecidos pelo artigo 23, § 2º, da Lei n. 8.429/1992: "O inquérito civil para apuração do ato de improbidade será concluído no prazo de 365 (trezentos e sessenta e cinco) dias corridos, prorrogável uma única vez por igual período, mediante ato fundamentado submetido à revisão da instância competente do órgão ministerial, conforme dispuser a respectiva lei orgânica."

[48] "Art. 23-A. É dever do poder público oferecer contínua capacitação aos agentes públicos e políticos que atuem com prevenção ou repressão de atos de improbidade administrativa."

[49] "No plano da responsabilização judicial, além do microssistema sancionador instituído pela LRPJ, há outros ilícitos, com sanções diversas, previstos, por exemplo, na Lei de Improbidade Administrativa (Lei n. 8.429/1992), na Lei de Licitações (Lei n. 8.666/1993) e na Lei de Defesa da Concorrência (Lei n. 12.529/2011). Na maneira como tem sido concebido e estruturado o sistema brasileiro de direito sancionador, podemos extrair princípios fundamentais em relação

reenvio, as lacunas, omissões e contradições devem ser sanadas por meio da interpretação conjunta e recíproca dos diversos diplomas que regem a temática.[50]

O Microssistema Anticorrupção é composto, em seu núcleo não penal, pela Lei da Ação Popular (Lei n. 4.717/1965), Lei da Ação Civil Pública (Lei n. 7.347/1985), Lei de Improbidade Administrativa (Lei n. 8.429/1992) e Lei Anticorrupção Empresarial (Lei n. 12.846/2013), além da Lei das Eleições (Lei n. 9.504/1997), da Lei de Responsabilidade Fiscal (LC n. 101/2000) e de outros diplomas.

Na esfera penal, destacam-se o Decreto-Lei n. 201/1967 (crimes praticados por prefeitos) e o Código Penal (Título XI – Crimes contra a Administração Pública),[51] bem como todo o conjunto de normas que rege o Direito Processual Penal Coletivo.[52]

Esses diplomas compartilham, no âmbito material, tipos – penais e administrativos – voltados à tutela da probidade e, no âmbito processual, estabelecem processos sancionatórios que devem dialogar entre si.[53]

à coexistência de distintas esferas de responsabilização." (GARCIA, Emerson; PACHECO ALVES, Rogério. **Improbidade administrativa**. 8. ed. São Paulo: Saraiva, 2014, p. 284.)

50 Cf. ORTONAL, Marcelo Augusto Biehl. **O novo papel dos Tribunais de Contas no microssistema de combate à corrupção administrativa**. Tese de Doutorado. Universidade Federal do Paraná, Curitiba, 2019, p. 63-64.

51 Nesse sentido, o Enunciado n. 68 da Procuradoria-Geral de Justiça do Ministério Público do Estado de São Paulo: "Sem prejuízo de outra forma de indicação, o alerta do Tribunal de Contas, referente aos dois últimos quadrimestres do último ano do mandato, para o equacionamento das contas públicas, seguido da assunção de obrigação não essencial no mesmo período, constitui elemento de informação sobre o dolo, suficiente a instruir persecução criminal por infração à norma contida no art. 359-C do Código Penal."

52 Sobre o Direito Processual Penal Coletivo, conferir: ALMEIDA, Gregório Assagra de; COSTA, Rafael de Oliveira. **Direito processual penal coletivo**: a tutela penal dos bens jurídicos coletivos – direitos ou interesses difusos, coletivos e individuais homogêneos. 2. ed. Belo Horizonte: D'Plácido, 2021.

53 "Assim, veja-se, que a Lei Anticorrupção Empresarial (Lei nº 12.846/13) prevê expressamente em seu art. 21 que, 'nas ações de responsabilização judicial, será adotado o rito previsto na Lei nº 7.347, de 24 de julho de 1985 (Lei da Ação Civil Pública)', e que, de acordo com seu art. 30, o processo de responsabilização desta lei não prejudicará 'os processos de responsabilização e aplicação de penalidades decorrentes de: I – ato de improbidade administrativa nos termos da Lei no 8.429, de 2 de junho de 1992; e II – atos ilícitos alcançados pela Lei no 8.666, de 21 de junho de 1993, ou outras normas de licitações e contratos da administração pública.' Por sua vez, a Lei de Improbidade Administrativa prevê em seu art. 14, § 3º que a representação à autoridade administrativa para que seja instaurada investigação destinada a apurar a prática

De modo a compatibilizar os diplomas, a advocacia pública pode propor a ação da Lei Anticorrupção contra uma pessoa jurídica e, com a decisão do Supremo Tribunal Federal proferida nas ADIs 7.042 e 7.043, a ação de improbidade administrativa contra os sócios e administradores; do mesmo modo, o Ministério Público pode ajuizar tanto a ação fundada na Lei Anticorrupção quanto a ação de improbidade administrativa.

Em suma, ocorre uma integração entre os diversos dispositivos e diplomas normativos, seja sob o aspecto material, seja sob a ótica processual, de modo que "a integração e utilização conjunta dos diplomas legais para o combate da corrupção administrativa se trata de verdadeiro imperativo."[54]

5.5. Filtragem hermenêutico-constitucional

A concretização da norma jurídica não pode ser fruto da subjetividade do intérprete. Ao contrário, deve decorrer de parâmetros pré-determinados constitucionalmente que possibilitem o fechamento hermenêutico do sistema. Apesar da existência de uma margem de indeterminabilidade, a tarefa de concretização não se dissolve no relativismo, devendo prevalecer a busca pela previsibilidade das decisões e pelo ideal de justiça:

> Na ideia de uma ordem judicial supõe-se o ato de que a sentença do juiz não surja de arbitrariedades imprevisíveis, mas de uma ponderação justa do conjunto. A pessoa que se tenha aprofundado em toda compreensão da situação estará em condições de realizar essa ponderação justa. Justamente por

de ato de improbidade 'será processada na forma prevista nos arts. 148 a 182 da Lei nº 8.112, de 11 de dezembro de 1990', ou seja, na forma do processo administrativo disciplinar do servidor público federal. No que tange ao processo judicial, seu art. 14, §3º prevê que 'no caso de a ação principal ter sido proposta pelo Ministério Público, aplica-se, no que couber, o disposto no § 3º do art. 6o da Lei no 4.717, de 29 de junho de 1965 (Lei da Ação Popular)'. Além disso, as ações de improbidade administrativa são processadas pelo rito da Lei da Ação Civil Pública (Lei nº 7.347/85), o inquérito civil previsto em seu art. 8º é utilizado como procedimento administrativo preparatório à propositura de ação de improbidade, e o termo de ajustamento de conduta, celebrado com o objetivo de fazer cessar condutas lesivas e obter reparação de danos no âmbito extrajudicial, é previsto no §6º do art. 5º daquela lei, que, por sua vez, prevê a aplicação subsidiária ou supletiva do Código de Processo Civil em seu art. 19." (Ortonal, Marcelo Augusto Biehl. **O novo papel dos Tribunais de Contas no Microssistema de combate à corrupção administrativa**. Tese de Doutorado. Universidade Federal do Paraná, Curitiba, 2019, p. 63-64.)

[54] Ortonal, Marcelo Augusto Biehl. **O novo papel dos Tribunais de Contas no Microssistema de Combate à Corrupção Administrativa**. Tese de Doutorado. Universidade Federal do Paraná, Curitiba, 2019, p. 63-64.

isso existe segurança jurídica em um estado de direito; ou seja, podemos ter uma ideia daquilo que nos atemos. Qualquer advogado ou conselheiro está, em princípio, capacitado para aconselhar corretamente, ou seja, para predizer corretamente a decisão do juiz com base nas leis vigentes.[55]

Deve-se evitar o risco da decisão fundada em resultados "pré-concebidos pelo julgador" – *v.g.*, juiz que deseja condenar um agente pela prática de ato de improbidade administrativa e, desconsiderando os preceitos da hermenêutica, vale-se de argumentação, ainda que ilegítima, para chegar ao resultado pretendido –, em manifesta contradição à impossibilidade de se determinar previamente o sentido da norma.

Com efeito, a decisão adequada só pode ser aquela oriunda das circunstâncias presentes no caso *decidendo* e da adequada exegese da norma a partir dos preceitos constitucionais. Não existe verdade prévia; a verdade é construída intersubjetivamente, a partir dos elementos do caso concreto e da observância aos precedentes, por meio do processo judicial.[56] Nesse sentido:

> [...] é inexorável que eu venha combater toda e qualquer atividade discricionária, voluntarista ou decisionista do Poder Judiciário – e da doutrina positivista que guarnece tais posições. Registre-se minha posição firme – fundado na hermenêutica filosófica – no sentido de que "levemos o texto a sério", entendido o texto como evento [...].[57]

A determinação da norma jurídica a ser aplicada a cada caso deve se dar a partir da coerência com a totalidade das circunstâncias fáticas envolvidas e com os precedentes existentes, compatibilizando a decisão com o "fechamento hermenêutico" do ordenamento.[58]

A unidade do sistema encontra seu fundamento na sua norma positiva superior, que é a Constituição Federal. E especialmente no âmbito dos

[55] Nesse sentido: Gadamer, Hans-Georg. **Verdade e Método.** Tradução de Flávio Paulo Meurer. Petrópolis: Vozes, 1997, p. 477 e seguintes.

[56] Costa, Rafael de Oliveira; Buzzetti, Bruno Starke. Da Inconstitucionalidade do art. 45, § 2º, da Lei 12.594/2012. **Revista de Direito da Infância e da Juventude** (RDIJ), v. 3, p. 73-85, 2014.

[57] Streck, Lenio Luiz. **Verdade e Consenso**: Constituição, hermenêutica e teorias discursivas. Rio de Janeiro: Editora Lumen Juris, 2006, p. 141.

[58] Cf. Streck, Lenio Luiz. **Verdade e Consenso**: Constituição, hermenêutica e teorias discursivas. Rio de Janeiro: Editora Lumen Juris, 2006.

atos de improbidade administrativa, em que os efeitos para o agente processado geram grande repercussão, é preciso estabelecer o fechamento hermenêutico, buscando não só:

> a) fixar condições para a realização de um controle da interpretação constitucional, mas também b) estabelecer que a fundamentação das decisões é um dever do magistrado, c) que cada cidadão tenha sua causa julgada a partir da Constituição, com condições para aferir se a decisão é ou não constitucionalmente adequada (Häberle, 1997), d) que a decisão seja passível de universalização, respeite os precedentes existentes e se legitime (pela sua forma e pelo seu conteúdo), em razão da racionalidade que a embasa, e) que não seja produto de resultados pré-concebidos pelo julgador, f) que oportunize o efetivo poder de convencimento ao jurisdicionado (princípio do contraditório efetivo), g) que seja passível de controle (*accountability* – e.g., recursos, controle de constitucionalidade, entre outros), h) que seja fruto da participação da maior pluralidade possível de segmentos sociais (Luhmann, 1980) e, por fim, g) que o intérprete atue segundo uma "ética hermenêutica" (Costa, 2013).[59]

Assim, a aplicação da Lei n. 8.429/1992, inclusive dos novos dispositivos introduzidos pela Lei n. 14.230/2021, deve ser orientada pelo Microssistema Anticorrupção em harmonia com a Constituição Federal. Respeitam-se, desse modo: a natureza fundamental do direito difuso à probidade; o Estado Democrático de Direito, que sujeita os agentes públicos ao primado da juridicidade,[60] repelindo a prática de atos de improbidade; e os direitos e as garantias fundamentais dos investigados, sem prejuízo das Convenções Internacionais contra a Corrupção incorporadas ao ordenamento jurídico brasileiro.

De forma mais detalhada, impende destacar que, na esfera material, a interpretação da Lei n. 8.429/1992 sujeita-se aos princípios da legalidade, tipicidade, culpabilidade – responsabilidade subjetiva como regra, responsabilidade objetiva como exceção na esfera da Lei n. 12.846/2013 –, pessoalidade (ou intranscendência), proporcionalidade, razoabilidade e *non bis in idem*.

[59] Costa, Rafael de Oliveira. Entre o direito e a política: A criatividade e o "fechamento hermenêutico" no exercício da jurisdição constitucional. **Pensar – Revista de Ciências Jurídicas**, v. 21, p. 713.

[60] A juridicidade exige uma atuação em conformidade com todo o ordenamento jurídico e não apenas à lei.

De outro modo, na esfera processual, incidem, de forma exemplificativa, os princípios do devido processo legal coletivo, boa-fé, contraditório, ampla defesa, verdade processual, garantia da não auto imputação de ilícitos administrativos, inadmissibilidade de provas ilícitas, imparcialidade, adequada motivação e duração razoável do processo.

Inobstante as modificações empreendidas pela Lei n. 14.230/2021, a ação de improbidade administrativa continua incluída no âmbito do Microssistema Processual Coletivo, pois o novel diploma não alterou o *status* constitucional de ação que tutela o interesse difuso à probidade.[61]

Por fim, a aplicação da Lei de Improbidade Administrativa supera o mero conhecimento do texto legal, fazendo-se necessária uma visão interdisciplinar, tomando como base alicerces filosóficos, ecológicos, econômicos, sociais e políticos que resvalam no fenômeno jurídico.

6. Constitucionalidade e natureza da Lei n. 8.429/1992

Em que pese a existência de divergência inicial, a Lei n. 8.429/1992, em sua redação original, já teve reconhecida a sua constitucionalidade formal e material pelo Supremo Tribunal Federal. Em relação à primeira (constitucionalidade formal), o referido sodalício assentou o seguinte:

> Iniciado o projeto de lei na Câmara dos Deputados, cabia a esta o encaminhamento à sanção do Presidente da República depois de examinada a emenda apresentada pelo Senado da República, atuando como Casa revisora, não caracterizou novo projeto de lei a exigir uma segunda revisão.[62]

No que tange à constitucionalidade material, o Supremo Tribunal Federal decidiu que "as sanções civis impostas pelo artigo 12 da Lei nº 8.429/92 aos atos de improbidade administrativa estão em sintonia com os princípios constitucionais que regem a Administração Pública".[63]

Em relação à sua natureza, a Lei n. 8.429/1992 é norma nacional – e não federal – em relação aos dispositivos que regulamentam a probidade

[61] Consignamos a existência de posição em sentido em contrário em decorrência de o legislador ter previsto que a ação por improbidade não é ação civil. Para os defensores desta posição, trata-se de uma ação *sui generis*, na medida em que a ação por improbidade não tem natureza criminal e, após a Lei 14.230/2021, também não é ação civil.

[62] ADI 2.182/DF, Rel. Min. Marco Aurélio, Rel. p/ Min. Carmen Lúcia, Tribunal Pleno, Dje de 10.09.2010.

[63] RE 598.588 AGRG/RJ, Rel. Min. Eros Grau, 2ª Turma, Dje 26.02.2010.

administrativa e a ação de improbidade. Incide, portanto, para a Administração Pública direta e indireta de todos os entes federativos (União, Estados, Distrito Federal e Municípios).

O seu núcleo normativo é atribuição privativa da União (artigo 22, *caput*, inciso I, da Constituição), abrangendo os sujeitos ativos e passivos, as condutas que caracterizam dos atos de improbidade (artigos 9º, 10 e 11 da Lei n. 8.429/1992), as sanções passíveis de serem aplicadas aos agentes (artigo 12 da Lei n. 8.429/1992), as regras processuais, a prescrição, dentre outros temas.

De outro modo, as normas procedimentais e de feição administrativa contidas na Lei n. 8.429/1992 são de competência concorrente, razão pela qual apresentam natureza federal, devendo os demais entes federados, ao regulamentarem a matéria, observarem as normas gerais estabelecidas pela União. A título de exemplo, os Estados-Membros podem regulamentar o afastamento cautelar administrativo (artigo 20, parágrafo único, da Lei n. 8.429/1992) e os ilícitos funcionais de seus agentes.[64]

Por fim, impende destacar que inúmeros dispositivos da Lei n. 8.429/1992 modificados pela Lei n. 14.230/21 têm a sua constitucionalidade questionada e serão objeto de análise detalhada no decorrer da presente obra.

7. Sujeitos passivos do ato de improbidade administrativa

Sujeitos passivos são as "entidades protegidas" em face da prática de ato de improbidade administrativa, ou seja, são as pessoas jurídicas lesadas pela conduta ímproba. A matéria está regulamentada nos seguintes dispositivos da Lei n. 8.429/1992:

> Art. 1º. [...] § 5º Os atos de improbidade violam a probidade na organização do Estado e no exercício de suas funções e a integridade do patrimônio público e social dos Poderes Executivo, Legislativo e Judiciário, bem como da administração direta e indireta, no âmbito da União, dos Estados, dos Municípios e do Distrito Federal.

[64] O artigo 23, *caput*, inciso I, da Constituição ainda permite que todos os entes federados zelem "pela guarda da Constituição, das leis e das instituições democráticas e conservar o patrimônio público", inclusive fortalecendo as suas ouvidorias e controladorias e promovendo a criação de órgãos específicos para o combate à corrupção.

> § 6º Estão sujeitos às sanções desta Lei os atos de improbidade praticados contra o patrimônio de entidade privada que receba subvenção, benefício ou incentivo, fiscal ou creditício, de entes públicos ou governamentais, previstos no § 5º deste artigo.
>
> § 7º Independentemente de integrar a administração indireta, estão sujeitos às sanções desta Lei os atos de improbidade praticados contra o patrimônio de entidade privada para cuja criação ou custeio o erário haja concorrido ou concorra no seu patrimônio ou receita atual, limitado o ressarcimento de prejuízos, nesse caso, à repercussão do ilícito sobre a contribuição dos cofres públicos. [...].

De forma didática, é possível sintetizar as entidades protegidas da seguinte forma:

a) Administração Pública direta (União, Estados, Distrito Federal e Municípios);
b) Administração Pública indireta (autarquias,[65] empresas públicas, sociedades de economia mista e fundações estatais de direito público e de direito privado) no âmbito da União, dos Estados, do Distrito Federal e dos Municípios;
c) entidade privada para cuja criação ou custeio o erário haja concorrido ou concorra no seu patrimônio ou receita atual, limitado o ressarcimento de prejuízos, nesse caso, à repercussão do ilícito sobre a contribuição dos cofres públicos;[66]
d) entidade que receba subvenção, benefício ou incentivo, fiscal ou creditício de entes públicos ou governamentais;
e) consórcios públicos (Lei n. 11.107/2005), independentemente da natureza de sua personalidade jurídica (direito público ou privado).[67]

[65] Os Conselhos de Fiscalização Profissional também estão abarcados pela norma, uma vez que o Supremo Tribunal Federal, no julgamento da ADI n. 1717/DF, indicou a natureza de autarquia de regime especial dessas entidades, inserindo-os na administração indireta da União.

[66] Encontram-se abrangidas as entidades do terceiro setor, tais como os serviços sociais autônomos (destinatários de contribuições sociais), as organizações sociais (OS) e as organizações da sociedade civil de interesse público (OSCIP).

[67] Os consórcios públicos não estão expressamente previstos pela Lei n. 8.429/1992.

Depreende-se, assim, que a Lei de Improbidade Administrativa adotou como critério para a sua incidência o manejo de valores públicos: se a atividade envolver dinheiro público, será possível a responsabilização pela prática de improbidade administrativa, ainda que se trate de entidade privada.

Em relação aos partidos políticos, é preciso deixar claro que ostentam personalidade jurídica de direito privado, *ex vi* do artigo 44, *caput*, inciso V, do Código Civil. Ainda assim, prevalecia o entendimento de que era possível a aplicação da Lei n. 8.429/1992 quando beneficiados com recursos do Fundo Especial de Assistência Financeira aos Partidos Políticos ("Fundo Partidário"), que apresenta natureza de verba pública.[68]

Contudo, com o advento da Lei n. 14.230/2021, o artigo 23-C passou a estabelecer que os partidos se submetem ao regime da Lei n. 9.096/1995:

> Art. 23-C. Atos que ensejem enriquecimento ilícito, perda patrimonial, desvio, apropriação, malbaratamento ou dilapidação de recursos públicos dos partidos políticos, ou de suas fundações, serão responsabilizados nos termos da Lei nº 9.096, de 19 de setembro de 1995.

Como a lei não vedou expressamente a incidência da Lei de Improbidade Administrativa, vislumbram-se duas correntes quanto a esse tema:

a) a primeira posição sustenta que os partidos políticos se submetem exclusivamente ao regime de responsabilidade da Lei n. 9.096/1995, afastando, desse modo, a aplicação da Lei n. 8.429/1992, bem como se sujeitando, no campo civil, apenas à multa eleitoral e à reparação dos danos;
b) a segunda posição entende que não há razão para a exclusão dos partidos políticos do âmbito de aplicação da Lei de Improbidade Administrativa, porque o art. 23-C da Lei n. 8.429/1992 não vedou expressamente a incidência desse diploma, em especial pelo fato de que são beneficiários diretos de recursos públicos ("Fundo Partidário") e de benefícios fiscais vultuosos (horário eleitoral gratuito). Em assim sendo, o artigo 23-C da Lei n. 8.429/1992, quando interpretado sistematicamente, submete os partidos a um duplo regime de responsabilização, composto pela Lei n. 9.096/1995 e pela Lei de Improbidade Administrativa.

[68] STJ, AgReg no AREsp 430.144/RS, Rel. Min. Herman Benjamin, julgado em 05/08/2014, DJe 18/08/2014.

A partir de uma análise sistemática do regime constitucional e legal de Tutela do Patrimônio Público, concluímos que não é possível afastar a incidência da Lei n. 8.429/1992 quanto ao Fundo Partidário. Trata-se de verba pública – constituída a partir de dotações orçamentárias da União, multas, penalidades, doações e outros recursos financeiros atribuídos por lei –, a qual, por conseguinte, deve ser resguardada pelos instrumentos jurídicos de estilo, sob pena de flagrante inconstitucionalidade: proteção deficiente do patrimônio público e retrocesso na defesa dos interesses difusos.

Esta segunda corrente, na linha de nosso entendimento, foi a adotada pelo Supremo Tribunal Federal, para conferir ao citado artigo 23-C uma interpretação conforme a Constituição Federal. Na ação direta de inconstitucionalidade n. 7.236, ajuizada pela Associação Nacional dos Membros do Ministério Público (CONAMP), o ministro Alexandre de Moraes, relator do processo no Supremo Tribunal Federal, aventou o seguinte em sua decisão prolatada no dia 27 de dezembro de 2022 (destaques no original):

> Ao prever a subtração de atos ímprobos que maculem recursos públicos dos partidos políticos, ou de suas fundações, do âmbito de incidência da Lei de Improbidade Administrativa, o art. 23-C da Lei 8.429/1992, incluído pela Lei 14.230/2021, aparenta subverter a lógica constitucional que rege a matéria, pautada na prevalência da probidade e, consequentemente, no combate à improbidade.
>
> Nada obstante gozarem da liberdade de criação, fusão, incorporação e extinção, desde que resguardados a soberania nacional, o regime democrático, o pluripartidarismo e os direitos fundamentais da pessoa humana, entre outros preceitos (Constituição Federal, art. 17, *caput*), e ostentarem personalidade jurídica de direito privado (Código Civil, art. 44, V), os partidos políticos recebem vultosos recursos de natureza preponderantemente pública, provenientes do Fundo Especial de Assistência Financeira aos Partidos Políticos – Fundo Partidário (Lei 9.096/1995, art. 38), de modo que a descaracterização da eventual aplicação das sanções por ato de improbidade tipificadas constitucionalmente mostra-se igualmente apta a contradizer o § 4º do art. 37 da Constituição Federal, segundo o qual "os atos de improbidade administrativa importarão a suspensão dos direitos políticos, a perda da função pública, a indisponibilidade dos bens e o ressarcimento ao erário".
>
> Além disso, ao possibilitar um tratamento diferenciado aos autores de ilícitos de improbidade contra recursos públicos dos partidos políticos, ou de suas fundações, a referida previsão coloca-se em potencial conflito com o

princípio da isonomia, pois os tratamentos normativos diferenciados somente são compatíveis com a Constituição Federal quando verificada a existência de uma finalidade razoavelmente proporcional ao fim visado (CELSO ANTONIO BANDEIRA DE MELLO. Princípio da isonomia: desequiparações proibidas e permitidas. Revista Trimestral de Direito Público, nº 1, p. 79), o que, em linha de princípio, não se observa na hipótese dos autos.

Pela mesma razão, considerado o caráter majoritariamente pecuniário das sanções previstas na Lei dos Partidos Políticos, a descaracterização das sanções mais graves estabelecidas pela Lei de Improbidade Administrativa tem o condão de violar os princípios da vedação à proteção insuficiente e, portanto, da proporcionalidade, pois esta estará caracterizada, conforme destacado por JESUZ GONZALES SALINAS, quando ausente coerência do Poder Público no exercício de suas atividades legislativas, com patente extravasamento dos limites razoáveis da discricionariedade e consequente desrespeito ao princípio da arbitrariedade dos poderes públicos, que impede a criação ou desfazimento de obrigações desprovidas de justificação fática (Notas sobre algunos de los puntos de referencia entre ley, reglamento y acto administrativo. Revista de Administración Pública, número 120, 1989).

Diante de todo o exposto, presentes os requisitos para concessão de medida, conferindo interpretação conforme ao art. 23-C, da Lei 8.429/1992, incluído pela Lei 14.230/2021, no sentido de que os atos que ensejem enriquecimento ilícito, perda patrimonial, desvio, apropriação, malbaratamento ou dilapidação de recursos públicos dos partidos políticos, ou de suas fundações, poderão ser responsabilizados nos termos da Lei 9.096/1995, mas sem prejuízo da incidência da Lei de Improbidade Administrativa.

De outro modo, a Lei n. 14.230/2021 ainda incluiu um § 6º ao artigo 1º da Lei n. 8.429/1992, afastando a interpretação de que a improbidade administrativa contra as entidades subvencionadas só ensejaria punição em caso de comprovada ocorrência de danos ao erário.[69] Confira a redação do dispositivo:

69 Sobre o tema, vale mencionar que a Súmula n. 36 do CSMP-SP estabelece que: "Sempre que constatar a lesão, ou a ameaça a interesses difusos ou coletivos, o Órgão do Ministério Público poderá apurar se houve a devida atuação do órgão da Administração Pública competente para a fiscalização e implementação das leis de polícia administrativa incidentes. Em casos de pouca repercussão ou gravidade, o arquivamento do inquérito civil poderá ter como fundamento a

> Art. 1º [...] § 6º Estão sujeitos às sanções desta Lei os atos de improbidade praticados contra o patrimônio de entidade privada que receba subvenção, benefício ou incentivo, fiscal ou creditício, de entes públicos ou governamentais, previstos no § 5º deste artigo. [...].

Ademais, o novo § 7º do art. 1º da Lei n. 8.429/1992 dispõe que, na hipótese de improbidade administrativa praticada contra as entidades subvencionadas, o ressarcimento ficará limitado à repercussão do ilícito sobre a contribuição dos cofres públicos. Assim, a prática de improbidade administrativa contra entidades subvencionadas não fica isenta de pena, limitando-se apenas o ressarcimento dos prejuízos à repercussão do ilícito sobre o erário. A título de exemplo, caso uma entidade que disponha de patrimônio da ordem de R$ 2.000.000,00 tenha recebido incentivo fiscal de R$ 400.000,00, o ressarcimento dos prejuízos não poderá repercutir sobre todo o seu patrimônio, mas apenas sobre a contribuição dos cofres públicos (R$ 400.000,00).

Por fim, o artigo 2º, parágrafo único, da Lei n. 8.429/1992 estabelece a abrangência da lei em relação aos recursos públicos, dispondo expressamente que poderá abarcar: a) convênios; b) contrato de repasses; c) contratos de gestão; d) termos de parceria; e) termos de cooperação; ou f) ajustes administrativos equivalentes:

> Art. 2º [...] Parágrafo único. No que se refere a recursos de origem pública, sujeita-se às sanções previstas nesta Lei o particular, pessoa física ou jurídica, que celebra com a administração pública convênio, contrato de repasse, contrato de gestão, termo de parceria, termo de cooperação ou ajuste administrativo equivalente.

8. Sujeitos ativos do ato de improbidade administrativa

Sujeitos ativos do ato de improbidade administrativa são aqueles que podem ser responsabilizados pela conduta ilícita. Dispõe o artigo 2º, *caput*, da Lei n. 8.429/1992:

suficiência das medidas administrativas para cessação dos danos ou eliminação da ameaça, comprovadas nos autos ou objeto de Termo de Ajustamento de Conduta. No caso de omissão injustificada por parte da Administração Pública, o Órgão do Ministério Público poderá tomar as medidas cabíveis para apurar eventuais ato de improbidade administrativa, falta funcional e/ou crime contra a administração pública, buscando a responsabilização dos agentes omissos. Da mesma forma, verificará a necessidade de ajuizar ação civil pública contra a Administração Pública para compeli-la a aplicar a lei de polícia pertinente."

Art. 2º Para os efeitos desta Lei, consideram-se agente público o agente político, o servidor público e todo aquele que exerce, ainda que transitoriamente ou sem remuneração, por eleição, nomeação, designação, contratação ou qualquer outra forma de investidura ou vínculo, mandato, cargo, emprego ou função nas entidades referidas no art. 1º desta Lei. [...].

Trata-se de conceito amplo, sendo considerado agente público e, portanto, sujeito ativo do ato de improbidade administrativa, o agente político, o servidor público e todo aquele que exerce, ainda que transitoriamente[70] ou sem remuneração, por eleição, nomeação, designação, contratação ou qualquer outra forma de investidura ou vínculo, mandato, cargo, emprego ou função nas entidades protegidas pela Lei n. 8.429/1992 (sujeitos passivos).

Não se exige um lapso mínimo de tempo de exercício de atividade pública - que poderá ser, inclusive, transitória - ou contraprestação - podendo a atividade ser exercida a título gratuito –, mas apenas o exercício de função junto às pessoas jurídicas que se enquadram como sujeitos passivos de atos de improbidade administrativa.

Assim, de forma didática, a Lei n. 8.429/1992 incluiu dentre os sujeitos ativos:

a) o agente público de direito - que possui vínculo formal com o Estado –, tais como agentes políticos, servidores públicos, jurados, mesários, leiloeiros, entre outros;
b) o agente público de fato, sem vínculo formal, que pode ser classificado em putativos - por acreditarem possuir vínculo formal com o Estado, como, por exemplo, agentes que desempenham função pública, sem a necessária aprovação em concurso público - e os necessários - os quais desenvolvem função pública em situações de calamidade ou emergência.

[70] No que concerne à validade da contratação temporária, o Supremo Tribunal Federal estabeleceu cinco requisitos: "a) os casos excepcionais estejam previstos em lei; b) o prazo de contratação seja predeterminado; c) a necessidade seja temporária; d) o interesse público seja excepcional; e) a necessidade de contratação seja indispensável, sendo vedada a contratação para os serviços ordinários permanentes do Estado, e que devam estar sob o espectro das contingências normais da Administração." (RE 658026, Rel. Min. Dias Toffoli, Tribunal Pleno, julgado em 09/04/2014.)

Antes do advento da Lei n. 14.230/2021, pendia celeuma acerca da aplicação da Lei n. 8.429/1992 em relação aos agentes políticos que contam com regime especial por crime de responsabilidade (parlamentares, presidente da República, prefeitos, ministros de Estado *etc.*). Existiam, basicamente, três correntes:

a) primeira posição – a Lei n. 8.429/1992 não se aplica aos agentes políticos submetidos à legislação especial que cuida de crimes de responsabilidade;[71]
b) segunda posição – os agentes políticos podem ser responsabilizados na forma da Lei n. 8.429/1992, vedada, todavia, a aplicação das penas previstas para o regime dos crimes de responsabilidade;
c) terceira posição – coexistência dos regimes de responsabilização, com ampla e total aplicação das sanções previstas na Lei n. 8.429/1992 e aquelas previstas para os crimes de responsabilidade.[72]

Atualmente, contudo, diante da inclusão expressa dos agentes políticos no artigo 2º da Lei n. 8.429/1992, parece inexistir dúvida quanto à possibilidade de coexistência dos regimes de responsabilização, com a incidência das sanções previstas na citada lei e daquelas previstas para os crimes de responsabilidade. Nesse sentido é a redação do artigo 12, *caput*, do mesmo diploma, que prevê expressamente a possibilidade de responsabilização do agente, cumulativamente, pela prática de crime de responsabilidade (destaques nossos):

> Art. 12. Independentemente do ressarcimento integral do dano patrimonial, se efetivo, e das sanções penais comuns **e de responsabilidade**, civis e administrativas previstas na legislação específica, está o responsável pelo ato de improbidade sujeito às seguintes cominações, que podem ser aplicadas isolada ou cumulativamente, de acordo com a gravidade do fato: [...].

Nem mesmo os detentores de vitaliciedade, como membros do Poder Judiciário e do Ministério Público, ficam afastados da incidência das sanções previstas na Lei n. 8.429/1992, o que inclui os Ministros do Supremo Tribunal Federal. Neste último caso, contudo, a competência para

[71] STF, Reclamação n. 2.138, Rel. Min. Nelson Jobim, DJ 17/09/2002.

[72] STF – Pet 3240 AgR/DF, rel. Min. Teori Zavascki, red. p/ o ac. Min. Roberto Barroso, julgamento em 10.5.2018.

julgamento, segundo assentado pelo Supremo Tribunal Federal na Pet. n. 3.211/DF,[73] será do próprio Tribunal, excetuando a regra da ausência de foro por prerrogativa de função para o julgamento de ação de improbidade administrativa.

E mais: o fato de o agente público ser, após a prática do ato ímprobo, desligado da pessoa jurídica, não inviabiliza a sua responsabilização, tendo em vista que incide a regra do *tempus regit actum*.[74]

Além disso, a aplicação das sanções previstas na Lei de Improbidade Administrativa não impede a aplicação de outras sanções cíveis, penais ou administrativas. Assim, se o ato de improbidade for também tipificado como crime, a mesma conduta poderá resultar em sanções penais.

Por fim, é preciso deixar claro que, com o advento da Lei n. 14.230/2021, passou a ser necessária a demonstração, para qualquer ato de improbidade administrativa, do elemento subjetivo do agente, consistente em obter proveito ou benefício indevido para si ou para outra pessoa ou entidade. Com efeito, o artigo 11, §§ 1º e 2º, da Lei n. 8.429/1992 passou a dispor o seguinte:

> Art. 11. [...] § 1º Nos termos da Convenção das Nações Unidas contra a Corrupção, promulgada pelo Decreto nº 5.687, de 31 de janeiro de 2006, somente haverá improbidade administrativa, na aplicação deste artigo, quando for comprovado na conduta funcional do agente público o fim de obter proveito ou benefício indevido para si ou para outra pessoa ou entidade.
>
> § 2º Aplica-se o disposto no § 1º deste artigo a quaisquer atos de improbidade administrativa tipificados nesta Lei e em leis especiais e a quaisquer outros tipos especiais de improbidade administrativa instituídos por lei. [...].

9. Terceiros

O ato de improbidade administrativa pode não ser obra exclusiva de um agente público, mas de sua atuação conjunta com um terceiro, que pode ser tanto um particular quanto um agente público estranho às funções que ensejaram a conduta ilícita. Para essas hipóteses, o artigo 3º da Lei n. 8.429/1992 prevê uma norma de extensão pessoal,[75] incidindo a Lei de

[73] STF – Pet-QO nº 3.211/DF – Relator(a): Min. Marco Aurélio – 27/06/2008.

[74] Andrade, Adriano; Masson, Cleber Rogério; Andrade, Landolfo. **Interesses difusos e coletivos**: esquematizado. 7. ed. São Paulo: Método, 2016, p. 703.

[75] Andrade, Adriano; Masson, Cleber Rogério; Andrade, Landolfo. **Interesses difusos e coletivos**: esquematizado. 7. ed. São Paulo: Método, 2016, p. 713.

Improbidade Administrativa, no que couber,[76] àquele que, mesmo não sendo agente público, induza ou concorra dolosamente para a prática da conduta ilícita.

Assim, o terceiro, que pode uma pessoa física ou jurídica, deve agir com dolo[77] e incorrer em um dos seguintes tipos de conduta para que seja responsabilizado:

a) induzir – ou seja, incutir – o agente público ao estado mental tendente à prática do ilícito;
b) concorrer juntamente com o agente público para a prática do ato; e
c) beneficiar-se do ato ilícito praticado pelo agente público.

Em relação a essa última hipótese (beneficiamento), é preciso fazer uma distinção como decorrência das alterações trazidas pela Lei n. 14.230/2021. No que tange aos sócios, cotistas, diretores e colaboradores de pessoa jurídica de direito privado, é necessário a comprovação de participação e o recebimento de *benefícios diretos* – tais como bens ou valores desviados do erário –, sob pena de não responderem pelo ato de improbidade administrativa que venha ser imputado à pessoa jurídica, nos limites de sua participação (artigo 3º, § 1º, da Lei n. 8.429/1992).[78] De modo distinto, os demais terceiros poderão ser responsabilizados pelo recebimento de benefícios diretos ou *indiretos*, tais como a nomeação de parentes para cargos comissionados.

É preciso atentar, contudo, para o fato de que a exigência de comprovação de "participação e benefício direto" precisa ser analisada à luz da Constituição, pois viola o princípio da isonomia, já que não incide, de forma geral e abstrata, em relação a agentes públicos.[79]

[76] "A expressão 'no que couber', contida no artigo 3º da Lei de Improbidade Administrativa, esclarece que a sanção aplicada deverá considerar a qualidade do terceiro no momento da prolação da sentença." (MAGALHÃES JÚNIOR, Alexandre Alberto de Azevedo. A Tutela do Patrimônio Público. *In*: Vitorelli, Edilson (Org.). **Manual de Direitos Difusos**. Salvador: Juspodivm, 2019, p. 538.)

[77] Com o advento da Lei n. 14.230/2021, o dolo é o elemento subjetivo essencial tanto para o agente público quanto para o terceiro.

[78] O artigo 3º, § 1º, passou a dispor expressamente que: "Os sócios, os cotistas, os diretores e os colaboradores de pessoa jurídica de direito privado não respondem pelo ato de improbidade que venha a ser imputado à pessoa jurídica, salvo se, comprovadamente, houver participação e benefícios diretos, caso em que responderão nos limites da sua participação."

[79] Nesse sentido, a Nota Técnica n. 01/2021, da 5ª CCR/MPF: "20. Na condição de 'sócios, cotistas, diretores e colaboradores da pessoa jurídica', a exigência de comprovação de 'participa-

Ainda no que tange ao terceiro, o Superior Tribunal de Justiça firmou o entendimento de que ele, isoladamente, não pode praticar ato de improbidade administrativa. Desse modo, não é possível o ajuizamento de ação de improbidade administrativa exclusivamente em face de particular, sem a concomitante presença de agente público no polo passivo da demanda.[80]

Contudo, embora o Superior Tribunal de Justiça entenda ser inviável o ajuizamento da ação de improbidade exclusivamente contra o particular, é possível o prosseguimento de ação de improbidade administrativa exclusivamente contra particular quando há pedido de responsabilização de agente público pelos mesmos fatos em demanda conexa.[81]

Por fim, o artigo 3º, § 2º, da Lei n. 8.429/1992 afastou a possibilidade de aplicação das sanções previstas na Lei de Improbidade Administrativa a pessoas jurídicas quando a conduta é sancionada simultaneamente pela Lei Anticorrupção, *in verbis*: "As sanções desta Lei não se aplicarão à pessoa jurídica, caso o ato de improbidade administrativa seja também sancionado como ato lesivo à administração pública de que trata a Lei nº 12.846, de 1º de agosto de 2013."

Diante do teor do dispositivo, entendemos possível o surgimento de duas correntes. Uma primeira posição, partindo da literalidade do dispositivo, poderá entender que não afasta apenas o *bis in idem*[82], mas, sim, qualquer aplicação da Lei de Improbidade Administrativa na hipótese de o ato ser também sancionado pela Lei Anticorrupção. Em outras palavras, as pessoas físicas se submetem apenas à Lei de Improbidade Administrativa, e, as pessoas jurídicas, somente à Lei Anticorrupção.

Já uma segunda posição promoverá interpretação sistemática do dispositivo com o artigo 30, inciso I, da Lei Anticorrupção, o qual enuncia que

ção e benefício direto' como requisito de responsabilidade pessoal é inconstitucional, porque viola o princípio constitucional da isonomia, já que inaplicável, de forma geral e abstrata, tal condicionamento a agentes públicos. Esta comprovação pode incentivar o uso de expedientes de benefício indireto, com potencial de evitar a repercussão das normas sancionatórias."

80 REsp n. 1.171.017-PA, Rel. Min. Sérgio Kukina, julgado em 25/2/2014.

81 STJ, 1ª Turma, AREsp 1.402.806-TO, Rel. Min. Manoel Erhardt (Desembargador convocado do TRF da 5ª Região), julgado em 19/10/2021.

82 Em qualquer caso, contudo, é preciso deixar claro que o *non bis in idem* encontra amparo constitucional no artigo 5º, *caput*, inciso LIV, e no artigo 37, § 4º, apresentando duas dimensões: a) material, que veda a aplicação de sanções de mesma natureza pelo mesmo fato; e b) formal, que veda a existência de procedimentos de apuração e processos judiciais sobre os mesmos fatos.

suas penas não afastam as da Lei n. 8.429/1992, encampando o princípio da independência das esferas punitivas. Assim, o artigo 3º, § 2º, da Lei de Improbidade Administrativa deve ser compreendido como responsável apenas pelo afastamento das hipóteses de *bis in idem* na aplicação de sanções, permitindo que as pessoas jurídicas se submetam tanto à Lei Anticorrupção quanto à Lei de Improbidade Administrativa. Afasta-se, assim, o retrocesso legislativo na tutela da probidade, em especial diante da existência de diferentes sanções,[83] posição que entendemos mais consentânea com os princípios constitucionais aplicáveis à espécie.

10. Sucessores do agente ímprobo

A redação original do artigo 8º da Lei n. 8.429/1992 dispunha que o sucessor daquele que causar lesão ao patrimônio público ou se enriquecer ilicitamente estava sujeito às cominações legais até o limite do valor da herança. Admitia-se, assim, que todas as sanções de caráter patrimonial – ou seja, o ressarcimento ao erário, a multa civil e a perda de bens e valores ilicitamente acrescidos ao patrimônio –, até os limites das forças da herança, incidissem sobre o sucessor, sob pena de violação ao princípio da pessoalidade das penas.[84]

Com o advento da Lei n. 14.230/2021, contudo, o dispositivo ganhou nova redação: "Art. 8º O sucessor ou herdeiro daquele que causar dano ao erário ou se enriquecer ilicitamente está sujeito apenas à obrigação de repará-lo, até o limite do valor da herança ou do patrimônio transferido."

Assim, a responsabilidade do herdeiro do autor e do sucessor depende de dois requisitos cumulativos:

a) configuração do ato de improbidade por enriquecimento ilícito ou lesão ao erário (artigos 9º e 10 da Lei n. 8.429/1992), não sendo possível a responsabilização daquele que comete ato de improbidade administrativa por violação aos princípios da Administração Pública (art. 11, da Lei n. 8.429/92); e
b) a responsabilidade limitada à reparação do dano até o limite do valor da herança ou do patrimônio transferido. A nova redação, portanto, parece limitar a responsabilidade do sucessor à reparação do dano,

[83] Nesse sentido: ZIESEMER, Henrique da Rosa; PINHEIRO, Igor Pereira. **Nova lei de improbidade administrativa comentada**. Leme: Mizuno, 2022, p. 53.

[84] Nesse sentido: STJ, REsp 951.389/SC, 1ª Seção, Rel. Min. Herman Benjamin, DJe de 4.5.2011.

não sendo possível, assim, a incidência das sanções de multa civil e perda de bens e valores ilicitamente acrescidos.

A melhor posição é aquela que não permite a "legalização do ilícito" em favor do sucessor. Inobstante a omissão do legislador, não é possível que o montante correspondente ao enriquecimento ilícito do agente ímprobo seja mantido junto aos seus familiares, inclusive sob pena de enriquecimento sem causa, que é vedado expressamente pelos artigos 884 e seguintes do Código Civil.[85] Nem mesmo a exclusão da multa civil pode prevalecer, sob pena de concessão de uma espécie de "anistia" ao sucessor. Em suma, tanto a multa civil quanto a perda de bens e valores ilicitamente acrescidos ao patrimônio devem incidir até os limites das forças da herança.

10.1. Responsabilidade sucessória em relação às pessoas jurídicas

O artigo 8º-A, *caput*, da Lei n. 8.429/1992 estabelece que a responsabilidade sucessória também incide nas hipóteses de sucessão empresarial, ou seja, quando ocorre alteração contratual, transformação, incorporação, fusão ou cisão societária:

> Art. 8º-A A responsabilidade sucessória de que trata o art. 8º aplica-se também na hipótese de alteração contratual, transformação, incorporação, fusão ou cisão societária.

Importa destacar que, na transformação, a pessoa jurídica passa de um tipo para outro sem haver dissolução ou liquidação (artigo 220 da Lei n. 6.404/76). Na incorporação, a pessoa jurídica é absorvida por outra e a incorporadora continua existindo (artigo 227 da Lei n. 6.404/76). De outro modo, na fusão se unem duas ou mais pessoas jurídicas para formar uma nova entidade, extinguindo-se todas as sociedades fusionadas (artigo 228 da Lei n. 6.404/76), e, na cisão, a pessoa jurídica transfere parcelas do seu patrimônio para outras, extinguindo-se a cindida.

Assim, caso uma determinada entidade venha a ser incorporada por outra, a entidade sucessora permanecerá responsável pela integral reparação dos danos, conforme dispõe expressamente o parágrafo único do referido dispositivo:

[85] "Art. 884. Aquele que, sem justa causa, se enriquecer à custa de outrem, será obrigado a restituir o indevidamente auferido, feita a atualização dos valores monetários. [...]."

> Art. 8º-A [...]. Parágrafo único. Nas hipóteses de fusão e de incorporação, a responsabilidade da sucessora será restrita à obrigação de reparação integral do dano causado, até o limite do patrimônio transferido, não lhe sendo aplicáveis as demais sanções previstas nesta Lei decorrentes de atos e de fatos ocorridos antes da data da fusão ou da incorporação, exceto no caso de simulação ou de evidente intuito de fraude, devidamente comprovados.

A regra incide exclusivamente nos casos de fusão e de incorporação de empresas, quando a responsabilidade da sucessora será restrita à obrigação de reparação integral do dano causado até o limite do patrimônio transferido, não lhe sendo aplicáveis as demais sanções previstas na Lei de Improbidade Administrativa decorrentes de atos e de fatos ocorridos antes da data da fusão ou da incorporação. Contudo, havendo comprovação de *simulação ou de evidente intuito de fraude*, tal regra deixa de ser aplicada, e a sucessora pode responder além daquele limite.

Aqui também parece pertinente a crítica trazida no tópico anterior, no sentido de que a melhor posição é aquela sustentada pelo Superior Tribunal de Justiça, ou seja, de que todas as sanções de caráter patrimonial – ressarcimento ao erário, multa civil e perda de bens e valores ilicitamente acrescidos ao patrimônio – sejam transmitidas para a sociedade sucessora.

11. Da responsabilidade do legislador pela edição de leis inconstitucionais de efeitos concretos[86]

O Poder Legislativo, a rigor, possui duas funções típicas: editar atos normativos primários, aptos a inovar o ordenamento jurídico, e fiscalizar a atuação de toda a Administração Pública.

O parlamentar, no exercício da função de legislar, deve atuar em conformidade com as normas constitucionais e legais, sob pena de responsabilidade.

Assim, tem prevalecido o entendimento de que as sanções da Lei de Improbidade Administrativa podem atingir as condutas perpetradas por parlamentares no exercício da função legislativa típica, desde que carac-

[86] O presente tópico contempla uma síntese aperfeiçoada das ideias defendidas por um dos autores em: Costa, Rafael de Oliveira. ***Dubitando ad veritatem parvenimus***: da responsabilidade do legislador por improbidade administrativa na edição de leis inconstitucionais de efeitos concretos. Porto Alegre: Direito Público, v. 68, p. 95-108, 2016.

terizado o desvio de poder ou de finalidade.[87]-[88]-[89] Assim, ao editarem flagrantemente leis inconstitucionais, senadores, deputados e vereadores podem responder pela prática de improbidade administrativa:

> Imaginemos, por exemplo, hipótese em que vereadores de determinado município aprovem lei de efeitos concretos, autorizando o Chefe do Poder Executivo Municipal a firmar contrato de doação de determinado imóvel, mesmo sabendo que o projeto de lei não encontra amparo em interesse público justificado. Ora, é evidente que qualquer cidadão gostaria de receber doação de bens públicos, agregando ao seu patrimônio imóveis sem quaisquer ônus. Nesse caso, ao legislarem para atender interesses particulares, os vereadores acabam por extrapolar o poder que lhes é conferido constitucionalmente, atuando com finalidade diversa daquela prevista na norma constitucional que lhes atribui competência para aprovarem normas de caráter geral e abstrato.[90]

Diplomas normativos como o mencionado no exemplo têm natureza formal de lei de efeitos concretos, mas, substancialmente, refletem verdadeiro atos administrativos, uma vez que não apresentam abstração ou generalidade:

> Por leis e decretos de efeitos concretos entendem-se aqueles que trazem em si mesmos o resultado específico pretendido [...]. Tais leis ou decretos nada

[87] Cf. ANDRADE, Adriano; MASSON, Cleber Rogério; ANDRADE, Landolfo. **Interesses difusos e coletivos**: esquematizado. 7. ed. São Paulo: Método, 2016, p. 709. E ainda, o Enunciado 07 da I Jornada de Direito Administrativo do CJF: "Configura ato de improbidade administrativa a conduta do agente público que, em atuação legislativa *lato sensu*, recebe vantagem econômica indevida."

[88] "A edição de leis que implementaram o aumento indevido nas próprias remunerações, posteriormente camuflado em ajuda de custo desvinculada de prestação de contas, enquadra a conduta dos responsáveis – tenham agido com dolo ou culpa – no art. 10 da Lei 8.429/1992, que censura os atos de improbidade por dano ao Erário, sujeitando-os às sanções previstas no art. 12, II, da mesma lei." (STJ, REsp 723.494/MG, Rel. Min. Herman Benjamin, DJe 08/09/2009.)

[89] No que tange à aprovação de lei futura, a Súmula n. 75 do CSMP-SP estabelece que: "O Conselho Superior não homologará Termos de Ajustamento de Conduta que importem ingerência no exercício de função legislativa ou que pressuponham exclusivamente aprovação de lei futura."

[90] O presente tópico contempla uma síntese aperfeiçoada das ideias defendidas por um dos autores em: COSTA, Rafael de Oliveira. ***Dubitando ad veritatem parvenimus***: da responsabilidade do legislador por improbidade administrativa na edição de leis inconstitucionais de efeitos concretos. Porto Alegre: Direito Público, v. 68, p. 95-108, 2016.

têm de normativos; são atos de efeitos concretos, revestindo a forma imprópria de lei ou decreto por exigências administrativas. Não contém mandamentos genéricos, nem apresentam qualquer regra abstrata de conduta; atuam concreta e imediatamente como qualquer ato administrativo de efeitos individuais e específicos, razão pela qual se expõem ao ataque pelo mandado de segurança (RT 242/314, 289/152, 291/171, 441/66) (pela ação popular e pela ação civil pública também).[91]

Tratando-se de lei de efeitos concretos, com resultado previamente determinado – doação de determinado bem – e que materializa ato administrativo violador dos princípios constitucionais da legalidade, moralidade, impessoalidade e supremacia do interesse público, é possível não apenas a invalidação pelo Poder Judiciário, por meio de ação civil pública, mas também a responsabilização dos legisladores pela prática de improbidade administrativa.[92]

Pondere-se que nem todos os que participaram da votação devem responder pela prática de improbidade administrativa, ou seja, nem todos os membros do Senado Federal, da Câmara dos Deputados, da Assembleia Legislativa, da Câmara Legislativa e da Câmara Municipal devem figurar no polo passivo da demanda. Apenas aqueles que tenham *votado favoravelmente à aprovação do diploma normativo* é que incorrem na prática de improbidade administrativa, uma vez que é incabível a responsabilização sem que esteja demonstrado o dolo. [93]

Acerca do tema, o Superior Tribunal de Justiça entende que:

> O ato legislativo típico está fora do âmbito de atuação da Lei nº 8.429/92, seja por não operar efeitos concretos, seja por esbarrar na imunidade material conferida aos parlamentares pela Constituição, *ainda que seja possível a presença do ato de improbidade durante a sua própria tramitação, sobretudo quando o desvio é manifesto.*[94]

[91] MEIRELLES, Hely Lopes. **Mandado de Segurança**. 30. ed. São Paulo: RT, 2007, p. 41-42.
[92] MEIRELLES, Hely Lopes. **Mandado de Segurança**. 30. ed. São Paulo: RT, 2007, p. 41-42.
[93] MEIRELLES, Hely Lopes. **Mandado de Segurança**. 30. ed. São Paulo: RT, 2007, p. 41-42.
[94] STJ, REsp 1.101.359/CE, Rel. Min. Castro Meira, DJe 09/11/2009.

12. Da responsabilidade por improbidade administrativa em razão do descumprimento de "compromisso eleitoral"[95]

Um exemplo de retrocesso causado pela Lei n. 14.230/2021 foi a alteração do artigo 11 da Lei n. 8.429/1992 para impor um rol taxativo de condutas que configuram ato de improbidade administrativa que violam princípios da Administração Pública – conforme será abordado mais à frente.[96]

Como exemplo, lembra-se que os votos atribuídos a um candidato em uma democracia deveriam expressar o apoio de eleitores a um ideal político. E o artigo 11, § 1º, inciso IX, da Lei n. 9.504/1997 contribui para essa finalidade, estabelecendo que:

> Art. 11. Os partidos e coligações solicitarão à Justiça Eleitoral o registro de seus candidatos até as dezenove horas do dia 15 de agosto do ano em que se realizarem as eleições. § 1º O pedido de registro deve ser instruído com os seguintes documentos: [...] IX – propostas defendidas pelo candidato a Prefeito, a Governador de Estado e a Presidente da República.

O dispositivo vem afastar os "estelionatários eleitorais" e permitir que as promessas não cumpridas gerem a efetiva responsabilização do agente público pela ruptura da confiança nele depositada ao final da campanha política.

Assim, diante do registro das propostas, o candidato que rompe com o compromisso assumido durante o período eleitoral ludibria o eleitor que apoiou o plano de governo apresentado e, por via de consequência, não detém mais legitimidade para prosseguir no exercício da função. Nesse sentido:

> Frise-se que não há qualquer problema no arrolamento de inúmeras propostas no momento do registro da candidatura. Ocorre, contudo, que o programa de governo registrado junto à Justiça Eleitoral deve ser não só exequível, mas efetivamente executado, vinculando o candidato na hipótese de vir a ser eleito. Caso contrário, deve-se responsabilizar o agente público pelo descum-

[95] O presente tópico contempla uma síntese aperfeiçoada das ideias defendidas em: COSTA, Rafael de Oliveira. Judicializando a política: da responsabilidade por improbidade administrativa em razão do descumprimento de "compromisso eleitoral". **Revista Direitos Fundamentais & Democracia** (UniBrasil), v. 18, p. 3-13, 2015.

[96] Com a fixação de um rol taxativo, condutas como abuso de autoridade, cumulação indevida de cargos públicos, prevaricação e outras deixaram de caracterizar improbidade administrativa.

primento do compromisso assumido com o eleitor, em razão do déficit de legitimidade na condução da Administração Pública (Bonavides, 2001). Isso porque as propostas não-cumpridas ferem o Estado Democrático de Direito, em razão da violação à representatividade democrática: o mandatário não é, efetivamente, representante do eleitor quando age de forma totalmente contrária ao prometido durante o período eleitoral (Bonavides, 2001).[97]

Desse modo, é possível sancionar as falsas promessas levadas ao conhecimento de eleitores durante a campanha e não cumpridas durante o mandato, uma vez que fulminam a moralidade administrativa e a segurança jurídica. Em outras palavras, o descumprimento das propostas implica inevitável afronta ao artigo 11, *caput*, da Lei n. 8.429/1992, uma vez que viola princípios da Administração Pública.[98]

[97] Costa, Rafael de Oliveira. Judicializando a política: da responsabilidade por improbidade administrativa em razão do descumprimento de "compromisso eleitoral". **Revista Direitos Fundamentais & Democracia** (UniBrasil), v. 18, p. 3-13, 2015.

[98] Com efeito: "[...] a proteção da confiança guarda estreita relação com os princípios da boa-fé e da moralidade administrativa, tendo como corolário o dever de o candidato não fraudar as legítimas expectativas criadas durante a campanha eleitoral. E como corolário da proteção à confiança, a previsibilidade reflete a necessidade de que os cidadãos tenham um conhecimento (prévio) das consequências jurídicas de suas condutas (Martins-Costa, 2004), especialmente em razão do apoio conferido a determinado candidato durante o período eleitoral. Portanto, ao se identificar com o projeto político apresentado por determinado candidato, não podem ser frustradas as expectativas legítimas depositadas pelo cidadão para o futuro do país, sob pena de afronta à proteção da confiança e à previsibilidade. Desse modo, fica evidente a conexão existente entre proteção da confiança e previsibilidade (segurança jurídica), no sentido de auto vinculação de atos, e o descumprimento das propostas anteriormente apresentadas, razão pela qual inequívoca a necessidade de responsabilização daquele que estiver em exercício na chefia do Executivo. Não bastasse, o descumprimento das propostas também implica em violação ao princípio da moralidade. Isso porque, tendo em conta a expressiva densidade axiológica e a elevada carga normativa que encerra o princípio previsto no caput do art. 37 da Constituição, não há como deixar de concluir que a manutenção no cargo depende do efetivo cumprimento do plano de governo anteriormente apresentado aos eleitores. Ora, a moralidade administrativa reflete mecanismo constitucional para evitar que a subjetividade implique em verdadeira arbitrariedade no exercício do cargo, em razão da necessidade de observância das propostas para o desempenho legítimo das funções atribuídas ao chefe do Executivo. E essa legitimidade decorre não apenas do apoio manifestado nas urnas, mas do permanente controle do cumprimento das propostas apresentadas aos eleitores. Assim, o princípio da moralidade torna obrigatório que o móvel do agente e o objeto pretendido estejam em harmonia com o dever de bem administrar e a boa-fé no exercício do mandato. Ainda que os contornos do ato que empossou o então candidato estejam em conformidade com

A título de exemplo, suponhamos que determinado candidato venha a registrar, como proposta de governo, o aumento de investimentos em saúde para o patamar de 50% do Produto Interno Bruto, dentro do prazo de quatro anos, a contar do início do exercício do mandato. Em descumprindo a promessa e sem que exista qualquer justificativa plausível para fazê-lo, nada obsta que o Ministério Público venha a ingressar com ação de improbidade administrativa, em razão da violação aos princípios da segurança jurídica e da moralidade, uma vez frustradas as legítimas expectativas depositadas pelos eleitores.[99]

Ao fazer propostas de caráter genérico e sem qualquer possibilidade de concretização (ex., "eu vou solucionar os problemas da educação", "eu vou resolver os problemas do SUS", entre outras), o eleito assume a responsabilidade por aquilo que prometeu, devendo ser capaz de adotar toda uma gama de medidas que venham a alcançar a promessa, sob pena de responder pela prática de improbidade administrativa, conforme a redação originária do artigo 11, *caput*, da Lei n. 8.429/1992.[100]

Ao ludibriar os cidadãos, o agente agride o patrimônio coletivo com tamanha intensidade e extensão que gera sensação de repulsa coletiva a ato intolerável, ofendendo toda a coletividade em sua dignidade e decoro cívicos por aquele que viola os princípios da moralidade e segurança jurídica, ferindo profundamente o sentimento de cidadania (artigo 1º, *caput*, inciso II, da Constituição Federal).[101]

o ordenamento, deve-se afastar-se o eleito do dever de administrar, em razão da ausência de honestidade com eleitor e da ilegitimidade para atuar com base em novas diretrizes, diversas daquelas propostas durante o processo eleitoral. Destarte, a inadequação do programa político efetivamente implantado com a intenção anteriormente manifestada pelo agente implica em violação à moralidade administrativa e ao dever de honestidade." (Costa, Rafael de Oliveira. Judicializando a política: da responsabilidade por improbidade administrativa em razão do descumprimento de "compromisso eleitoral". **Revista Direitos Fundamentais & Democracia** (UniBrasil), v. 18, p. 3-13, 2015.)

[99] Costa, Rafael de Oliveira. Judicializando a política: da responsabilidade por improbidade administrativa em razão do descumprimento de "compromisso eleitoral". **Revista Direitos Fundamentais & Democracia** (UniBrasil), v. 18, p. 3-13, 2015.

[100] Costa, Rafael de Oliveira. Judicializando a política: da responsabilidade por improbidade administrativa em razão do descumprimento de "compromisso eleitoral". **Revista Direitos Fundamentais & Democracia** (UniBrasil), v. 18, p. 3-13, 2015.

[101] Costa, Rafael de Oliveira. Judicializando a política: da responsabilidade por improbidade administrativa em razão do descumprimento de "compromisso eleitoral". **Revista Direitos Fundamentais & Democracia** (UniBrasil), v. 18, p. 3-13, 2015.

Em suma, ao romper o compromisso assumido durante o período eleitoral, o eleito ludibria o eleitor que apoiou as propostas apresentadas e, por via de consequência, pode ser responsabilizado pela prática de improbidade administrativa, nos termos do artigo 11, *caput*, da Lei n. 8.429/1992.[102]

Contudo, a reforma empreendida pela Lei n. 14.230/2021 alterou profundamente o artigo 11 da Lei de Improbidade Administrativa, inclusive seu *caput*. Assim, hoje, para haver improbidade administrativa que viola os princípios da Administração Pública é necessária a ocorrência de uma das situações previstas nos incisos do citado artigo – que, segundo parcela da doutrina, apresenta rol taxativo –, não mais se permitindo uma defesa abrangente e eficiente do patrimônio público. O Supremo Tribunal Federal foi chamado a se manifestar quanto a constitucionalidade de tal alteração e, em breve, se posicionará a respeito dessa temática.[103]

13. Lei de Improbidade Administrativa e direito intertemporal

No que tange à aplicação da Lei de Improbidade Administrativa no tempo, inclusive em relação às modificações empreendidas pela Lei n. 14.230/2021, faremos, para fins meramente didáticos, a distinção entre as normas que regulamentam aspectos relacionados ao direito processual e ao direito material.

13.1. Normas de natureza processual

Em relação às normas de natureza processual, incide o princípio da imediatidade, de modo que as inovações aplicam-se aos processos em curso. Sobre o tema, o artigo 14 do Código de Processo Civil impõe a aplicação imediata de norma processual aos processos em curso, respeitados os atos processuais praticados e as situações jurídicas consolidadas sob a vigência da norma revogada.[104] No mesmo sentido, o artigo 2º do Código de

[102] O artigo 11 da Lei n. 8.429/1992, com a redação que lhe foi conferida pela Lei n. 14.230/2021, possui capacidade de subsunção de condutas ilícitas, visto que define os princípios da administração pública cuja violação enseja a prática de ato de improbidade administrativa, lastreados nos deveres de legalidade, honestidade e imparcialidade.

[103] Menciona-se, a título exemplificativo, a ação direta de inconstitucionalidade n. 7236, ajuizada pela Associação Nacional dos Membros do Ministério Público (CONAMP).

[104] "Art. 14. A norma processual não retroagirá e será aplicável imediatamente aos processos em curso, respeitados os atos processuais praticados e as situações jurídicas consolidadas sob a vigência da norma revogada."

Processo Penal dispõe que a lei processual penal aplicar-se-á desde logo, sem prejuízo da validade dos atos realizados sob a vigência da lei anterior.

No que tange aos recursos, prevalece o entendimento de que devem ser regidos pela lei vigente à época da decisão recorrida.[105] A título exemplificativo, se uma decisão que aprecia preliminares em sede de contestação foi prolatada antes da entrada em vigor da Lei n. 14.230/2021, diante da ausência de expressa previsão no artigo 1.015 do Código de Processo Civil, será incabível o recurso de agravo de instrumento. De outro modo, acaso prolatada após a entrada em vigor da Lei n. 14.230/2021, será cabível o agravo de instrumento, em atenção ao disposto no artigo 17, § 9º-A, da Lei n. 8.429/1992.[106]

No que tange ao reexame necessário, a jurisprudência do Superior Tribunal de Justiça consolidou o entendimento de que a lei em vigor no momento da prolação da sentença regula a sujeição ao duplo grau obrigatório, repelindo a retroatividade da norma nova.[107] Assim, tratando-se de remessa oficial, a regra geral é a de que é regida pela lei vigente à época da decisão recorrida.

A título exemplificativo, caso a sentença de improcedência ou de extinção sem resolução de mérito tenha sido prolatada quando em vigor a redação original da Lei n. 8.429/1992, é possível a aplicação analógica do artigo 19 da Lei n. 7.347/1985, admitindo-se, portanto, o reexame necessário. Com efeito, a superveniente modificação da norma, quando já ultrapassado o prazo do recurso necessário, não compromete o direito processual de ver reapreciada a sentença pelo tribunal. Contudo, caso tenha sido prolatada após a entrada em vigor da Lei n. 14.230/2021, é incabível a remessa necessária.

13.2. Normas de natureza material

No que tange ao direito material, o disposto no artigo 5º, *caput*, inciso XXXVI, da Constituição[108] aplica-se a toda e qualquer diploma infraconstitucional, sem qualquer distinção entre lei de direito público ou de direito privado. Apenas as normas constitucionais federais é que, por terem apli-

[105] STJ, AREsp n. 859.169, j. 24/06/2016.

[106] "Art. 17. [...] § 9º-A Da decisão que rejeitar questões preliminares suscitadas pelo réu em sua contestação caberá agravo de instrumento. [...]."

[107] STJ, EREsp 600.874/SP, Rel. Ministro José Delgado, Corte Especial, julgado em 01/08/2006, DJ 4/9/2006.

[108] *In verbis*: "a lei não prejudicará o direito adquirido, o ato jurídico perfeito e a coisa julgada".

cação imediata, podem alcançar, respeitados determinados limites, fatos consumados no passado (retroatividades média e máxima).[109]

Assim, em regra, a lei nova apenas regulamenta os casos futuros, de modo que somente os atos praticados após a entrada em vigor da Lei n. 8.429/1992 e, mais recentemente, da Lei n. 14.230/2021, estarão sujeitos às sanções por elas previstas.

Discussão mais profunda diz respeito à possibilidade de incidência retroativa das normas mais benéficas trazidas pela Lei n. 14.230/2021. Sobre o tema, há duas correntes:

a) a primeira posição sustenta inexistir previsão legal ou constitucional para a retroatividade de normas de cunho civil-administrativo, com fulcro no artigo 6º, **caput**, da Lei de Introdução às Normas do Direitos Brasileiro (LINDB).[110]-[111] Esta parece ser a posição adotada pelo Supremo Tribunal Federal no que tange aos principais aspectos da decisão exarada no Recurso Extraordinário n. 843.989 (Tema 1.199);
b) a segunda posição entende ser possível a aplicação do princípio da retroatividade da norma mais benéfica no âmbito do Direito Administrativo Sancionador, pois, embora o artigo 5º, *caput*, inciso XL, da Constituição Federal faça referência apenas à "lei penal", deve ser interpretado como "um princípio jurídico geral, aplicável a toda manifestação do **jus puniendi**.[112]-[113]

[109] STF, AI 258.337 AgR, rel. min. Moreira Alves, j. 6-6-2000, 1ª Turma, DJ de 4-8-2000.

[110] "Art. 6º A Lei em vigor terá efeito imediato e geral, respeitados o ato jurídico perfeito, o direito adquirido e a coisa julgada. [...]."

[111] Sobre o tema: "III – Tratando-se de diploma legal mais favorável ao acusado, de rigor a aplicação da Lei Municipal n. 13.530/03, porquanto o princípio da retroatividade da lei penal mais benéfica, insculpido no art. 5º, XL, da Cons9tuição da República, alcança as leis que disciplinam o direito administra9vo sancionador. Precedente. IV – Dessarte, cumpre à Administração Pública do Município de São Paulo rever a dosimetria da sanção, observando a legislação mais benéfica ao Recorrente, mantendo-se indenes os demais atos processuais." (STJ, RMS 37.031/SP, Rel. Ministra Regina Helena Costa, Primeira Turma, julgado em 08/02/2018, DJe 20/02/2018.)

[112] Sobre o tema, conferir voto-vista do Min. Carlos Ayres Britto no RE 600.817, Rel. Min. Ricardo Lewandowski, pleno, DJe 30/10/14. E ainda: FAVRETO, Rogerio; GOMES JUNIOR, Luiz Manoel; ARAUJO LIMA, Diogo de. **O Direito Intertemporal e a nova Lei de Improbidade Administrativa**. Disponível em: https://www.conjur.com.br/2021-out-18/opiniao-direito-intertemporal-lei-improbidade. Acesso em: 26 out. 2021.

[113] "Art. 1º [...] § 4º: "Aplicam-se ao sistema da improbidade disciplinado nesta Lei os princípios constitucionais do direito administrativo sancionador. [...]."

Debruçando-se sobre a ação rescisória, o Tribunal de Justiça do Estado de São Paulo entendeu ser inviável a aplicação da lei nova, mais branda, na hipótese de acórdão transitado em julgado, sob pena de violação da cláusula pétrea insculpida no artigo 5º, *caput*, inciso XXXVI, da Constituição da República.[114]

Por fim, no que concerne à temática da prescrição, deve o leitor conferir as ponderações trazidas no Capítulo 6 da presente obra.

114 "AÇÃO RESCISÓRIA. Pretensão à rescisão de acórdão que condenou o autor, pela prática de ato de improbidade, ao pagamento de multa civil, ressarcimento do dano, perda da função pública, suspensão de direitos políticos e proibição de contratar com o Poder Público. 1. Prova nova é aquela obtida posteriormente ao trânsito em julgado, cuja existência era ignorada ou de que não se pôde fazer uso, capaz, por si só, de lhe assegurar pronunciamento favorável. Hipótese não materializada quando a prova é incapaz de alterar o desate. 2. Violação manifesta aos arts. 9º, caput, e 11 da Lei nº 8.429, de 1992 não identificada. Elemento subjetivo necessário à configuração do ato ímprobo demonstrado. 3. Os critérios de proporcionalidade, de justeza, de razoabilidade, utilizados como parâmetros na aplicação das sanções ao ato ímprobo não são passíveis de serem revistos na via estrita de ação rescisória, porquanto não se constituem como violação 'literal' de dispositivo legal". Precedentes 4. Impossibilidade de aplicação da lei nova, mais branda, na hipótese de acórdão transitado em julgado, sob pena de violação da cláusula pétrea insculpida no art. 5º, XXXVI, da Constituição da República. 5. Ação julgada improcedente." (TJSP; Ação Rescisória 2259847-80.2021.8.26.0000; Relator (a): Coimbra Schmidt; Órgão Julgador: 3º Grupo de Direito Público; Foro de Bananal – Vara Única; Data do Julgamento: 25/01/2022; Data de Registro: 25/01/2022.)

CAPÍTULO 2
TIPOLOGIA DOS ATOS DE IMPROBIDADE ADMINISTRATIVA

1. Introdução

Conforme salientado anteriormente, a Lei n. 8.429, de 2 de junho de 1992, com a redação fornecida pela Lei n. 14.230, de 25 de outubro 2021, elenca três tipos de atos de improbidade administrativa, realizando uma gradação nos artigos 9º ao 11 quanto à sua gravidade.

De início, a lei preconiza no artigo 9º as condutas mais gravosas, vale dizer, aquelas que importam enriquecimento ilícito. Na sequência, fixa no artigo 10 os atos que causam dano ao erário e, no artigo 11, aqueles que violam princípios da Administração Pública.

Contudo, a interpretação dos artigos 9º, 10 e 11, da Lei n. 8.429/92, depende de uma exegese conjugada do *caput* de cada dispositivo com seus respectivos incisos. Com efeito, o *caput* contempla uma fórmula geral, e os incisos descrevem condutas específicas decorrentes da finalidade normativa contida no *caput*.

Analisaremos, de forma detalhada, cada uma das categorias de atos de improbidade administrativa, não sem antes fazermos uma abordagem do elemento subjetivo.

1.1. Elemento subjetivo

A caracterização do ato de improbidade administrativa depende, a partir do advento da Lei n. 14.230/2021, da presença do elemento subjetivo *dolo* na conduta perpetrada pelo sujeito ativo.[115]

115 Nesse sentido: "[...] Diante desse contexto, mister se faz reconhecer que, com o advento da Lei 14.230/2021, o legislador deixou de considerar ímproba a conduta culposa, passando a

Dolo é a vontade livre e consciente de alcançar o resultado ilícito tipificado nos artigos 9º, 10 e 11 da sobredita lei. Não basta, portanto, a mera voluntariedade do agente. É necessário que o agente público deseje praticar a conduta e alcançar determinado resultado, sendo insuficiente, por exemplo, assinar um documento sem realmente conhecer seu teor.[116]

Será doloso o ato de improbidade quando o agente quis o resultado (dolo direto) ou assumiu o risco de produzi-lo (dolo eventual). Dolo, portanto, pode ser conceituado como a vontade consciente dirigida a realizar – ou aceitar realizar – a conduta prevista no tipo administrativo sancionador.

O dolo é componente subjetivo da conduta, composto por dois elementos: o *volitivo*, ou seja, a vontade de praticar a conduta prevista na norma, e o *intelectivo*, traduzido na consciência da conduta e do resultado.

O dolo genérico é aquele que não exige uma finalidade especial para a prática do ato, contrapondo-se ao dolo específico, o qual demanda um fim especial para o agente praticar o ato.

Com o advento da Lei n. 14.230/2021, parcela da doutrina entende ser necessário o dolo específico, ou seja, que seja demonstrado que o infrator agiu com uma intenção específica, que teve a vontade livre e consciente de alcançar o resultado ilícito tipificado nos artigos 9º, 10 e 11, não bastando a mera voluntariedade do agente.

Contudo, a mudança é passível de questionamento quanto à sua constitucionalidade, tendo em vista resvalar nos princípios da vedação à proteção insuficiente e da paridade de armas.[117-118]

De qualquer modo, não se admite, diferentemente do que ocorre na Lei Anticorrupção, a responsabilidade objetiva no âmbito da Lei n. 8.429/1992.

exigir, para todos os casos, a presença do dolo. 22. Assim, as apelações [...] devem ser providas, pois as condutas culposas não mais se enquadram no atual regime de responsabilização por improbidade administrativa." (TRF-5, apelação 00138512620134058100, Desembargador Federal Thiago Mesquita Teles de Carvalho, 3ª Turma, julgamento: 16/12/2021.)

116 Sobre o tema, o Superior Tribunal de Justiça fixou no Tema Repetitivo n. 1108 a seguinte tese: "A contratação de servidores públicos temporários sem concurso público, mas baseada em legislação local, por si só, não configura a improbidade administrativa prevista no art. 11 da Lei n. 8.429/1992, por estar ausente o elemento subjetivo (dolo) necessário para a configuração do ato de improbidade violador dos princípios da administração pública."

117 ZIESEMER, Henrique da Rosa; PINHEIRO, Igor Pereira. **Nova lei de improbidade administrativa comentada**. Leme: Mizuno, 2022, p. 219.

118 Ajuizaram-se diversas ações diretas de inconstitucionalidade (ADIs), podendo ser mencionada, como exemplo, a ADI n. 7236, de autoria da Associação Nacional dos Membros do Ministério Público (CONAMP).

Também não mais subsiste improbidade administrativa culposa, em razão da alteração do artigo 10, *caput*, da Lei n. 8.429/1992.

Por derradeiro, o mero exercício da função ou desempenho de competências públicas, sem comprovação de ato doloso com fim ilícito, afasta a responsabilidade por ato de improbidade administrativa (art. 1º, § 3º, da Lei de Improbidade Administrativa).

2. Atos de improbidade administrativa que importam enriquecimento ilícito

2.1. Introdução

No tocante aos atos que importam enriquecimento ilícito, a Lei n. 14.230/2021 realizou algumas alterações, analisadas a seguir. Segundo a redação originária, constava o seguinte no *caput* do artigo 9º:

> Art. 9º Constitui ato de improbidade administrativa importando enriquecimento ilícito auferir qualquer tipo de vantagem patrimonial indevida em razão do exercício de cargo, mandato, função, emprego ou atividade nas entidades mencionadas no art. 1º desta lei, e notadamente: [...].

Já a nova redação incluiu a expressão "mediante a prática de ato doloso", o que, contudo, é despiciendo, pois sempre se entendeu que tal modalidade de improbidade administrativa somente era punível mediante dolo. Cita-se, nesse sentido, o seguinte julgado do Superior Tribunal de Justiça, antes da entrada em vigor da Lei n. 14.230/2021 (destaques nossos):

> ADMINISTRATIVO E PROCESSUAL CIVIL. RECURSO ESPECIAL. AÇÃO DE RESPONSABILIDADE POR ATO DE IMPROBIDADE ADMINISTRATIVA. [...]. ELEMENTO SUBJETIVO. DOLO. [...] 3. Relativamente às condutas descritas na Lei n. 8.429/1992, esta Corte Superior possui firme entendimento de que a tipificação da improbidade administrativa, **para as hipóteses dos arts. 9º e 11, reclama a comprovação do dolo** e, para as hipóteses do art. 10, ao menos culpa do agente. [...]. (STJ, REsp 1932184/SP, Rel. Ministro Og Fernandes, 2ª Turma, julgado em 14/09/2021, DJe 07/10/2021.)

Assim, os requisitos do ato de improbidade administrativa que importa enriquecimento ilícito são os seguintes:

a) recebimento de vantagem patrimonial pelo agente público, direta ou indiretamente;

b) cuidar-se de vantagem dissociada dos subsídios ou vencimentos;
c) tratar-se de vantagem indevida;
d) nexo de causalidade;
e) presença do elemento subjetivo (STJ, MS 21.084/DF).

Salienta-se que não é necessário que o enriquecimento ilícito do agente público venha acompanhado de decréscimo patrimonial ao erário. Em tal contexto, é possível, em determinado caso prático, que um agente público receba dinheiro indevido de um particular para praticar determinada conduta proscrita, sem, contudo, causar efetivo dano ao erário. Exemplo: guarda municipal que recebe propina para permitir que particular permaneça além do tempo permitido em parque municipal. Nesse sentido (destaques nossos):

> [...] IMPROBIDADE ADMINISTRATIVA. ENRIQUECIMENTO ILÍCITO. **ART. 9º** e 12, I, DA LEI 8.429/92. COMPROVAÇÃO. **DEMONSTRAÇÃO DE DANO AO ERÁRIO. DESNECESSIDADE**. ELEMENTO SUBJETIVO. DOLO. DEMONSTRADO. TIPICIDADE DA CONDUTA. [...]. (STJ, REsp 1412214/PR, Rel. Ministro Napoleão Nunes Maia Filho, Rel. p/ Acórdão Ministro Benedito Gonçalves, 1ª Turma, julgado em 08/03/2016, DJe 28/03/2016.)

Ademais, o enriquecimento ilícito também pode decorrer de conduta omissiva. Exemplo: agente público que deixa de realizar medições em obras públicas após receber propina, com o intuito de favorecer terceiro.

Quanto à natureza da prestação indevida, esta pode ser direta, quando o próprio agente ímprobo a aufere, ou indireta, como, por exemplo, no caso de "testas de ferro", familiares, "laranjas" que recebem a vantagem indevida em nome do corrupto.

Conforme entendimento majoritário, inclusive do Superior Tribunal de Justiça (REsp 892.818/RS), não incide o princípio da insignificância nos atos de improbidade administrativa, *in verbis* (destaques nossos):

> [...] PRINCÍPIO DA MORALIDADE ADMINISTRATIVA. IMPROBIDADE ADMINISTRATIVA. MERA IRREGULARIDADE ADMINISTRATIVA. PRINCÍPIO DA INSIGNIFICÂNCIA. DISTINÇÃO ENTRE JUÍZO DE IMPROBIDADE DA CONDUTA E JUÍZO DE DOSIMETRIA DA SAN-

ÇÃO. [...] 5. Nem toda irregularidade administrativa caracteriza improbidade, nem se confunde o administrador inábil com o administrador ímprobo. Contudo, se o juiz, mesmo que implicitamente, declara ou insinua ser ímproba a conduta do agente, ou reconhece violação aos bens e valores protegidos pela Lei da Improbidade Administrativa (= juízo de improbidade da conduta), já não lhe é facultado – sob o influxo do princípio da insignificância, mormente se por "insignificância" se entender somente o impacto monetário direto da conduta nos cofres públicos – evitar o juízo de dosimetria da sanção, pois seria o mesmo que, por inteiro, excluir (e não apenas dosar) as penas legalmente previstas. [...] 7. O juiz, na medida da reprimenda (= juízo de dosimetria da sanção), deve levar em conta a gravidade, ou não, da conduta do agente, sob o manto dos princípios da razoabilidade e da proporcionalidade, que têm necessária e ampla incidência no campo da Lei da Improbidade Administrativa. 8. Como o seu próprio *nomen iuris* indica, a Lei 8.429/92 tem na moralidade administrativa o bem jurídico protegido por excelência, valor abstrato e intangível, nem sempre reduzido ou reduzível à moeda corrente. 9. A conduta ímproba não é apenas aquela que causa dano financeiro ao Erário. Se assim fosse, a Lei da Improbidade Administrativa se resumiria ao art. 10, emparedados e esvaziados de sentido, por essa ótica, os arts. 9 e 11. Logo, sobretudo no campo dos princípios administrativos, **não há como aplicar a lei com calculadora na mão, tudo expressando, ou querendo expressar, na forma de reais e centavos.** [...] 11. **A Quinta Turma do STJ, em relação a crime de responsabilidade, já se pronunciou no sentido de que "deve ser afastada a aplicação do princípio da insignificância, não obstante a pequena quantia desviada, diante da própria condição de Prefeito do réu, de quem se exige um comportamento adequado**, isto é, dentro do que a sociedade considera correto, do ponto de vista ético e moral." (REsp 769317/AL, Rel. Ministro Gilson Dipp, Quinta Turma, DJ 27/3/2006). **Ora, se é assim no campo penal, com maior razão no universo da Lei de Improbidade Administrativa, que tem caráter civil.** 12. Recurso Especial provido, somente para restabelecer a multa civil de R$ 1.500,00 (um mil e quinhentos reais), afastadas as sanções de suspensão de direitos políticos e proibição de contratar com o Poder Público, pretendidas originalmente pelo Ministério Público.

Por fim, registra-se que a tentativa não é punível, pois inexiste na Lei de Improbidade Administrativa uma norma de extensão como aquela prevista no artigo 14, *caput*, inciso II, e parágrafo único, do Código Penal[119]. Todavia, é importante consignar que pode ser cabível a punição subsidiária pelo artigo 10 ou 11 da Lei n. 8.429/1992. Nesse sentido:

> Diferentemente da esfera penal, a Lei n. 8.429/1992 não possui uma norma de adequação típica semelhante ao art. 14 do Código Penal, o que inviabiliza a ampliação da tipologia prevista nos arts. 9º, 10, 10-A e 11 daquele diploma legal às hipóteses em que seja identificada a incompleta concreção do tipo objetivo, vale dizer, às situações em que resulte clara a vontade do agente mas não seja constatada a efetiva violação do bem jurídico. [...] Deve-se frisar, uma vez mais, que não obstante resulte clara a vontade do agente, não haverá que se falar em improbidade se não for iniciada a execução do ato inquinado de ilícito. *In casu*, a mera cogitação não consubstanciará ilícito algum; a eventual prática de atos preparatórios será passível de punição se, individualmente considerados, estiverem em dissonância com os princípios regentes da atividade estatal, o mesmo ocorrendo em relação dos atos de execução praticados anteriormente à involuntária interrupção da empreitada. Desistindo o agente voluntariamente de prosseguir em sua atividade, haver? de responder pelos ilícitos até então praticados, a exemplo do que ocorre na esfera penal.[120]

2.2. Condutas elencadas no artigo 9º

São exemplificativas as subespécies de atos de improbidade administrativa que importam enriquecimento ilícito previstas nos incisos I a XII do artigo 9º, em razão da expressão "notadamente" constante ao final do *caput* do referido dispositivo.

Nesse sentido, a doutrina ensina que a "tipificação dos atos de improbidade administrativa é, em regra, aberta e o rol de condutas elencadas para a sua configuração é exemplificativo."[121]

Assim, a prática de outros atos que, embora não expressamente previstos, se enquadrem nas definições de "enriquecimento ilícito" poderá também caracterizar ato de improbidade administrativa.

[119] "Art. 14 – Diz-se o crime: [...] II – tentado, quando, iniciada a execução, não se consuma por circunstâncias alheias à vontade do agente. Parágrafo único – Salvo disposição em contrário, pune-se a tentativa com a pena correspondente ao crime consumado, diminuída de um a dois terços."

[120] GARCIA, Emerson; ALVES, Rogério Pacheco. **Improbidade administrativa**. 9. ed. São Paulo: Saraiva, 2017, p. 450.

[121] NEVES, Daniel Amorim Assumpção; OLIVEIRA, Rafael Carvalho Rezende. **Improbidade administrativa**: direito material e processual. 8. ed. Rio de Janeiro: Forense, 2020, p. 83.

2.2.1. Recebimento de vantagem econômica para atender interesse alheio

> I – receber, para si ou para outrem, dinheiro, bem móvel ou imóvel, ou qualquer outra vantagem econômica, direta ou indireta, a título de comissão, percentagem, gratificação ou presente de quem tenha interesse, direto ou indireto, que possa ser atingido ou amparado por ação ou omissão decorrente das atribuições do agente público;

A primeira conduta, elencada no inciso I do referido artigo 9º, consiste em receber, para si ou para outrem, dinheiro, bem móvel ou imóvel, ou qualquer outra vantagem econômica, direta ou indireta, a título de comissão, percentagem, gratificação ou presente de quem tenha interesse, direto ou indireto, que possa ser atingido ou amparado por ação ou omissão decorrente das atribuições do agente público.

Veja-se que tal disposição se assemelha ao crime de corrupção passiva, tipificado no artigo 317, *caput* e § 1º, do Código Penal.[122]

"Receber" significa "entrar na posse de", "obter como recompensa ou favor". Assim, o primeiro requisito para tal ato de improbidade administrativa é o recebimento de qualquer vantagem econômica (dinheiro, bem móvel, bem imóvel *etc.*), de forma direta ou indireta (*v.g.*, por interposta pessoa).

O objeto material, por conseguinte, é qualquer bem móvel, assim qualificado aquele "de movimento próprio, ou de remoção por força alheia, sem alteração da substância ou da destinação econômico-social" (artigo 82 do Código Civil), ou imóvel, consistente no "solo e tudo quanto se lhe incorporar natural ou artificialmente" (artigo 79 do Código Civil).

Na sequência, consigna-se a necessidade de que o referido bem possua a qualidade de indevida comissão, percentagem, gratificação ou presente, o que, inequivocamente, gera um enriquecimento ilícito. Desse modo, faz-se imprescindível uma relação entre o recebimento da referida vantagem e a ilicitude, afastando, por óbvio, a cobrança de taxas, emolumentos ou

[122] "Art. 317 – Solicitar ou receber, para si ou para outrem, direta ou indiretamente, ainda que fora da função ou antes de assumi-la, mas em razão dela, vantagem indevida, ou aceitar promessa de tal vantagem: Pena – reclusão, de 2 (dois) a 12 (doze) anos, e multa. § 1º – A pena é aumentada de um terço, se, em conseqüência da vantagem ou promessa, o funcionário retarda ou deixa de praticar qualquer ato de ofício ou o pratica infringindo dever funcional. [...]."

outros valores que possuem lastro no ordenamento jurídico e que se destinam ao erário.

"Comissão" significa uma retribuição que o comitente entrega ao comissionado pela realização de uma atividade. "Percentagem" é a parte, calculada de forma proporcional, de uma quantia a que uma pessoa tem direito a título de pagamento. "Gratificação" consiste no pagamento suplementar concedido a uma pessoa como gratidão por sua colaboração. "Presente", no sentido deste dispositivo, é o objeto que se dá a uma pessoa em razão de esta realizar algo em favor do presenteador.

O terceiro ponto fundamental refere-se à pessoa que realiza a entrega do bem. Ela deve possuir interesse, direto ou indireto, no que tange às funções do agente ímprobo. Vale dizer, o particular paga determinado valor, ou entrega outro tipo de bem com valor econômico, ao servidor público, para que este faça ou deixe de fazer alguma coisa, contrariando as normas jurídicas de estilo, que o determinavam a adotar conduta oposta ou diversa.

Cita-se o exemplo de um motorista que ultrapassa o limite de velocidade em uma rodovia, o qual, para não ser multado, entrega dinheiro ao guarda de trânsito que o flagrou nessa situação. O referido motorista, ao exceder o limite de velocidade na via pública, cometeu uma infração administrativa, e o citado agente público, ao visualizar tal situação, deveria multar aquele, conforme os mandamentos jurídicos correlatos. Contudo, ele assim não procede, pois recebe uma propina do particular e, por esse motivo, pratica ato de improbidade administrativa, além de ilícitos em outras searas do Direito.

2.2.2. Recebimento de vantagem econômica para facilitar negócio superfaturado

> II – perceber vantagem econômica, direta ou indireta, para facilitar a aquisição, permuta ou locação de bem móvel ou imóvel, ou a contratação de serviços pelas entidades referidas no art. 1º por preço superior ao valor de mercado;

O inciso II do artigo 9º da Lei n. 8.429/1992 considera improbidade administrativa a percepção de vantagem econômica, direta ou indireta, para facilitar a aquisição, permuta ou locação de bem móvel ou imóvel, ou a contratação de serviços pelas entidades referidas no artigo 1º da lei por preço superior ao valor de mercado.

Também há, nesta subespécie, o recebimento de vantagem econômica, direta ou indireta. Assim, valem aqui as mesmas considerações realizadas acima acerca desse requisito. Já "serviço" consiste na ação ou no efeito de servir, de dar de si algo em forma de trabalho.

Porém, no caso da presente disposição, a finalidade é específica. Com efeito, a propina oferecida possui um dos seguintes objetivos: a) facilitar a compra, troca ou locação de bem móvel ou móvel por preço acima da média praticada no mercado; ou b) facilitar a contratação de serviço por valor superior ao de mercado.

"Facilitar" consiste em tornar ou fazer exequível. Na compra e venda, "um dos contratantes se obriga a transferir o domínio de certa coisa, e o outro, a pagar-lhe certo preço em dinheiro" (artigo 481 do Código Civil). Já na permuta, ambos os contratantes se obrigam a transferir ao outro o domínio de determinado objeto de sua propriedade, trocando um bem pelo outro (artigo 533 do Código Civil). E, na locação, um contratante se obriga a ceder ao outro, por tempo determinado ou não, o uso e gozo de coisa não fungível, mediante determinada retribuição (artigo 565 do Código Civil).

Nota-se, por oportuno, que a ilicitude também se faz imprescindível, seja pela pactuação facilitada, seja pela contratação por valor exorbitante.

Exemplos: a) prefeito que, contrariando o interesse público, determina ao município o aluguel, por valor superior àquele praticado no mercado, de um imóvel pertencente a particular que lhe entregou propina para facilitar a transação; b) gestor público que contrata, por preço excessivo, serviço de limpeza prestado por empresa privada que lhe transferiu dinheiro indevido.

2.2.3. Recebimento de vantagem econômica para facilitar negócio subfaturado

> III – perceber vantagem econômica, direta ou indireta, para facilitar a alienação, permuta ou locação de bem público ou o fornecimento de serviço por ente estatal por preço inferior ao valor de mercado;

Do mesmo modo, o inciso III do referido dispositivo tipifica a conduta de perceber vantagem econômica, direta ou indireta, para facilitar a alienação, permuta ou locação de bem público ou o fornecimento de serviço por ente estatal por preço inferior ao valor de mercado.

Além dos conceitos já delineados acima, convém registrar que "alienação" significa a transferência de um bem ou direito a outra pessoa. A venda é a modalidade mais emblemática da alienação.

Aqui, igualmente às duas subespécies acima, também deve ocorrer a percepção de vantagem econômica, seja ela direta, seja ela indireta.

Contudo, as finalidades são específicas: a) facilitar a compra, troca ou locação de bem público por preço abaixo do praticado no mercado; ou b) facilitar o fornecimento de serviço estatal por valor inferior àquele praticado no mercado.

De forma similar, a ilicitude também é um requisito da conduta, seja pela pactuação facilitada, seja pela aquisição por valor inferior à média do mercado.

Exemplos: a) prefeito e vereadores conluiados que, após receberem propina, facilitam a venda de bem imóvel público, destinando-o ao particular corruptor, por preço vil; b) empregado público que recebe propina para cobrar menos de empresa que utiliza, em larga escala, os serviços dos Correios.

2.2.4. Utilização de bens ou servidores públicos em atividades particulares

> IV – utilizar, em obra ou serviço particular, qualquer bem móvel, de propriedade ou à disposição de qualquer das entidades referidas no art. 1º desta Lei, bem como o trabalho de servidores, de empregados ou de terceiros contratados por essas entidades;

A redação do inciso IV do artigo 9º sofreu pequena alteração empreendida pela Lei n. 14.230/2021. Segundo a atual disposição, pratica tal ato de improbidade administrativa quem utilizar, em obra ou serviço particular, qualquer bem móvel, de propriedade ou à disposição de qualquer das entidades referidas no artigo 1º da lei, bem como o trabalho de servidores, de empregados ou de terceiros contratados por essas entidades.

A mudança legislativa colocou fim em uma celeuma referente a quais bens poderiam caracterizar tal subespécie de improbidade administrativa, pois a redação anterior dispunha o seguinte: "veículos, máquinas, equipamentos ou material de qualquer natureza". Assim, hoje, incide em tal dispositivo a utilização indevida em atividade particular de qualquer bem móvel pertencente ou à disposição de entes públicos ou outros órgãos mencionados pela lei – e não apenas aqueles descritos na redação originária do inciso IV.

"Utilizar" significa "fazer uso de", "empregar", "aplicar". Além dos bens, também se amolda à referida norma a utilização, em atividade privada, de colaboradores – servidores, empregados ou terceiros contratados – da Administração Pública direta ou indireta.

Exemplos: a) prefeito que utiliza trator pertencente ao município para realizar escavações em seu sítio particular; b) superior hierárquico que determina aos seus servidores públicos subordinados para cortarem a grama de seu imóvel privado.

2.2.5. Recebimento de vantagem econômica, ou aceitação de sua promessa, para tolerar atividade ilícita

> V – receber vantagem econômica de qualquer natureza, direta ou indireta, para tolerar a exploração ou a prática de jogos de azar, de lenocínio, de narcotráfico, de contrabando, de usura ou de qualquer outra atividade ilícita, ou aceitar promessa de tal vantagem;

O inciso V do artigo 9º salienta que caracteriza improbidade administrativa o recebimento de vantagem econômica de qualquer natureza, direta ou indireta, para tolerar a exploração ou a prática de jogos de azar, de lenocínio, de narcotráfico, de contrabando, de usura ou de qualquer outra atividade ilícita, ou aceitar promessa de tal vantagem.

Nesta subespécie de ato de improbidade administrativa que importa enriquecimento ilícito também há o recebimento de dinheiro ou qualquer outra vantagem econômica, direta ou indiretamente. Todavia, é importante registrar que também tipifica tal conduta a promessa de tal vantagem.

A finalidade específica, em tal disposição, refere-se a deixar a autoridade competente de coibir atividades ilícitas – jogos de azar, lenocínio, narcotráfico, contrabando, usura *etc.*

Jogos de azar são aqueles não permitidos pelo Estado: jogo do bicho, bingo, entre outros. Lenocínio é a exploração da prostituição. Narcotráfico refere-se ao tráfico ilícito de drogas, como, por exemplo, a venda, sem autorização legal, de maconha, cocaína *etc.* Contrabando é a importação ou exportação de bens proibidos. E usura é o empréstimo de dinheiro com cobrança de juros acima dos patamares permitidos pela lei.

A enumeração dessas atividades ilícitas é meramente exemplificativa, pois a parte final do dispositivo diz expressamente "ou de qualquer outra atividade ilícita". Nesse sentido:

> Outro aspecto que merece ser destacado é que as práticas ilícitas especificadas no inciso são meramente exemplificativas, consoante se infere da expressão genérica "ou de qualquer outra atividade ilícita". Portanto, além das referidas, a tolerância a qualquer outra espécie de atividade ilícita, em razão do recebimento ou aceitação de promessa de vantagem patrimonial pelo agente que tem o dever de coibi-la (ex.: servidor municipal que se omite no dever de fiscalizar construções irregulares), poderá configurar esse tipo de improbidade.[123]

Exemplos: a) policial que, após receber propina, deixa de adotar as medidas necessárias para reprimir a existência de um local em que são vendidas ilicitamente drogas; b) fiscal que aceita a promessa de receber propina para não autuar estabelecimento em que se praticam jogos de azar.

2.2.6. Recebimento de vantagem econômica para fazer declaração falsa sobre dado técnico

> VI – receber vantagem econômica de qualquer natureza, direta ou indireta, para fazer declaração falsa sobre qualquer dado técnico que envolva obras públicas ou qualquer outro serviço ou sobre quantidade, peso, medida, qualidade ou característica de mercadorias ou bens fornecidos a qualquer das entidades referidas no art. 1º desta Lei;

O inciso VI do artigo 9º dispõe que configura improbidade administrativa o recebimento de vantagem econômica de qualquer natureza, direta ou indireta, para fazer declaração falsa sobre qualquer dado técnico que envolva obras públicas ou qualquer outro serviço ou sobre quantidade, peso, medida, qualidade ou característica de mercadorias ou bens fornecidos a qualquer das entidades referidas no artigo 1º da lei.

Esse dispositivo também foi alterado pela Lei n. 14.230/2021, que trocou a expressão "medição ou avaliação" por "qualquer dado técnico". Desse modo, agora não mais somente a declaração falsa sobre medição ou avalia-

[123] ANDRADE, Adriano; MASSON, Cleber; ANDRADE, Landolfo. **Interesses difusos e coletivos**, v. 1. 11. ed. Rio de Janeiro: Método, 2021, p. 726.

ção em obras públicas possui o condão de incidir em tal dispositivo, mas a declaração falsa acerca de qualquer dado técnico, como, por exemplo, a qualidade do material utilizado.

Assim, o primeiro requisito é o recebimento de qualquer vantagem econômica, seja dinheiro, seja outro bem com tal característica – *v.g.*, um automóvel. E essa vantagem pode ser paga diretamente ao agente ímprobo ou por meio de interposta pessoa – p. ex., um parente ou "laranja".

E o segundo requisito consiste na finalidade específica para o pagamento da referida vantagem econômica, pois o particular assim o faz para que o agente público ateste falsamente acerca de algum dado técnico referente a obra pública ou outro serviço.

A declaração falsa também pode se referir a mercadorias ou bens fornecidos à Administração Pública direta ou indireta, atinente a suas características: quantidade, peso, medida, qualidade *etc.*

Exemplos: a) perito que, após receber propina da empresa interessada, atesta falsamente que o asfalto utilizado na construção de uma rodovia é de boa qualidade, conforme exigido no edital, quando, na realidade, o produto empregado é de péssima qualidade; b) servidor público que recebe dinheiro indevido para afirmar falsamente em seu relatório que foi cumprida a entrega total da quantidade de produtos alimentícios destinados a uma escola pública.

2.2.7. Aquisição de bens de valor desproporcional à evolução patrimonial ou renda

> VII – adquirir, para si ou para outrem, no exercício de mandato, de cargo, de emprego ou de função pública, e em razão deles, bens de qualquer natureza, decorrentes dos atos descritos no caput deste artigo, cujo valor seja desproporcional à evolução do patrimônio ou à renda do agente público, assegurada a demonstração pelo agente da licitude da origem dessa evolução;

O inciso VII do artigo 9º sofreu profunda alteração pela Lei n. 14.230/2021. Antes da reforma, tal dispositivo considerava ato de improbidade administrativa adquirir, para si ou para outrem, no exercício de mandato, cargo, emprego ou função pública, bens de qualquer natureza cujo valor seja desproporcional à evolução do patrimônio ou à renda do agente público. Desse modo, segundo parcela da doutrina e da jurisprudência, havia uma presunção legal de enriquecimento ilícito (STJ, AgRg no AResp n. 548.901/RJ).[124]

Após a alteração legislativa realizada em 2021, esse inciso salienta agora que configura improbidade administrativa a conduta de adquirir, para si ou para outrem, no exercício de mandato, de cargo, de emprego ou de função pública, e em razão deles, bens de qualquer natureza, decorrentes dos atos descritos no *caput* deste artigo, cujo valor seja desproporcional à evolução do patrimônio ou à renda do agente público, assegurada a demonstração pelo agente da licitude da origem dessa evolução.

Nota-se que a mudança legislativa incluiu novos requisitos, tornando mais difícil – até mesmo inviabilizando – a incidência do tipo administrativo em epígrafe. Assim, é necessário verificar se a alteração em questão embaraça uma tutela eficiente do patrimônio público, sob pena de retrocesso social na defesa dos direitos difusos e coletivos, o que contraria a Constituição Federal.

De acordo com a redação originária, bastava a aquisição de bens cujo valor era incompatível com à renda ou evolução patrimonial do agente público – "patrimônio" é o conjunto de bens pertencentes a uma pessoa, e "renda" consiste no total de valores recebidos periodicamente em razão do trabalho ou atividade desenvolvida. Agora, além desse requisito, é necessário que o recebimento desses bens tenha ocorrido em razão da função pública, conforme a nova partícula "em razão deles".

Ademais, o bem também deve ser decorrente de atos de improbidade administrativa que importam enriquecimento ilícito. Tal novo pressuposto, inegavelmente, esvazia o alcance do presente dispositivo, pois exige a ocorrência prévia de outro ato de improbidade administrativa.

Com efeito, imagine-se a seguinte situação hipotética: um fiscal municipal, que recebe remuneração mensal de R$ 5.000,00, ingressou no serviço público sem qualquer bem, mas, após dois anos de trabalho, amealha um patrimônio de R$ 20 milhões. Por óbvio, esse patrimônio é absolutamente incompatível com sua remuneração – no referido período, sem gastar nada, teria acumulado menos de R$ 150.000,00. Assim, de acordo com

[124] Confira-se trecho da ementa: "Na apuração do ato de improbidade, previsto no art. 9º, VII, da Lei 8.429/92, cabe ao autor da ação o ônus de provar a desproporcionalidade entre a evolução patrimonial e a renda auferida pelo agente, no exercício de cargo público. Uma vez comprovada essa desproporcionalidade, caberá ao réu, por sua vez, o ônus de provar a licitude da aquisição dos bens de valor tido por desproporcional."

a redação anterior, o fiscal em questão podia ser processado e condenado nos termos do inciso VII em apreço, exceto se comprovasse a origem ilícita desse patrimônio (p. ex., herança).

Todavia, agora, com o novo texto, ele somente será condenado se o autor da ação comprovar atos antecedentes de improbidade administrativa – apenas do artigo 9º, *caput*, da Lei n. 8.429/1992 – que ensejaram o incremento de seu patrimônio. Tal conclusão desnatura a razão de ser do inciso VII, já que, desse modo, se trataria de um *post factum* impunível: se se comprovar um ato anterior de improbidade administrativa que rendeu uma propina ao agente público, inexiste sentido em haver um novo ato de improbidade administrativa consistente em seu aumento patrimonial, pois este fato é, na realidade, uma consequência lógica da conduta precedente e, como corolário, não pode ser novamente punido, para se evitar o *bis in idem*.

Em suma, a redação original do inciso VII permitia a punição do agente público ímprobo contra o qual tivesse sido constatado e comprovado um aumento injustificado de seu patrimônio, nos moldes do que se vislumbra na seara penal com o artigo 91-A do Código Penal.[125] Porém, em razão da referida alteração legislativa, mesmo na situação hipotética acima mencionada o agente público não poderia, em tese, ser processado e condenado.

Por conseguinte, a Lei n. 14.230/2021 encampou a posição que apregoava não haver presunção legal de enriquecimento ilícito, entendimento que já era criticado por parte da doutrina:

[125] "Art. 91-A. Na hipótese de condenação por infrações às quais a lei comine pena máxima superior a 6 (seis) anos de reclusão, poderá ser decretada a perda, como produto ou proveito do crime, dos bens correspondentes à diferença entre o valor do patrimônio do condenado e aquele que seja compatível com o seu rendimento lícito. § 1º Para efeito da perda prevista no caput deste artigo, entende-se por patrimônio do condenado todos os bens: I – de sua titularidade, ou em relação aos quais ele tenha o domínio e o benefício direto ou indireto, na data da infração penal ou recebidos posteriormente; e II – transferidos a terceiros a título gratuito ou mediante contraprestação irrisória, a partir do início da atividade criminal. § 2º O condenado poderá demonstrar a inexistência da incompatibilidade ou a procedência lícita do patrimônio. § 3º A perda prevista neste artigo deverá ser requerida expressamente pelo Ministério Público, por ocasião do oferecimento da denúncia, com indicação da diferença apurada. § 4º Na sentença condenatória, o juiz deve declarar o valor da diferença apurada e especificar os bens cuja perda for decretada. § 5º Os instrumentos utilizados para a prática de crimes por organizações criminosas e milícias deverão ser declarados perdidos em favor da União ou do Estado, dependendo da Justiça onde tramita a ação penal, ainda que não ponham em perigo a segurança das pessoas, a moral ou a ordem pública, nem ofereçam sério risco de ser utilizados para o cometimento de novos crimes."

> Não fosse assim, a norma seria absolutamente inútil, porquanto a demonstração de que a aquisição de bens em desacordo com a evolução do patrimônio do agente público decorreu de determinado ato de improbidade praticado no exercício de função pública, invariavelmente, atrai a incidência do tipo genérico descrito no *caput* do artigo 9º, ou, ainda, de algum dos tipos específicos arrolados exemplificativamente na sequência (v.g., incisos I, II, III, V, VI, IX ou X).[126]

Por fim, com a nova redação, garante-se expressamente ao agente a comprovação de que a evolução patrimonial foi lícita.

Exemplo: policial que compra um automóvel de R$ 5 milhões, sem possuir lastro para essa aquisição; todavia, conforme a alteração empreendida pela Lei n. 14.230/2021, o bem deve ser adquirido em razão da função de policial, bem como deve ser produto de outro ato de improbidade administrativa que importa enriquecimento ilícito. Assim, é quase impossível exemplificar a nova conduta prevista neste inciso, prejudicando e até mesmo inviabilizando a sua eficácia prática. Em tal contexto, sustentamos que a recente mudança legislativa padece de inconstitucionalidade.

2.2.8. Aceitação de emprego ou prestação de consultoria em pessoa que tenha interesse suscetível de ser afetado

> VIII – aceitar emprego, comissão ou exercer atividade de consultoria ou assessoramento para pessoa física ou jurídica que tenha interesse suscetível de ser atingido ou amparado por ação ou omissão decorrente das atribuições do agente público, durante a atividade;

O inciso VIII do artigo 9º considera ato de improbidade administrativa a conduta de aceitar emprego, comissão ou exercer atividade de consultoria ou assessoramento para pessoa física ou jurídica que tenha interesse suscetível de ser atingido ou amparado por ação ou omissão decorrente das atribuições do agente público, durante a atividade.

O primeiro requisito consiste em o agente público aceitar emprego ou comissão de pessoa física ou jurídica interessada. Também incide tal norma se o referido agente desenvolver consultoria ou assessoramento para a referida pessoa física ou jurídica.

[126] ANDRADE, Adriano; MASSON, Cleber; ANDRADE, Landolfo. **Interesses difusos e coletivos**, v. 1. 11. ed. Rio de Janeiro: Método, 2021, p. 729.

Empregado é "toda pessoa física que prestar serviços de natureza não eventual a empregador, sob a dependência deste e mediante salário" (artigo 3º, *caput*, da Consolidação das Leis do Trabalho). "Comissão", neste dispositivo, significa encargo, incumbência. "Consultoria" consiste na atividade de fornecer parecer em determinada matéria de especialidade do consultor. E "assessoramento" traduz-se na prestação de auxílio visando a pesquisar e fornecer dados e informações sobre um assunto determinado.

O segundo requisito consiste no interesse da mencionada pessoa física ou jurídica, a qual se encontra suscetível às funções desempenhadas pelo agente público, seja por atos comissivos, seja por atos omissivos.

Nesta modalidade, subentende-se o favorecimento do particular diante da relação contratual firmada com o agente público que detém informações privilegiadas e, inclusive, poderes para beneficiar a pessoa física ou jurídica interessada. Todavia, não é necessário haver e muito menos comprovar eventual favorecimento:

> [...] a LIA não exige a prática de qualquer conduta do agente público para a preservação do interesse do particular, mas sua mera potencialidade em razão das atribuições do cargo, emprego, mandato ou atividade nas entidades referidas no art. 1º. Em outras palavras, basta a formação do vínculo (formal ou não) para que o ato ímprobo se caracterize.[127]

Exemplos: a) empresa que fabrica pesticidas emprega em seus quadros fiscal municipal desse mesmo setor; b) servidor de instituto de previdência municipal que presta consultoria à empresa contratada para gerir os investimentos realizados pela referida autarquia do município.

2.2.9. Percepção de vantagem econômica para intermediar a liberação ou aplicação de verba pública

> IX – perceber vantagem econômica para intermediar a liberação ou aplicação de verba pública de qualquer natureza;

O inciso IX do artigo em questão tipifica a percepção de vantagem econômica para intermediar a liberação ou aplicação de verba pública de qualquer natureza.

[127] Andrade, Adriano; Masson, Cleber; Andrade, Landolfo. **Interesses difusos e coletivos**, v. 1. 11. ed. Rio de Janeiro: Método, 2021, p. 731.

Neste dispositivo, a conduta consiste em o agente público receber qualquer tipo de vantagem econômica – por exemplo, dinheiro – com a finalidade de disponibilizar verba pública, a qual se refere a qualquer valor pertencente ao erário.

"Intermediar" significa "servir de intermediário ou mediador em", interceder, intervir. "Liberação", neste dispositivo, possui a conotação de entregar a posse. E "aplicação" consiste na utilização para determinada finalidade.

Para a ocorrência deste ato de improbidade administrativa não é necessário efetivo dano ao erário, vale dizer, basta haver o recebimento de vantagem econômica:

> A caracterização desse tipo de improbidade prescinde da ocorrência de prejuízo ao erário. Não se exige, outrossim, que a verba pública seja efetivamente liberada ou aplicada. Basta o recebimento da vantagem econômica pelo agente público, com o compromisso de realizar a intermediação, para o que o ato de improbidade se caracterize.[128]

Exemplo: gestor público que recebe propina para liberar empréstimo de dinheiro público em favor de uma empresa.

2.2.10. Recebimento de vantagem econômica para omitir ato de ofício

> X – receber vantagem econômica de qualquer natureza, direta ou indiretamente, para omitir ato de ofício, providência ou declaração a que esteja obrigado;

O inciso X do artigo 9º trata como improbidade administrativa a conduta de receber vantagem econômica de qualquer natureza, direta ou indiretamente, para omitir ato de ofício, providência ou declaração a que esteja obrigado.

O primeiro requisito consiste em auferir indevida vantagem econômica, que, geralmente, se trata de dinheiro. O recebimento pode ser direto ou indireto, por interposta pessoa.

E o pagamento de tal propina está atrelado à finalidade específica, que se traduz na omissão do agente público em praticar ato determinado pela

[128] ANDRADE, Adriano; MASSON, Cleber; ANDRADE, Landolfo. **Interesses difusos e coletivos**, v. 1. 11. ed. Rio de Janeiro: Método, 2021, p. 732.

lei ou regulamento. Nesse sentido, "ato de ofício" é aquele inerente a um cargo ou função, realizado por imposição legal. "Providência" é a ação concreta para a consecução de determinada finalidade. E "declaração" traduz-se na manifestação oral ou escrita. Assim:

> Para a conformação desse tipo de improbidade, é necessário que o agente tenha, entre suas atribuições, o dever legal de executar o ato, providência ou declaração de ofício. Além disso, deve ter consciência da ilicitude de não cumpri-lo. E mais: sua omissão deve ser motivada pelo recebimento de vantagem econômica indevida, para atendimento do interesse daquele que o remunerou.[129]

Exemplo: particular que transfere dinheiro indevido a servidor público para que este deixe de lançar um tributo em face daquele.

2.2.11. Incorporação de bens públicos

> XI – incorporar, por qualquer forma, ao seu patrimônio bens, rendas, verbas ou valores integrantes do acervo patrimonial das entidades mencionadas no art. 1º desta lei;

O inciso XI do citado artigo considera improbidade administrativa a incorporação, por qualquer forma, ao seu patrimônio bens, rendas, verbas ou valores integrantes do acervo patrimonial das entidades mencionadas no artigo 1º da lei.

A conduta consiste em o agente público incorporar em seu patrimônio quaisquer bens – dinheiro, materiais *etc.* – da Administração Pública direta ou indireta. "Incorporar" significa integrar um elemento a um conjunto, inserir, juntar, introduzir.

Em razão desse requisito, é necessário que a incorporação seja realizada em caráter definitivo, pois, do contrário, a conduta do agente é punível de acordo com o inciso subsequente (XII), que trata da "utilização".

Registra-se, por fim, que a posterior devolução do bem não torna lícita a conduta, repercutindo tal fato, no máximo, como circunstância atenuante para a aplicação das sanções, nos termos do artigo 17-C, *caput*, inciso IV, alínea "f", da Lei n. 8.429/1992:

[129] ANDRADE, Adriano; MASSON, Cleber; ANDRADE, Landolfo. **Interesses difusos e coletivos**, v. 1. 11. ed. Rio de Janeiro: Método, 2021, p. 732.

> Art. 17-C. A sentença proferida nos processos a que se refere esta Lei deverá, além de observar o disposto no art. 489 da Lei nº 13.105, de 16 de março de 2015 (Código de Processo Civil): [...] IV – considerar, para a aplicação das sanções, de forma isolada ou cumulativa: [...] f) a atuação do agente em minorar os prejuízos e as consequências advindas de sua conduta omissiva ou comissiva; [...].

Exemplo: servidor público que toma para si um automóvel pertencente ao município, utilizando-o para fins estritamente particulares e portando-se como se fosse seu dono.

2.2.12. Utilização de bens públicos em atividades particulares

> XII – usar, em proveito próprio, bens, rendas, verbas ou valores integrantes do acervo patrimonial das entidades mencionadas no art. 1º desta lei.

Por fim, o inciso XII do artigo 9º considera improbidade administrativa a conduta de usar, em proveito próprio, bens, rendas, verbas ou valores integrantes do acervo patrimonial das entidades mencionadas no artigo 1º desta lei.

O dispositivo em questão assemelha-se ao inciso IV do mesmo artigo, que é mais específico. Assim, a presente norma possui caráter mais abrangente, servindo como "soldado de reserva".

Ademais, conforme salientado nos comentários aduzidos acima acerca do inciso precedente, no presente dispositivo pune-se a "utilização", que consiste em fazer uso da coisa, e não a "apropriação". Vale dizer, na conduta tratada aqui o agente público apenas usa o bem público, não havendo ânimo de se assenhorar definitivamente dele.

Exemplo: servidor público que utiliza ilicitamente sala da repartição pública como estabelecimento de sua empresa privada.

3. Atos de improbidade administrativa que causam prejuízo ao erário

3.1. Introdução

O artigo 10 da Lei de Improbidade Administrativa prevê os atos de improbidade administrativa que causam prejuízo ao erário, tratando-se da segunda modalidade mais gravosa.

Nesse sentido, convém registrar que "erário" e "patrimônio público" não se confundem.

Com efeito, "erário" abrange bens de valores econômico-financeiros pertencentes à União, aos estados, ao Distrito Federal, aos municípios, às entidades da administração indireta e demais entidades apontadas no artigo 1º da Lei n. 8.429/1992.

Já "patrimônio público" engloba o conjunto de bens e interesses de natureza moral, econômica, estética, artística, histórica, ambiental e turística pertencentes àquelas mesmas entidades apontadas no mencionado artigo 1º.

A redação original do *caput* do citado artigo 10 dispunha que constituía ato de improbidade administrativa que causa lesão ao erário qualquer ação ou omissão, dolosa ou culposa, que ensejasse perda patrimonial, desvio, apropriação, malbaratamento ou dilapidação dos bens ou haveres das entidades referidas no artigo 1º da Lei n. 8.429/1992.

Já a Lei n. 14.230/2021 alterou a referida redação para salientar que constitui ato de improbidade administrativa que causa lesão ao erário qualquer ação ou omissão dolosa, que enseje, efetiva e comprovadamente, perda patrimonial, desvio, apropriação, malbaratamento ou dilapidação dos bens ou haveres das entidades referidas no artigo 1º da Lei n. 8.429/1992.[130]

A diferença nas redações são fundamentalmente as seguintes: a) exclusão da possibilidade de haver conduta culposa – manteve-se, desse modo, apenas o dolo, modificação considerada constitucional pelo Supremo Tribunal Federal no Tema 1.199; e b) inclusão da imprescindibilidade de a lesão ao erário ser efetiva e comprovada.

Antes da reforma empreendida pela Lei n. 14.230/2021, o elemento subjetivo consistia tanto no dolo quanto na culpa, por expressa disposição legal: "qualquer ação ou omissão, dolosa ou culposa". O dolo exigido era o genérico, ou seja, a vontade de agir de forma contrária ao artigo 10 e seus incisos. E a culpa devia ser grave para a configuração do ato de improbidade administrativa previsto na redação originária do artigo 10 da Lei n. 8.429/1992 (STJ, REsp n. 1.237.583/SP).

[130] "Perda patrimonial" consiste na redução do patrimônio: *v.g.*, antes da conduta, havia R$ 100 milhões nos cofres municipais; já, após a conduta, restaram apenas R$ 50 milhões. "Desvio" significa extravio fraudulento ou desfalque. "Apropriação" traduz-se em tornar-se dono. "Malbaratamento" refere-se ao ato de vender um bem por um preço vil, bem como desperdiçar, dissipar, gastar mal. "Dilapidação" é o desperdício, o esbanjamento, o gastar de forma excessiva e inconsequente bens de que se tem a posse ou gestão.

Todavia, conforme já consignado acima, a reforma legislativa excluiu expressamente a modalidade culposa – que era prevista apenas neste artigo 10 –, mantendo exclusivamente o dolo como elemento subjetivo para os atos de improbidade administrativa que causam prejuízo ao erário.

Consigna-se, por oportuno, que o Supremo Tribunal Federal decidiu, no recurso extraordinário n. 843.989 (Tema 1.199), que a revogação da modalidade culposa do ato de improbidade administrativa, embora seja norma mais benéfica, não incide em relação aos feitos transitados em julgado ou que tramitem para a execução das penas e seus incidentes, em atenção ao artigo 5º, *caput*, inciso XXXVI, da Constituição Federal.[131] Com efeito, por ausência de expressa previsão legal, o princípio da retroatividade da norma penal mais benéfica não tem aplicação automática em relação aos atos de improbidade administrativa, incidindo como regra, no âmbito da jurisdição extrapenal, o princípio *tempus regit actum*.

Contudo, em relação aos processos em que ainda não houve decisão ou que esta ainda não transitou em julgado, incide a revogação da modalidade culposa de improbidade administrativa.[132] Em outras palavras, a Lei n. 14.230/2021 alcança os atos de improbidade administrativa culposos praticados na vigência da Lei n. 8.429/1992 quando não houver condenação transitada em julgado, cabendo ao juízo competente o exame da ocorrência de eventual dolo por parte do agente.[133] Assim, o juiz deve verificar o elemento subjetivo com que atuou o agente: se houver exclusivamente culpa, não se prosseguirá com o feito; se houver dolo, a demanda poderá prosseguir.

Por fim, é necessário comprovar o efetivo prejuízo ao erário, conforme também decidiu o Superior Tribunal de Justiça (REsp n. 1.206.741): "A configuração dos atos de improbidade administrativa previstos no art. 10 da Lei de Improbidade Administrativa (atos de Improbidade Administra-

[131] "[...] 2) A norma benéfica da Lei 14.230/2021 – revogação da modalidade culposa do ato de improbidade administrativa -, é IRRETROATIVA, em virtude do artigo 5º, inciso XXXVI, da Constituição Federal, não tendo incidência em relação à eficácia da coisa julgada; nem tampouco durante o processo de execução das penas e seus incidentes; [...]."

[132] "[...] 3) A nova Lei 14.230/2021 aplica-se aos atos de improbidade administrativa culposos praticados na vigência do texto anterior da lei, porém sem condenação transitada em julgado, em virtude da revogação expressa do texto anterior; devendo o juízo competente analisar eventual dolo por parte do agente; [...]."

[133] STF, Plenário, ARE 843989/PR, Rel. Min. Alexandre de Moraes, julgado em 18/8/2022 (Repercussão Geral – Tema 1199).

tiva que causam prejuízo ao erário), à luz da atual jurisprudência do STJ, exige a presença do efetivo dano ao erário (critério objetivo) [...]."

3.2. Condutas elencadas no artigo 10

São *exemplificativas* as subespécies de atos de improbidade administrativa que causam prejuízo ao erário previstas nos incisos I a XXII do artigo 10, em razão da expressão "notadamente" constante no final do *caput* do referido dispositivo. Nesse sentido (destaques nossos):

> [...] DANO AO ERÁRIO. ART. 10 DA LEI 8.429/1992. [...] 3. A situação delineada no acórdão recorrido enquadra-se no **art. 10, VIII, da Lei 8.429/1992**, que inclui no **rol exemplificativo dos atos de improbidade por dano ao Erário** "frustrar a licitude de processo licitatório ou dispensá-lo indevidamente". [...]. (REsp 1130318/SP, Rel. Ministro Herman Benjamin, 2ª Turma, julgado em 27/04/2010, DJe 27/04/2011.)

3.2.1. Facilitação ou concorrência para a incorporação de bens públicos ao patrimônio particular

> I – facilitar ou concorrer, por qualquer forma, para a indevida incorporação ao patrimônio particular, de pessoa física ou jurídica, de bens, de rendas, de verbas ou de valores integrantes do acervo patrimonial das entidades referidas no art. 1º desta Lei;

A primeira subespécie elencada pelo artigo 10 é aquela prevista em seu inciso I, consistente em facilitar ou concorrer, por qualquer forma, para a indevida incorporação ao patrimônio particular, de pessoa física ou jurídica, de bens, rendas, verbas ou valores integrantes do acervo patrimonial das entidades mencionadas no artigo 1º da lei.

A Lei n. 14.230/2021 alterou esse inciso para incluir a palavra "indevida" antes de "incorporação", atribuindo caráter de ilicitude a tal conduta.

O primeiro requisito traduz-se na facilitação ou concorrência exercida por agente público, o qual, então, atua como auxiliar de uma conduta de terceira pessoa. E tal assistência pode ser realizada de qualquer forma, inexistindo restrição. "Facilitar" significa tornar ou fazer exequível. "Concorrer", neste dispositivo, consiste em cooperar, contribuir, unir-se visando a uma ação ou a um objetivo comum.

Outrossim, exige-se uma indevida incorporação ao patrimônio particular de pessoa física ou jurídica, que, desse modo, deve ser contrária ao ordenamento jurídico, ou seja, não possuir lastro normativo, gerando prejuízo ao erário. "Incorporação", neste contexto, significa inclusão de um bem em um determinado conjunto. Assim, há assenhoramento do bem público; caso seja uma mera utilização, aplicar-se-á o inciso II do artigo 10.

Ademais, o presente dispositivo diferencia-se do inciso XI do artigo 9º, porque neste último quem se apropria indevidamente do bem é o próprio agente público. Nesse sentido: "a situação *sub analise* é semelhante àquela prevista pelo inciso XI do art. 9º. A diferença principal é que nesse inciso I do art. 10 o bem ou renda pública se incorpora não ao patrimônio do agente público, mas sim ao patrimônio de outrem, pessoa física ou jurídica."[134]

Por fim, o objeto material dessa conduta refere-se a quaisquer bens – *v.g.*, dinheiro, computador, automóvel *etc.* – pertencentes a entidades da Administração Pública direta ou indireta ou pessoas jurídicas de direito privado que recebam bens ou quaisquer benefícios de ordem pública.

Exemplo: servidor público que intencionalmente deixa destrancada a porta de uma repartição pública para que particulares lá ingressem à noite e furtem equipamentos de informática pertencentes ao município.[135]

3.2.2. Permissão ou concorrência para o uso indevido de bens públicos

> II – permitir ou concorrer para que pessoa física ou jurídica privada utilize bens, rendas, verbas ou valores integrantes do acervo patrimonial das entidades mencionadas no art. 1º desta lei, sem a observância das formalidades legais ou regulamentares aplicáveis à espécie;

O inciso II do artigo 10 considera improbidade administrativa permitir ou concorrer para que pessoa física ou jurídica privada utilize bens, rendas, verbas ou valores integrantes do acervo patrimonial das entidades mencionadas no artigo 1º da lei, sem a observância das formalidades legais ou regulamentares aplicáveis à espécie.

[134] ANDRADE, Adriano; MASSON, Cleber; ANDRADE, Landolfo. **Interesses difusos e coletivos**, v. 1. 11. ed. Rio de Janeiro: Método, 2021, p. 743.

[135] Contudo, se para isso o agente público recebe qualquer tipo de vantagem patrimonial indevida, incide o artigo 9º da lei, conforme explicitado nos itens referentes a tal modalidade de improbidade administrativa. Consigna-se, por oportuno, que a presente observação é válida para todas as situações atinentes ao artigo 10 da lei.

O primeiro requisito consiste na permissão ou concorrência de agente público para uma conduta de terceira pessoa. Assim, o referido agente público age como auxiliar de uma outra pessoa física ou jurídica. "Permitir" significa consentir, conceder, possibilitar, tolerar. "Concorrer" consiste em atuar em conjunto.

Em segundo lugar, é necessário que esse terceiro, pessoa física ou jurídica, pratique uma utilização indevida, *ex vi* da parte final do dispositivo sob comento, gerando prejuízo ao erário: "sem a observância das formalidades legais ou regulamentares aplicáveis à espécie".

Por derradeiro, o objeto material dessa subespécie é qualquer bem – p. ex., dinheiro, computador, automóvel, imóvel *etc.* – pertencente a entidades da Administração Pública direta ou indireta ou pessoas jurídicas de direito privado que recebam bens ou quaisquer benefícios de ordem pública.

O presente dispositivo diferencia-se do inciso antecedente em razão de tratar da utilização, sem apropriação: "Enquanto na hipótese anterior o agente público facilita ou concorre para a transferência do domínio, neste caso ele apenas propicia o uso indevido de bens ou valores públicos pelo particular".[136]

Exemplo: servidor público que empresta uma viatura municipal para que um particular, amigo seu, a utilize em uma viagem ao litoral.

3.2.3. Doação ilegal de bens públicos

> III – doar à pessoa física ou jurídica bem como ao ente despersonalizado, ainda que de fins educativos ou assistências, bens, rendas, verbas ou valores do patrimônio de qualquer das entidades mencionadas no art. 1º desta lei, sem observância das formalidades legais e regulamentares aplicáveis à espécie;

O inciso III desse artigo veda a doação à pessoa física ou jurídica bem como ao ente despersonalizado, ainda que de fins educativos ou assistências, bens, rendas, verbas ou valores do patrimônio de qualquer das entidades mencionadas no artigo 1º da lei, sem observância das formalidades legais e regulamentares aplicáveis à espécie.

O dispositivo exige, em primeiro lugar, que o agente público realize uma doação, que pode ser conceituada como a transferência, por liberalidade, de um bem a outra pessoa (artigo 538 do Código Civil).

[136] ANDRADE, Adriano; MASSON, Cleber; ANDRADE, Landolfo. **Interesses difusos e coletivos**, v. 1. 11. ed. Rio de Janeiro: Método, 2021, p. 744.

O objeto material dessa modalidade traduz-se em qualquer bem pertencente a entidades mencionadas no artigo 1º da lei, como, por exemplo, dinheiro, mobiliário, maquinário *etc.*

O favorecido pode ser pessoa física ou jurídica e até mesmo um ente despersonalizado – *v.g.*, condomínio edilício. E o fato de tal pessoa ou ente possuir finalidade educativa ou assistencial não desconfigura a improbidade administrativa em questão.

Consigna-se, por oportuno, que a doação deve ser indevida, pois a parte final do dispositivo impõe a seguinte característica, gerando prejuízo ao erário: "sem observância das formalidades legais e regulamentares aplicáveis à espécie".

Nesse sentido, rememora-se que qualquer doação de bem público deve seguir as normas de estilo, como, por exemplo, o artigo 76, *caput*, inciso I, alínea "b", e inciso II, alínea "a", da Lei n. 14.133/2021 – Lei de Licitações e Contratos Administrativos:

> Art. 76. A alienação de bens da Administração Pública, subordinada à existência de interesse público devidamente justificado, será precedida de avaliação e obedecerá às seguintes normas:
>
> I – tratando-se de bens imóveis, inclusive os pertencentes às autarquias e às fundações, exigirá autorização legislativa e dependerá de licitação na modalidade leilão, dispensada a realização de licitação nos casos de: [...]
>
> b) doação, permitida exclusivamente para outro órgão ou entidade da Administração Pública, de qualquer esfera de governo, ressalvado o disposto nas alíneas "f", "g" e "h" deste inciso; [...]
>
> II – tratando-se de bens móveis, dependerá de licitação na modalidade leilão, dispensada a realização de licitação nos casos de:
>
> a) doação, permitida exclusivamente para fins e uso de interesse social, após avaliação de oportunidade e conveniência socioeconômica em relação à escolha de outra forma de alienação; [...].

Assim, *a contrario sensu*, para a doação de bens móveis públicos, além da existência de interesse público devidamente justificado e prévia avaliação, é necessária a realização de licitação na modalidade leilão; e, afora esses requisitos, para a doação de bens imóveis públicos também se faz imprescindível a autorização legislativa. As exceções a tais predicados estão elencadas nos dispositivos colacionados acima, e o seu desrespeito faz surgir o ato de improbidade administrativa em apreço.

Exemplo: gestor público que doa diversos automóveis pertencentes ao município para uma empresa privada, deixando de justificar o interesse público, avaliar os bens ou realizar qualquer procedimento administrativo.

3.2.4. Permissão ou facilitação de negócios por preço subfaturado

> IV – permitir ou facilitar a alienação, permuta ou locação de bem integrante do patrimônio de qualquer das entidades referidas no art. 1º desta lei, ou ainda a prestação de serviço por parte delas, por preço inferior ao de mercado;

O inciso IV do artigo 10 trata como improbidade administrativa a conduta de permitir ou facilitar a alienação, permuta ou locação de bem integrante do patrimônio de qualquer das entidades referidas no artigo 1º da lei, ou ainda a prestação de serviço por parte delas, por preço inferior ao de mercado.

De início, exige-se que o agente público permita ou facilite a venda, troca ou aluguel de bem pertencente a entidades da Administração Pública direta ou indireta ou pessoas jurídicas de direito privado que recebam bens ou quaisquer benefícios de ordem pública. Por óbvio, tal conduta deve ser ilícita, vale dizer, proscrita pelo ordenamento jurídico, pois, do contrário, não haveria ato de improbidade administrativa. Outrossim, deve haver prejuízo ao erário, traduzido por meio do preço inferior àquele praticado no mercado.

"Alienação" consiste na transferência de um bem ou direito a outra pessoa; a venda é a modalidade mais emblemática da alienação. "Permitir" significa tolerar, deixar fazer. "Facilitar" traduz-se em tornar ou fazer exequível. Na permuta, ambos os contratantes se obrigam a transferir ao outro o domínio de determinado objeto de sua propriedade, trocando um bem pelo outro (artigo 533 do Código Civil). E, na locação, "uma das partes se obriga a ceder à outra, por tempo determinado ou não, o uso e gozo de coisa não fungível, mediante certa retribuição" (artigo 565 do Código Civil).

Registra-se, ademais, que o objeto material consiste em qualquer bem pertencente a entidades descritas no artigo 1º da Lei de Improbidade Administrativa, como, por exemplo, dinheiro, mobiliário, maquinário, imóvel *etc.*

Também é vedada a conduta de permitir ou facilitar a prestação de serviços pelas referidas entidades públicas, por preço inferior àquele praticado no mercado, gerando prejuízo ao erário.

Exemplos: a) gestor público que aluga para particular bem imóvel pertencente à União por preço vil; b) oficial que cobra menos pelos serviços prestados no respectivo Cartório de Registro.

3.2.5. Permissão ou facilitação de negócios por preço superfaturado

> V – permitir ou facilitar a aquisição, permuta ou locação de bem ou serviço por preço superior ao de mercado;

O inciso V do artigo em apreço tipifica a conduta de permitir ou facilitar a aquisição, permuta ou locação de bem ou serviço por preço superior ao de mercado.

O requisito primeiro refere-se à permissão (autorizar) ou facilitação (propiciar) exercida pelo agente público.

Em segundo lugar, o referido agente público atua para que se consolide uma compra, troca ou aluguel de bem ou serviço particular.

E, por fim, tal bem ou serviço deve possuir preço acima daquele praticado no mercado, causando prejuízo ao erário: "O prejuízo ao erário reside na diferença entre o preço pago ao particular e o valor corrente no mercado, na época da operação. Tanto nesta hipótese quanto na situação descrita no inciso anterior o particular é favorecido e o erário sofre prejuízo."[137]

Exemplo: gestor público que efetua a compra de televisores pelo dobro do preço praticado no mercado.

3.2.6. Realização de operação financeira ilegal ou aceitação de garantia insuficiente ou inidônea

> VI – realizar operação financeira sem observância das normas legais e regulamentares ou aceitar garantia insuficiente ou inidônea;

O inciso VI do artigo 10 veda a realização de operação financeira sem observância das normas legais e regulamentares, bem como proscreve a aceitação de garantia insuficiente ou inidônea.

[137] ANDRADE, Adriano; MASSON, Cleber; ANDRADE, Landolfo. **Interesses difusos e coletivos**, v. 1. 11. ed. Rio de Janeiro: Método, 2021, p. 746.

A primeira conduta tratada consiste em efetuar uma operação financeira – coleta, intermediação, aplicação ou custódia de valores – em desrespeito às normativas de estilo. E a segunda conduta refere-se à admissão de uma insuficiente ou inadequada garantia prestada em atividade financeira. Ambas as condutas devem gerar prejuízo ao erário. Nesse sentido:

> A atuação desses agentes, no que se refere às operações financeiras, deve estar amparada pela legislação bancária e financeira, bem como pelos regulamentos pertinentes. [...] A garantia se diz insuficiente quando em valor incapaz de cobrir o crédito e os encargos da dívida na hipótese de eventual inadimplemento da obrigação. A inidoneidade consiste na inutilidade material ou jurídica da garantia oferecida.[138]

A Lei n. 4.595/1964 dispõe sobre a Política e as Instituições Monetárias, Bancárias e Creditícias, dentre outras providências. Em seu artigo 17, o referido diploma salienta o seguinte:

> Art. 17. Consideram-se instituições financeiras, para os efeitos da legislação em vigor, as pessoas jurídicas públicas ou privadas, que tenham como atividade principal ou acessória a coleta, intermediação ou aplicação de recursos financeiros próprios ou de terceiros, em moeda nacional ou estrangeira, e a custódia de valor de propriedade de terceiros.
>
> Parágrafo único. Para os efeitos desta lei e da legislação em vigor, equiparam-se às instituições financeiras as pessoas físicas que exerçam qualquer das atividades referidas neste artigo, de forma permanente ou eventual.

Desse modo, pode-se conceituar "operação financeira" como a atividade de coleta, intermediação ou aplicação de recursos financeiros próprio ou de terceiros, bem como a custódia de valor de propriedade de terceiros.

A disposição *sub examine* tutela o patrimônio dos bancos públicos (p. ex., Caixa Econômica Federal), conforme o artigo 3º, *caput*, da Lei n. 13.303/2016,[139] e daqueles de que o Estado possui mais de 50% das ações com direito a voto (*v.g.*, Banco do Brasil), conforme o artigo 4º, *caput*, do

[138] ANDRADE, Adriano; MASSON, Cleber; ANDRADE, Landolfo. **Interesses difusos e coletivos**, v. 1. 11. ed. Rio de Janeiro: Método, 2021, p. 747.

[139] "Art. 3º Empresa pública é a entidade dotada de personalidade jurídica de direito privado, com criação autorizada por lei e com patrimônio próprio, cujo capital social é integralmente detido pela União, pelos Estados, pelo Distrito Federal ou pelos Municípios. [...]."

mesmo diploma,[140] ambos regulados pelos artigos 22 a 24 e demais correlatos da Lei n. 4.595/1964.[141]

Exemplo: empregado de banco público que realiza aplicações arrojadas em fundos de investimentos, gerando prejuízo ao erário após não observar os mandamentos legais de estilo.

3.2.7. Concessão indevida de benefício administrativo ou fiscal

> VII – conceder benefício administrativo ou fiscal sem a observância das formalidades legais ou regulamentares aplicáveis à espécie;

O inciso VII do artigo 10 dispõe ser improbidade administrativa a concessão de benefício administrativo ou fiscal sem a observância das formalidades legais ou regulamentares aplicáveis à espécie.

O dispositivo trata da concessão de benefício administrativo – *v.g.*, subsídio – ou fiscal – p. ex., isenção de tributo.

Assim, o agente público que incide em tal norma concede um dos citados benefícios (administrativo ou fiscal) sem respeitar os mandamentos jurídicos de estilo, causando prejuízo ao erário. Ademais:

[140] "Art. 4º Sociedade de economia mista é a entidade dotada de personalidade jurídica de direito privado, com criação autorizada por lei, sob a forma de sociedade anônima, cujas ações com direito a voto pertençam em sua maioria à União, aos Estados, ao Distrito Federal, aos Municípios ou a entidade da administração indireta. [...]."

[141] "SEÇÃO III – DAS INSTITUIÇÕES FINANCEIRAS PÚBLICAS. Art. 22. As instituições financeiras públicas são órgãos auxiliares da execução da política de crédito do Governo Federal. § 1º O Conselho Monetário Nacional regulará as atividades, capacidade e modalidade operacionais das instituições financeiras públicas federais, que deverão submeter à aprovação daquele órgão, com a prioridade por ele prescrita, seus programas de recursos e aplicações, de forma que se ajustem à política de crédito do Governo Federal. § 2º A escolha dos Diretores ou Administradores das instituições financeiras públicas federais e a nomeação dos respectivos Presidentes e designação dos substitutos observarão o disposto no art. 21, parágrafos 1º e 2º, desta lei. § 3º A atuação das instituições financeiras públicas será coordenada nos termos do art. 4º desta lei. Art. 23. O Banco Nacional do Desenvolvimento Econômico é o principal instrumento de execução de política de investimentos do Governo Federal, nos termos das Leis números 1628, de 20/06/1952 e 2973, de 26/11/1956. Art. 24. As instituições financeiras públicas não federais ficam sujeitas às disposições relativas às instituições financeiras privadas, assegurada a forma de constituição das existentes na data da publicação desta lei. Parágrafo único. As Caixas Econômicas Estaduais equiparam-se, no que couber, às Caixas Econômicas Federais, para os efeitos da legislação em vigor, estando isentas do recolhimento a que se refere o art. 4º, inciso XIV, e à taxa de fiscalização, mencionada no art. 16, desta lei."

> É a lei [...] que autoriza a concessão de tais benefícios. Nem poderia ser diferente, uma vez que implicarão inevitável perda de receita por parte da Administração. Ao agente público compete apenas aplicar a lei, ou seja, verificar se os requisitos para a concessão dos benefícios estão presentes.[142]

Exemplo: prefeito que diminui de ofício a alíquota do imposto predial e territorial urbano (IPTU) de determinados estabelecimentos empresariais, desobedecendo aos patamares fixados na lei municipal de regência.

3.2.8. Frustração da licitude de licitação ou sua dispensa indevida

> VIII – frustrar a licitude de processo licitatório ou de processo seletivo para celebração de parcerias com entidades sem fins lucrativos, ou dispensá-los indevidamente, acarretando perda patrimonial efetiva;

O inciso VIII do artigo 10 da Lei n. 8.429/1992 teve a sua redação alterada pela Lei n. 14.230/2021. Antes da mudança, considerava-se improbidade administrativa frustrar a licitude de processo licitatório ou de processo seletivo para celebração de parcerias com entidades sem fins lucrativos, ou dispensá-los indevidamente.

E, agora, para a configuração dessa subespécie de improbidade administrativa, é necessário que tal conduta acarrete "perda patrimonial efetiva", conforme a exigência expressa incluída pela referida lei ao final do dispositivo em questão.

Anteriormente à referida alteração legislativa era predominante na jurisprudência o entendimento de que o dano ao erário era presumido nessa situação (REsp n. 1.771.593/SE): "O STJ entende que, para a caracterização de improbidade administrativa por frustração da licitude do processo de licitação [...], o dano apresenta-se presumido, ou seja, trata-se de dano *in re ipsa*."[143]

[142] ANDRADE, Adriano; MASSON, Cleber; ANDRADE, Landolfo. **Interesses difusos e coletivos**, v. 1. 11. ed. Rio de Janeiro: Método, 2021, p. 748.

[143] "ADMINISTRATIVO E PROCESSUAL CIVIL. IMPROBIDADE ADMINISTRATIVA. ART. 10, VIII, DA LEI 8.429/1992. DISPENSA INDEVIDA DE LICITAÇÃO. ELEMENTO SUBJETIVO DO ATO ÍMPROBO. DOLO GENÉRICO OU CULPA. ART. 10, VIII, DA LEI 8.429/92. DANO IN RE IPSA. 1. [...] 4. O STJ entende que, para a caracterização de improbidade administrativa por frustração da licitude do processo de licitação, tipificada no art. 10, VIII, da Lei 8.429/1992, o dano apresenta-se presumido, ou seja, trata-se de *dano*

Porém, a nova redação do dispositivo em apreço afastou expressamente esse entendimento, exigindo uma efetiva perda patrimonial para o erário, aferível conforme o valor médio praticado no mercado.

Assim, incide em tal norma quem de qualquer forma frustrar a licitude de processo licitatório ou de processo seletivo para a celebração de parcerias com entidades sem fins lucrativos. "Frustrar" significa impedir, atravancar, fazer falhar, não corresponder à expectativa.

Também pratica essa específica subespécie de improbidade administrativa quem dispensa indevidamente tais procedimentos. E, reitera-se, faz-se necessária uma lesão concreta ao erário para ambas as figuras, em razão da contratação, *v.g.*, de um serviço comprovadamente mais caro.

A Lei n. 14.133/2021 regulamenta as licitações e os contratos administrativos, e a Lei n. 13.019/2014 estabelece o regime jurídico das parcerias entre a Administração Pública e as organizações da sociedade civil.

As regras do processo licitatório encontram-se previstas nos artigos 11 e seguintes da Lei n. 14.133/2021. E as normas atinentes ao processo seletivo para a celebração de parcerias com entidades sem fins lucrativos estão elencadas nos artigos 5º e seguintes Lei n. 13.019/2014.

A dispensa indevida de licitação é aquela que deixa de observar as causas dispostas no rol do artigo 75 da Lei n. 14.133/202.[144] Também está

in re ipsa. A propósito: REsp 1.624.224/RS, Rel. Ministro Francisco Falcão, Segunda Turma, DJe de 06/03/2018; AgInt no REsp 1.671.366/SP, Rel. Ministro Mauro Campbell Marques, Segunda Turma, DJe de 01/12/2017; REsp 1.685.214/MG, Rel. Ministro Herman Benjamin, Segunda Turma, DJe de 19/12/2017 [...]. 8. Recurso Especial provido." (Superior Tribunal de Justiça, recurso especial n. 1.771.593-SE, relator: ministro Herman Benjamin, 2ª Turma, julgado em: 09 mai. 2019.)

[144] "Art. 75. É dispensável a licitação: I – para contratação que envolva valores inferiores a R$ 100.000,00 (cem mil reais), no caso de obras e serviços de engenharia ou de serviços de manutenção de veículos automotores; II – para contratação que envolva valores inferiores a R$ 50.000,00 (cinquenta mil reais), no caso de outros serviços e compras; III – para contratação que mantenha todas as condições definidas em edital de licitação realizada há menos de 1 (um) ano, quando se verificar que naquela licitação: a) não surgiram licitantes interessados ou não foram apresentadas propostas válidas; b) as propostas apresentadas consignaram preços manifestamente superiores aos praticados no mercado ou incompatíveis com os fixados pelos órgãos oficiais competentes; IV – para contratação que tenha por objeto: a) bens, componentes ou peças de origem nacional ou estrangeira necessários à manutenção de equipamentos, a serem adquiridos do fornecedor original desses equipamentos durante o período de garantia técnica, quando essa condição de exclusividade for indispensável para a vigência da garantia; b) bens, serviços, alienações ou obras, nos termos de acordo internacional específico aprovado

pelo Congresso Nacional, quando as condições ofertadas forem manifestamente vantajosas para a Administração; c) produtos para pesquisa e desenvolvimento, limitada a contratação, no caso de obras e serviços de engenharia, ao valor de R$ 300.000,00 (trezentos mil reais); d) transferência de tecnologia ou licenciamento de direito de uso ou de exploração de criação protegida, nas contratações realizadas por instituição científica, tecnológica e de inovação (ICT) pública ou por agência de fomento, desde que demonstrada vantagem para a Administração; e) hortifrutigranjeiros, pães e outros gêneros perecíveis, no período necessário para a realização dos processos licitatórios correspondentes, hipótese em que a contratação será realizada diretamente com base no preço do dia; f) bens ou serviços produzidos ou prestados no País que envolvam, cumulativamente, alta complexidade tecnológica e defesa nacional; g) materiais de uso das Forças Armadas, com exceção de materiais de uso pessoal e administrativo, quando houver necessidade de manter a padronização requerida pela estrutura de apoio logístico dos meios navais, aéreos e terrestres, mediante autorização por ato do comandante da força militar; h) bens e serviços para atendimento dos contingentes militares das forças singulares brasileiras empregadas em operações de paz no exterior, hipótese em que a contratação deverá ser justificada quanto ao preço e à escolha do fornecedor ou executante e ratificada pelo comandante da força militar; i) abastecimento ou suprimento de efetivos militares em estada eventual de curta duração em portos, aeroportos ou localidades diferentes de suas sedes, por motivo de movimentação operacional ou de adestramento; j) coleta, processamento e comercialização de resíduos sólidos urbanos recicláveis ou reutilizáveis, em áreas com sistema de coleta seletiva de lixo, realizados por associações ou cooperativas formadas exclusivamente de pessoas físicas de baixa renda reconhecidas pelo poder público como catadores de materiais recicláveis, com o uso de equipamentos compatíveis com as normas técnicas, ambientais e de saúde pública; k) aquisição ou restauração de obras de arte e objetos históricos, de autenticidade certificada, desde que inerente às finalidades do órgão ou com elas compatível; l) serviços especializados ou aquisição ou locação de equipamentos destinados ao rastreamento e à obtenção de provas previstas nos incisos II e V do caput do art. 3º da Lei nº 12.850, de 2 de agosto de 2013, quando houver necessidade justificada de manutenção de sigilo sobre a investigação; m) aquisição de medicamentos destinados exclusivamente ao tratamento de doenças raras definidas pelo Ministério da Saúde; V – para contratação com vistas ao cumprimento do disposto nos arts. 3º, 3º-A, 4º, 5º e 20 da Lei nº 10.973, de 2 de dezembro de 2004, observados os princípios gerais de contratação constantes da referida Lei; VI – para contratação que possa acarretar comprometimento da segurança nacional, nos casos estabelecidos pelo Ministro de Estado da Defesa, mediante demanda dos comandos das Forças Armadas ou dos demais ministérios; VII – nos casos de guerra, estado de defesa, estado de sítio, intervenção federal ou de grave perturbação da ordem; VIII – nos casos de emergência ou de calamidade pública, quando caracterizada urgência de atendimento de situação que possa ocasionar prejuízo ou comprometer a continuidade dos serviços públicos ou a segurança de pessoas, obras, serviços, equipamentos e outros bens, públicos ou particulares, e somente para aquisição dos bens necessários ao atendimento da situação emergencial ou calamitosa e para as parcelas de obras e serviços que possam ser concluídas no prazo máximo de 1 (um) ano, contado da data de ocorrência da emergência ou da calamidade, vedadas a prorrogação dos respectivos contratos e a recontratação de empresa já contratada com base no disposto neste inciso; IX – para a aquisição, por pessoa jurídica de

abrangida nessa hipótese o desrespeito às normas que regulamentam a inexigibilidade de licitação, previstas no artigo 74 da citada lei.[145] Nesse

direito público interno, de bens produzidos ou serviços prestados por órgão ou entidade que integrem a Administração Pública e que tenham sido criados para esse fim específico, desde que o preço contratado seja compatível com o praticado no mercado; X – quando a União tiver que intervir no domínio econômico para regular preços ou normalizar o abastecimento; XI – para celebração de contrato de programa com ente federativo ou com entidade de sua Administração Pública indireta que envolva prestação de serviços públicos de forma associada nos termos autorizados em contrato de consórcio público ou em convênio de cooperação; XII – para contratação em que houver transferência de tecnologia de produtos estratégicos para o Sistema Único de Saúde (SUS), conforme elencados em ato da direção nacional do SUS, inclusive por ocasião da aquisição desses produtos durante as etapas de absorção tecnológica, e em valores compatíveis com aqueles definidos no instrumento firmado para a transferência de tecnologia; XIII – para contratação de profissionais para compor a comissão de avaliação de critérios de técnica, quando se tratar de profissional técnico de notória especialização; XIV – para contratação de associação de pessoas com deficiência, sem fins lucrativos e de comprovada idoneidade, por órgão ou entidade da Administração Pública, para a prestação de serviços, desde que o preço contratado seja compatível com o praticado no mercado e os serviços contratados sejam prestados exclusivamente por pessoas com deficiência; XV – para contratação de instituição brasileira que tenha por finalidade estatutária apoiar, captar e executar atividades de ensino, pesquisa, extensão, desenvolvimento institucional, científico e tecnológico e estímulo à inovação, inclusive para gerir administrativa e financeiramente essas atividades, ou para contratação de instituição dedicada à recuperação social da pessoa presa, desde que o contratado tenha inquestionável reputação ética e profissional e não tenha fins lucrativos; XVI – para aquisição, por pessoa jurídica de direito público interno, de insumos estratégicos para a saúde produzidos por fundação que, regimental ou estatutariamente, tenha por finalidade apoiar órgão da Administração Pública direta, sua autarquia ou fundação em projetos de ensino, pesquisa, extensão, desenvolvimento institucional, científico e tecnológico e de estímulo à inovação, inclusive na gestão administrativa e financeira necessária à execução desses projetos, ou em parcerias que envolvam transferência de tecnologia de produtos estratégicos para o SUS, nos termos do inciso XII do caput deste artigo, e que tenha sido criada para esse fim específico em data anterior à entrada em vigor desta Lei, desde que o preço contratado seja compatível com o praticado no mercado. [...]."

145 "Art. 74. É inexigível a licitação quando inviável a competição, em especial nos casos de: I – aquisição de materiais, de equipamentos ou de gêneros ou contratação de serviços que só possam ser fornecidos por produtor, empresa ou representante comercial exclusivos; II – contratação de profissional do setor artístico, diretamente ou por meio de empresário exclusivo, desde que consagrado pela crítica especializada ou pela opinião pública; III – contratação dos seguintes serviços técnicos especializados de natureza predominantemente intelectual com profissionais ou empresas de notória especialização, vedada a inexigibilidade para serviços de publicidade e divulgação: a) estudos técnicos, planejamentos, projetos básicos ou projetos executivos; b) pareceres, perícias e avaliações em geral; c) assessorias ou consultorias técnicas e auditorias financeiras ou tributárias; d) fiscalização, supervisão ou gerenciamento de obras

sentido: "[...] a expressão *dispensa* foi aqui empregada para designar a ideia de *exceção à obrigatoriedade da licitação*, abrangendo, portanto, tanto as hipóteses de dispensa quanto as de inexigibilidade."[146]

Exemplo: servidor público que inclui cláusulas restritivas em edital de licitação, acarretando a desclassificação de empresa que oferecia preço menor; como consequência, favorece-se outra pessoa jurídica, causando desnecessariamente maior dispêndio ao ente público.

3.2.9. Ordenação ou permissão para a realização de despesas indevidas

> IX – ordenar ou permitir a realização de despesas não autorizadas em lei ou regulamento;

O inciso IX considera improbidade administrativa que causa prejuízo ao erário ordenar ou permitir a realização de despesas não autorizadas em lei ou regulamento.

Os requisitos consistem em o agente público ordenar (determinar, mandar) ou permitir (tolerar, deixar fazer) que se efetuem gastos indevidos, vale dizer, que são contra a lei ou outra norma regulamentar.

Qualquer gasto público deve ser amparado em lei, observando os requisitos e os trâmites impostos pelo ordenamento jurídico. O gestor público necessita respeitar as determinações encartadas em todas as leis orçamentárias, que, entre outras disposições, preveem os créditos e as respectivas despesas: plano plurianual, lei de diretrizes orçamentárias e lei orçamentária anual, nos termos dos artigos 4º e seguintes da Lei Complementar n. 101/2000, que estabelece normas de finanças públicas voltadas para a responsabilidade na gestão fiscal e dá outras providências.

Adriano Andrade, Cleber Masson e Landolfo Andrade ensinam que despesa pública consiste na utilização de "recursos financeiros previstos

ou serviços; e) patrocínio ou defesa de causas judiciais ou administrativas; f) treinamento e aperfeiçoamento de pessoal; g) restauração de obras de arte e de bens de valor histórico; h) controles de qualidade e tecnológico, análises, testes e ensaios de campo e laboratoriais, instrumentação e monitoramento de parâmetros específicos de obras e do meio ambiente e demais serviços de engenharia que se enquadrem no disposto neste inciso; IV – objetos que devam ou possam ser contratados por meio de credenciamento; V – aquisição ou locação de imóvel cujas características de instalações e de localização tornem necessária sua escolha. [...]."

[146] ANDRADE, Adriano; MASSON, Cleber; ANDRADE, Landolfo. **Interesses difusos e coletivos**, v. 1. 11. ed. Rio de Janeiro: Método, 2021, p. 752.

nas leis orçamentárias e em leis específicas (créditos adicionais) para o pagamento de obrigações correntes e de capital". E prosseguem os autores:

> As despesas públicas devem ser executadas em conformidade com as normas constitucionais e infraconstitucionais. Em regra, tais despesas só podem ser realizadas quando autorizadas em lei orçamentária. Portanto, o agente público que ordena ou permite, dolosa ou culposamente, a realização de despesas sem expressa autorização legal ou regulamentar terá sua conduta enquadrada no tipo legal de improbidade em estudo.[147]

Exemplo: prefeito que determina o pagamento de 14º salário aos servidores municipais, sem haver qualquer norma jurídica autorizando tal gasto.

3.2.10. Atuação ilícita na arrecadação de tributo ou renda, ou na conservação do patrimônio público

> X – agir ilicitamente na arrecadação de tributo ou de renda, bem como no que diz respeito à conservação do patrimônio público;

O inciso X do artigo 10 da Lei n. 8.429/1992 sofreu pequena alteração pela Lei n. 14.230/2021, que trocou a palavra "negligentemente" por "ilicitamente" – assim, incide em tal dispositivo o agente público que agir ilicitamente na arrecadação de tributo ou de renda, bem como no que diz respeito à conservação do patrimônio público.

Em tal contexto, dessume-se que o primeiro requisito consiste em uma atuação ilícita – vale dizer, contrária à lei ou às demais normas de estilo –, levada a cabo durante a atividade estatal de arrecadar tributos ou rendas. Segundo o artigo 3º do Código Tributário Nacional: "Tributo é toda prestação pecuniária compulsória, em moeda ou cujo valor nela se possa exprimir, que não constitua sanção de ato ilícito, instituída em lei e cobrada mediante atividade administrativa plenamente vinculada." E "renda" refere-se a importâncias recebidas periodicamente como retribuição por um serviço ou frutos provenientes um bem.

A parte final do dispositivo também considera improbidade administrativa a conduta ilícita – desconforme o ordenamento jurídico – relacio-

[147] ANDRADE, Adriano; MASSON, Cleber; ANDRADE, Landolfo. **Interesses difusos e coletivos**, v. 1. 11. ed. Rio de Janeiro: Método, 2021, p. 758.

nada à preservação do conjunto de bens e interesses de natureza moral, econômica, estética, artística, histórica, ambiental e turística pertencentes às entidades apontadas no artigo 1º da lei.

Anteriormente à alteração empreendida pela Lei n. 14.230/2021, a culpa era admitida como elemento subjetivo, decorrente da negligência, então expressamente prevista no inciso *sub examine*: "negligentemente". Todavia, com a mudança da redação para "ilicitamente", exige-se agora o dolo para ambas as condutas: arrecadação de tributo/renda ou conservação do patrimônio público.

Exemplos: a) fiscal que dolosamente deixa de autuar e tributar determinada empresa faltosa; b) servidor público que dolosamente deixa de guardar no refrigerador alimentos perecíveis destinados à merenda escolar, tornando-os impróprios ao consumo.

3.2.11. Liberação ou aplicação indevida de verba pública

> XI – liberar verba pública sem a estrita observância das normas pertinentes ou influir de qualquer forma para a sua aplicação irregular;

O inciso XI do artigo 10 tipifica como ato de improbidade administrativa a liberação de verba pública sem a estrita observância das normas pertinentes ou influir de qualquer forma para a sua aplicação irregular.

A primeira conduta consiste na indevida liberação (entrega) de verba pública, pois o agente público age em desrespeito às normas aplicáveis à espécie. Nesse sentido:

> Quanto ao primeiro comportamento, é oportuno salientar que a liberação de verba pública é ato final de um procedimento jurídico minuciosamente regrado pela Constituição Federal, pelas leis orçamentárias e ainda pela Lei de Licitações. Daí que a liberação de verba pública em desconformidade com as normas pertinentes dá ensejo à nulidade do ato praticado e tipifica a conduta do agente público, que assim proceder, no inciso comentado.[148]

E a segunda conduta traduz-se na atuação de agente público para a aplicação irregular de verba pública. Nesta hipótese, o agente não pos-

148 ANDRADE, Adriano; MASSON, Cleber; ANDRADE, Landolfo. **Interesses difusos e coletivos**, v. 1. 11. ed. Rio de Janeiro: Método, 2021, p. 760.

sui atribuição para realizar a aplicação dos valores, mas exerce influência perante aquele que detém tal legitimidade, induzindo-o ou estimulando-o.

Antes da reforma empreendida pela Lei n. 14.230/2021, era punível a conduta daquele que realizava influência perante quem possuía atribuição para aplicar verba pública, mesmo que este último assim não procedesse: *v.g.*, subordinado que, apesar da indução perpetrada por seu superior hierárquico, não aplica a verba pública de forma irregular. A referida Lei n. 14.230/2021, ao incluir a exigência de "efetiva [...] perda patrimonial" no *caput* do artigo 10 da Lei n. 8.429/1992, extinguiu essa possiblidade, demandando, agora, que ocorra a aplicação irregular dos valores públicos, o que constitui a perda patrimonial efetiva.

Exemplos: a) gestor público que autoriza o município pagar o valor total por obra pública ainda incompleta; b) servidor público que aplica em paisagismo uma verba municipal que, segundo a lei, era destinada à educação.

3.2.12. Permissão, facilitação ou concorrência para o enriquecimento ilícito de terceiro

> XII – permitir, facilitar ou concorrer para que terceiro se enriqueça ilicitamente;

O inciso XII do artigo 10 veda a conduta de permitir, facilitar ou concorrer para que terceiro se enriqueça ilicitamente.

A presente disposição é um complemento da norma existente no inciso XI do artigo 9º: "XI – incorporar, por qualquer forma, ao seu patrimônio bens, rendas, verbas ou valores integrantes do acervo patrimonial das entidades mencionadas no art. 1º desta lei". Nesse sentido:

> Diferentemente das situações tipificadas no art. 9º da LIA, nas quais quem aufere a vantagem indevida é o próprio agente público, no inciso em exame quem aufere a vantagem indevida é o terceiro, mas, graças à colaboração do agente público que empresa seu concurso, cria facilidades ou permite a consumação do enriquecimento ilícito. Observe-se que o inciso em estudo, de ampla densidade, tem a mesma finalidade dos incisos I, II, IV, V e VIII do art. 10 da LIA, qual seja censurar o enriquecimento ilícito de terceiros, em razão de ação ou omissão dolosa ou culposa do agente público, lesiva ao erário. Daí ser correto afirmar que o inciso XII do art. 10 tem natureza residual, isto é,

terá aplicação quando a conduta dolosa ou culposa do agente público, com a qual o particular lucro, não se subsumir à tipologia dos sobreditos incisos.[149]

São previstos três verbos, todos relacionados ao enriquecimento ilícito de terceiro: permitir (autorizar, consentir), facilitar (tornar exequível) e concorrer (participar).

Tal enriquecimento refere-se ao erário, vale dizer, a pessoa que se beneficiou indevidamente auferiu algum bem pertencente a ente público ou outra pessoa jurídica indicada no artigo 1º da Lei n. 8.429/1992.

O Código Civil trata do enriquecimento sem causa em seus artigos 884 a 886, *in verbis*:

> Art. 884. Aquele que, sem justa causa, se enriquecer à custa de outrem, será obrigado a restituir o indevidamente auferido, feita a atualização dos valores monetários.
>
> Parágrafo único. Se o enriquecimento tiver por objeto coisa determinada, quem a recebeu é obrigado a restituí-la, e, se a coisa não mais subsistir, a restituição se fará pelo valor do bem na época em que foi exigido.
>
> Art. 885. A restituição é devida, não só quando não tenha havido causa que justifique o enriquecimento, mas também se esta deixou de existir.
>
> Art. 886. Não caberá a restituição por enriquecimento, se a lei conferir ao lesado outros meios para se ressarcir do prejuízo sofrido.

Desse modo, o ordenamento jurídico proscreve o enriquecimento indevido e sem lastro, determinando a restituição dos bens ou valores mesmo nas relações privadas. E, com mais razão, o dispositivo *sub examine* tutela os bens e demais bens componentes do patrimônio público, pois pertencem a toda a sociedade.

Exemplo: servidor público que autoriza terceiro a se apropriar indevidamente de um computador pertencente ao Estado. Observação: se o terceiro também for agente público, ele incidirá no artigo 9º, inciso XI, da Lei n. 8.429/1992.

[149] ANDRADE, Adriano; MASSON, Cleber; ANDRADE, Landolfo. **Interesses difusos e coletivos**, v. 1. 11. ed. Rio de Janeiro: Método, 2021, p. 760-761.

3.2.13. Permissão da utilização de bens ou servidores públicos em atividades particulares

> XIII – permitir que se utilize, em obra ou serviço particular, veículos, máquinas, equipamentos ou material de qualquer natureza, de propriedade ou à disposição de qualquer das entidades mencionadas no art. 1º desta lei, bem como o trabalho de servidor público, empregados ou terceiros contratados por essas entidades;

O inciso XIII do artigo 10 veda a seguinte conduta: permitir que se utilize, em obra ou serviço particular, veículos, máquinas, equipamentos ou material de qualquer natureza, de propriedade ou à disposição de qualquer das entidades mencionadas no artigo 1º da lei, bem como o trabalho de servidor público, empregados ou terceiros contratados por essas entidades.

A presente disposição é um complemento da norma constante no inciso IV do artigo 9º: "utilizar, em obra ou serviço particular, qualquer bem móvel, de propriedade ou à disposição de qualquer das entidades referidas no art. 1º desta Lei, bem como o trabalho de servidores, de empregados ou de terceiros contratados por essas entidades".

Neste inciso XIII do artigo 10 é previsto apenas um verbo – permitir (autorizar, consentir) –, também necessariamente relacionado ao enriquecimento ilícito de terceiro.

Tal enriquecimento refere-se a algum bem público, vale dizer, pertencente a ente público ou outra pessoa jurídica elencada no artigo 1º da Lei n. 8.429/1992.

Também constitui tal ato de improbidade administrativa a permissão para se utilizar o trabalho de servidor público, empregado ou terceiro contratado pelas referidas entidades.

O dano ao erário nestas hipóteses é evidente, pois são utilizados em atividades particulares bens ou servidores públicos, obviamente em desrespeito às normas postas e sem a adequada e devida retribuição aos cofres públicos.

Exemplo: a) servidor público que autoriza terceiro a utilizar indevidamente em sua obra particular um trator pertencente ao Estado; b) prefeito que permite seus subordinados a pintarem a casa de um parente. Observação: se o terceiro também for agente público, ele incidirá no artigo 9º, inciso IV, da Lei n. 8.429/1992.

3.2.14. Celebração indevida de contrato de prestação de serviços públicos por meio de gestão associada

> XIV – celebrar contrato ou outro instrumento que tenha por objeto a prestação de serviços públicos por meio da gestão associada sem observar as formalidades previstas na lei;

O inciso XIV do artigo 10 considera improbidade administrativa a celebração de contrato ou outro instrumento que tenha por objeto a prestação de serviços públicos por meio da gestão associada sem observar as formalidades previstas na lei.

Esse dispositivo foi incluído pela Lei n. 11.107/2005, que dispõe "sobre normas gerais de contratação de consórcios públicos e dá outras providências".

A "gestão associada" é prevista no artigo 241 da Constituição Federal:

> A União, os Estados, o Distrito Federal e os Municípios disciplinarão por meio de lei os consórcios públicos e os convênios de cooperação entre os entes federados, autorizando a gestão associada de serviços públicos, bem como a transferência total ou parcial de encargos, serviços, pessoal e bens essenciais à continuidade dos serviços transferidos.

Conforme ensina Maria Sylvia Zanella Di Pietro, trata-se de uma atuação conjunta da União, dos estados, do Distrito Federal e dos municípios nas matérias competência comum. Tal instituto é formalizado por meio de convênio de cooperação ou de consórcio púbico, nos termos da Lei n. 11.107/2005.[150]

Para a configuração do ato de improbidade administrativa em questão, o próprio inciso XIV do artigo 10, *caput*, da Lei n. 8.429/1992 reforça a necessidade de a conduta ser ilícita, vale dizer, "sem observar as formalidades previstas em lei".

Assim, citam-se, a título exemplificativo, os requisitos elencados no artigo 4º, inciso XI, alíneas "a" a "e", da referida Lei n. 11.107/2005:

[150] Di Pietro, Maria Sylvia Zanella. **Entenda o conceito de parceria e gestão associada.** Disponível em: http://genjuridico.com.br/2019/08/08/parceria-gestao-associada/. Acesso em: 19 out. 2021.

> Art. 4º São cláusulas necessárias do protocolo de intenções as que estabeleçam: [...] XI – a autorização para a gestão associada de serviços públicos, explicitando: a) as competências cujo exercício se transferiu ao consórcio público; b) os serviços públicos objeto da gestão associada e a área em que serão prestados; c) a autorização para licitar ou outorgar concessão, permissão ou autorização da prestação dos serviços; d) as condições a que deve obedecer o contrato de programa, no caso de a gestão associada envolver também a prestação de serviços por órgão ou entidade de um dos entes da Federação consorciados; e) os critérios técnicos para cálculo do valor das tarifas e de outros preços públicos, bem como para seu reajuste ou revisão [...].

Relembra-se, por oportuno, a necessidade de a conduta em apreço causar perda patrimonial efetiva, conforme exige expressamente o *caput* do artigo 10.

Exemplo: prefeito que firma contrato visando à prestação de serviço público por meio de gestão associada, mas que não respeita as normas de regência e que acaba gerando prejuízo ao erário.

3.2.15. Celebração indevida de contrato de rateio de consórcio público

> XV – celebrar contrato de rateio de consórcio público sem suficiente e prévia dotação orçamentária, ou sem observar as formalidades previstas na lei;

O inciso XV do artigo em questão veda a celebração de contrato de rateio de consórcio público sem suficiente e prévia dotação orçamentária, ou sem observar as formalidades previstas na lei.

Esse dispositivo foi incluído pela Lei n. 11.107/2005, que dispõe "sobre normas gerais de contratação de consórcios públicos e dá outras providências".

O "contrato de rateio", referente ao consórcio público, encontra-se regulamentado no artigo 8º da mencionada Lei n. 11.107/2005:

> Art. 8º Os entes consorciados somente entregarão recursos ao consórcio público mediante contrato de rateio.
>
> § 1º O contrato de rateio será formalizado em cada exercício financeiro, e seu prazo de vigência não será superior ao das dotações que o suportam, com exceção dos contratos que tenham por objeto exclusivamente projetos consistentes em programas e ações contemplados em plano plurianual.

> § 2º É vedada a aplicação dos recursos entregues por meio de contrato de rateio para o atendimento de despesas genéricas, inclusive transferências ou operações de crédito.
>
> § 3º Os entes consorciados, isolados ou em conjunto, bem como o consórcio público, são partes legítimas para exigir o cumprimento das obrigações previstas no contrato de rateio.
>
> § 4º Com o objetivo de permitir o atendimento dos dispositivos da Lei Complementar nº 101, de 4 de maio de 2000, o consórcio público deve fornecer as informações necessárias para que sejam consolidadas, nas contas dos entes consorciados, todas as despesas realizadas com os recursos entregues em virtude de contrato de rateio, de forma que possam ser contabilizadas nas contas de cada ente da Federação na conformidade dos elementos econômicos e das atividades ou projetos atendidos.
>
> § 5º Poderá ser excluído do consórcio público, após prévia suspensão, o ente consorciado que não consignar, em sua lei orçamentária ou em créditos adicionais, as dotações suficientes para suportar as despesas assumidas por meio de contrato de rateio.

Para a configuração do ato de improbidade administrativa em questão, o próprio inciso XV do artigo 10, *caput*, da Lei n. 8.429/1992 reforça a necessidade de a conduta ser ilícita, vale dizer, "sem observar as formalidades previstas em lei" ou "sem suficiente e prévia dotação orçamentária".

Reitera-se, ademais, a necessidade de a conduta em apreço causar perda patrimonial efetiva, *ex vi* da disposição expressa encartada no *caput* do artigo 10 da Lei de Improbidade Administrativa.

Exemplos: a) governador que firma contrato de rateio de consórcio público sem o respectivo lastro financeiro, gerando prejuízo ao erário; b) prefeito que assina o referido contrato sem observar as sobreditas formalidades legais (artigo 8º da Lei n. 11.107/2005), causando perda patrimonial efetiva.

3.2.16. Facilitação ou concorrência para a incorporação de bens públicos transferidos a entidades privadas mediante celebração de parceria

> XVI – facilitar ou concorrer, por qualquer forma, para a incorporação, ao patrimônio particular de pessoa física ou jurídica, de bens, rendas, verbas ou valores públicos transferidos pela administração pública a entidades privadas

> mediante celebração de parcerias, sem a observância das formalidades legais ou regulamentares aplicáveis à espécie;

O inciso XVI do artigo 10 da Lei n. 8.429/1992 tipifica como improbidade administrativa o ato de facilitar ou concorrer, por qualquer forma, para a incorporação, ao patrimônio particular de pessoa física ou jurídica, de bens, rendas, verbas ou valores públicos transferidos pela Administração Pública a entidades privadas mediante celebração de parcerias, sem a observância das formalidades legais ou regulamentares aplicáveis à espécie.

A Lei n. 13.019/2014, conhecida como Novo Marco Regulatório das Organizações da Sociedade Civil, estabeleceu o regime jurídico das parcerias entre a Administração Pública e as organizações da sociedade civil, bem como incluiu ao artigo 10, *caput*, da Lei n. 8.429/1992 os incisos XVI a XXI.

E a disposição constante no inciso XVI do artigo 10 da Lei n. 8.429/1992 consiste em especialização da tipificação realizada pelo inciso I do mesmo artigo, que pune a facilitação ou concorrência, por qualquer forma, para a indevida incorporação ao patrimônio particular, de pessoa física ou jurídica, de bens, de rendas, de verbas ou de valores integrantes do acervo patrimonial das entidades referidas no artigo 1º da lei.

Neste inciso XVI, reforçam-se a tutela e a proteção dos referidos bens – pertencentes a entes públicos e demais pessoas jurídicas – mesmo quando forem transferidos a terceiros nos termos da citada Lei n. 13.019/2014.

Exemplo: servidor público que auxilia terceiro a se apropriar indevidamente de equipamentos médicos transferidos pelo município a uma organização da sociedade civil, durante a vigência do respectivo termo de parceria.

3.2.17. Permissão ou concorrência para a utilização de bens públicos transferidos a entidade privada mediante celebração de parceria

> XVII – permitir ou concorrer para que pessoa física ou jurídica privada utilize bens, rendas, verbas ou valores públicos transferidos pela administração pública a entidade privada mediante celebração de parcerias, sem a observância das formalidades legais ou regulamentares aplicáveis à espécie;

O inciso XVII do artigo 10 da Lei n. 8.429/1992 veda a conduta de permitir ou concorrer para que pessoa física ou jurídica privada utilize bens, rendas, verbas ou valores públicos transferidos pela Administração Pública a entidade privada mediante celebração de parcerias, sem a observância das formalidades legais ou regulamentares aplicáveis à espécie.

Esse dispositivo consiste em especialização da tipificação realizada pelo inciso II do mesmo artigo, que veda permitir ou concorrer para que pessoa física ou jurídica privada utilize bens, rendas, verbas ou valores integrantes do acervo patrimonial das entidades mencionadas no artigo 1º da lei, sem a observância das formalidades legais ou regulamentares aplicáveis à espécie.

O inciso XVII, na linha de seu antecessor, reforça a tutela e a proteção dos referidos bens – pertencentes a entes públicos e demais pessoas jurídicas – mesmo quando forem transferidos a terceiros nos termos da citada Lei n. 13.019/2014.

Exemplo: servidor público que auxilia terceiro a utilizar indevidamente equipamentos médicos transferidos pelo município a uma organização da sociedade civil, durante a vigência do respectivo termo de parceria.

3.2.18. Celebração indevida de parceria da Administração Pública com entidade privada

> XVIII – celebrar parcerias da administração pública com entidades privadas sem a observância das formalidades legais ou regulamentares aplicáveis à espécie;

Também incluído pela Lei n. 13.019/2014, o inciso XVIII do artigo 10 da Lei n. 8.429/1992 considera ato de improbidade administrativa a celebração de parcerias da Administração Pública com entidades privadas sem a observância das formalidades legais ou regulamentares aplicáveis à espécie.

Neste dispositivo, é punido o desrespeito às normas de estilo, previstas na referida Lei n. 13.019/2014, para a celebração de parcerias entre entes públicos e privados. A pareceria é definida por tal lei como o: "conjunto de direitos, responsabilidades e obrigações decorrentes de relação jurídica estabelecida formalmente entre a administração pública e organizações da sociedade civil, em regime de mútua cooperação, para a consecução de finalidades de interesse público e recíproco, mediante a execução de atividade ou de projeto expressos em termos de colaboração, em termos de fomento ou em acordos de cooperação" (artigo 2º, inciso III).

Os mencionados requisitos estão elencados nos artigos 33 a 38 e demais correlatos do diploma em apreço. Citam-se, a título exemplificativo, os seguintes: realização de chamamento público, ressalvadas as hipóteses previstas na lei; indicação expressa da existência de prévia dotação orçamentária para execução da parceria; demonstração de que os objetivos e finalidades institucionais e a capacidade técnica e operacional da organização da sociedade civil foram avaliados e são compatíveis com o objeto; aprovação do plano de trabalho; emissão de parecer de órgão técnico da Administração Pública; emissão de parecer jurídico do órgão de assessoria ou consultoria jurídica da Administração Pública acerca da possibilidade de celebração da parceria.

Por fim, salienta-se a necessidade de haver perda patrimonial efetiva, conforme o comando expresso contido no artigo 10, *caput*, da Lei n. 8.429/1992.

Exemplo: gestor público que celebra a referida parceria sem proceder a chamamento público, gerando prejuízo ao erário.

3.2.19. Atuação ilícita na celebração, fiscalização ou análise da prestação de contas de parceria

> XIX – agir para a configuração de ilícito na celebração, na fiscalização e na análise das prestações de contas de parcerias firmadas pela administração pública com entidades privadas;

O inciso XIX do artigo 10 da Lei n. 8.429/1992 vedava a conduta de agir negligentemente na celebração, fiscalização e análise das prestações de contas de parcerias firmadas pela Administração Pública com entidades privadas.

Porém, a Lei n. 14.230/2021 alterou a referida redação da seguinte forma: "agir para a configuração de ilícito na celebração, na fiscalização e na análise das prestações de contas de parcerias firmadas pela administração pública com entidades privadas".

Na mesma linha dos incisos predecessores, também incluídos pela Lei n. 13.019/2014, a disposição sob comento tutela os temos de parcerias firmados entre a Administração Pública e as organizações da sociedade civil.

No caso *sub examine*, o agente público atua dolosamente e de forma ilícita – vale dizer, contrariamente aos mandamentos legais de estilo – em três situações diversas – celebração (realização solene, formalização), fiscalização (controle, verificação, vigilância atenta) e análise (estudo pormenorizado, avaliação crítica) das prestações de contas – atinentes às parecerias em questão.

Registra-se, outrossim, a necessidade de essa conduta gerar prejuízo ao erário.

Exemplo: gestor público que deixa de fiscalizar a entidade privada, não procedendo à análise da respectiva prestação de contas, ocasionando perda patrimonial efetiva em razão de o serviço não ter sido prestado pelo particular.

3.2.20. Liberação indevida de recursos de parceria firmada com entidade privada ou influência para sua aplicação irregular

> XX – liberar recursos de parcerias firmadas pela administração pública com entidades privadas sem a estrita observância das normas pertinentes ou influir de qualquer forma para a sua aplicação irregular;

O inciso XX do artigo 10 pune a liberação de recursos de parcerias firmadas pela Administração Pública com entidades privadas sem a estrita observância das normas pertinentes ou a influência de qualquer forma para a sua aplicação irregular.

O último inciso em vigor referente à Lei n. 13.019/2014 tutela os recursos públicos transferidos para entidades privadas. Tal transferência deve respeitar as disposições legais aplicáveis à espécie, conforme estatuído nos artigos 45 e 46 da referida lei, entre outros dispositivos.

Exemplo: prefeito que determina a liberação de valores para parceiro privado que não preencheu os requisitos legais de estilo, causando prejuízo ao erário.

3.2.21. Liberação indevida de recursos de parceria firmada com entidade privada ou influência para sua aplicação irregular

O inciso XXI do artigo 10 da Lei de Improbidade Administrativa, também incluído pela Lei n. 13.019/2014, possuía a mesma redação do inciso anterior, mas foi **revogado** pela Lei n. 14.230/2021.

3.2.22. Concessão, aplicação ou manutenção indevida de benefício financeiro ou tributário

> XXII – conceder, aplicar ou manter benefício financeiro ou tributário contrário ao que dispõem o *caput* e o § 1º do art. 8º-A da Lei Complementar nº 116, de 31 de julho de 2003.

Por fim, a Lei n. 14.230/2021 apenas remanejou o antigo 10-A da Lei n. 8.429/1992 para o inciso XXII do artigo 10 deste mesmo diploma.

A conduta punida por tal dispositivo consiste na concessão, aplicação ou manutenção de benefício financeiro ou tributário contrário ao que dispõem o *caput* e o § 1º do artigo 8º-A da Lei Complementar n. 116/2003.

Para tanto, é importante colacionar a norma contida nos dispositivos em apreço:

> Art. 8º-A. A alíquota mínima do Imposto sobre Serviços de Qualquer Natureza é de 2% (dois por cento).
>
> § 1º O imposto não será objeto de concessão de isenções, incentivos ou benefícios tributários ou financeiros, inclusive de redução de base de cálculo ou de crédito presumido ou outorgado, ou sob qualquer outra forma que resulte, direta ou indiretamente, em carga tributária menor que a decorrente da aplicação da alíquota mínima estabelecida no *caput*, exceto para os serviços a que se referem os subitens 7.02, 7.05 e 16.01 da lista anexa a esta Lei Complementar. [...].

Com o intuito de sancionar severamente os entes que não observassem a norma, criou-se uma modalidade de ato de improbidade administrativa. Frise-se que a previsão legal abrange não apenas a ação, mas também a omissão, razão pela qual eventual prefeito que assumir o cargo em município que já estiver concedendo a isenção e não adotar medidas para saná-la incorrerá em tal ato de improbidade administrativa.

Nessa senda, para a ocorrência do ato de improbidade administrativa em voga, torna-se imprescindível que o prefeito ou o governador do Distrito Federal fixe alíquota do imposto sobre serviços de qualquer natureza (ISS) em patamar inferior a 2%, o que, por óbvio, gera perda patrimonial efetiva em razão da não arrecadação do valor renunciado.

Além disso, também incide em tal vedação se uma das referidas autoridades conceder isenção, incentivo ou benefício tributário ou financeiro que, ao final, implique direta ou indiretamente em carga tributária menor que os referidos 2%. Vale dizer, trata-se de norma que visa a evitar a burla à regra constante no *caput* do citado artigo 2º.

Exemplo: governador do Distrito Federal que fixa a alíquota do ISS em 1%.

3.3. Outras disposições

Registram-se, por derradeiro, as disposições constantes nos §§ 1º e 2º incluídos pela Lei n. 14.230/2021 ao artigo 10 da Lei n. 8.429/1992.

Agora a lei dispõe expressamente que não ocorrerá a imposição de ressarcimento nos casos em que a inobservância de formalidades legais ou regulamentares não implicar perda patrimonial efetiva. Em outras palavras, é indispensável a ocorrência de perda patrimonial para que seja cabível o ressarcimento do dano. A disposição veda, assim, o enriquecimento sem causa das entidades públicas e demais pessoas jurídicas elencadas no artigo 1º da Lei de Improbidade Administrativa.

Outrossim, salvo se comprovado ato doloso praticado com essa finalidade, a mera perda patrimonial decorrente da atividade econômica não acarretará improbidade administrativa. A título de exemplo: se o agente público optar, dentro de sua esfera de discricionariedade, pela prestação de serviço postal e, dessa atividade, sobrevier perda patrimonial controlada e que atenda ao interesse público, não será possível a sua responsabilização a título de improbidade administrativa.

4. Atos de improbidade administrativa que atentam contra os princípios da Administração Pública

4.1. Introdução

O artigo 11 da Lei de Improbidade Administrativa prevê os atos de improbidade administrativa que atentam contra os princípios da Administração Pública.

A redação original do *caput* do citado artigo 11 dispunha que constituía ato de improbidade administrativa que atenta contra os princípios da Administração Pública qualquer ação ou omissão que viole os deveres de honestidade, imparcialidade, legalidade, e lealdade às instituições. Assim, o rol constante nos incisos deste dispositivo era meramente exemplificativo, conforme entendimento jurisprudencial assente à época (destaques nossos):

> [...] IMPROBIDADE ADMINISTRATIVA. **ART. 11 DA LEI 8.429/1992.** ILÍCITO DECORRENTE DE AFRONTA AOS PRINCÍPIOS ADMINISTRATIVOS. [...] IMPOSSIBILIDADE DE ENUMERAÇÃO JUDICIAL EM *NUMERUS CLAUSUS* DE HIPÓTESES QUE CONFIGUREM TAL MODALIDADE DE IMPROBIDADE. **ADMISSIBILIDADE DE ROL A TÍTULO EXEMPLIFICATIVO.** [...] CARÁTER ABERTO DO ART. 11 DA LEI DE IMPROBIDADE ADMINISTRATIVA 3. Diante do caráter aberto do art. 11 da Lei 8.429/1992, descabe fazer enumeração judicial em *numerus clausus* de modalidades de improbidade administrativa atinentes a afronta aos princípios da Administração Pública. 4. A conduta do agente ímprobo pode, sim, ser emoldurada no próprio *caput* do art. 11, sem a necessidade de se encaixar, obrigatoriamente, em uma das figuras previstas nos oito incisos que integram o mesmo artigo. Máxime porque **os incisos possuem índole claramente exemplificativa e não de *numerus clausus*.** Basta conferir o final da redação do *caput* (nave-mãe) que, após indicar a base normativa da conduta ímproba ofensiva a princípios, realça que esse mesmo núcleo estará também caracterizado, "notadamente" (mas não exclusivamente) nas demais condutas identificadas nos incisos subsequentes. Daí resulta que a conduta ímproba realiza-se não só por infração aos incisos do art. 11, mas, antes até, faz-se reconhecível, igual e autonomamente, no tipo genérico e aberto do próprio caput. O STJ já travou discussão anterior e pacificou o entendimento a respeito do caráter exemplificativo das hipóteses previstas no art. 11 da Lei 8.429/1992 (REsp 1.275.469/SP, Rel. Min. Sérgio Kukina, DJe 9/3/2015). [...]. (EREsp 1193248/MG, Rel. Ministro OG FERNANDES, Rel. p/ Acórdão Ministro Herman Benjamin, 1ª Seção, julgado em 26/06/2019, DJe 18/12/2020.)

Qualquer grave violação aos princípios que regem a Administração Pública poderia implicar improbidade administrativa, em nítida consagração do princípio da juridicidade, que impõe ao administrador respeito não apenas à lei, mas também a todo o ordenamento jurídico. Em outras palavras, o princípio da juridicidade estabelece não somente a ideia de que a Administração Pública estaria vinculada às regras fixadas nas leis, mas sim ao próprio Direito, o que inclui as regras e os princípios previstos na Constituição.[151]

[151] Sobre o tema, conferir: Oliveira, Rafael Carvalho Rezende. **A constitucionalização do Direito Administrativo**. 2. ed. Rio de Janeiro: Lumen Juris, 2010.

A Lei n. 14.230/2021 alterou a referida redação para salientar que constitui ato de improbidade administrativa que atenta contra os princípios da Administração Pública a ação ou omissão dolosa que viole os deveres de honestidade, de imparcialidade e de legalidade, caracterizada por uma das condutas elencadas nos incisos do referido artigo 11.

A diferença nas redações permite o surgimento de duas posições:

a) o artigo 11, *caput*, da Lei n. 8.429/1992 possui capacidade de subsunção de condutas ilícitas, pois define os princípios da Administração Pública cuja violação enseja a prática de ato de improbidade administrativa, lastreados nos deveres de legalidade, honestidade e imparcialidade. Em outras palavras, é possível capitular a conduta do agente ímprobo como incursa exclusivamente no *caput* do dispositivo, sem que seja necessário combiná-la com um de seus incisos. Como decorrência, os incisos têm caráter meramente exemplificativo de condutas pelas quais o agente poderá ser responsabilizado;[152]
b) a redação atual do artigo 11, *caput*, da Lei n. 8.429/1992 exige que, para configurar tal modalidade de improbidade administrativa, a conduta do agente público se amolde em um de seus incisos. Trata-se, portanto, de rol taxativo de condutas que podem caracterizar violação aos princípios da Administração Pública, tendo em vista ser indispensável combinar, na capitulação da conduta do agente, o *caput* com um dos incisos do referido artigo 11.[153]

[152] Nesse sentido, a Nota Técnica n. 01/2021, da 5ª CCR/MPF.

[153] Nesse sentido: "[...] Todavia, a partir da vigência da Lei 14.230/21, o ato de improbidade previsto no art. 11 deve se enquadrar em uma das condutas previstas nos seus incisos, não sendo mais possível a condenação por meio de tipos abertos de violação aos princípios da administração. 20. Logo, considerando que a falsificação ou o uso de documento falso perante administração não se enquadra em nenhum dos tipos previstos no art. 11, pode-se concluir que tal conduta não configura ato de improbidade, embora possa ensejar a condenação por infração administrativa ou até mesmo criminal. 21. Registre-se que o art. 1º, §4º, da Lei 8.429/92, é expresso ao dispor que se aplicam ao sistema da improbidade disciplinado nesta Lei os princípios constitucionais do direito administrativo sancionador. 22. Dessa forma, por se tratar de norma posterior mais benéfica aos réus, deve retroagir no presente caso. 23. Por fim, é relevante destacar ainda que não constam nos autos provas relacionadas a enriquecimento ilícito do demandado ou qualquer prejuízo ao erário. 24. Recurso parcialmente provido apenas para afastar a prescrição, julgando improcedente o pedido." (TRF-5, apelação 00012068620154058103, Desembargador Federal Thiago Batista de Ataide, 2ª Turma, julgamento: 23/11/2021.)

A segunda posição impede que situações graves, anteriormente punidas conforme o *caput* do artigo 11, configurem improbidade administrativa, afastando indevidamente o Microssistema Anticorrupção do princípio da juridicidade. É possível mencionar, a título exemplificativo, o assédio moral, o qual, mais do que provocações no local de trabalho – sarcasmo, crítica, zombaria e trote –, representa campanha de terror psicológico pela rejeição. A prática de assédio moral enquadrava-se na antiga redação em razão do evidente abuso de poder, desvio de finalidade e malferimento à impessoalidade, ao agir deliberadamente em prejuízo de alguém. Todavia, com o novo texto tal prática abjeta deixou de ser improbidade administrativa.

O assédio sexual também deixou de ser encampado pelo dispositivo, já que os incisos do artigo 11, *caput*, da Lei n. 8.429/1991, com as alterações realizadas pela Lei n. 14.230/2021, não preveem expressamente tal reprovável conduta. E mais grave: estupro praticado por policial contra detenta era considerado ato de improbidade administrativa que violava princípios da Administração Pública, mas, agora, não é mais punido pela Lei n. 8.429/1992, sendo reprimido apenas em outras esferas do Direito.

Também deixou de ser punida como improbidade administrativa, *e.g.*, a conduta do agente público que "fura a fila" da vacina contra a Covid-19, em desrespeito às normas que regulamentam a saúde pública. Antes da mudança legislativa, tal agente público podia ser enquadrado como autor de ato de improbidade administrativa que viola princípios da Administração Pública, notadamente os da legalidade, impessoalidade e moralidade.

Sustentamos que a alteração legislativa em apreço desrespeitou a Constituição Federal, mais precisamente no que tange à tutela eficiente do patrimônio público. Há, sem dúvida, retrocesso social, prejudicando sobremaneira direitos difusos e coletivos, em notório descumprimento a cânones constitucionais, a exemplo do artigo 37, § 4º, da Carta Magna, entre outras disposições.[154]

O elemento subjetivo, contudo, permanece sendo o dolo, agora incluído expressamente no *caput* do citado artigo 11. Essa inclusão também foi despicienda, pois tanto na doutrina quanto na jurisprudência sempre se entendeu que o dolo era requisito de tal modalidade de improbidade administrativa:

[154] O Supremo Tribunal Federal decidirá se tal alteração é constitucional ou não. Quanto a processos em trâmite, menciona-se, a título exemplificativo, a ação direta de inconstitucionalidade n. 7236, ajuizada pela Associação Nacional dos Membros do Ministério Público (CONAMP).

> [...] a tipificação do ato de improbidade administrativa descrito no art. 11 somente se aperfeiçoa mediante ação ou omissão dolosa do agente público. Vale dizer: é preciso que o agente pratique a conduta descrita no dispositivo em exame de forma livre e consciente.[155]

Quanto ao tipo de dolo exigido pela lei, há duas correntes: a) necessidade de demonstração da má-fé ou desonestidade (STJ, REsp n. 1.089.911/PE); ou b) basta apenas o dolo genérico, ou seja, a vontade de realizar a conduta descrita no tipo (STJ, AREsp n. 873.914/RN).[156]

Nesse contexto, é preciso deixar claro que "ilegalidade" não é sinônimo de "improbidade". O artigo 11 aduz, de fato, que a violação ao princípio da legalidade configura ato de improbidade administrativa. No entanto, na linha do entendimento de nossos tribunais superiores, não é possível fazer a aplicação literal desse dispositivo, sob pena de toda ilegalidade ser considerada também como improbidade administrativa. Em verdade, a ilegalidade é um gênero que abrange a improbidade administrativa, isto é, esta é uma espécie daquela, que contempla outros elementos que lhe conferem uma maior reprovabilidade.

A mencionada lei de 2021 ainda incluiu parágrafos ao artigo 11. Assim, dispôs-se que, nos termos da Convenção das Nações Unidas contra a Corrupção, somente haverá improbidade administrativa quando for comprovado na conduta funcional do agente público o fim de obter proveito ou benefício indevido para si ou para outra pessoa ou entidade.

Outrossim, fixou-se que o enquadramento de conduta na categoria de que trata o artigo 11 pressupõe a demonstração objetiva da prática de ilegalidade no exercício da função pública, com a indicação das normas constitucionais, legais ou infralegais violadas.

Por fim, agora é demandada a observância ao princípio da lesividade, vale dizer, os atos de improbidade que atentam contra os princípios da Administração Pública exigem ofensividade relevante ao bem jurídico tutelado para serem passíveis de sancionamento e independem do reconhecimento da produção de danos ao erário e de enriquecimento ilícito

[155] ANDRADE, Adriano; MASSON, Cleber; ANDRADE, Landolfo. **Interesses difusos e coletivos**, v. 1. 11. ed. Rio de Janeiro: Método, 2021, p. 774.

[156] Outrossim, para a configuração dos atos de improbidade administrativa que atentam contra os princípios da Administração Pública, é dispensável a comprovação de efetivo prejuízo aos cofres públicos (STJ, REsp n. 1192758/MG).

dos agentes públicos.[157] Assim, em sendo admitida a constitucionalidade da nova redação, além de formalmente se enquadrar no rol do artigo 11, é necessário que, materialmente, a conduta seja de significativa reprovabilidade para que possa ser sancionada. Lesividade relevante que deve ser vislumbrada sob a ótica qualitativa – ou seja, do desvalor da conduta – e, não sob o critério econômico-financeiro ou quantitativo (da quantidade de atos ímprobos praticados). A título de exemplo, se o agente público revelar fato de que teve ciência em razão do cargo e que deveria permanecer em segredo (artigo 11, *caput*, inciso III), mas o "segredo" revelado não for relevante para a Administração Pública, não será possível a aplicação de sanção.

4.1.1. Improbidade administrativa e divergência na interpretação da lei

A ideia de segurança jurídica exige que os pronunciamentos judiciais não sejam fruto do arbítrio do juiz. Apesar de uma margem de indeterminabilidade na interpretação da legislação, a tarefa de aplicação do Direito não pode refletir mero relativismo, devendo prevalecer a busca pela previsibilidade das decisões e pelo ideal de Justiça:

> Justamente por isso existe segurança jurídica em um estado de direito; ou seja, podemos ter uma ideia daquilo que nos atemos. Qualquer advogado ou conselheiro está, em princípio, capacitado para aconselhar corretamente, ou seja, para predizer corretamente a decisão do juiz com base nas leis vigentes.[158]

Com efeito, o entendimento reiterado dos tribunais oferece uma diretriz de qual é a conduta que se espera do gestor público, notadamente quando se emitem súmulas, atos normativos orientativos ou precedentes obrigatórios.

Contudo, a Lei n. 14.230/2021 modificou a Lei n. 8.429/1992, afastando a configuração da chamada "improbidade hermenêutica", ou seja, a responsabilização do agente por ato de improbidade administrativa decor-

[157] Nesse sentido, o art. 11, § 4º, da Lei de Improbidade Administrativa: "Os atos de improbidade de que trata este artigo exigem lesividade relevante ao bem jurídico tutelado para serem passíveis de sancionamento e independem do reconhecimento da produção de danos ao erário e de enriquecimento ilícito dos agentes públicos."

[158] Nesse sentido: GADAMER, Hans-Georg. **Verdade e Método.** Tradução de Flávio Paulo Meurer. Petrópolis: Vozes, 1997, p. 477 e s.

rente da prática de conduta fundada em tema no qual paira divergência interpretativa, conforme a redação conferida ao artigo 1º, § 8º, da *Nova* Lei de Improbidade Administrativa:

> Art. 1º [...] § 8º Não configura improbidade a ação ou omissão decorrente de divergência interpretativa da lei, baseada em jurisprudência, ainda que não pacificada, mesmo que não venha a ser posteriormente prevalecente nas decisões dos órgãos de controle ou dos tribunais do Poder Judiciário.

O dispositivo legal em exame consiste em excludente de improbidade administrativa para decisões embasadas em entendimento minoritário no âmbito do Poder Judiciário ou dos órgãos de controle. A justificativa utilizada é evitar o "apagão das canetas" – ou seja, a situação em que o gestor público, receoso dos riscos envolvidos na tomada de uma decisão, deixa de praticar um ato, não tomando decisão alguma.

No entanto, condicionar a configuração de improbidade administrativa à existência ou não de "divergência interpretativa da lei" viola o princípio constitucional da legalidade, que exige prévia delimitação legal do ilícito.[159]

Ademais, ao estabelecer que a existência de julgado isolado, sem a fixação de qualquer outra condição, isenta agentes públicos e privados de responsabilidade na esfera da Lei de Improbidade Administrativa, admitindo a adoção de expedientes espúrios para contornar o entendimento já sedimentado em nossos tribunais, atentando contra os princípios da segurança jurídica, da confiança e da vedação ao retrocesso social.[160]

E mais: ainda que não seja reconhecida a inconstitucionalidade do dispositivo, é preciso verificar se a posição encampada pelo gestor não é mera simulação para se alcançar fim ilícito, tornando possível a sua responsabilização pelo afastamento da presunção relativa de que atuou em conformidade com o ordenamento jurídico ao acompanhar julgado isolado.[161]

[159] Nesse sentido é a argumentação trazida na petição inicial da ação direta de inconstitucionalidade n. 7236, ajuizada pela Associação Nacional dos Membros do Ministério Público (CONAMP) no Supremo Tribunal Federal contra dispositivos da Lei n. 14.230/2021.

[160] Nesse sentido é a argumentação trazida na petição inicial da ação direta de inconstitucionalidade n. 7236, ajuizada pela Associação Nacional dos Membros do Ministério Público (CONAMP) no Supremo Tribunal Federal contra dispositivos da Lei n. 14.230/2021.

[161] No mesmo sentido: ZIESEMER, Henrique da Rosa; PINHEIRO, Igor Pereira. **Nova lei de improbidade administrativa comentada**. Leme: Mizuno, 2022, p. 224.

Em suma, diante dos inúmeros obstáculos existentes à repressão da corrupção, a observância pelo gestor público de um sistema coerente e íntegro de interpretação da Constituição e da legislação infraconstitucional, fundado em súmulas, atos normativos orientativos e precedentes obrigatórios, parece ser o único caminho viável para estancar a cobiça humana.

Por fim, registra-se que o citado § 8º do artigo 1º teve sua eficácia suspensa cautelarmente na ação direta de inconstitucionalidade n. 7.236, ajuizada pela Associação Nacional dos Membros do Ministério Público (CONAMP). O ministro Alexandre de Moraes, relator do processo em questão no Supremo Tribunal Federal, entendeu, em decisão prolatada no dia 27 de dezembro de 2022 (destaques no original):

> De fato, embora o propósito do legislador tenha sido proteger a boa-fé do gestor público que confia e adota orientações exaradas pelo Poder Judiciário a respeito da aplicação da lei, preservando-o de eventuais oscilações jurisprudenciais, deve ser reconhecido que o critério estabelecido no art. 1º, § 8º, da LIA, é excessivamente amplo e resulta em insegurança jurídica apta a esvaziar a efetividade da ação de improbidade administrativa.
>
> Levando em consideração a pluralidade de órgãos jurisdicionais com competência para apreciar a aplicação da legislação administrativa, além da complexidade e multiplicidade dessa modalidade de contencioso, impõe-se admitir a existência de grande quantidade de pronunciamentos judiciais que, sem desabono de sua autoridade, não servem como sinalização do entendimento do Poder Judiciário, seja por provirem de órgãos singulares, ou serem editados em momento ainda incipiente do debate sobre a matéria, ou mesmo por se relacionarem a circunstâncias concretas que não permitem a generalização de suas premissas para outras situações.
>
> A excludente imaginada pelo legislador depende um critério seletivo em relação a quais precedentes judiciais permitiriam ao gestor público a sua adoção em situações concretas. Do contrário, a inovação legislativa em foco, ao invés de proteger o administrador que age de boa-fé, estaria fornecendo ao gestor ímprobo a ocasião de encontrar pretextos para fastar a aplicação correta da legislação administrativa. Ou, como referido pelo Requerente CONAMP, "expedientes ardilosos para contornar o melhor direito e perpetua o sentimento de impunidade para atos cuja intensidade e *modus operandi* são reconhecidamente ilícitos".
>
> Assim, a ausência de uma definição clara sobre o alcance da nova excludente, considerando a multitude de decisões e situações de fato a permitir

interpretações conflitantes sobre a aplicação da legislação administrativa, causará dificuldade na aplicação da LIA, ampliando conflitos e gerando forte abalo no princípio constitucional da segurança jurídica, comprometendo, inclusive, a regularidade da atividade administrativa e efetividade da tutela da probidade.

Por esses motivos, entendo presentes os requisitos para concessão de medida cautelar nos presentes autos, para suspender a eficácia do art. 1º, § 8º, da LIA, introduzido pela Lei 14.230/2021.

4.2. Condutas elencadas no artigo 11

Conforme salientado acima, parcela da doutrina tem entendido serem taxativas as subespécies de atos de improbidade administrativa que atentam contra os princípios da Administração Pública elencadas pela lei, "caracterizada por uma das seguintes condutas" constante ao final do *caput* do referido artigo 11. Contudo, e a mudança do rol aberto para fechado ainda será apreciada pelo Supremo Tribunal Federal.

4.2.1. Prática de ato com desvio de finalidade

O inciso I do artigo 11, atualmente **revogado** pela Lei n. 14.230/2021, considerava improbidade administrativa a prática de ato visando à finalidade proibida por lei ou regulamento, bem como objetivando finalidade diversa daquela prevista na regra de competência.

A revogação do dispositivo, contudo, é de duvidosa constitucionalidade, pois diminui o campo de resposta estatal às violações ao dever de probidade administrativa, atentando contra os princípios da proibição da proteção insuficiente e da vedação ao retrocesso social.[162] O Supremo Tri-

[162] Sobre a vedação ao retrocesso social, já tivemos a chance de sustentar o seguinte: "O princípio da vedação do retrocesso, também conhecido como efeito 'cliquet' ou princípio da não-reversibilidade dos direitos fundamentais sociais (Queiroz, 2006) aparece, nesses casos, como garantia do indivíduo frente aos avanços e à necessidade de mudança, ou seja, atua como meio de garantir um mínimo de continuidade no ordenamento jurídico, indispensável para assegurar de segurança jurídica e previsibilidade a um ordenamento em constante mudança. À luz do ordenamento jurídico português, Canotilho sustenta que após a concretização em nível infraconstitucional, os direitos fundamentais sociais possuem uma dimensão dúplice – de direitos subjetivos a determ inadas prestações estatais e de uma garantia institucional –, de tal sorte que não se encontram mais na esfera de disponibilidade do legislador. Assim, para o doutrinador português, os direitos adquiridos não mais podem ser reduzidos ou suprimidos, sob pena de flagrante violação ao princípio da proibição do

bunal Federal ainda não se manifestou sobre o tema, estando pendente de apreciação a ADI n. 7.236, ajuizada pela Associação Nacional dos Membros do Ministério Público (CONAMP).

4.2.2. Retardo ou omissão na prática de ato de ofício

O inciso II do artigo 11, atualmente **revogado** pela Lei n. 14.230/2021, considerava improbidade administrativa a conduta de retardar ou deixar de praticar, indevidamente, ato de ofício. Do mesmo modo, também consideramos inconstitucional essa revogação, já que enfraquece a resposta estatal às violações ao dever de probidade administrativa, ferindo os princípios da proibição da proteção insuficiente e da vedação ao retrocesso social. Outrossim, a matéria pende de apreciação no Supremo Tribunal Federal (ADI n. 7.236).

4.2.3. Violação de sigilo funcional

> III – revelar fato ou circunstância de que tem ciência em razão das atribuições e que deva permanecer em segredo, propiciando beneficiamento por informação privilegiada ou colocando em risco a segurança da sociedade e do Estado;

retrocesso. Qualquer medida em contrário, que venha a ameaçar o padrão de prestações já alcançado, será nitidamente inconstitucional (Canotilho, 2002, p. 474-475). Para Jorge Miranda, o legislador não pode simplesmente suprimir as normas asseguradoras de direitos sociais, pois isto seria o mesmo que retirar das normas constitucionais toda a sua eficácia, em nítida violação ao princípio da força normativa da Constituição e da máxima efetividade dos direitos fundamentais (Miranda, 1990, p. 397). Segundo Sarlet, a supressão do núcleo de tutela de um determinado direito social anteriormente alcançado afeta a própria dignidade da pessoa humana, sendo falacioso sustentar até mesmo que a medida se fundamenta na reserva do possível ou na separação dos poderes. Vejamos: [...] mediante a supressão pura e simples do próprio núcleo essencial legislativamente concretizado de determinado direito social (especialmente dos direitos sociais vinculados ao mínimo existencial) estará sendo afetada, em muitos casos, a própria dignidade da pessoa, o que desde logo se revela inadmissível, ainda mais em se considerando que na seara das prestações mínimas (que constituem o núcleo essencial mínimo judicialmente exigível dos direitos a prestações) para uma vida condigna não poderá prevalecer até mesmo a objeção da reserva do possível e a alegação de uma eventual ofensa ao princípio democrático e da separação dos poderes. (Sarlet, 2006, p. 243)". (Costa, Rafael de Oliveira. Segurança Jurídica e a (Im)previsibilidade do Direito. In: **Nomos – Revista do Programa de Pós-Graduação em Direito da UFC**, v. 34.1, jan./jun. 2014, p. 187.)

A redação original do inciso III do artigo 11 vedava a revelação de fato ou circunstância de que o agente público tem ciência em razão das atribuições e que deva permanecer em segredo.

Já a Lei n. 14.230/2021 incluiu uma parte final a este dispositivo, exigindo também que a conduta propicie beneficiamento por informação privilegiada ou coloque em risco a segurança da sociedade e do Estado.

Assim, há a exigência de uma exposição indevida. Vale dizer, o agente público expõe fatos ou circunstâncias sigilosos, aos quais teve acesso em razão de seu trabalho. Nesse sentido:

> Nas situações em que a lei impõe a restrição à publicidade, seja para resguardar interesse público, seja para preservar a intimidade dos cidadãos, surge para o agente público que tem acesso a informações sigilosas o dever de segredo, cujo descumprimento doloso configura o ato de improbidade previsto nesse inciso. A norma protege, portanto, o segredo profissional.[163]

Ademais, há a necessidade, conforme a alteração legislativa em voga, de que esse ato beneficie alguém em razão da informação privilegiada ou cause risco à segurança estatal ou da população.

Exemplo: escrevente que revela fatos sigilosos constantes em processo judicial que está sob seus cuidados, gerando lucro a terceiros que exploram comercialmente tal informação.

4.2.4. Negativa na publicidade de atos oficiais

> IV – negar publicidade aos atos oficiais, exceto em razão de sua imprescindibilidade para a segurança da sociedade e do Estado ou de outras hipóteses instituídas em lei;

A redação originária do inciso IV do artigo 11 considerava improbidade administrativa a conduta de negar publicidade aos atos oficiais.

A Lei n. 14.230/2021 alterou a redação do dispositivo para incluir uma ressalva: "exceto em razão de sua imprescindibilidade para a segurança da sociedade e do Estado ou de outras hipóteses instituídas em lei".

O artigo 37, *caput*, da Constituição Federal determina expressamente que a Administração Pública é regida pelo princípio da publicidade. Nesse

[163] ANDRADE, Adriano; MASSON, Cleber; ANDRADE, Landolfo. **Interesses difusos e coletivos**, v. 1. 11. ed. Rio de Janeiro: Método, 2021, p. 778.

sentido, a Lei n. 12.527/2011 regula "o acesso a informações previsto no inciso XXXIII do art. 5º, no inciso II do § 3º do art. 37 e no § 2º do art. 216 da Constituição Federal", entre outras providências.

Assim, os atos oficiais são, em regra, públicos, não podendo o agente público negar-lhes tal qualidade.

Todavia, é importante registrar que essa regra não é absoluta, pois há situações em que o sigilo é inafastável, como, por exemplo, nas situações de segurança do Estado e da sociedade. Em tais casos, por óbvio, o agente público não pode ser punido, uma vez que, por dever de ofício, não pode dar publicidade a tais atos. Exemplo: gestor público que não divulga edital de licitação.

4.2.5. Frustração da licitude de concurso público

> V – frustrar, em ofensa à imparcialidade, o caráter concorrencial de concurso público, de chamamento ou de procedimento licitatório, com vistas à obtenção de benefício próprio, direto ou indireto, ou de terceiros;

A redação original do inciso V vedava a frustração da licitude de concurso público.

Já a Lei n. 14.230/2021 alterou completamente o dispositivo, rezando que configura improbidade administrativa a conduta de frustrar, em ofensa à imparcialidade, o caráter concorrencial de concurso público, de chamamento ou de procedimento licitatório, com vistas à obtenção de benefício próprio, direto ou indireto, ou de terceiros.

Assim, o primeiro requisito traduz-se na conduta de dificultar ou impedir a ampla disputa em um concurso público, chamamento ou licitação, prejudicando a equidade.

Há, ademais, a imprescindibilidade de se visar, com essa conduta, a um benefício próprio – do agente público – ou de terceira pessoa.

O concurso público é exigência constitucional para, em regra, se acessar cargos públicos, nos termos do artigo 37, *caput*, inciso II, da Constituição Federal:

> Art. 37. [...] II – a investidura em cargo ou emprego público depende de aprovação prévia em concurso público de provas ou de provas e títulos, de acordo com a natureza e a complexidade do cargo ou emprego, na forma prevista em lei, ressalvadas as nomeações para cargo em comissão declarado em lei de livre nomeação e exoneração; [...].

O desrespeito a essa norma viola todo um sistema para se garantir a isonomia e a impessoalidade, objetivando impedir favorecimentos e outras ilegalidades que prejudicam sobremaneira o interesse público. A imparcialidade e o caráter concorrencial são fundamentais para essas finalidades, pois evitam que a população em geral seja preterida em favor dos "amigos do Rei".

Exemplo: prefeito que elabora edital de concurso público para direcioná-lo a um parente seu, exigindo, por exemplo, cursos e outras características que somente essa pessoa possui.

Em razão da mudança legislativa empreendida pela Lei n. 14.230/2021, haverá uma dúvida quanto à conduta de dispensar indevidamente a realização de concurso público. Antes das alterações, era pacífico o entendimento de que tal comportamento se enquadrava no *caput* do artigo 11 da Lei n. 8.429/1992:

> E se o agente público dispensar indevidamente a realização de concurso público? Nessa hipótese, sua conduta se enquadrará na descrição genérica do tipo de improbidade previsto no art. 11, *caput,* da LIA. Conforme decidido pelo STJ: "A conduta do recorrente de contratar e manter servidores sem concurso público na Administração amolda-se ao *caput* do art. 11 da Lei nº 8.429/1992, ainda que o serviço público tenha sido devidamente prestado (REsp 737.279/PR).[164]

Todavia, como existe o entendimento de o rol do artigo 11 da Lei de Improbidade Administrativa é taxativo, exigindo que a conduta se amolde em um de seus incisos, haverá, no mínimo, duas correntes acerca desse tema:

a) a primeira salientando que, em razão dessa nova redação, a dispensa do concurso público deixa de ser improbidade administrativa, em respeito ao princípio da legalidade;
b) a segunda considerando que a referida dispensa se enquadra no inciso V em apreço, pois "frustrar [...] o caráter concorrencial de concurso público" consiste em qualquer conduta que dificulte ou impeça os objetivos desse instituto constitucional, abrangendo, desse modo, até mesmo a sua completa dispensa.

164 ANDRADE, Adriano; MASSON, Cleber; ANDRADE, Landolfo. **Interesses difusos e coletivos**, v. 1. 11. ed. Rio de Janeiro: Método, 2021, p. 780.

Considerando os princípios aplicáveis à espécie, bem como o respectivo *standard* probatório atinente à matéria, entendemos que a segunda corrente ("b") é aquela que mais se coaduna com o interesse público, pois a frustração do caráter concorrencial de concurso público não exclui a própria dispensa desse instituto. Em suma, quem dispensa o concurso público não deixa de frustrar o seu caráter competitivo.

4.2.6. Omissão na prestação de contas

> VI – deixar de prestar contas quando esteja obrigado a fazê-lo, desde que disponha das condições para isso, com vistas a ocultar irregularidades;

O inciso VI do artigo 11, em sua redação original, punia a conduta de apenas "deixar de prestar contas quando esteja obrigado a fazê-lo", pois a ausência de prestação de contas inviabiliza a aferição da destinação conferida aos recursos, violando os princípios da transparência e da publicidade.

Contudo, a Lei n. 14.230/2021 incluiu neste dispositivo nova exigência, nos seguintes moldes: "deixar de prestar contas quando esteja obrigado a fazê-lo, desde que disponha das condições para isso, com vistas a ocultar irregularidades".

Assim, o diploma atual considera improbidade administrativa a não prestação de contas por aquele que é legalmente obrigado a fazê-lo. Conforme a redação conferida pela nova lei, o agente público deve possuir condições para tanto e, mesmo assim, não o faz. Exige-se, ainda, um "duplo dolo específico", consistente no objetivo de esconder ilícitos.

Os artigos 56 a 58 da Lei de Responsabilidade Fiscal (LC n. 101/2000) regulamentam o dever de prestar contas, sendo a sua violação ato de improbidade administrativa prevista no artigo 73:

> As infrações dos dispositivos desta Lei Complementar serão punidas segundo o Decreto-Lei nº 2.848, de 7 de dezembro de 1940 (Código Penal); a Lei nº 1.079, de 10 de abril de 1950; o Decreto-Lei nº 201, de 27 de fevereiro de 1967; a Lei nº 8.429, de 2 de junho de 1992; e demais normas da legislação pertinente.

Ademais, a Constituição Federal, em seu artigo 70, parágrafo único, salienta que: "Prestará contas qualquer pessoa física ou jurídica, pública ou privada, que utilize, arrecade, guarde, gerencie ou administre dinheiros, bens e valores públicos ou pelos quais a União responda, ou que, em nome desta, assuma obrigações de natureza pecuniária." Veja-se que a obrigação recai sobre qualquer pessoa, física ou jurídica, privada ou pública, desde que exerça qualquer atividade que envolva bens públicos. Por este motivo, parcela da doutrina sustenta a inconstitucionalidade da modificação empreendida pela Lei n. 14.230/2021, com "efeito repristinatório da redação anterior."[165]

Exemplo: prefeito que não presta contas de sua gestão ao respectivo Tribunal de Contas, visando a ocultar irregularidades.

4.2.7. Divulgação indevida de medida política ou econômica

> VII – revelar ou permitir que chegue ao conhecimento de terceiro, antes da respectiva divulgação oficial, teor de medida política ou econômica capaz de afetar o preço de mercadoria, bem ou serviço;

O inciso VII considera improbidade administrativa a conduta de revelar ou permitir que chegue ao conhecimento de terceiro, antes da respectiva divulgação oficial, teor de medida política ou econômica capaz de afetar o preço de mercadoria, bem ou serviço.

A norma protege a atividade estatal referente a medidas políticas ou econômicas aptas a influenciarem o mercado, alterando o preço de produtos e serviços.

O primeiro requisito para a prática do ato ímprobo consiste em revelar (divulgar, propagar, fazer conhecer, mostrar) ou permitir (possibilitar, consentir) que chegue ao conhecimento de terceiro. Na primeira conduta, o próprio agente público torna pública a medida em questão. Já na segunda, o agente público autoriza que tal medida seja divulgada a terceira pessoa.

O dispositivo consigna o momento da prática da conduta, que deve ser anterior à divulgação oficial da medida. E esse requisito possui uma evidente razão de ser, já que a difusão posterior não se trata de revelação e muito menos indevida.

Registra-se, por oportuno, que não é necessário que os preços de mercadorias, bens ou serviços sejam de fato afetados. Nesse sentido:

[165] Ziesemer, Henrique da Rosa; Pinheiro, Igor Pereira. **Nova lei de improbidade administrativa comentada**. Leme: Mizuno, 2022, p. 82.

Para que a conduta do agente público se amolde ao inciso em exame, não é necessário que efetivamente sejam afetados os preços de mercadoria, bem ou serviço. Basta que a medida política ou econômica protegida pelo sigilo e indevidamente divulgada tenha a potencialidade de provocar essa alteração.[166]

Exemplo: assessor de Ministério da Economia que antecipa a uma empresa a informação de que a alíquota de determinado produto será aumentada no dia seguinte.

4.2.8. Descumprimento das normas atinentes a parcerias firmadas com entidades privadas

> VIII – descumprir as normas relativas à celebração, fiscalização e aprovação de contas de parcerias firmadas pela administração pública com entidades privadas;

O inciso VIII do artigo 11 pune o descumprimento das normas relativas à celebração, fiscalização e aprovação de contas de parcerias firmadas pela Administração Pública com entidades privadas.

O presente dispositivo funciona como uma cláusula subsidiária de proteção às parcerias firmadas pelo Estado com pessoas jurídicas de direito privado, pois complementa a tutela realizada pelos incisos XIV e seguintes do artigo 10 da mesma lei.

Aqui, ao contrário do citado artigo 10, não há a necessidade de ocorrer dano ao erário, bastando que não sejam observadas as respectivas disposições legais aplicáveis a essas parcerias, referentes à sua celebração, fiscalização ou aprovação de contas.

Exemplo: prefeito que firma uma parceria com ente privado que não preenche os requisitos elencados pela lei.

4.2.9. Descumprimento das normas de acessibilidade

O inciso IX foi **revogado** pela Lei n. 14.230/2021 e considerava improbidade administrativa a conduta de deixar de cumprir a exigência de requisitos de acessibilidade previstos na legislação.

[166] ANDRADE, Adriano; MASSON, Cleber; ANDRADE, Landolfo. **Interesses difusos e coletivos**, v. 1. 11. ed. Rio de Janeiro: Método, 2021, p. 782.

Nota-se grave retrocesso social com a alteração empreendida pela nova lei quanto ao dispositivo em questão. A tutela do patrimônio público antes realizada de forma expressa pela citada norma agora restou suprimida, prejudicando sobremaneira a defesa das pessoas com deficiência.

Assim, há flagrante prejuízo aos direitos difusos e coletivos, em prejuízo de toda a população. Concluímos, nessa toada, que a revogação em apreço é inconstitucional – o tema será objeto de apreciação pelo Supremo Tribunal Federal na Ação Direta de Inconstitucionalidade n. 7236, ajuizada pela Associação Nacional dos Membros do Ministério Público (CONAMP).

4.2.10. Transferência de recursos a entidade privada, em razão da prestação de serviço público de saúde, sem a prévia celebração de contrato ou convênio

O inciso X, também **revogado** pela Lei n. 14.230/2021, vedava a transferência de recurso a entidade privada, em razão da prestação de serviços na área de saúde, sem a prévia celebração de contrato, convênio ou instrumento congênere, nos termos do parágrafo único do artigo 24 da Lei n. 8.080/1990.

Inobstante a revogação, a conduta ainda pode ser punida a depender da forma como ocorrer a transferência dos recursos à entidade privada, nos termos do artigo 9º, inciso I, ou 10, inciso XI, da Lei n. 8.429/1992:

> Art. 9º [...] I – receber, para si ou para outrem, dinheiro, bem móvel ou imóvel, ou qualquer outra vantagem econômica, direta ou indireta, a título de comissão, percentagem, gratificação ou presente de quem tenha interesse, direto ou indireto, que possa ser atingido ou amparado por ação ou omissão decorrente das atribuições do agente público; [...].
>
> Art. 10. [...] XI – liberar verba pública sem a estrita observância das normas pertinentes ou influir de qualquer forma para a sua aplicação irregular; [...].

4.2.11. Nepotismo

> XI – nomear cônjuge, companheiro ou parente em linha reta, colateral ou por afinidade, até o terceiro grau, inclusive, da autoridade nomeante ou de servidor da mesma pessoa jurídica investido em cargo de direção, chefia ou assessoramento, para o exercício de cargo em comissão ou de confiança ou, ainda, de função gratificada na administração pública direta e indireta em

qualquer dos Poderes da União, dos Estados, do Distrito Federal e dos Municípios, compreendido o ajuste mediante designações recíprocas;

O inciso XI foi incluído pela Lei n. 14.230/2021 e considera improbidade administrativa a nomeação de cônjuge, companheiro ou parente em linha reta, colateral ou por afinidade, até o terceiro grau, inclusive, da autoridade nomeante ou de servidor da mesma pessoa jurídica investido em cargo de direção, chefia ou assessoramento, para o exercício de cargo em comissão ou de confiança ou, ainda, de função gratificada na Administração Pública direta e indireta em qualquer dos Poderes da União, dos estados, do Distrito Federal e dos municípios, compreendido o ajuste mediante designações recíprocas.

A necessidade de haver uma disposição expressa punindo o nepotismo como improbidade administrativa foi ventilada pelos autores do presente livro no seminário virtual "Diálogos Interinstitucionais", realizado no dia 26 de abril de 2021. Na oportunidade, também palestraram o ministro Mauro Campbell Marques, do Superior Tribunal de Justiça – presidente da comissão de juristas que confeccionou o projeto de lei que originou a Lei n. 14.230/2021 –, o deputado federal Roberto de Lucena – autor do referido projeto – e o deputado federal Carlos Zarattini – relator de tal projeto –, entre outras autoridades.[167]

O presente dispositivo considera improbidade administrativa tanto o nepotismo direto quanto o nepotismo indireto em sua modalidade cruzada. Na primeira vertente, a autoridade "designa seu parente para cargo comissionado em estrutura administrativa sob sua gestão". Já no nepotismo cruzado, subespécie de nepotismo indireto, "duas ou mais autoridades realizam nomeações recíprocas de parentes, com a finalidade de furtar a aplicação da lei".[168]

[167] Notícias do evento disponíveis nos seguintes *sites*: http://www.mpsp.mp.br/portal/page/portal/noticias/noticia?id_noticia=24392289&id_grupo=118; https://www.apmp.com.br/noticias/apmp-promove-o-webinar-dialogos-interinstitucionais-pl-10-88718-altera-a-lei-de-improbidade-administrativa/. Acesso em: 22 out. 2021.

[168] BARBOSA, Renato Kim. Nepotismo, mesmo indireto, contraria princípios basilares do Direito Público. **Revista Eletrônica Conjur**, 11 abr. 2016. Coluna MP no Debate. Disponível em: https://www.conjur.com.br/2016-abr-11/mp-debate-nepotismo-indireto-nega-principios-basilares-direito-publico. Acesso em: 22 out. 2021.

Nota-se que a norma sob comento seguiu, a risca, a Súmula Vinculante n. 13, do Supremo Tribunal Federal, *in verbis*:

> A nomeação de cônjuge, companheiro ou parente em linha reta, colateral ou por afinidade, até o terceiro grau, inclusive, da autoridade nomeante ou de servidor da mesma pessoa jurídica investido em cargo de direção, chefia ou assessoramento, para o exercício de cargo em comissão ou de confiança ou, ainda, de função gratificada na administração pública direta e indireta em qualquer dos poderes da União, dos Estados, do Distrito Federal e dos Municípios, compreendido o ajuste mediante designações recíprocas, viola a Constituição Federal.

Contudo, estabeleceram-se requisitos subjetivos para a configuração de improbidade administrativa em virtude da prática de nepotismo: 1) o dolo; 2) o elemento subjetivo específico, consistente na finalidade ilícita do agente, pois o § 5º do artigo 11 dispõe que não configura improbidade administrativa a "mera nomeação ou indicação política por parte dos detentores de mandatos eletivos". Assim, é necessária a aferição de dolo com finalidade ilícita por parte da autoridade nomeante, ou seja, é preciso haver um desvio de finalidade ou a manifesta inaptidão técnica ou moral para o cargo.

O novel dispositivo reforça a tese firmada no Tema n. 66 do Supremo Tribunal Federal, o qual salienta que nosso ordenamento jurídico, por meio de sua Lei Maior, impede a nomeação de parentes para cargos comissionados: "A vedação ao nepotismo não exige a edição de lei formal para coibir a prática, dado que essa proibição decorre diretamente dos princípios contidos no art. 37, *caput*, da Constituição Federal".

Exemplos: a) prefeito que nomeia sua esposa para cargo comissionado no Poder Executivo local; b) prefeito que nomeia filho do presidente da Câmara Municipal para cargo comissionado na Prefeitura Municipal, enquanto esta segunda autoridade nomeia filho daquela primeira autoridade para cargo comissionado na Câmara Municipal.

Por fim, impende registrar que as leis que tratam dos casos de vedação a nepotismo não são de iniciativa exclusiva do chefe do Poder Executivo, nos termos do Tema n. 29, do Supremo Tribunal Federal.[169]

[169] "Decisão: O Tribunal, por unanimidade, rejeitou as preliminares. O Tribunal, por maioria, vencido o Ministro Marco Aurélio, deu provimento ao recurso para cassar o acórdão recorrido,

4.2.12. Publicidade indevida

> XII – praticar, no âmbito da administração pública e com recursos do erário, ato de publicidade que contrarie o disposto no § 1º do art. 37 da Constituição Federal, de forma a promover inequívoco enaltecimento do agente público e personalização de atos, de programas, de obras, de serviços ou de campanhas dos órgãos públicos.

O inciso XII também foi incluído pela Lei n. 14.230/2021 e veda a prática, no âmbito da Administração Pública e com recursos do erário, ato de publicidade que contrarie o disposto no § 1º do artigo 37 da Constituição Federal, de forma a promover inequívoco enaltecimento do agente público e personalização de atos, de programas, de obras, de serviços ou de campanhas dos órgãos públicos.

O referido artigo 37, § 1º, da Constituição Federal dispõe o seguinte: "A publicidade dos atos, programas, obras, serviços e campanhas dos órgãos públicos deverá ter caráter educativo, informativo ou de orientação social, dela não podendo constar nomes, símbolos ou imagens que caracterizem promoção pessoal de autoridades ou servidores públicos."

A norma constitucional em epígrafe tutela o princípio da moralidade na publicação de atividades estatais, que deve visar apenas a educar, informar ou orientar socialmente. É vedada expressamente a promoção pessoal de agentes públicos, por meio de quaisquer sinais que remetam a determinado indivíduo.

Assim, o dispositivo em apreço considera improbidade administrativa o desrespeito a essa normativa quando se utiliza dinheiro do erário para a promoção pessoal.

Exemplo: prefeito que, utilizando verba pública, coloca seu nome e sua foto em *outdoors* pela cidade noticiando a construção de escolas públicas.

reconhecendo constitucional a Lei nº 2.040/1990 do Município de Garibaldi, firmando-se a tese de que leis que tratam dos casos de vedação a nepotismo não são de iniciativa exclusiva do Chefe do Poder Executivo, tudo nos termos do voto da Relatora. Ausente, justificadamente, o Ministro Ricardo Lewandowski (Presidente), em viagem à Itália para participar da '101ª Sessão Plenária da Comissão de Veneza'. Presidiu o julgamento a Ministra Cármen Lúcia (Vice-Presidente). Plenário, 11.12.2014."

5. Outras disposições

- Estatuto da Cidade

A Lei n. 10.257/2001, conhecida como "Estatuto da Cidade", estabelece diretrizes gerais da política urbana, regulamentando os artigos 182 e 183 da Constituição Federal. O artigo 52 da referida lei criou uma categoria de atos de improbidade de improbidade administrativa específica para prefeitos municipais:

> Art. 52. Sem prejuízo da punição de outros agentes públicos envolvidos e da aplicação de outras sanções cabíveis, o Prefeito incorre em improbidade administrativa, nos termos da Lei no 8.429, de 2 de junho de 1992, quando:
>
> I - (VETADO)
>
> II – deixar de proceder, no prazo de cinco anos, o adequado aproveitamento do imóvel incorporado ao patrimônio público, conforme o disposto no § 4º do art. 8º desta Lei;
>
> III – utilizar áreas obtidas por meio do direito de preempção em desacordo com o disposto no art. 26 desta Lei;
>
> IV – aplicar os recursos auferidos com a outorga onerosa do direito de construir e de alteração de uso em desacordo com o previsto no art. 31 desta Lei;
>
> V – aplicar os recursos auferidos com operações consorciadas em desacordo com o previsto no § 1º do art. 33 desta Lei;
>
> VI – impedir ou deixar de garantir os requisitos contidos nos incisos I a III do § 4º do art. 40 desta Lei;
>
> VII – deixar de tomar as providências necessárias para garantir a observância do disposto no § 3º do art. 40 e no art. 50 desta Lei;
>
> VIII – adquirir imóvel objeto de direito de preempção, nos termos dos arts. 25 a 27 desta Lei, pelo valor da proposta apresentada, se este for, comprovadamente, superior ao de mercado.

- Lei Eleitoral

A Lei n. 9.504/1997, que estabelece normas para as eleições, prevê em seu artigo 73, § 7º, o seguinte: "As condutas enumeradas no *caput* caracterizam, ainda, atos de improbidade administrativa, a que se refere o art. 11, inciso I, da Lei nº 8.429, de 2 de junho de 1992, e sujeitam-se às disposições daquele diploma legal, em especial às cominações do art. 12, inciso III."

E as condutas elencadas no *caput*, incisos I a VIII, do mesmo artigo são as seguintes:

> Art. 73. São proibidas aos agentes públicos, servidores ou não, as seguintes condutas tendentes a afetar a igualdade de oportunidades entre candidatos nos pleitos eleitorais:
>
> I – ceder ou usar, em benefício de candidato, partido político ou coligação, bens móveis ou imóveis pertencentes à administração direta ou indireta da União, dos Estados, do Distrito Federal, dos Territórios e dos Municípios, ressalvada a realização de convenção partidária;
>
> II – usar materiais ou serviços, custeados pelos Governos ou Casas Legislativas, que excedam as prerrogativas consignadas nos regimentos e normas dos órgãos que integram;
>
> III – ceder servidor público ou empregado da administração direta ou indireta federal, estadual ou municipal do Poder Executivo, ou usar de seus serviços, para comitês de campanha eleitoral de candidato, partido político ou coligação, durante o horário de expediente normal, salvo se o servidor ou empregado estiver licenciado;
>
> IV – fazer ou permitir uso promocional em favor de candidato, partido político ou coligação, de distribuição gratuita de bens e serviços de caráter social custeados ou subvencionados pelo Poder Público;
>
> V – nomear, contratar ou de qualquer forma admitir, demitir sem justa causa, suprimir ou readaptar vantagens ou por outros meios dificultar ou impedir o exercício funcional e, ainda, ex officio, remover, transferir ou exonerar servidor público, na circunscrição do pleito, nos três meses que o antecedem e até a posse dos eleitos, sob pena de nulidade de pleno direito, ressalvados:
>
> a) a nomeação ou exoneração de cargos em comissão e designação ou dispensa de funções de confiança;
>
> b) a nomeação para cargos do Poder Judiciário, do Ministério Público, dos Tribunais ou Conselhos de Contas e dos órgãos da Presidência da República;
>
> c) a nomeação dos aprovados em concursos públicos homologados até o início daquele prazo;
>
> d) a nomeação ou contratação necessária à instalação ou ao funcionamento inadiável de serviços públicos essenciais, com prévia e expressa autorização do Chefe do Poder Executivo;
>
> e) a transferência ou remoção ex officio de militares, policiais civis e de agentes penitenciários;

VI – nos três meses que antecedem o pleito:

a) realizar transferência voluntária de recursos da União aos Estados e Municípios, e dos Estados aos Municípios, sob pena de nulidade de pleno direito, ressalvados os recursos destinados a cumprir obrigação formal preexistente para execução de obra ou serviço em andamento e com cronograma prefixado, e os destinados a atender situações de emergência e de calamidade pública;

b) com exceção da propaganda de produtos e serviços que tenham concorrência no mercado, autorizar publicidade institucional dos atos, programas, obras, serviços e campanhas dos órgãos públicos federais, estaduais ou municipais, ou das respectivas entidades da administração indireta, salvo em caso de grave e urgente necessidade pública, assim reconhecida pela Justiça Eleitoral;

c) fazer pronunciamento em cadeia de rádio e televisão, fora do horário eleitoral gratuito, salvo quando, a critério da Justiça Eleitoral, tratar-se de matéria urgente, relevante e característica das funções de governo;

VII – realizar, no primeiro semestre do ano de eleição, despesas com publicidade dos órgãos públicos federais, estaduais ou municipais, ou das respectivas entidades da administração indireta, que excedam a média dos gastos no primeiro semestre dos três últimos anos que antecedem o pleito; (Redação dada pela Lei nº 13.165, de 2015)

VIII – fazer, na circunscrição do pleito, revisão geral da remuneração dos servidores públicos que exceda a recomposição da perda de seu poder aquisitivo ao longo do ano da eleição, a partir do início do prazo estabelecido no art. 7º desta Lei e até a posse dos eleitos.

Todavia, a Lei n. 14.230/2021 revogou expressamente o inciso I do artigo 11 da Lei n. 8.429/1992. Assim, podem surgir duas correntes:

a) a primeira sustentando que a revogação *sub examine* tornou ineficaz a norma contida no § 7º do artigo 73 da Lei n. 9.504/1997, pois esta refere-se expressamente ao inciso hoje revogado. Esse entendimento encontra respaldo no fato de que aplicam nesta seara os princípios do Direito Administrativo Sancionador – *ex vi* da expressa normatização contida no artigo 1º, § 1º, da Lei n. 8.429/1992[170] –, no

[170] "Art. 1º [...] § 4º Aplicam-se ao sistema da improbidade disciplinado nesta Lei os princípios constitucionais do direito administrativo sancionador. [...]."

qual, a exemplo do Direito Penal, vigora o brocardo *nullum crimen, nulla poena sine praevia lege*;[171]

b) a segunda preconizando que a punição a título de improbidade administrativa permanece em vigor, pois a disposição contida no referido § 7º seria uma norma extensiva quanto ao atual artigo 11 da Lei de Improbidade Administrativa. Entendemos ser esta a corrente mais consentânea com a defesa do patrimônio público, em uma interpretação conforme a Constituição.

Excetua-se, contudo, a situação daquelas condutas que se amoldam a outros dispositivos ainda em vigor da Lei de Improbidade Administrativa. Cita-se, a título exemplificativo, a cessão indevida de bem público, que, além de estar prevista no artigo 73, *caput*, inciso I, da Lei n. 9.503/1997, também preenche os requisitos do artigo 10, *caput*, inciso II, da Lei n. 8.429/1992.

- Lei de Acesso à Informação Pública

A Lei n. 12.527/2011 dispõe expressamente, em seu artigo 32, que constituem condutas ilícitas que ensejam responsabilidade do agente público ou militar:

I. recusar-se a fornecer informação requerida nos termos desta Lei, retardar deliberadamente o seu fornecimento ou fornecê-la intencionalmente de forma incorreta, incompleta ou imprecisa;
II. utilizar indevidamente, bem como subtrair, destruir, inutilizar, desfigurar, alterar ou ocultar, total ou parcialmente, informação que se encontre sob sua guarda ou a que tenha acesso ou conhecimento em razão do exercício das atribuições de cargo, emprego ou função pública;
III. agir com dolo ou má-fé na análise das solicitações de acesso à informação;
IV. divulgar ou permitir a divulgação ou acessar ou permitir acesso indevido à informação sigilosa ou informação pessoal;
V. impor sigilo à informação para obter proveito pessoal ou de terceiro, ou para fins de ocultação de ato ilegal cometido por si ou por outrem;

[171] Cf. artigo 5º, *caput*, inciso XXIX, da Constituição Federal: "não há crime sem lei anterior que o defina, nem pena sem prévia cominação legal".

VI. ocultar da revisão de autoridade superior competente informação sigilosa para beneficiar a si ou a outrem, ou em prejuízo de terceiros; e

VII. destruir ou subtrair, por qualquer meio, documentos concernentes a possíveis violações de direitos humanos por parte de agentes do Estado.

Por essas condutas, poderá o militar ou agente público responder, também, por improbidade administrativa, conforme o disposto nas Leis n. 1.079, de 10 de abril de 1950, e 8.429, de 2 de junho de 1992.

- Lei de Conflitos de Interesses

O artigo 12 da Lei n. 12.813/2013 dispõe que o agente público que pratica os atos previstos nos artigos 5º e 6º incorre em improbidade administrativa, na forma do artigo 11 da Lei nº 8.429, de 2 de junho de 1992, quando não caracterizada qualquer das condutas descritas nos artigos 9º e 10 do referido diploma.

O artigo 5º estabelece que configura conflito de interesses no exercício de cargo ou emprego no âmbito do Poder Executivo federal:

I. divulgar ou fazer uso de informação privilegiada, em proveito próprio ou de terceiro, obtida em razão das atividades exercidas;

II. exercer atividade que implique a prestação de serviços ou a manutenção de relação de negócio com pessoa física ou jurídica que tenha interesse em decisão do agente público ou de colegiado do qual este participe;

III. exercer, direta ou indiretamente, atividade que em razão da sua natureza seja incompatível com as atribuições do cargo ou emprego, considerando-se como tal, inclusive, a atividade desenvolvida em áreas ou matérias correlatas;

IV. atuar, ainda que informalmente, como procurador, consultor, assessor ou intermediário de interesses privados nos órgãos ou entidades da administração pública direta ou indireta de qualquer dos Poderes da União, dos Estados, do Distrito Federal e dos Municípios;

V. praticar ato em benefício de interesse de pessoa jurídica de que participe o agente público, seu cônjuge, companheiro ou parentes, consanguíneos ou afins, em linha reta ou colateral, até o terceiro grau, e que possa ser por ele beneficiada ou influir em seus atos de gestão;

VI. receber presente de quem tenha interesse em decisão do agente público ou de colegiado do qual este participe fora dos limites e condições estabelecidos em regulamento; e

VII. prestar serviços, ainda que eventuais, a empresa cuja atividade seja controlada, fiscalizada ou regulada pelo ente ao qual o agente público está vinculado.

No mesmo sentido, o artigo 6º dispõe que configura conflito de interesses após o exercício de cargo ou emprego no âmbito do Poder Executivo federal:

I. a qualquer tempo, divulgar ou fazer uso de informação privilegiada obtida em razão das atividades exercidas; e

II. no período de 6 (seis) meses, contado da data da dispensa, exoneração, destituição, demissão ou aposentadoria, salvo quando expressamente autorizado, conforme o caso, pela Comissão de Ética Pública ou pela Controladoria-Geral da União:

a) prestar, direta ou indiretamente, qualquer tipo de serviço a pessoa física ou jurídica com quem tenha estabelecido relacionamento relevante em razão do exercício do cargo ou emprego;

b) aceitar cargo de administrador ou conselheiro ou estabelecer vínculo profissional com pessoa física ou jurídica que desempenhe atividade relacionada à área de competência do cargo ou emprego ocupado;

c) celebrar com órgãos ou entidades do Poder Executivo federal contratos de serviço, consultoria, assessoramento ou atividades similares, vinculados, ainda que indiretamente, ao órgão ou entidade em que tenha ocupado o cargo ou emprego; ou

d) intervir, direta ou indiretamente, em favor de interesse privado perante órgão ou entidade em que haja ocupado cargo ou emprego ou com o qual tenha estabelecido relacionamento relevante em razão do exercício do cargo ou emprego.

CAPÍTULO 3
SANÇÕES

1. Introdução

Uma vez reconhecida a prática do ato de improbidade administrativa, deve ser imposta ao réu uma ou mais das sanções previstas no artigo 12, *caput*, incisos I a III, da Lei n. 8.429/1992.

A Constituição Federal estabelece, em seu art. 37, § 4º, que a improbidade administrativa sujeita seu autor às seguintes cominações: "a suspensão dos direitos políticos, a perda da função pública, a indisponibilidade dos bens e o ressarcimento ao erário, na forma e gradação previstas em lei".[172]

O legislador ordinário, contudo, não se limitou às sanções elencadas no § 4º do artigo 37 da Constituição Federal,[173] acrescentando a multa civil,

[172] Na realidade, a indisponibilidade de bens não tem natureza de sanção, mas de medida acautelatória.

[173] A redação original do artigo 12 da Lei n. 8.429/1992, antes das mudanças empreendidas pela Lei n. 14.230/2021, era a seguinte: "Art. 12. Independentemente das sanções penais, civis e administrativas previstas na legislação específica, está o responsável pelo ato de improbidade sujeito às seguintes cominações, que podem ser aplicadas isolada ou cumulativamente, de acordo com a gravidade do fato: I – na hipótese do art. 9º, perda dos bens ou valores acrescidos ilicitamente ao patrimônio, ressarcimento integral do dano, quando houver, perda da função pública, suspensão dos direitos políticos de oito a dez anos, pagamento de multa civil de até três vezes o valor do acréscimo patrimonial e proibição de contratar com o Poder Público ou receber benefícios ou incentivos fiscais ou creditícios, direta ou indiretamente, ainda que por intermédio de pessoa jurídica da qual seja sócio majoritário, pelo prazo de dez anos; II – na hipótese do art. 10, ressarcimento integral do dano, perda dos bens ou valores acrescidos ilicitamente ao patrimônio, se concorrer esta circunstância, perda da função pública, suspensão dos direitos políticos de cinco a oito anos, pagamento de multa civil de até duas vezes o valor do dano e proibição de contratar com o Poder Público ou receber benefícios

a proibição de contratar ou receber benefícios ou incentivos e a perda dos bens acrescidos ilicitamente. Inexiste, em tal inclusão, qualquer inconstitucionalidade: o Supremo Tribunal Federal tem entendido que a Carta Magna estabeleceu rol exemplificativo, competindo ao legislador ordinário a fixação de outras penalidades, uma vez que "as sanções civis impostas pelo artigo 12 da Lei nº 8.429/92 aos atos de improbidade administrativa estão em sintonia com os princípios constitucionais que regem a Administração Pública."[174]

A Lei n. 14.230/2021, por seu turno, realizou importantes alterações na sistemática das sanções.[175] De início, registra-se que foram mantidas

ou incentivos fiscais ou creditícios, direta ou indiretamente, ainda que por intermédio de pessoa jurídica da qual seja sócio majoritário, pelo prazo de cinco anos; III – na hipótese do art. 11, ressarcimento integral do dano, se houver, perda da função pública, suspensão dos direitos políticos de três a cinco anos, pagamento de multa civil de até cem vezes o valor da remuneração percebida pelo agente e proibição de contratar com o Poder Público ou receber benefícios ou incentivos fiscais ou creditícios, direta ou indiretamente, ainda que por intermédio de pessoa jurídica da qual seja sócio majoritário, pelo prazo de três anos; IV – na hipótese prevista no art. 10-A, perda da função pública, suspensão dos direitos políticos de 5 (cinco) a 8 (oito) anos e multa civil de até 3 (três) vezes o valor do benefício financeiro ou tributário concedido. Parágrafo único. Na fixação das penas previstas nesta lei o juiz levará em conta a extensão do dano causado, assim como o proveito patrimonial obtido pelo agente."

[174] STF, 2ª Turma, RE 598.588, Rel. Min. Eros Grau, Dje. 25.02.2010.

[175] O dispositivo apresenta atualmente a seguinte redação: "Art. 12. Independentemente do ressarcimento integral do dano patrimonial, se efetivo, e das sanções penais comuns e de responsabilidade, civis e administrativas previstas na legislação específica, está o responsável pelo ato de improbidade sujeito às seguintes cominações, que podem ser aplicadas isolada ou cumulativamente, de acordo com a gravidade do fato: I – na hipótese do art. 9º desta Lei, perda dos bens ou valores acrescidos ilicitamente ao patrimônio, perda da função pública, suspensão dos direitos políticos até 14 (catorze) anos, pagamento de multa civil equivalente ao valor do acréscimo patrimonial e proibição de contratar com o poder público ou de receber benefícios ou incentivos fiscais ou creditícios, direta ou indiretamente, ainda que por intermédio de pessoa jurídica da qual seja sócio majoritário, pelo prazo não superior a 14 (catorze) anos; II – na hipótese do art. 10 desta Lei, perda dos bens ou valores acrescidos ilicitamente ao patrimônio, se concorrer esta circunstância, perda da função pública, suspensão dos direitos políticos até 12 (doze) anos, pagamento de multa civil equivalente ao valor do dano e proibição de contratar com o poder público ou de receber benefícios ou incentivos fiscais ou creditícios, direta ou indiretamente, ainda que por intermédio de pessoa jurídica da qual seja sócio majoritário, pelo prazo não superior a 12 (doze) anos; III – na hipótese do art. 11 desta Lei, pagamento de multa civil de até 24 (vinte e quatro) vezes o valor da remuneração percebida pelo agente e proibição de contratar com o poder público ou de receber benefícios ou incentivos fiscais ou creditícios, direta ou indiretamente, ainda que por intermédio de pessoa jurídica da qual seja sócio majoritário, pelo prazo não superior a 4 (quatro) anos."

as sanções anteriormente previstas no artigo 12, quais sejam: a) perda de bens e valores acrescidos ilicitamente; b) ressarcimento integral do dano; c) perda da função pública; d) suspensão dos direitos políticos; e) multa civil; f) proibição de contratar com o Poder Público; g) proibição de receber benefícios ou incentivos fiscais ou creditícios.

Em importante modificação, o *caput* do artigo 12 passou a prever que, "Independentemente do ressarcimento integral do dano patrimonial, se efetivo, e das sanções penais comuns e de responsabilidade, civis e administrativas previstas na legislação específica, está o responsável pelo ato de improbidade sujeito às seguintes cominações, que podem ser aplicadas isolada ou cumulativamente, de acordo com a gravidade do fato: [...]."

De forma didática, a nova redação prevê expressamente: a) o ressarcimento integral do dano patrimonial; b) a possibilidade de aplicação cumulativa de sanções nas esferas civil, administrativa e penal (princípio da independência das instâncias); e c) a possibilidade de responsabilização do agente, cumulativamente, pela prática de crime de responsabilidade.

Extraiu-se das sanções propriamente ditas o ressarcimento integral do dano, tendo em vista o seu caráter reparatório, conforme preceituam os artigos 927, *caput*, e 944, *caput*, do Código Civil: "Art. 927. Aquele que, por ato ilícito (arts. 186 e 187), causar dano a outrem, fica obrigado a repará-lo. [...] Art. 944. A indenização mede-se pela extensão do dano. [...]."

Apesar de a nova redação mencionar apenas o dano patrimonial, nada impede que seja determinada a reparação de todas as espécies de danos, inclusive extrapatrimoniais e sociais. Com efeito, o artigo 5º, *caput*, da Constituição Federal garante, entre outras determinações, a incolumidade de todos os bens de qualquer pessoa, seja física, seja jurídica. E o Código Civil, conforme os dispositivos acima mencionados, reforça esse entendimento. Assim, devem ser alvo de reparação, após pedido do autor da demanda, todos os danos causados pelo réu: danos individuais causados à pessoa jurídica de direito público interessada, dano social causado pelo rebaixamento da qualidade de vida da sociedade, dano moral coletivo,[176] entre outros.[177]

[176] Segundo o Superior Tribunal de Justiça, o dano moral coletivo é "categoria autônoma de dano que não se identifica com os tradicionais atributos da pessoa humana (dor, sofrimento ou abalo psíquico), mas com a violação injusta e intolerável de valores fundamentais titularizados pela coletividade (grupos, classes ou categorias de pessoas). Tem a função de: a) proporcionar uma reparação indireta à lesão de um direito extrapatrimonial da coletividade; b) sancionar o ofensor; e c) inibir condutas ofensivas a esses direitos transindividuais. 13. Se, por um lado,

No que tange ao dano material, é importante registrar que o texto exige que ele seja efetivo, vale dizer, não pode ser presumido, conforme se estudou quanto ao ato de improbidade administrativa previsto no artigo 10, *caput*, inciso VIII, da Lei n. 8.429/1992.

Atente-se para o fato de que a parte final do *caput* permite que as sanções por ato de improbidade administrativa sejam aplicadas de forma isolada ou cumulativa, sopesando-se para tanto a gravidade do fato.[178]

De outro vértice, foram mantidas, com pequenas alterações, as demais disposições constantes no *caput* do artigo 12, permitindo-se a aplicação de sanções penais – comuns e de responsabilidade –, civis e administrativas previstas na legislação específica. Exemplo: a aplicação das sanções da Lei de Improbidade Administrativa não impede, em razão do mesmo fato, a imposição de pena (Direito Penal), reparação dos danos (Direito Civil) e demissão (Direito Administrativo).[179]

Por fim, as alterações empreendidas nas normas de direito material do artigo 12 da Lei de Improbidade Administrativa não são aplicáveis aos processos em curso em que já houve condenação transitada em julgado pela prática de improbidade administrativa. Esse é o entendimento do Supremo Tribunal Federal – Recurso Extraordinário n. 843.989 (Tema 1.199) –, com vistas a preservar o ato jurídico perfeito e a coisa julgada, em atenção ao artigo 5º, *caput*, inciso XXXVI, da Constituição.

o dano moral coletivo não está relacionado a atributos da pessoa humana e se configura *in re ipsa*, dispensando a demonstração de prejuízos concretos ou de efetivo abalo moral, de outro, somente ficará caracterizado se ocorrer uma lesão a valores fundamentais da sociedade e se essa vulneração ocorrer de forma injusta e intolerável." (REsp 1.502.967, Rel. Min. Nancy Andrigui, DJe 14/08/2018.)

[177] Cf. BARBOSA, Renato Kim. **Corrupção e Dano Social**: Análise da Responsabilidade Civil inclusive na *Nova* Lei de Improbidade Administrativa. São Paulo: Almedina, 2022.

[178] A Lei n. 8.429/1992, quando promulgada, não previa essa individualização da pena, o que fez gerar duas correntes à época: a) uma que entendia ser impositiva a aplicação de todas as sanções ao mesmo tempo; e b) outra que salientava ser necessário um balanceamento, podendo o juiz escolher uma ou mais sanções. A interpretação autêntica foi realizada pela Lei n. 12.120/2009, que alterou o texto para encampar expressamente a segunda corrente, prevalente até hoje.

[179] A Súmula n. 651 do Superior Tribunal de Justiça aduz o seguinte (1ª Seção, aprovada em 21/10/2021): "Compete à autoridade administrativa aplicar a servidor público a pena de demissão em razão da prática de improbidade administrativa, independentemente de prévia condenação, por autoridade judicial, à perda da função pública."

1.1. Ressarcimento do dano na hipótese de o contratado receber valores em razão do cumprimento do contrato administrativo

Situação que merece especial atenção diz respeito ao ressarcimento do dano na hipótese de o contratado receber valores em razão do cumprimento do contrato administrativo. A melhor solução para o problema era baseada na verificação do *animus* do particular:

a) caso atuasse de boa-fé, sem indícios de envolvimento na prática do ato de improbidade administrativa, não havia como negar ao contratado o direito ao recebimento dos valores em razão do cumprimento do contrato;
b) o contratado de má-fé que, em conluio com o agente público, participou, auxiliou ou se beneficiou do ato ímprobo, ficava, de modo distinto, obrigado a restituir ao erário todos os valores que recebera com base na avença.

Todavia, o novo § 3º incluído pela Lei n. 14.230/2021 ao artigo 18 da Lei n. 8.429/1992 passou a dispor que, para "fins de apuração do valor do ressarcimento, deverão ser descontados os serviços efetivamente prestados", não dispondo expressamente sobre boa-fé ou má-fé. Assim, nos parece possível o surgimento de duas posições sobre o tema:

a) deve ser mantida a sistemática anteriormente analisada, ou seja, que traça a distinção entre as situações em que o terceiro atue com boa ou má-fé. Tal posição, segundo nossa ótica, é a mais consentânea à defesa do patrimônio público, pois não beneficia aquele que agiu dolosamente contra a probidade administrativa;
b) a boa-fé do agente é irrelevante para fins de análise do ressarcimento do dano, ou seja, em qualquer hipótese fica o agente que prestou o serviço dispensado de devolver os valores. Essa parece ser, atualmente, a posição do Superior Tribunal de Justiça.[180]

180 "Portanto, cinge-se a controvérsia em analisar a possibilidade de condenação ao ressarcimento ao Erário por serviços devidamente prestados ao Estado, embora decorrentes de ato ilícito reputado ímprobo. 3. Sobre o tema, esta Corte Superior firmou a compreensão de que a determinação de ressarcimento ao Erário por serviços efetivamente prestados é ilegítima, dado que ensejaria o enriquecimento ilícito do Estado (REsp. 1.659.553/RJ, Rel. Min. Herman Benjamin, DJe 30.6.2017; EREsp. 575.551/SP, Rel. Min. Nancy Andrighi, DJe 30.4.2009). 4. A punitividade de fatos ilícitos não pode ensejar o cometimento de outra ilicitude por parte do Poder Punitivo Estatal. Este está adstrito aos termos da lei e dos princípios

1.2. Reparação do dano e relação entre as instâncias civil, penal e administrativa

O novo § 6º, também incluído ao artigo 12 pela Lei n. 14.230/2021, determina que, se ocorrer lesão ao patrimônio público, a reparação do dano deverá deduzir o ressarcimento ocorrido nas instâncias criminal, civil e administrativa que tiver por objeto os mesmos fatos:

> Art. 12 [...]. § 6º Se ocorrer lesão ao patrimônio público, a reparação do dano a que se refere esta Lei deverá deduzir o ressarcimento ocorrido nas instâncias criminal, civil e administrativa que tiver por objeto os mesmos fatos. [...].

Trata-se de regra que busca evitar a dupla responsabilização do agente ímprobo em relação à reparação do dano. Com efeito, se já houve o pagamento – ainda que parcial – de indenização em outra instância, a medida não pode ser desconsiderada, sob pena de enriquecimento indevido da entidade lesada.

Atente-se para o fato de que o verbo "deduzir" deixa claro que não há óbice à complementação do valor da lesão fixado em outra instância por meio da ação de improbidade administrativa. Em outras palavras, é possível que, na demanda ajuizada com base na Lei n. 8.429/1992, fique demonstrado que o dano é superior àquele anteriormente indenizado, de modo a justificar a sua complementação.

Por fim, com o advento da Lei n. 14.230/2021, caso seja constatado enriquecimento ilícito ou prejuízo ao erário, a perda de bens ou valores acrescidos de forma ilícita e a obrigação de ressarcir o erário serão de aplicação impositiva, sem margem de discricionariedade ao juiz.

1.3. Consequencialismo

A Lei n. 14.230/2021 ainda realizou importantes inovações, conforme o § 3º incluído no artigo 12 da Lei n. 8.429/1992. Na responsabilização da pessoa jurídica, devem ser considerados os efeitos econômicos e sociais das sanções, de modo a viabilizar a manutenção de suas atividades.

gerais do direito. Defender – em vilipêndio ao devido processo e à proporcionalidade das sanções, ainda quando graves os fatos – que sejam ressarcidos os dispêndios estatais que retribuíram força de trabalho efetivamente prestada é afrontoso aos princípios da legalidade e da vedação ao enriquecimento sem causa, bem como à compreensão desta Corte Superior sobre o tema, consoante registrou a decisão agravada." (STJ, AgInt no AREsp 798.081/RJ, Min. Napoleão Nunes Maia Filho, DJe 09/12/2020.)

Trata-se de incorporação ao texto da Lei de Improbidade Administrativa do critério hermenêutico consequencialista positivado no artigo 20 da Lei de Introdução às Normas do Direito Brasileiro – Decreto-Lei n. 4.657/1942.

As consequências da decisão devem ser observadas não apenas em sentenças de procedência, mas também quando o julgador entender tratar-se de hipótese de improcedência dos pedidos admitidos pela Lei n. 8.429/1992, em atenção à prevenção, dissuasão e repressão aos atos de improbidade administrativa.

O tema será objeto de análise aprofundada no capítulo destinado ao processo judicial.

1.4. Microssistema Anticorrupção e bis in idem

As sanções aplicadas a pessoas jurídicas com base na *nova* Lei de Improbidade Administrativa e na Lei Anticorrupção Empresarial (Lei n. 12.846/2013) devem observar o princípio constitucional do *non bis in idem* (artigo 12, § 7º, da Lei n. 8.429/1992).

A regra encontra-se em consonância com artigo 3º, § 2º, da Lei n. 8.429/1992, que afastou a possibilidade de aplicação das sanções previstas na Lei de Improbidade Administrativa às pessoas jurídicas quando a conduta é sancionada simultaneamente pela Lei Anticorrupção. Assim, conforme já ponderamos no primeiro capítulo, entendemos possível o surgimento de duas correntes sobre o tema.

Uma primeira posição, partindo da literalidade dos dispositivos, entendendo que não afasta apenas o *bis in idem*, mas, sim, qualquer aplicação da Lei de Improbidade Administrativa na hipótese de o ato ser também sancionado pela Lei Anticorrupção. Em outras palavras, as pessoas físicas se submetem apenas à Lei de Improbidade Administrativa e, as pessoas jurídicas, somente à Lei Anticorrupção.

Já uma segunda posição, promovendo interpretação sistemática do dispositivo com o artigo 30, inciso I, da Lei Anticorrupção – que enuncia que suas penas não afastam as da Lei n. 8.429/1992, encampando o princípio da independência das esferas punitivas –, admite o afastamento das hipóteses de *bis in idem* na aplicação de sanções, permitindo que as pessoas jurídicas se submetam tanto à Lei Anticorrupção quanto à Lei de Improbidade Administrativa. Essa segunda corrente, de acordo com a nossa ótica, é a que mais se coaduna com os princípios norteadores da Administração Pública, pois preconiza uma tutela eficiente do patrimônio público.

1.5. Nova classificação dos atos de improbidade administrativa: insignificantes, de menor potencial ofensivo e de elevado potencial ofensivo

Criou-se, por meio do § 5º do art. 12 da Lei n. 8.429/92, a figura do ato de improbidade administrativa de menor potencial ofensivo: no caso de atos de menor lesividade aos bens jurídicos tutelados pela lei, a sanção prevista pelo citado dispositivo é a multa, sem prejuízo do ressarcimento do dano e da perda dos valores obtidos, quando for o caso.

Assim, é possível classificar os atos de improbidade administrativa em três grandes categorias:

a) atos de improbidade administrativa insignificantes – trata-se, neste caso, de atos que, em tese, não afetam a tipicidade material administrativa. O Superior Tribunal de Justiça, contudo, vem rechaçando a incidência do princípio da insignificância aos atos de improbidade administrativa,[181] de modo que incumbe ao juiz realizar a adequada dosimetria das sanções a serem aplicadas;
b) atos de improbidade administrativa de menor potencial ofensivo – no caso de atos de menor lesividade ao bem jurídico-administrativo tutelado pela lei, a sanção a ser aplicada será a multa, sem prejuízo do ressarcimento do dano e da perda dos valores obtidos;
c) atos de improbidade administrativa de elevado potencial ofensivo – nesta hipótese, a lesão ao bem jurídico-administrativo tutelado é de significativa monta, de modo que é possível, ao menos em tese, a aplicação de todas as sanções previstas pela Lei n. 8.429/1992, seja em caráter alternativo, seja em caráter cumulativo.

O artigo 12, § 5º, da Lei n. 8.429/1992 não fixou balizas segundo as quais os atos de improbidade administrativa podem ser considerados de menor potencial ofensivo. A ausência de uma normatização segura impõe um cenário de exacerbado subjetivismo, o qual pode ser extremamente prejudicial ou favorável ao réu ou à sociedade.

Por esse motivo, parcela da doutrina tem entendido que o novo § 5º do artigo 12 da Lei de Improbidade Administrativa é inconstitucional, uma vez que, em havendo previsão de nova categoria de atos de improbidade administrativa, o legislador deveria ter estabelecido critérios objetivos de tipificação. E, em assim não o fazendo, violaram-se os princípios da lega-

[181] AgInt no REsp n. 1.774.729, Rel. Ministro Francisco Falcão, DJe 13/12/2019.

lidade e da tipicidade, que regem o Direito Administrativo Sancionador, bem como o artigo 37, § 4º, da Constituição, que estabelece um conjunto mínimo de sanções para a hipótese de prática de atos de improbidade administrativa.

Por fim, inobstante uma lesão patrimonial possa ter diminuto valor *econômico*, a conduta do agente ímprobo pode representar grave violação à moralidade administrativa, justificando a imposição de outras penalidades, além da multa, que devem ser objeto de análise pelo juiz em cada caso concreto.[182]

1.6. Dano moral coletivo e dano social

O "dano moral coletivo" pode ser definido como uma "injusta lesão da esfera moral de uma dada comunidade, ou seja, é a violação antijurídica de um determinado círculo de valores coletivos",[183] correlacionando-se a qualquer direito coletivo *lato sensu* – englobando, assim, os direitos individuais homogêneos, coletivos em sentido estrito e difusos.

Já o "dano social" foi definido por Antonio Junqueira de Azevedo como as "lesões à sociedade, no seu nível de vida, tanto por seu rebaixamento de seu patrimônio moral – principalmente a respeito da segurança – quanto por diminuição de sua qualidade de vida".

Ambas as figuras podem ser tuteladas por meio da ação de improbidade administrativa.[184] Com efeito, o dano social, caracterizado pelo rebaixamento do patrimônio moral, insere-se no conceito de dano moral coletivo em sentido amplo, pois esta última figura, por ser gênero, abrange todos os danos coletivos morais: individuais homogêneos, coletivos em sentido estrito e difusos; e tal derradeiro instituto traduz-se justamente no dano social, já que, além de possuir objeto indivisível, atinge sujeitos indetermináveis.

[182] Na seara penal, a Lei n. 9.099/1990 dispôs expressamente que a infração penal de menor potencial ofensivo é aquela cuja pena máxima não ultrapassa dois anos: "Art. 61. Consideram-se infrações penais de menor potencial ofensivo, para os efeitos desta Lei, as contravenções penais e os crimes a que a lei comine pena máxima não superior a 2 (dois) anos, cumulada ou não com multa."

[183] CAMARGO, Paulo Sergio Uchôa Fagundes Ferraz de. **Dano moral coletivo**: uma possibilidade de aplicação dos danos punitivos. São Paulo: Almedina, 2016, p. 135.

[184] Cf. BARBOSA, Renato Kim. **Corrupção e Dano Social**: Análise da Responsabilidade Civil inclusive na *Nova* Lei de Improbidade Administrativa. São Paulo: Almedina, 2022.

Torna-se possível, desse modo, haver a cumulação de pedidos em uma mesma ação. Vale dizer, em relação à responsabilidade civil, o agente público ímprobo pode ser processado – e, por fim, condenado – a reparar tanto os danos morais coletivos, configurados pelo rebaixamento do patrimônio moral da sociedade,[185] quanto os danos sociais materiais, constatados pela redução da qualidade de vida da população.

Essa compreensão técnica da matéria estende-se, até mesmo, aos procedimentos extrajudiciais investigatórios – *v.g.*, acordo de não persecução cível em que o averiguado, dentre outras cominações, resta obrigado a reparar os danos morais coletivos e os danos sociais.

2. Espécies de sanções

A Constituição Federal, em seu artigo 37, § 4º, elencou algumas sanções para aqueles que praticarem ato de improbidade administrativa, conforme já se consignou anteriormente: "Os atos de improbidade administrativa importarão a suspensão dos direitos políticos, a perda da função pública, a indisponibilidade dos bens e o ressarcimento ao erário, na forma e gradação previstas em lei, sem prejuízo da ação penal cabível."

Regulamentando a matéria, a depender da modalidade de ato de improbidade administrativa praticado pelo agente público – artigo 9º, 10 ou 11 –, a Lei de Improbidade Administrativa preceitua, no artigo 12, *caput*, incisos I a III, as seguintes penalidades:

> [...] I – na hipótese do art. 9º desta Lei, perda dos bens ou valores acrescidos ilicitamente ao patrimônio, perda da função pública, suspensão dos direitos políticos até 14 (catorze) anos, pagamento de multa civil equivalente ao valor do acréscimo patrimonial e proibição de contratar com o poder público ou de receber benefícios ou incentivos fiscais ou creditícios, direta ou indiretamente, ainda que por intermédio de pessoa jurídica da qual seja sócio majoritário, pelo prazo não superior a 14 (catorze) anos;
>
> II – na hipótese do art. 10 desta Lei, perda dos bens ou valores acrescidos ilicitamente ao patrimônio, se concorrer esta circunstância, perda da função pública, suspensão dos direitos políticos até 12 (doze) anos, pagamento de multa civil equivalente ao valor do dano e proibição de contratar com o poder público ou de receber benefícios ou incentivos fiscais ou creditícios, direta

[185] Compreendidos como sinônimos de danos sociais morais.

ou indiretamente, ainda que por intermédio de pessoa jurídica da qual seja sócio majoritário, pelo prazo não superior a 12 (doze) anos;

III – na hipótese do art. 11 desta Lei, pagamento de multa civil de até 24 (vinte e quatro) vezes o valor da remuneração percebida pelo agente e proibição de contratar com o poder público ou de receber benefícios ou incentivos fiscais ou creditícios, direta ou indiretamente, ainda que por intermédio de pessoa jurídica da qual seja sócio majoritário, pelo prazo não superior a 4 (quatro) anos; [...].

De forma didática, assevera-se que a lei elenca as seguintes sanções:

a) perda de bens e valores acrescidos ilicitamente ao patrimônio;
b) perda da função pública;
c) suspensão dos direitos políticos;
d) pagamento de multa civil;
e) proibição de contratar com o Poder Público;
f) proibição de receber benefícios ou incentivos fiscais ou creditícios.

Tais penalidades somente poderão ser executadas após o trânsito em julgado da sentença condenatória. Trata-se de mandamento expresso incluído pela Lei n. 14.230/2021, conforme o novo § 9º introjetado ao artigo 12. A medida vem afastar a possibilidade de "execução provisória" das sanções pela prática de improbidade administrativa. Contraria, contudo, a lógica do sistema recursal cível, ante a ausência de efeito suspensivo nos recursos direcionados ao Superior Tribunal de Justiça e ao Supremo Tribunal Federal. Ofende, ainda, os princípios da proporcionalidade e do devido processo legal, na medida em que as sanções de multa, ressarcimento de dano e perdimento de valores ilicitamente acrescidos ao patrimônio podem ser objeto de cumprimento provisório de sentença, na forma do artigo 520 do Código de Processo Civil.

Passemos à análise detalhada de cada uma das espécies de sanções.

2.1. Perda de bens e valores

A primeira sanção, consistente na perda de bens e valores acrescidos ilicitamente ao patrimônio, é, na realidade, corolário das normas já existentes na legislação civil. O Código Civil, em seus artigos 884 e 885, determina que aquele que, sem justa causa, se enriquecer à custa de outrem, será obrigado a restituir o indevidamente auferido, feita a atualização dos valores monetários.

Outrossim, se o enriquecimento tiver por objeto coisa determinada, quem a recebeu é obrigado a restituí-la, e, se a coisa não mais subsistir, a restituição se fará pelo valor do bem à época em que foi exigido.

Por fim, a restituição é devida não só quando não tenha havido causa que justifique o enriquecimento, mas também se esta deixou de existir. Exemplo: servidor municipal que, após ser transferido para outro setor, não devolve *notebook* do órgão de origem, apropriando-se indevidamente do bem público.

2.2. Perda da função pública

No que tange à perda da função pública, antes da reforma legislativa de 2021, a 1ª Seção do Superior Tribunal de Justiça negou provimento ao EREsp 1.701.967/RS (j. 09.09.2020) e uniformizou o entendimento da matéria no âmbito das turmas que julgam direito público na corte. Prevaleceu, assim, o entendimento da 2ª Turma, no sentido de que a sanção prevista no artigo 12 da Lei n. 8.429/1992 alcança todo e qualquer vínculo jurídico que o agente mantém com a Administração Pública.

Todavia, a Lei n. 14.230/2021 colocou uma pá de cal neste debate ao incluir o § 1º ao artigo 12 da Lei n. 8.429/1992, estatuindo de forma expressa que a sanção de perda da função pública atinge apenas o vínculo de mesma qualidade e natureza que o agente público ou político detinha com o Poder Público na época do cometimento da infração.

E, atinente apenas ao ato de improbidade administrativa que importa enriquecimento ilícito (artigo 9º), a nova norma permitiu ao juiz, em caráter excepcional, estender a perda da função pública aos demais vínculos, consideradas as circunstâncias do caso e a gravidade da infração:

> Art. 12. [...] § 1º A sanção de perda da função pública, nas hipóteses dos incisos I e II do *caput* deste artigo, atinge apenas o vínculo de mesma qualidade e natureza que o agente público ou político detinha com o poder público na época do cometimento da infração, podendo o magistrado, na hipótese do inciso I do caput deste artigo, e em caráter excepcional, estendê-la aos demais vínculos, consideradas as circunstâncias do caso e a gravidade da infração. [...].

Então, se um agente público, detentor de cargo em comissão, nomeia o filho para outro cargo em comissão na mesma entidade (nepotismo) e, posteriormente, vem a ser eleito para o cargo de prefeito, não poderá, com o advento de sentença condenatória pela prática de improbidade, perder o mandato. Não é possível, sequer, a cassação da aposentadoria em razão de condenação pela prática de ato de improbidade administrativa, visto que não há previsão desta sanção no artigo 12 da Lei de Improbidade Administrativa, devendo ser observada a legalidade estrita.[186]

Note-se que a Lei n. 14.230/2021 excluiu a possibilidade de se aplicar a perda da função àquele que praticar ato de improbidade administrativa que viole princípios da Administração Pública. Em outras palavras, a perda da função pública apenas pode ocorrer nas hipóteses de enriquecimento ilícito (artigo 9º) e lesão ao erário (artigo 10).

Por fim, o § 1º do artigo 12 teve sua eficácia suspensa cautelarmente na Ação Direta de Inconstitucionalidade n. 7.236, ajuizada pela Associação Nacional dos Membros do Ministério Público (CONAMP). O ministro Alexandre de Moraes, relator do processo no Supremo Tribunal Federal, aduziu o seguinte, em decisão prolatada no dia 27 de dezembro de 2022 (destaques no original):

> Consideradas essas premissas, ao estabelecer que a aplicação da sanção de perda da função pública atinge apenas o vínculo de mesma qualidade e natureza que o agente detinha com o poder público no momento da prática do ato de improbidade, o art. 12, § 1º, da nova LIA, traça uma severa restrição ao mandamento constitucional de defesa da probidade administrativa, que impõe a perda de função pública como sanção pela prática de atos ímprobos independentemente da função ocupada no momento da condenação com trânsito em julgado.
>
> Trata-se, além disso, de previsão desarrazoada, na medida em que sua incidência concreta pode eximir determinados agentes dos efeitos da sanção constitucionalmente devida simplesmente em razão da troca de função ou da eventual demora no julgamento da causa, o que pode decorrer, inclusive, do pleno e regular exercício do direito de defesa por parte do acusado.
>
> Configurados, portanto, indícios de desrespeito ao princípio da razoabilidade, uma vez que não observadas as necessárias proporcionalidade, justiça e adequação entre o dispositivo impugnado e o conceito constitucional de improbidade administrativa, acarretando a necessidade de suspensão da eficácia da norma, pois como salientado por AUGUSTIN GORDILLO (Princí-

[186] STJ, AgInt no REsp 1.496.346, Dje. 09.08.2018.

pios gerais do direito público. São Paulo: RT, 1977, p. 183), a atuação do Poder Público será sempre legítima, desde que com racionalidade, ou ainda, no dizer de ROBERTO DROMI (Derecho administrativo. 6. Ed. Buenos Aires: Ciudad Argentina, 1997, p. 36), a razoabilidade engloba a prudência, a proporção, a indiscriminação, a proteção, a proporcionalidade, a causalidade, em suma, a não arbitrariedade.

Diante de todo o exposto, presentes os requisitos para concessão de medida, suspendo a eficácia do artigo 12, § 1º, da Lei 8.429/1992, incluído pela Lei 14.230/2021.

2.3. Suspensão dos direitos políticos

Os direitos políticos são considerados direitos fundamentais de primeira dimensão e consistem, basicamente, no direito de votar e ser votado.

A Constituição Federal é expressa em vedar a cassação de direitos políticos. Todavia, a perda ou a suspensão é permitida nas situações elencadas pelos incisos I a V do artigo 15 da Carta Magna (destaques nossos):

> Art. 15. É vedada a cassação de direitos políticos, cuja perda ou suspensão só se dará nos casos de:
> I – cancelamento da naturalização por sentença transitada em julgado;
> II – incapacidade civil absoluta;
> III – condenação criminal transitada em julgado, enquanto durarem seus efeitos;
> IV – recusa de cumprir obrigação a todos imposta ou prestação alternativa, nos termos do art. 5º, VIII;
> V – **improbidade administrativa**, nos termos do art. 37, § 4º.

No caso de improbidade administrativa que importa enriquecimento ilícito, a suspensão dos direitos políticos pode ser de até quatorze anos. Nos atos de improbidade administrativa que causam prejuízo ao erário, tal suspensão pode ser de até doze anos. A Lei n. 14.230/2021 excluiu, contudo, a possibilidade de se suspenderem os direitos políticos daquele que praticar ato de improbidade administrativa em violação aos princípios da Administração Pública.[187]

[187] A mudança tem sido questionada quanto à sua constitucionalidade, uma vez que não compete ao Poder Legislativo excluir sanções constitucionais do rol da Lei de Improbidade Administrativa. Sobre o tema, a Nota Técnica n. 01/21, da 5ª CCR/MPF, salienta o seguinte:

O § 10, incluído na reforma de 2021, reza que, para efeitos de contagem do prazo da suspensão, computar-se-á retroativamente o intervalo de tempo entre a decisão colegiada e o trânsito em julgado da sentença condenatória. Trata-se de verdadeira "contagem retroativa" do prazo da pena de suspensão dos direitos políticos. O objetivo do legislador parece ser fazer coincidir a forma de contagem da suspensão de direitos políticos com o período da inelegibilidade prevista no artigo 1º, *caput*, inciso I, alínea "l", da Lei Complementar n. 64/1990.

Inobstante a exegese literal leve a crer que o termo inicial da contagem do prazo ocorra antes do trânsito em julgado, o dispositivo deve ser interpretado à luz do artigo 12, § 9º, da Lei n. 8.429/1992. Este último só permite que as sanções sejam executadas após o trânsito em julgado da sentença condenatória. Em outras palavras, em sendo inviável a execução provisória de qualquer sanção aplicada pela prática de ato de improbidade administrativa, a regra da retroatividade cede espaço aos princípios da presunção de inocência e da máxima proteção dos bens jurídicos coletivos, devendo ser adotado como termo inicial para a contagem do prazo o trânsito em julgado. E esse parece ser o entendimento encampado pelo Ministro Alexandre de Moraes na Ação Direta de Inconstitucionalidade n. 7.236, ajuizada pela Associação Nacional dos Membros do Ministério Público (CONAMP) (destaques no original):

> [...] a suspensão dos direitos políticos em virtude de improbidade administrativa, nos termos do art. 37, § 4º, não se confunde com a previsão de inelegibilidade do art. 1º, I, l, da LC 64/1990. Enquanto a primeira hipótese tem seu fundamento no art. 15 da Constituição Federal (suspensão), a segunda tem seu fundamento no § 9º do art. 14 do texto constitucional (inelegibilidade legal), que somente abrange uma situação de inelegibilidade, posterior ao término da suspensão dos direitos políticos.
>
> Em complementação – não em substituição – à previsão constitucional do art. 15 da Constituição Federal, com base no § 9º do seu art. 14, a LC 64/2010 estabeleceu criteriosos requisitos de incidência em seu art. 1º, I, l (condenação por ato de improbidade administrativa que importe, simultaneamente,

"O novo inciso III do artigo 12 da Lei 14.230 é inconstitucional, no que, em havendo prática de improbidade administrativa, não compete ao Poder Legislativo excluir as sanções constitucionais graves de perda da função pública e de suspensão de direitos polí9cos, do rol de sanções imponíveis pela LIA."

lesão ao patrimônio público e enriquecimento ilícito; presença de dolo; decisão definitiva ou proferida por órgão judicial colegiado; e sanção de suspensão dos direitos políticos – nesse sentido: Ac.-TSE, de 21/02/2017, no Respe 10049), prevendo hipóteses especialmente graves e atentatórias à moralidade administrativa e ao bom funcionamento das instituições públicas.

Em que pese serem previsões complementares, são diversas, com diferentes fundamentos e diferentes consequências, caracterizando institutos de natureza diversas, que, inclusive, admitem a possibilidade de cumulação entre as inelegibilidades e a suspensão de direitos políticos [...].

Nesse contexto, considerando que os efeitos da detração estabelecida pela norma impugnada, cujo status é de lei ordinária, podem afetar o sancionamento adicional de inelegibilidade prevista na Lei Complementar 64/1990, reconheço o risco de violação ao art. 37, § 4º, da Constituição Federal, e aos princípios da vedação à proteção deficiente e ao retrocesso.

Diante de todo o exposto, presentes os requisitos para concessão de medida, suspendo a eficácia do artigo 12, § 10, da Lei 8.429/1992, incluído pela Lei 14.230/2021.

2.4. Multa civil

A multa civil tem natureza punitiva e consiste em sanção pecuniária imposta aos agentes públicos e particulares condenados pela prática de ato de improbidade administrativa, de modo que deve ser destinada à pessoa jurídica afetada pelo ato ímprobo.[188]

A sanção não pode ser equiparada à reparação do dano moral suportado pela pessoa jurídica, pois a gradação da multa não se faz em equilíbrio com o dano moral causado à coletividade.[189]

E mais: a multa civil foi mantida para as três modalidades de improbidade administrativa. No caso do artigo 9º – enriquecimento ilícito –, o valor é equivalente ao acréscimo patrimonial. Em relação ao artigo 10 – dano ao erário –, a multa consiste no valor do dano. Já no que tange ao artigo 11 – violação a princípios –, a sanção pode ser fixada até vinte e quatro vezes o valor da remuneração percebida pelo agente.

[188] Garcia, Emerson; Alves, Rogério Pacheco. **Improbidade administrativa**. 9. ed. São Paulo: Saraiva, 2017, p. 711-712.

[189] Garcia, Emerson; Alves, Rogério Pacheco. **Improbidade administrativa**. 9. ed. São Paulo: Saraiva, 2017, p. 711.

Por fim, a Lei n. 14.230/2021 incluiu o § 2º ao artigo 12, dispondo que os valores podem ser aumentados até o dobro, se o juiz considerar que, em virtude da situação econômica do réu, o valor fixado é ineficaz para a reprovação e prevenção do ato de improbidade administrativa.

2.5. Proibição de contratar com o Poder Público ou receber incentivos fiscais ou creditícios

Antes da reforma legislativa de 2021, havia dúvida quanto ao âmbito de aplicação da sanção de proibição de contratar com o Poder Público ou receber incentivos fiscais ou creditícios. Parte da doutrina entendia que tal penalidade não ficava restrita ao sujeito passivo do ato de improbidade administrativa, pois a expressão "Poder Público" devia ser compreendida como toda a Administração Pública direta e indireta, de qualquer dos Poderes da União, dos estados, do Distrito Federal e dos municípios. Já o Superior Tribunal de Justiça sustentava que tal sanção ficava, sim, restrita ao sujeito passivo do ato de improbidade administrativa.[190]

A celeuma foi resolvida pela Lei n. 14.230/2021, que, ao incluir o § 4º ao artigo 12 da Lei n. 8.429/1992, permitiu, em caráter excepcional e por motivos relevantes devidamente justificados, que a proibição de contratação com o Poder Público possa extrapolar o ente lesado pelo ato de improbidade administrativa. Para tanto, devem ser observados os impactos econômicos e sociais das sanções, de forma a preservar a função social da pessoa jurídica e a manutenção de suas atividades.

A sanção em apreço pode ser de até: quatorze anos, no caso de enriquecimento ilícito; doze anos, no caso de dano ao erário; e quatro anos, no caso de violação a princípios da Administração Pública.

Outrossim, a referida mudança legislativa também impôs, no novo § 8º incluído ao referido artigo 12, que a sanção de proibição de contratação com o Poder Público deve constar do Cadastro Nacional de Empresas Inidôneas e Suspensas (CEIS), de que trata a Lei n. 12.846/2013, observadas as limitações territoriais contidas em decisão judicial.

3. Critérios para a aplicação das sanções

A Lei n. 14.230/2021 incluiu o artigo 17-C na Lei n. 8.429/1992, traçando parâmetros para a dosimetria da sanção, em especial diante da supressão

[190] STJ, AgInt no REsp n. 1.589.661/SP, Rel. Min. Gurgel Faria, 1ª Turma, Dje. 24.03.2017.

de limites mínimos das penas de suspensão de direitos políticos e proibição de contratar com o Poder Público.

Assim, o inciso IV do artigo 17-C, *caput*, dispõe que, para a aplicação das sanções, o juiz deve considerar na sentença, de forma isolada ou cumulativa, as seguintes circunstâncias:

a) os princípios da proporcionalidade e da razoabilidade;
b) a natureza, a gravidade e o impacto da infração cometida;
c) a extensão do dano causado;
d) o proveito patrimonial obtido pelo agente;
e) as circunstâncias agravantes ou atenuantes;
f) a atuação do agente em minorar os prejuízos e as consequências advindas de sua conduta omissiva ou comissiva;
g) os antecedentes do agente;

Também deve ser considerado pelo juiz, na aplicação das sanções, a dosimetria das sanções relativas ao mesmo fato já aplicadas ao agente (inciso V), bem como, na fixação das penas relativamente ao terceiro, quando for o caso, a sua atuação específica, não admitida a sua responsabilização por ações ou omissões para as quais não tiver concorrido ou das quais não tiver obtido vantagens patrimoniais indevidas (inciso VI).

Trata-se de rol exemplificativo, sendo necessário observar, a título de exemplo, o disposto no artigo 7º da Lei n. 12.846/2013, em especial no que tange às sanções aplicáveis às pessoas jurídicas:

I. a gravidade da infração;
II. a vantagem auferida ou pretendida pelo infrator;
III. a consumação ou não da infração;
IV. o grau de lesão ou perigo de lesão;
V. o efeito negativo produzido pela infração;
VI. a situação econômica do infrator;
VII. a cooperação da pessoa jurídica para a apuração das infrações;
VIII. a existência de mecanismos e procedimentos internos de integridade, auditoria e incentivo à denúncia de irregularidades e a aplicação efetiva de códigos de ética e de conduta no âmbito da pessoa jurídica; e
IX. o valor dos contratos mantidos pela pessoa jurídica com o órgão ou entidade pública lesado.

3.1. Pluralidade de condutas

Quando foi possível a subsunção da conduta em mais de uma modalidade de ato de improbidade administrativa, deve ser eleita a modalidade que melhor se adeque ao tipo legal, prevalecendo, em regra, aquela com punição mais severa.

Assim, caso o agente tenha praticado ato de improbidade que, simultaneamente, cause enriquecimento ilícito, dano ao erário e violação aos princípios da Administração Pública, sua conduta deve ser capitulada naquela mais grave, ou seja, no artigo 9º da Lei n. 8.429/1992.

Por fim, no que tange à pluralidade de atos de improbidade administrativa e unificação das penas, remetemos o leitor às considerações traçadas no próximo capítulo, que promove a análise dos processos judiciais.

CAPÍTULO 4
PROCESSO JUDICIAL

1. Introdução

A corrupção tem refletido nefasto fator de instabilidade em nosso país. Parece quase "natural" que alguns agentes públicos – por desvio de formação, falta de discernimento, escolha própria ou efetiva má-fé – utilizam-se das posições que ocupam para a satisfação de interesses outros que não os da coletividade.

Com o intuito de combater os efeitos desse mal que aflige nossa sociedade, o Ministério Público passou a dispor de meios judiciais – como a ação penal coletiva e o ajuizamento de ação em face da prática de atos de improbidade administrativa – e extrajudiciais – como a recomendação e o acordo de não persecução civil.

Nesse contexto, a ação de improbidade administrativa é a via judicial para o reconhecimento da prática de atos de improbidade e consequente aplicação de sanções a agentes ímprobos e terceiros que tiverem concorrido para a conduta ilícita.

Segundo a maior parte da doutrina,[191] tal ação possui natureza cível e não criminal, pois o § 4º do artigo 37 da Constituição da República dispõe inicialmente acerca das consequências decorrentes dos atos improbidade administrativa e, ao final, estabelece expressamente que as medidas serão adotadas "sem prejuízo da ação penal cabível".

[191] Conferir DECOMAIN, Pedro Roberto. **Improbidade administrativa**. São Paulo: Dialética, 2014, p. 228.

De outro modo, conforme a corrente doutrinária majoritária,[192] a ação de improbidade administrativa é espécie do gênero ação civil pública,[193] razão pela qual a demanda deve seguir o procedimento comum previsto no Código de Processo Civil, observadas as peculiaridades elencadas na Lei n. 8.429/1992[194] e, subsidiariamente, as disposições do Microssistema de Tutela Coletiva[195] – o que inclui as disposições da Lei n. 7.347/1985.

Contudo, o artigo 17-D da Lei n. 8.429/1992 agora dispõe, expressamente, que a ação por improbidade administrativa "não constitui ação

[192] Por todos, conferir: GARCIA, Emerson; ALVES, Rogério Pacheco. **Improbidade Administrativa**. Rio de Janeiro: Lumen Iuris, 2008, p. 517-523.

[193] "[...] 2. É cabível a propositura de ação civil pública que tenha como fundamento a prática de ato de improbidade administrativa, tendo em vista a natureza difusa do interesse tutelado. Também mostra-se lícita a cumulação de pedidos de natureza condenatória, declaratória e constitutiva nesta ação, porque sustentada nas disposições da Lei nº 8.429/92." (STJ, 2ª Turma, REsp 507.142/MA, Rel. Min. João Otávio Noronha, j. 15.12.2005).

[194] "Art. 17. A ação para a aplicação das sanções de que trata esta Lei será proposta pelo Ministério Público e seguirá o procedimento comum previsto na Lei nº 13.105, de 16 de março de 2015 (Código de Processo Civil), salvo o disposto nesta Lei. [...]."

[195] O Microssistema de Tutela Coletiva é o conjunto de normas processuais e materiais que regulamentam a tutela coletiva em nosso ordenamento jurídico. Como a temática não se encontra codificada, os diversos diplomas normativos se comunicam entre si formando um verdadeiro sistema, composto de um núcleo – Código de Defesa do Consumidor e Lei da Ação Civil Pública – e normas paralelas, que regulamenta a tutela coletiva. O núcleo decorre das normas de reenvio: o Código de Defesa do Consumidor determina a aplicação das normas previstas na Lei de Ação Civil Pública ("Art. 90. Aplicam-se às ações previstas neste título as normas do Código de Processo Civil e da Lei nº 7.347, de 24 de julho de 1985, inclusive no que respeita ao inquérito civil, naquilo que não contrariar suas disposições."), e esta última determina a aplicação do Código de Proteção e Defesa do Consumidor ("Art. 21. Aplicam-se à defesa dos direitos e interesses difusos, coletivos e individuais, no que for cabível, os dispositivos do Título III da lei que instituiu o Código de Defesa do Consumidor.") Assim, "Antes de voltar os olhos para o sistema geral, o intérprete deverá examinar, no conjunto legislativo que constitui o microssistema, se não existe uma norma melhor e mais adequada a correta pacificação com justiça [...] Quando não houver no diploma específico norma que contradiga essa solução, ou mesmo havendo, esta norma for mais estreita na aplicação, deverá prevalecer a interpretação sistemática, decorrente das regras do CDC e da Lei nº 7347/1985." (DIDIER JR., Fredie; ZENETI JR., Hermes. Curso de **Direito Processual Civil**: Processo Coletivo. Salvador: Juspodivm, 2017, p. 123). "Este, em síntese, o sistema integrado de defesa dos interesses supraindividuais em nosso país: interação da legislação específica e suprimento recíproco de lacunas, de sorte que todos os interesses sejam tutelados processualmente do mesmo modo e com um mesmo perfil procedimental e processual; e a aplicação sempre subsidiária do Código de Processo Civil." (LEONEL, Ricardo de Barros. **Manual do Processo Coletivo**. São Paulo: RT, 2011, p.138.)

civil", dando ensejo ao surgimento de nova celeuma sobre o tema, bem como permitindo uma abertura para o entendimento de que a ação de improbidade não é modalidade de ação civil pública.

Por fim, o dispositivo ainda estabelece que é vedado o ajuizamento da ação por improbidade administrativa para o controle de legalidade de políticas públicas e para a proteção do patrimônio público e social, do meio ambiente e de outros interesses difusos, coletivos e individuais homogêneos.

A nova regra contraria o artigo 1º, *caput*, da Lei de Improbidade Administrativa ao estabelecer que o sistema de responsabilização por atos de improbidade administrativa deve assegurar a integridade do patrimônio público. Assim, de modo a compatibilizar os dispositivos, "deve-se entender que as políticas públicas de Estado, via de regra, não podem ser controladas pela ação de improbidade, salvo àquelas em que se verifique a possibilidade de impacto direto na integridade do patrimônio público."[196]

1.1. Microssistema de Tutela Coletiva

A tutela coletiva penal e não penal visa a assegurar o princípio da inafastabilidade da jurisdição no seu aspecto de acesso à ordem jurídica justa/adequada. Não por outro motivo admitem-se todas as espécies de ações capazes de garantir direitos materiais, o que vale não apenas para a seara cível, mas também para a criminal.

Dito de outro modo, para a tutela jurídica dos direitos e interesses coletivos são admissíveis todas as espécies de ações e procedimentos capazes de propiciar sua adequada e efetiva tutela, incluindo não apenas aquelas normalmente adotadas em sede cível, como ocorre com a Constituição Federal, o Código de Processo Civil, o Código de Defesa do Consumidor (Lei n. 8.078/1990) e a Lei da Ação Civil Pública (Lei n. 7.347/1985), mas também todas as normas processuais penais, o que abrange o Código de Processo Penal e a legislação especial.

Nesse sentido, o Microssistema – ou Minissistema[197] – de Tutela Coletiva é um conjunto de normas que, interpretadas de forma sistemática, regem as demandas coletivas. De forma quase unânime, a doutrina sustenta que esse microssistema é formado, principalmente, pela Constituição Federal,

[196] ZIESEMER, Henrique da Rosa; PINHEIRO, Igor Pereira. **Nova lei de improbidade administrativa comentada**. Leme: Mizuno, 2022, p. 157.

[197] GRINOVER, Ada Pellegrini. **Código Brasileiro de Defesa do Consumidor**. 6. ed. Rio de Janeiro: Forense Universitária, 1999, p. 33.

pela Lei da Ação Civil Pública e pelo Código de Defesa do Consumidor, sem prejuízo da incidência de uma série de outros diplomas, tais como a Lei n. 4.717/1965 (Ação Popular), a Lei n. 6.938/1981 (Lei da Política Nacional do Meio Ambiente), a Lei n. 7.853/1989 (Lei das Pessoas com Deficiência), a Lei n. 7.913/1989 (Lei dos Investidores dos Mercados de Valores Imobiliários), a Lei n. 8.069/1990 (Estatuto da Criança e do Adolescente), a Lei n. 10.741/2003 (Estatuto do Idoso), a Lei n. 12.016/2009 (Lei do Mandado de Segurança), a Lei n. 13.300/2016 (Lei do Mandado de Injunção) e, em especial atenção ao tema tratado na presente obra, a Lei n. 8.429/1992 (Lei de Improbidade Administrativa).

Assim, todas as normas e a sistemática interpretativa do Microssistema de Tutela Coletiva incidem na ação de improbidade administrativa, salvo se a Lei n. 8.429/1992 dispuser expressamente em sentido contrário:

> [...] o Superior Tribunal de Justiça possui entendimento segundo o qual, por força do princípio da integração, as Leis 4.717/1965, 7.347/1985, 8.078/1990 e 8.429/1992, dentre outras, compõem um microssistema processual coletivo, com o objetivo de propiciar uma adequada e efetiva tutela dos bens jurídicos por elas protegidos, não havendo óbice à utilização de norma do Código de Defesa do Consumidor à Ação Civil Pública, no caso.[198]

Contudo, essa perspectiva desconsidera o novo paradigma estabelecido pelo Direito Processual Penal Coletivo, levando em apreço exclusivamente as normas que regem as relações processuais coletivas no âmbito cível. Uma concepção hodierna do Microssistema deve abranger, além desses diplomas, o Código de Processo Penal e toda a legislação processual penal que busca tutelar bens jurídico-penais coletivos.[199]

2. Legitimidade ativa[200]

Até o advento do Lei n. 14.230/2021, detinham legitimidade ativa para a propositura da ação de improbidade administrativa dois grupos de enti-

[198] STJ, REsp. 1.788.797/MS, Rel. Ministro Hermann Benjamin, Segunda Turma, DJe 18/11/19.

[199] Almeida; Gregório Assagra de. Costa, Rafael de Oliveira. **Direito Processual Penal Coletivo – A Tutela Penal dos Bens Jurídicos Coletivos**: Direitos ou Interesses Difusos, Coletivos e Individuais Homogêneos. Belo Horizonte: D'Plácido, 2019.

[200] No que tange à natureza jurídica da legitimação, importa destacar a existência de três correntes: a) ordinária; b) extraordinária; e c) autônoma para a condução do processo.

dades: a) a pessoa jurídica interessada (União, Estados, Distrito Federal, Municípios, entre outros); e b) o Ministério Público.

Com as modificações empreendidas na Lei n. 8.429/1992, a legitimidade ativa para a propositura da demanda foi restringida, em afronta ao princípio da máxima proteção dos interesses coletivos. Pela nova redação, uma única instituição teria legitimidade para a propositura da ação de improbidade administrativa: o Ministério Público[201], nos termos do artigo 17, *caput*, da *Nova* Lei de Improbidade Administrativa:

> Art. 17. A ação para a aplicação das sanções de que trata esta Lei será proposta pelo Ministério Público e seguirá o procedimento comum previsto na Lei nº 13.105, de 16 de março de 2015 (Código de Processo Civil), salvo o disposto nesta Lei.

Não se admitiria, portanto, a propositura da demanda por outras entidades, como associações, Defensoria Pública e pessoas jurídicas de direitos público, elencadas no artigo 5º da Lei n. 7.347/1985, ou mesmo pelo cidadão, legitimado para a propositura de ação popular, nos termos do artigo 1º, *caput*, da Lei n. 4.717/1965. Com efeito, a regra prevista no artigo 17, *caput*, da Lei n. 8.428/1992 é expressa ao conferir legitimidade exclusiva ao Ministério Público.

Contudo, em liminar monocrática deferida pelo ministro Alexandre de Moraes no âmbito das Ações Diretas de Constitucionalidade n. 7.042 e 7.043, posteriormente confirmadas no mérito, concedeu-se interpretação conforme à Constituição para reconhecer a legitimidade ativa *concorrente e disjuntiva* entre o Ministério Público e as pessoas jurídicas interessadas na propositura da ação por ato de improbidade administrativa e na celebração de acordos de não persecução civil, bem como para suspender o prazo de transição estabelecido no artigo 3º da Lei n. 14.230/2021.[202-203-204]

[201] Nesse contexto, a legitimidade ministerial deriva do artigo 129, caput, inciso III, da Constituição Federal, que estabelece como função institucional do Ministério Público "promover o inquérito civil e a ação civil pública para a proteção do patrimônio público e social, do meio ambiente e de outros interesses difusos e coletivos". A jurisprudência do Superior Tribunal de Justiça já se pacificou inclusive nesse sentido. A Súmula n. 329 do referido sodalício deixa claro que: "O Ministério Público tem legitimidade para propor ação civil pública em defesa do patrimônio público".

[202] Artigo 3º da Lei n. 12.230/2021: "No prazo de 1 (um) ano a partir da data de publicação desta Lei, o Ministério Público competente manifestará interesse no prosseguimento das

Por fim, importa consignar que o Ministério Público possui legitimidade para ajuizar ação civil pública que vise a anular ato administrativo

ações por improbidade administrativa em curso ajuizadas pela Fazenda Pública, inclusive em grau de recurso. § 1º No prazo previsto no *caput* deste artigo suspende-se o processo, observado o disposto no art. 314 da Lei nº 13.105, de 16 de março de 2015 (Código de Processo Civil). § 2º Não adotada a providência descrita no caput deste artigo, o processo será extinto sem resolução do mérito."

[203] Confiram-se os seguintes excertos do voto proferido pelo ministro Alexandre de Moraes: "Nesse contexto, portanto, o combate à corrupção, à ilegalidade e à imoralidade no seio do Poder Público, com graves reflexos na carência de recursos para a implementação de políticas públicas de qualidade, deve ser prioridade absoluta no âmbito de todos os órgãos constitucionalmente institucionalizados [...]. A supressão da legitimidade ativa das pessoas jurídicas interessadas para a propositura da ação de improbidade administrativa pode representar grave limitação ao amplo acesso à jurisdição (CF, art. 5º, XXXV), com ferimento ao princípio da eficiência (CF, art. 37, caput) e, no limite, obstáculo ao exercício da competência comum da União, Estados, Distrito Federal e Municípios para "zelar pela guarda da Constituição" e "conservar o patrimônio público" (CF, art. 23, I), bem como, um significativo retrocesso quanto ao imperativo constitucional de combate à improbidade administrativa. [...]. Em respeito às citadas normas constitucionais, a previsão do §1º, do art. 129 da Constituição Federal parece indicar um comando impeditivo à previsão de exclusividade por parte do Ministério Público nas ações civis por ato de improbidade administrativa, impondo, assim, a necessidade de uma interpretação teleológica do texto constitucional [...]. A supressão da legitimidade ativa das pessoas jurídicas interessadas para a propositura da ação por ato de improbidade administrativa caracteriza uma espécie de monopólio absoluto do combate à corrupção ao Ministério Público, não autorizado, entretanto, pela Constituição Federal, e sem qualquer sistema de freios e contrapesos como estabelecido na hipótese das ações penais públicas (art. 5º, LIX, da CF)."

[204] Diante decisão do STF, torna-se desnecessário, nos feitos em trâmite, a realização de diligências para a colheita da manifestação do Ministério Público sobre eventual interesse na assunção do polo ativo, como vinha decidindo o TJ/SP: "AGRAVO DE INSTRUMENTO – Ação de improbidade administrativa ajuizada pelo Município de Salesópolis – Decisão recorrida que recebeu a petição inicial – Insurgência – Conversão do julgamento em diligência – Lei Federal nº 14.230, de 25 de outubro de 2021, que alterou a Lei Federal nº 8.429/92, estabelecendo em seu artigo 17, "caput", que a ação de improbidade administrativa será proposta pelo Ministério Público – Ação de improbidade administrativa de origem que foi ajuizada pelo Município de Salesópolis/SP – Conversão do julgamento em diligência com determinação para expedição de Carta de Ordem ao primeiro grau de jurisdição, a fim de que colha manifestação do representante do Ministério Público, com atribuição para o caso, nos termos de prosseguir no feito como titular da ação de improbidade administrativa – Suspensão do recurso, pelo prazo máximo de 06 (seis) meses, com determinação." (TJSP; Agravo de Instrumento 2167454-39.2021.8.26.0000; Relator (a): Marcos Pimentel Tamassia; Órgão Julgador: 1ª Câmara de Direito Público; Foro de Salesópolis – Vara Única; Data do Julgamento: 16/11/2021; Data de Registro: 27/11/2021.)

de aposentadoria que importe em lesão ao patrimônio público[205], sendo que o membro do Ministério Público que promoveu o arquivamento de inquérito civil ou de peças de informação não está impedido de propor a ação civil pública se surgirem novas provas.[206_207]

3. Legitimidade passiva

A legitimidade passiva é de qualquer pessoa apta a ser considerada sujeito ativo do ato de improbidade administrativa, ou seja, o "agente político, o servidor público e todo aquele que exerce, ainda que transitoriamente ou sem remuneração, por eleição, nomeação, designação, contratação ou qualquer outra forma de investidura ou vínculo, mandato, cargo, emprego ou função" (artigo 2º, *caput*, da Lei de Improbidade Administrativa).

[205] STF, RE 409.356/RO, rel. Min. Luiz Fux, j. 25.10.2018.

[206] Sobre o tema, a Súmula n. 16 do CSMP-SP dispõe que: "O membro do Ministério Público que promoveu o arquivamento de inquérito civil ou de peças de informação não está impedido de propor a ação civil pública, se surgirem novas provas em decorrência da conversão do julgamento em diligência." Vale mencionar, ainda, a Súmula n. 17 do CSMP-SP: "Convertido o julgamento em diligência, reabre-se ao Promotor de Justiça que tinha promovido o arquivamento do inquérito civil ou das peças de informação a oportunidade de reapreciar o caso, podendo manter sua posição favorável ao arquivamento ou propor a ação civil pública, como lhe pareça mais adequado. Neste último caso, desnecessária a remessa dos autos ao Conselho, bastando comunicar o ajuizamento da ação por ofício."

[207] Confiram-se os seguintes excertos do voto proferido pelo ministro Alexandre de Moraes: "Nesse contexto, portanto, o combate à corrupção, à ilegalidade e à imoralidade no seio do Poder Público, com graves reflexos na carência de recursos para a implementação de políticas públicas de qualidade, deve ser prioridade absoluta no âmbito de todos os órgãos constitucionalmente institucionalizados [...]. A supressão da legitimidade ativa das pessoas jurídicas interessadas para a propositura da ação de improbidade administrativa pode representar grave limitação ao amplo acesso à jurisdição (CF, art. 5º, XXXV), com ferimento ao princípio da eficiência (CF, art. 37, caput) e, no limite, obstáculo ao exercício da competência comum da União, Estados, Distrito Federal e Municípios para "zelar pela guarda da Constituição" e "conservar o patrimônio público" (CF, art. 23, I), bem como, um significativo retrocesso quanto ao imperativo constitucional de combate à improbidade administrativa. [...]. Em respeito às citadas normas constitucionais, a previsão do §1º, do art. 129 da Constituição Federal parece indicar um comando impeditivo à previsão de exclusividade por parte do Ministério Público nas ações civis por ato de improbidade administrativa, impondo, assim, a necessidade de uma interpretação teleológica do texto constitucional [...]. A supressão da legitimidade ativa das pessoas jurídicas interessadas para a propositura da ação por ato de improbidade administrativa caracteriza uma espécie de monopólio absoluto do combate à corrupção ao Ministério Público, não autorizado, entretanto, pela Constituição Federal, e sem qualquer sistema de freios e contrapesos como estabelecido na hipótese das ações penais públicas (art. 5º, LIX, da CF)."

Também possui legitimidade passiva o particular que induz ou concorre dolosamente para a prática do ato de improbidade administrativa (artigo 3º, *caput*, da mesma lei).

No que se refere a recursos de origem pública, abrange também o particular, pessoa física ou jurídica, que celebra com a Administração Pública convênio, contrato de repasse, contrato de gestão, termo de parceria, termo de cooperação ou ajuste administrativo equivalente.

Importa destacar, em relação aos particulares, que apenas poderão ser responsabilizados com base na Lei n. 8.429/1992 quando também figurar no polo passivo o agente público ímprobo. Em outras palavras, os particulares não podem ser responsabilizados com base na Lei de Improbidade Administrativa sem que figure no polo passivo o "agente público responsável pelo ato questionado, o que não impede, contudo, o eventual ajuizamento de Ação Civil Pública para a obtenção do ressarcimento do Erário".[208]

As pessoas jurídicas também podem figurar no polo passivo da ação de improbidade administrativa, desde que seja demonstrado o elemento subjetivo na conduta dos sócios ou representantes legais para a prática do ilícito – sendo desnecessário, contudo, que estes também figurem no polo passivo da demanda.[209]

Inexiste óbice, ainda, à ocorrência de litisconsórcio passivo em demandas de improbidade administrativa, desde que exista mais de um sujeito ativo na prática do ato de improbidade administrativa. Exemplo: agente público pratica ato de improbidade administrativa induzido por particular. Nesse caso, ambos deverão figurar no polo passivo da demanda.

Por fim, existe controvérsia se, nesses casos, o litisconsórcio passivo será, também, necessário, ou seja, se a eficácia da sentença depende da citação de todos que devam ser litisconsortes. Prevalece, no âmbito do Superior Tribunal de Justiça, o entendimento de que não há litisconsórcio necessário entre agente público e terceiros beneficiados com o ato ímprobo, uma vez que não estão presentes as hipóteses previstas no artigo 114 do Código de Processo Civil – disposição legal ou relação jurídica unitária.[210]-[211]

[208] STJ, REsp 896.044/PA, Rel. Min. Herman Benjamin, 2ª Turma, j. 16.9.2010, DJe 19.4.2011.

[209] Nesse sentido: STJ, RESp 970.393/CE, Min. Benedito Gonçalves, DJe 29.06.2012.

[210] STJ, 2ª Turma, AgRg no REsp 1.486.066/RN, Rel. Min. Herman Benjamin, Dje 11.09.2015.

[211] "Art. 114. O litisconsórcio será necessário por disposição de lei ou quando, pela natureza da relação jurídica controvertida, a eficácia da sentença depender da citação de todos que devam ser litisconsortes."

4. Posição da pessoa jurídica interessada

A pessoa jurídica interessada deve ser intimada para, caso queira, intervir nas demandas de improbidade administrativa (artigo 17, § 14, da Lei n. 8.429/1992). Uma vez intimada, pode adotar três posturas distintas ("intervenção móvel"):

1) integrar o polo ativo ao lado do Ministério Público (litisconsórcio ativo facultativo). Nesse caso, a entidade poderá, inclusive, produzir as provas que entender pertinentes;
2) integrar o polo passivo ao lado dos réus (litisconsórcio passivo facultativo);
3) permanecer inerte, não assumindo conduta compatível com o polo ativo ou passivo.

Com a revogação do anterior artigo 17, § 3º, da Lei n. 8.429/1992 pela Lei n. 14.230/2021, é possível o surgimento de posição que afaste a possibilidade de a pessoa interessada abster-se ou não intervir na ação de improbidade administrativa, pois a redação original do dispositivo remetia ao artigo 6º, § 3º, da Lei de Ação Popular. Todavia, considerando a redação do novo § 14 do artigo 17 da Lei de Improbidade Administrativa, fica evidente a faculdade atribuída ao ente público (destaques nossos): "Sem prejuízo da citação dos réus, a pessoa jurídica interessada será intimada para, **caso queira**, intervir no processo."

Por fim, nas hipóteses em que figurar no polo passivo ou permanecer inerte, é viável a responsabilização do representante legal da pessoa jurídica, caso venha a defender o agente público ímprobo – ainda que de forma indireta – quando clara a prática de ato previsto nos artigos 9º, 10 ou 11 da Lei n. 8.429/1992, já que sua conduta deve ser pautada no interesse público.

5. Competência

Até recentemente, a competência de foro na ação de improbidade administrativa era, segundo o Superior Tribunal de Justiça, fixada com base no local em que ocorreu o dano, na forma do artigo 2º da Lei n. 7.347/1985.[212]

Agora, a competência para o processamento dessas ações passou a ser concorrente entre:

[212] STJ, 2ª Turma, AgRg no REsp no 1356217/SC, Rel. Min. Herman Benjamin, Dje 20.06.2014.

a) o foro do local onde ocorreu o dano; ou
b) o foro da pessoa jurídica prejudicada.

Vejamos a atual redação do artigo 17, § 4º, da Lei n. 8.429/1992: "A ação a que se refere o *caput* deste artigo deverá ser proposta perante o foro do local onde ocorrer o dano ou da pessoa jurídica prejudicada."

A Lei de Improbidade Administrativa não estabeleceu qualquer ordem de preferência entre os foros admitidos para a propositura da ação de improbidade administrativa. Assim, incumbe ao Ministério Público ou à pessoa jurídica interessada realizar uma análise daquele em que será mais conveniente o ajuizamento da demanda, inclusive em virtude da facilidade na produção das provas (atuação estratégica).

Em que pese a possibilidade de ajuizamento em dois locais distintos, a competência de foro apresenta natureza funcional. Em outras palavras: a regra geral estabelecida pelo artigo 17, § 4º-A, da Lei n. 8.429/1992 reflete competência funcional, de natureza absoluta, sendo facultado ao autor escolher entre o seu ajuizamento no foro do local onde ocorrer o dano ou da pessoa jurídica prejudicada.

De outro modo, pende celeuma acerca da competência da Justiça Federal ou da Justiça Estadual em caso de repasse de verbas da União para municípios,[213] estados e Distrito Federal, por meio de convênios. O Superior Tribunal de Justiça fixou o entendimento de que a mera transferência e incorporação de recursos federais, sujeito à fiscalização do Tribunal de Contas da União, não desloca a competência para Justiça Federal (destaques nossos):

> PROCESSUAL CIVIL E ADMINISTRATIVO. AGRAVO REGIMENTAL NO CONFLITO DE COMPETÊNCIA. AÇÃO DE IMPROBIDADE ADMINISTRATIVA. VERBAS REPASSADAS AO MUNICÍPIO POR MEIO DE CONVÊNIO COM O FNDE. AUSÊNCIA DE INTERESSE DA UNIÃO. COMPETÊNCIA DA JUSTIÇA ESTADUAL. 1. Nos termos do art. 109, I, da CF, a competência da Justiça Federal é ratione personae, exigindo-se a presença da União, de entidade autárquica ou de empresa pública federal na condição de autoras, rés, assistentes ou oponentes. 2. Em regra, é competente a

[213] Anote-se a existência de três posições sobre o tema: a) a competência será da Justiça Federal; b) a competência será da Justiça Estadual; e c) a fixação da competência depende da análise das pessoas que figuram nos polos da demanda.

Justiça Estadual para processar e julgar agente público acusado de desvio de verba recebida em razão de convênio firmado com a ente federal. 3. Considerando que na subjacente ação civil pública por ato de improbidade administrativa **não se descortina reflexo direto em interesse da União, consoante se infere dos pedidos formulados na respectiva petição inicial, deve-se manter a competência do Juízo de Direito da Vara de Aurora do Pará/PA.** 4. Agravo regimental a que se nega provimento. (AgRg no CC 133.619/PA, Rel. Ministro Sérgio Kukina, 1ª Seção, julgado em 09/05/2018, DJe 16/05/2018.)

Em suma, quando há repasse da União, a competência da Justiça Federal somente será atraída se tal ente público figurar em algum dos polos da demanda, em atenção ao artigo 109, *caput*, inciso I, da Constituição Federal.[214]

No que tange ao desvio de verbas oriundas do Fundo de Manutenção e Desenvolvimento da Educação Básica e de Valorização dos Profissionais da Educação (FUNDEB), é necessário fazer uma distinção:

a) na hipótese de ausência de repasse de recursos federais a título de complementação, a competência será necessariamente da Justiça Estadual;
b) na hipótese de repasse de recursos federais a título de complementação, apenas na hipótese de a União figurar no polo passivo da demanda é que será atraída a competência da Justiça Federal.[215]

[214] STF, Pleno, ACO no 1.109/SP, Rel. Min. Ellen Gracie, Rel. p/ acórdão Min. Luiz Fux, Dje 07.03.2012.

[215] Nesse sentido: "CONFLITO NEGATIVO DE ATRIBUIÇÕES. CARACTERIZAÇÃO. AUSÊNCIA DE DECISÕES DO PODER JUDICIÁRIO. COMPETÊNCIA DO STF. ART. 102, I, f, CF. FUNDEF. COMPOSIÇÃO. ATRIBUIÇÃO EM RAZÃO DA MATÉRIA. ART. 109, I E IV, CF. 1. Conflito negativo de atribuições entre órgãos de atuação do Ministério Público Federal e do Ministério Público Estadual a respeito dos fatos constantes de procedimento administrativo. 2. O art. 102, I, f, da Constituição da República recomenda que o presente conflito de atribuição entre os membros do Ministério Público Federal e do Estado de São Paulo subsuma-se à competência do Supremo Tribunal Federal. 3. A sistemática de formação do FUNDEF impõe, para a definição de atribuições entre o Ministério Público Federal e o Ministério Público Estadual, adequada delimitação da natureza cível ou criminal da matéria envolvida 4.A competência penal, uma vez presente o interesse da União, justifica a competência da Justiça Federal (art. 109, IV, CF/88) não se restringindo ao aspecto econômico, podendo justificá-la questões de ordem moral. In casu, assume peculiar relevância o papel da União na manutenção e na fiscalização dos recursos do FUNDEF, por isso o seu interesse moral (político-social) em assegurar sua adequada destinação, o que atrai a competência da Justiça Federal, em caráter excepcional, para julgar os crimes praticados em detrimento

Nas hipóteses em que praticados atos de improbidade administrativa em três Estados distintos – o que poderia, a princípio, caracterizar a abrangência nacional do dano –, prevalece a competência do local em que ocorreu a maior parte dos elementos probatórios, a maioria dos atos ímprobos e que seja sede dos locais de trabalho dos servidores públicos envolvidos, em conformidade com os princípios da celeridade processual, ampla defesa e duração razoável do processo. Nesse sentido:

> [...] 3. A *ratio legis* da utilização do local do dano como critério definidor da competência nas ações coletivas é proporcionar maior celeridade no processamento, na instrução e, por conseguinte, no julgamento do feito, dado que é muito mais fácil apurar o dano e suas provas no juízo em que os fatos ocorreram. 4. No caso em análise, embora haja ilícitos praticados nos Estados do Paraná, São Paulo e Sergipe, o que poderia, a princípio, caracterizar a abrangência nacional do dano, deve prevalecer, na hipótese, a informação fornecida pelo próprio autor da demanda de que a maior parte dos elementos probatórios da ação de improbidade encontra-se situada em São Paulo. Ressalte-se, ainda, ser tal localidade alvo da maioria dos atos ímprobos praticados e sede dos locais de trabalho dos servidores públicos envolvidos. 5. Interpretação que se coaduna com os princípios da celeridade processual, ampla defesa e duração razoável do processo. 6. Conflito conhecido para declarar competente o juízo federal de São Paulo, o suscitante. (STJ, CC 97.351/SP, Rel. Min. Castro Meira, DJe 10/06/2009.)

Importa destacar que prevalece o entendimento de que não incide o foro por prerrogativa de função nas ações de improbidade administrativa. Até mesmo os agentes políticos, com exceção do presidente da República,

dessas verbas e a atribuição do Ministério Público Federal para investigar os fatos e propor eventual ação penal. 5. A competência da Justiça Federal na esfera cível somente se verifica quando a União tiver legítimo interesse para atuar como autora, ré, assistente ou opoente, conforme disposto no art. 109, inciso I, da Constituição. A princípio, a União não teria legítimo interesse processual, pois, além de não lhe pertencerem os recursos desviados (diante da ausência de repasse de recursos federais a título de complementação), tampouco o ato de improbidade seria imputável a agente público federal. 6. Conflito de atribuições conhecido, com declaração de atribuição ao órgão de atuação do Ministério Público Federal para averiguar eventual ocorrência de ilícito penal e a atribuição do Ministério Público do Estado de São Paulo para apurar hipótese de improbidade administrativa, sem prejuízo de posterior deslocamento de competência à Justiça Federal, caso haja intervenção da União ou diante do reconhecimento ulterior de lesão ao patrimônio nacional nessa última hipótese." (STF, ACO 1.109/SP, Rel. Min. Ellen Gracie, j. 05/10/11.)

encontram-se sujeitos a duplo regime sancionatório, submetendo-se tanto à responsabilização civil pelos atos de improbidade administrativa quanto à responsabilização político-administrativa por crimes de responsabilidade. Assim, tais autoridades não dispõem de foro especial por prerrogativa de função na hipótese de improbidade administrativa.[216]

Por fim, o artigo 17, § 5º, da Lei de Improbidade Administrativa dispõe que a propositura da ação de improbidade administrativa prevenirá a competência do juízo para todas as ações posteriormente intentadas que possuam a mesma causa de pedir ou o mesmo objeto. Assim, a prevenção abrangerá a propositura de ações individuais e coletivas relativas aos mesmos fatos ilícitos, em especial ações civis públicas e ações populares.

6. Conflito de atribuições

No que concerne à divisão de atribuição entre os diferentes órgãos do Ministério Público para a investigação e o ajuizamento da ação de improbidade administrativa, não resta dúvida de que tanto aquele que atuar no

[216] Nesse sentido: "Não existe foro por prerrogativa de função em ação de improbidade administrativa proposta contra agente político. O foro por prerrogativa de função é previsto pela Constituição Federal apenas para as infrações penais comuns, não podendo ser estendida para ações de improbidade administrativa, que têm natureza civil." (STF, Pet 3240 AgR/DF, rel. Min. Teori Zavascki, red. p/ o ac. Min. Roberto Barroso, j. 10.5.2018.); "Ação direta de inconstitucionalidade. Emenda Constitucional nº 85/12, do Estado do Espírito Santo, que acrescentou a alínea h ao art. 109, inciso I, da Constituição estadual. Criação de nova hipótese de foro por prerrogativa de função. Ações de natureza civil que possam resultar em perda ou suspensão de direitos políticos e/ou perda da função pública ou do mandato eletivo. Ofensa ao princípio da simetria. Precedentes. Inconstitucionalidade. 1. Por obra do constituinte originário, foi fixada a primazia da União para legislar sobre direito processual (art. 22, I, CF/88). Contudo, extraem-se do próprio texto constitucional outorgas pontuais aos estados-membros da competência para a elaboração de normas de cunho processual. Destaca-se aqui a possibilidade de a constituição estadual definir as causas afetas ao juízo natural do Tribunal de Justiça, desde que atendidos os princípios estabelecidos na Lei Fundamental (art. 125, CF/88). 2. A Emenda Constitucional nº 85/12, do Estado do Espírito Santo, ao estender as hipóteses de foro por prerrogativa de função a ações que não tenham natureza criminal, mas que possam resultar em perda ou suspensão de direitos políticos e/ou perda da função pública ou do mandato eletivo, como é o caso da ação de improbidade administrativa, contrariou o princípio da simetria e foi de encontro à jurisprudência pacífica do Supremo Tribunal Federal. Precedentes: ADI nº 2.797, Rel. Min. Sepúlveda Pertence, DJe de 19/12/06; ADI nº 2.860, Rel. Min. Sepúlveda Pertence, DJe de 19/12/06; Pet nº 3.240-AgR, Rel. p/ o ac. Min. Roberto Barroso, DJe de 22/8/18. 3. Modulam-se os efeitos da decisão para que não alcance os processos já transitados em julgado. 4. Ação julgada procedente." (STF, ADI 4870, rel. min. Dias Toffoli, Tribunal Pleno, julgado em 15/12/2020.)

local onde ocorrer o dano quanto aquele que atuar no foro da pessoa jurídica prejudicada têm atribuição para fazê-lo, pois se trata de atribuição disjuntiva e concorrente.

Contudo, na hipótese de conflito de atribuição,[217]-[218] é possível o surgimento de duas posições:

a) a primeira corrente entendendo que, em atenção ao princípio da máxima efetividade na tutela dos direitos coletivos, deve prevalecer o local em que existir maior facilidade na produção probatória;
b) a segunda corrente sustentando que a atribuição será daquele órgão ministerial que tiver primeiro tomado contato com o fato, por meio de notícia de fato, representação ou qualquer outro meio de provocação da atuação.

Na hipótese de conflito, o artigo 17, § 19, inciso III, da Lei de Improbidade Administrativa passou a dispor expressamente que compete ao Conselho Nacional do Ministério Público dirimir conflitos de atribuições entre membros de Ministérios Públicos distintos,[219] alinhando-se com o posicionamento mais recente adotado pela jurisprudência do Supremo Tribunal Federal.[220]

217 Sobre a divisão de atribuições no âmbito do Ministério Público, vale mencionar as Súmulas n. 48 ("Em entendendo não possuir atribuições para atuar em um determinado caso concreto, compete ao Promotor de Justiça providenciar a sua remessa, fundamentada, ao Órgão de Execução que entenda possuir atribuições para tanto, não sendo o caso de arquivamento dos autos, nem de indeferimento da representação e nem de sua remessa ao Conselho Superior do Ministério Público.") e 56 ("Sujeita- se a referendo do Conselho Superior toda decisão que importe em declínio de atribuição em prol do Ministério Público da União ou de outra unidade Federativa.") do CSMP-SP.

218 No que tange ao conflito de atribuições, vale mencionar a Enunciado n. 73 da Procuradoria-Geral de Justiça do Ministério Público do Estado de São Paulo: "Conflito de atribuição. Licitação e contrato administrativo. Órgão da Administração Pública Estadual Centralizada. Atribuição da Promotoria de Justiça da sede da pessoa jurídica de direito público. É atribuição do órgão de execução da sede da pessoa jurídica de direito público eventualmente lesada a investigação e o processamento de irregularidades em licitação e contratos de órgão público estadual, nos termos do art. 2º da Lei n. 7.347/85 e do art. 55, § 2º, da Lei n. 8.666/93."

219 O conflito de atribuições caracteriza-se pela divergência entre dois ou mais órgãos de execução do Ministério Público, que entendem possuir atribuições para agir em determinado ato (conflito positivo) ou delas declinam (conflito negativo).

220 "[...] 4. EC 45/2004 e interpretação sistemática da Constituição Federal. A solução de conflitos de atribuições entre ramos diversos dos Ministérios Públicos pelo CNMP, nos

Contudo, na hipótese de conflito de atribuição entre membros do mesmo Ministério Público estadual (ex., promotores de Justiça do Ministério Público do Estado de São Paulo), compete ao procurador-geral de Justiça – ou eventual substituto nomeado – dirimi-lo. Se o conflito é instaurado entre membros do Ministério Público Federal, a Câmara de Coordenação e Revisão possui atribuição para solucioná-lo. Por fim, no conflito entre membros do Ministério Público da União pertencentes a ramos distintos (ex. Ministério Público e Ministério Público do Trabalho), a atribuição é do procurador-geral da República.

6.1. Conexão, continência e litispendência

Na esfera individual, o Código de Processo Civil estabelece que a conexão se verifica na hipótese em que há identidade de causa de pedir ou de pedido (artigo 55, *caput*). A continência, por sua vez, ocorre quando, entre duas ou mais ações, há identidade de partes e causa de pedir, mas o pedido de uma, por ser mais amplo, abrange os demais (artigo 56, *caput*). Por fim, na litispendência há identidade total entre demandas, com repetição de todos os elementos: partes, causa de pedir e pedido.

Os efeitos dos três institutos, contudo, são distintos. Na conexão, o § 1º do artigo 55 do Código de Processo Civil determina que as ações conexas sejam reunidas para decisão em conjunto. De outro modo, na continência, em sendo a ação continente proposta anteriormente, o processo relativo à ação contida deverá ser extinto sem a resolução de mérito; caso contrário, as ações devem ser reunidas (artigo 57). Por fim, na litispendência a ação ajuizada posteriormente deve ser extinta, nos termos do artigo 485, *caput*, inciso V, do Código de Processo Civil.

De outro modo, havendo conexão no âmbito do Microssistema Processual Coletivo, o juízo em que distribuída a primeira demanda coletiva será o competente para a reunião dos feitos.

No que tange à continência, é possível imaginar uma ação ajuizada pelo Ministério Público em razão de contrato que venha a lesar o erário, com pedidos de nulidade do contrato, ressarcimento de danos e aplicação das

termos do artigo 130-A, § 2º, e incisos I e II, da Constituição Federal e no exercício do controle da atuação administrativa do *Parquet*, é a mais adequada, pois reforça o mandamento constitucional que lhe atribuiu o controle da legalidade das ações administrativas dos membros e órgãos dos diversos ramos ministeriais, sem ingressar ou ferir a independência funcional." (ACO 843, Rel. Ministro Alexandre de Moraes, DJe 04/11/2020.)

sanções em razão da prática de ato de improbidade administrativa, bem como uma ação popular com base nas mesmas circunstâncias, incluindo pedido de ressarcimento dos danos. Nessa hipótese, há continência, pois a ação de improbidade administrativa inclui pedido de aplicação de sanções previstas no artigo 12, da Lei n. 8.429/1992. Não incidem, porém, as regras do Código de Processo Civil: a segunda demanda não deverá ser extinta, mas reunida à primeira para julgamento conjunto. Sobre o tema, o Superior Tribunal de Justiça, inclusive, já reconheceu a possibilidade de conexão entre diferentes espécies de ações, admitindo a reunião de ação de improbidade administrativa e de ação popular.[221]

Por fim, impende consignar que, mesmo na hipótese de litispendência – ou seja, propositura de duas ações de improbidade administrativa –, as demandas devem ser reunidas para julgamento conjunto. Preservam-se, desse modo, o exercício do direito de ação e o princípio da inafastabilidade da jurisdição para os diferentes autores das ações coletivas, situação que se tornará cada vez mais comum em razão da competência concorrente estabelecida pela Lei n. 14.230/2021.[222]

6.2. Cumulação de pedidos diversos na ação de improbidade administrativa

A ação de improbidade administrativa, regida pela Lei n. 8.429/1992, apresenta alguns traços distintivos em relação à Lei n. 7.347/1985, que rege as ações civis públicas. Contudo, não se trata de uma incompatibilidade absoluta.

Com efeito, quando a causa de pedir, em ambas, encontra-se interligada, ainda que os pedidos sejam diversos e os procedimentos apresentem peculiaridades, mas compatíveis entre si, sendo competente o mesmo juízo, afigura-se possível a cumulação. A título de exemplo, é possível pleitear a aplicação das sanções previstas na Lei de Improbidade Administrativa em face de um dos réus e requerer apenas a reparação dos danos em relação àqueles perante os quais já se consumou a prescrição.

[221] STJ, 1ª turma, REsp 936.205/PR, Rel. Min. Francisco Falcão, j. 07.08.2007, DJ 30.08.2007, p. 239.

[222] Nesse sentido: Didier Jr., Fredie; Zaneti Jr., Hermes. **Curso de Direito Processual Civil**: Processo Coletivo. 4. ed. Salvador: Juspodivm, 2009, p. 172-173.

Em verdade, a medida é até mesmo conveniente, por atender aos princípios da economia processual e da instrumentalidade das formas, como também para evitar decisões conflitantes ou contraditórias. Nesse sentido:

> É possível a cumulação de pretensões de natureza diversa na Ação Civil Pública por improbidade administrativa, desde que observadas as condições específicas do Código de Processo Civil (compatibilidade de pedidos, identidade do juízo competente e obediência ao mesmo procedimento), tendo em vista a transindividualidade do seu conteúdo – defesa de interesses difusos, da probidade administrativa e do patrimônio público. Precedentes do STJ. (STJ, REsp 964920/SP, Rel. Ministro Herman Benjamin, 2ª Turma, unânime, DJe de 13/03/2009.)

7. Requisitos da petição inicial

A materialização do interesse de buscar a tutela jurisdicional ocorre por meio da petição inicial, responsável por identificar a demanda, fazendo referência às partes, à causa de pedir e ao pedido. Nesse sentido, o artigo 319, *caput*, incisos I a VII, do Código de Processo Civil dispõe que a petição inicial deve indicar:

a) o juízo a que é dirigida;
b) os nomes, os prenomes, o estado civil, a existência de união estável, a profissão, o número de inscrição no Cadastro de Pessoas Físicas ou no Cadastro Nacional da Pessoa Jurídica, o endereço eletrônico, o domicílio e a residência do autor e do réu;
c) o fato e os fundamentos jurídicos do pedido;
d) o pedido com as suas especificações;
e) o valor da causa;
f) as provas com que o autor pretende demonstrar a verdade dos fatos alegados;
g) a opção do autor pela realização ou não de audiência de conciliação ou de mediação.

O dispositivo incide de forma ampla no que tange às ações de improbidade administrativa, com a ressalva do inciso VII (audiência de conciliação e mediação).

Contudo, o artigo 17, § 6º, da Lei de Improbidade Administrativa passou a prever dois requisitos específicos da petição inicial nas demandas de improbidade administrativa,[223] que podem ser assim sistematizados:

a) necessidade de individualização da conduta do réu e de apontamento dos elementos probatórios mínimos que demonstrem a ocorrência do ato ímprobo e de sua autoria. A exigência de individualização da conduta do réu deve ser interpretada em conformidade com a jurisprudência do Superior Tribunal de Justiça, no sentido de que, nesta fase preliminar, é dispensável uma descrição minuciosa da conduta de cada agente, ou seja, é suficiente a narrativa da participação de cada agente no ato ímprobo que viabilize o adequado exercício do contraditório e da ampla defesa – razão pela qual, inclusive, o dispositivo legal afasta a necessidade de descrição minuciosa na hipótese "impossibilidade devidamente fundamentada":

    [...] V – É dizer, neste momento processual, não é necessária a individualização das condutas praticadas por cada um dos agentes. Diante das normas contidas nos arts. 9º, 10 e 11 da Lei n. 8.429/1992, sob pena de esvaziar de utilidade a instrução e impossibilitar a apuração judicial dos ilícitos, a petição inicial das ações de improbidade administrativa não precisa descrever em minúcias as ações ou omissões praticadas pelos réus. (STJ, AgInt no AREsp 1.678.296/SP, Rel Ministro Francisco Falcão, DJe 26/03/2021;)

b) a necessidade de instrução com documentos ou justificação que contenham indícios suficientes da veracidade dos fatos e do dolo imputado. Assim, o autor deve instruir o feito com um lastro probatório mínimo, ou seja, aquele capaz de justificar a oferta da inicial em Juízo. Atente-se para o fato de que nesse momento vigorava, segundo o entendimento majoritário, o princípio *in dubio pro socie-*

[223] "Art. 17. [...] § 6º A petição inicial observará o seguinte: I – deverá individualizar a conduta do réu e apontar os elementos probatórios mínimos que demonstrem a ocorrência das hipóteses dos arts. 9º,10 e 11 desta Lei e de sua autoria, salvo impossibilidade devidamente fundamentada; II – será instruída com documentos ou justificação que contenham indícios suficientes da veracidade dos fatos e do dolo imputado ou com razões fundamentadas da impossibilidade de apresentação de qualquer dessas provas, observada a legislação vigente, inclusive as disposições constantes dos arts. 77 e 80 da Lei nº 13.105, de 16 de março de 2015 (Código de Processo Civil). [...]."

tate, de modo a resguardar o interesse público. Contudo, a alteração fixou critérios objetivos para a aferição da viabilidade inicial do prosseguimento da demanda, deixando transparecer o afastamento da ideia de que, na situação de dúvida, se deve decidir a favor da sociedade.

Diante das peculiaridades da ação de improbidade administrativa, o dispositivo ainda excepciona a apresentação dessas provas, ao prever que, em situações-limite, a exordial pode ser oferecida com razões fundamentadas da impossibilidade de apresentá-las.

Por fim, no que concerne ao pedido, há uma "tripla face" na ação de improbidade administrativa:[224]

a) uma pretensão condenatório-punitiva, que busca a aplicação de sanções de caráter punitivo, como a multa civil;
b) uma pretensão condenatório-reparatória, que busca a reparação dos danos causados;
c) outras pretensões de caráter condenatório, constitutivo ou declaratório, tais como a condenação do agente em não mais fazer determinada conduta que caracterize improbidade administrativa ou o pedido de nulidade de determinado concurso público.

8. Atipicidade das tutelas provisórias em ações de improbidade administrativa

O artigo 17, § 6º-A, da Lei n. 8.429/1992 dispõe que o Ministério Público pode requerer as tutelas provisórias adequadas e necessárias, nos termos dos artigos 294 a 310 do Código de Processo Civil. Há, portanto, ampla admissibilidade nas ações de improbidade administrativa de qualquer tutela provisória prevista no Código de Processo Civil, desde que presentes os seus requisitos autorizadores, sob pena, inclusive, de violação ao princípio da inafastabilidade da jurisdição (artigo 5º, *caput*, inciso XXXV, da Constituição Federal).

Com efeito, o Livro V do Código de Processo Civil regulamenta a tutela provisória, classificando-a em duas categorias: de urgência e de evidência.

[224] Sobre a "dupla face", conferir: ZAVASCKI, Teori Albino. **Processo Coletivo**: tutela de direitos coletivos e tutela coletiva de direitos. São Paulo: Revista dos Tribunais, 2009, p. 109.

A tutela de urgência, que pode ser de natureza antecipatória (satisfativa) ou cautelar (conservativa), está prevista no artigo 300 do Código de Processo Civil e será concedida sempre que "houver elementos que evidenciem a probabilidade do direito e o perigo de dano ou o risco ao resultado útil do processo". Pode ser pleiteada em caráter antecedente ou incidente (artigos 303 a 310 do estatuto de rito) segundo o seguinte regime:

a) no caso da tutela antecipada antecedente, o autor deve aditar a inicial, com a complementação de seu pedido de tutela final e eventual juntada de documentos, no prazo de quinze dias, sob pena de extinção do processo a sem resolução do mérito (artigo 303, § 2º, do Código de Processo Civil);
b) na hipótese de tutela de urgência cautelar antecedente, o pedido principal deve ser deduzido no prazo de 30 dias (artigos 308 e 309, inciso I, do Código de Processo Civil).

Já a tutela de evidência pode ser concedida independentemente do perigo de dano ou de risco ao resultado útil do processo em relação aos feitos de improbidade administrativa nas seguintes hipóteses:

a) ficar caracterizado o abuso do direito de defesa ou o manifesto propósito protelatório da parte;
b) as alegações de fato puderem ser comprovadas apenas documentalmente e houver tese firmada em julgamento de casos repetitivos ou em súmula vinculante;[225]
c) a petição inicial for instruída com prova documental suficiente dos fatos constitutivos do direito do autor, a que o réu não oponha prova capaz de gerar dúvida razoável.

Partindo dessas premissas, a Lei de Improbidade Administrativa regulamentou duas modalidades de tutela provisória: a indisponibilidade de bens e o afastamento temporário do cargo.[226]

[225] Entendemos que, inobstante o artigo 17, § 18, da Lei de Improbidade Administrativa estabelecer que ao réu seja assegurado o direito de ser interrogado sobre os fatos de que trata a ação, na hipótese de inexistir pedido para que seja realizado o interrogatório, é possível a concessão da tutela de evidência.

[226] Em que pese a regulamentação do sequestro na redação original, a Lei n. 14.230/2021 excluiu da Lei n. 8.429/1992 a disciplina dessa modalidade de tutela provisória.

8.1. Da indisponibilidade de bens

A indisponibilidade de bens é modalidade de tutela provisória que tem como intuito garantir a eficácia do provimento final de ressarcimento ao erário ou perdimento de bens acrescidos ilicitamente, com esteio constitucional (artigo 37, § 4º, da Constituição Federal), e que visa a impedir que o sujeito ativo do ato de improbidade administrativa possa dispor livremente de seus bens.

8.2. Possibilidade de formulação do pedido em caráter antecedente ou incidente

O artigo 16, *caput*, da Lei n. 8.429/1992 prevê que, na ação de improbidade administrativa, o pedido de indisponibilidade de bens pode ser formulado em caráter antecedente ou incidente, a fim de garantir a integral recomposição do erário ou do acréscimo patrimonial resultante de enriquecimento ilícito.

A nova redação do dispositivo parece reduzir o escopo da indisponibilidade, ficando restrita à "integral recomposição do erário ou do acréscimo patrimonial resultante de enriquecimento ilícito". Em outras palavras, parece ter sido afastada a inclusão do valor da multa no montante sobre o qual incide a indisponibilidade.

Entendemos, contudo, que se o objetivo da tutela provisória de natureza cautelar é garantir o resultado útil do processo, inexiste fundamento para a retirada da sanção pecuniária da abrangência do poder geral de cautela. Trata-se de previsão legislativa que enfraquece sobremaneira a efetividade do combate aos desvios perpetrados por agentes ímprobos, sem qualquer justificativa razoável, de modo que óbice algum existe à sua decretação:

> [...] 2. O Superior Tribunal de Justiça, ao interpretar o art. 7º da Lei n. 8.429/1992, tem decidido que, por ser medida de caráter assecuratório, a decretação de indisponibilidade de bens, ainda que adquiridos anteriormente à prática do suposto ato de improbidade, deve incidir sobre quantos bens se façam necessários ao integral ressarcimento do dano, levando-se em conta, ainda, o potencial valor de multa civil. Precedentes. (AgInt no REsp 1.895.887/MA, Rel. Ministro Gurgel de Faria, DJe 12/05/2021.)

Com efeito, se o objetivo da tutela provisória de indisponibilidade é garantir o resultado útil do processo, não há justificativa para a retirada das sanções pecuniárias do raio de atuação do poder geral de cautela. Tal restrição, sem qualquer justificativa razoável, prejudica a apuração e repressão dos atos de improbidade administrativa.

8.3. Desnecessidade de provocação do Ministério Público

O artigo 7º da Lei n. 8.429/1992 dispõe que, se houver indícios de ato de improbidade administrativa, a autoridade que conhecer dos fatos representará ao Ministério Público competente, para as providências necessárias.

No que concerne ao pedido de indisponibilidade de bens, pode ser formulado pelo Ministério Público independentemente de representação. Em outras palavras, embora a autoridade administrativa que conhecer dos fatos possa representar ao *Parquet* para a indisponibilidade de bens, esta representação não é condição de procedibilidade para o pedido a ser formulado perante a autoridade judicial e não vincula o representante do Ministério Público.

8.4. Abrangência do pedido de indisponibilidade: ativos no exterior

Quando for o caso, o pedido de indisponibilidade de bens pode incluir a investigação, o exame e o bloqueio de bens, contas bancárias e aplicações financeiras mantidas pelo indiciado no exterior, nos termos da lei e dos tratados internacionais (artigo 16, § 2º, da Lei de Improbidade Administrativa).

8.5. Requisitos cumulativos para a decretação da indisponibilidade

Dispõe o artigo 16, § 3º, da Lei de Improbidade Administrativa:

> O pedido de indisponibilidade de bens a que se refere o *caput* deste artigo apenas será deferido mediante a demonstração no caso concreto de perigo de dano irreparável ou de risco ao resultado útil do processo, desde que o juiz se convença da probabilidade da ocorrência dos atos descritos na petição inicial com fundamento nos respectivos elementos de instrução, após a oitiva do réu em 5 (cinco) dias.

A partir da análise do mencionado dispositivo, depreende-se que o pedido de indisponibilidade de bens exige a presença cumulativa dos seguintes requisitos:

a) perigo de dano irreparável ou de risco ao resultado útil do processo – ao contrário da regra anterior (artigo 7º da Lei n. 8.429/1992), o novo texto passa a exigir, para fins de decretação da indisponibilidade de bens, a demonstração do "perigo de dano ou de risco ao resultado útil do processo". A modificação deixa claro que a indisponibilidade não mais configura tutela de evidência, mas, sim, espécie de tutela de urgência, visando a garantir o resultado útil do processo. Em tal contexto, é necessário comprovar o *periculum in mora*, que não mais pode ser presumido.

Trata-se de requisito que contraria a jurisprudência dos tribunais superiores, uma vez que o fator surpresa é fundamental para o sucesso da medida:

> [...] não está condicionada à comprovação de que o réu esteja dilapidando seu patrimônio, ou na iminência de fazê-lo, tendo em vista que o *periculum in mora* encontra-se implícito no comando legal que rege, de forma peculiar, o sistema de cautelaridade na ação de improbidade administrativa, sendo possível ao juízo que preside a referida ação, fundamentadamente, decretar a indisponibilidade de bens do demandado, quando presentes fortes indícios da prática de atos de improbidade administrativa. (REsp Repetitivo 1.366.721/BA, Tema 701, Rel. Ministro Napoleão Nunes Maia Filho, Dje 19/09/2014.)

Em que pese a nova redação do dispositivo, entendemos ser possível compatibilizá-lo com o entendimento do Superior Tribunal de Justiça, pois a *ratio* permanece a mesma: o risco ao resultado útil decorre da possibilidade de a sociedade ficar sem reparação ao final, não se restringindo à dilapidação patrimonial. Em outras palavras, como o dispositivo não exige expressamente a prova da dilapidação patrimonial, deve-se interpretá-lo de forma equilibrada, não fazendo uso da indisponibilidade de forma inútil, mas também assegurando a efetiva reparação dos danos, em especial porque o artigo 16, § 12, da LIA, estabelece que se leve em consideração as consequências práticas e o mero indeferimento da medida pode deixar a sociedade sem reparação;

b) probabilidade da ocorrência dos atos descritos na petição inicial (*fumus boni iuris*);
c) a oitiva do réu em cinco dias, salvo se o contraditório puder comprovadamente frustrar a efetividade da medida ou houver outras circunstâncias que recomendem a proteção liminar – a urgência não

pode ser presumida (artigo 16, § 4º, da Lei de Improbidade Administrativa). Atente-se para o fato de que, ao prever uma espécie de "notificação prévia ao réu", permitindo que o agente ímprobo promova a dilapidação de seu patrimônio, o requisito tende a ser relevado pelos tribunais, sob pena de a medida de indisponibilidade não alcançar sua finalidade, como já vem entendendo o Superior Tribunal de Justiça:

> [...] 3. Ocorre que este Superior Tribunal compreende que a concessão da medida de indisponibilidade pode ocorrer sem a oitiva prévia da parte afetada, *inaudita altera pars*, antes mesmo do recebimento da petição inicial da ação de improbidade administrativa. (AgInt no REsp 1.842.902/MG, Rel. Ministro Og Fernandes, DJe 01/06/2021.)

8.6. Limite da indisponibilidade

Se houver mais de um réu na ação, a somatória dos valores declarados indisponíveis não poderá superar o montante indicado na petição inicial como dano ao erário ou como enriquecimento ilícito (artigo 16, § 5º, da Lei de Improbidade Administrativa). É esse, inclusive, o entendimento do Superior Tribunal de Justiça, que já vem limitando a constrição, em caso de litisconsórcio passivo, ao valor total do dano, ainda que a medida recaia integralmente sobre o patrimônio de apenas um dos corréus:

> [...] II – Havendo solidariedade entre os corréus da ação até a instrução final do processo, o valor a ser indisponibilizado para assegurar o ressarcimento ao erário deve ser garantido por qualquer um deles, limitando-se a medida constritiva ao "quantum" determinado pelo juiz, sendo defeso que o bloqueio corresponda ao débito total em relação a cada. (REsp 1.731.782/MS, Rel. Ministra Regina Helena Costa, DJe 11/12/2018.)

8.7. Substituição da indisponibilidade por caução

O valor da indisponibilidade deve considerar a estimativa de dano indicada na petição inicial, permitida a sua substituição por caução idônea, fiança bancária ou seguro-garantia judicial, a requerimento do réu (artigo 16, § 6º, da Lei de Improbidade Administrativa).

8.8. Readequação do valor da indisponibilidade durante a instrução

Durante a instrução do processo, é possível a readequação do valor da indisponibilidade (artigo 16, § 6º, da Lei de Improbidade Administrativa). O montante constrito pode ser reduzido ou ampliado, resguardando-se o direito difuso à probidade administrativa.

8.9. Indisponibilidade de bens de terceiro

No que tange ao terceiro, é possível que figure em uma das seguintes situações:

a) terceiro de boa-fé – deve se valer do procedimento previsto para os embargos de terceiros para o levantamento da constrição sobre seu patrimônio (artigos 674 e seguintes do Código de Processo Civil);
b) terceiro pessoa física que tenha relação com o ato de improbidade administrativa – é necessária, para a decretação da indisponibilidade de seus bens, a demonstração de sua efetiva concorrência dolosa para a prática dos ilícitos;
c) terceiro que faça uso de interposta pessoa jurídica para a prática do ato ímprobo – é necessária a instauração de incidente de desconsideração da personalidade jurídica, a ser processado na forma da lei processual (artigos 133, 134, 135, 136 e 137 do Código de Processo Civil).[227] Atente-se para o fato de que o incidente de desconsideração da personalidade jurídica incide apenas quando se postula em face de pessoa jurídica na condição processual de terceira interessada – e, não, quando a pessoa jurídica integra o polo passivo da demanda.

8.10. Aplicação subsidiária do regime da tutela provisória de urgência previsto no Código de Processo Civil

Aplica-se à indisponibilidade de bens, no que for cabível, o regime da tutela provisória de urgência do Código de Processo Civil (artigo 16, § 8º, da Lei de Improbidade Administrativa). Assim, naquilo que não contrariar a Lei n. 8.429/1992, são aplicáveis em tal situação as disposições constantes no Código de Processo Civil.

[227] "Art. 17. [...] § 15 Se a imputação envolver a desconsideração de pessoa jurídica, serão observadas as regras previstas nos arts. 133, 134, 135, 136 e137 da Lei nº 13.105, de 16 de março de 2015 (Código de Processo Civil). [...]."

8.11. Recurso cabível contra a decisão que deferir ou indeferir a indisponibilidade

Da decisão que deferir ou indeferir a medida relativa à indisponibilidade de bens caberá agravo de instrumento (artigo 16, § 9º, da Lei de Improbidade Administrativa).

8.12. Não incidência da indisponibilidade sobre o valor da multa civil

A nova redação do artigo 16, § 10, da Lei de Improbidade Administrativa dispõe que a indisponibilidade recairá sobre bens que assegurem exclusivamente o integral ressarcimento do dano ao erário, sem incidir sobre os valores a serem eventualmente aplicados a título de multa civil ou sobre acréscimo patrimonial decorrente de atividade lícita.

Atente-se para o fato de que o Superior Tribunal de Justiça vinha entendendo que a indisponibilidade pode abranger também a multa civil,[228] pois se trata de medida de caráter assecuratório. Assim, deveria incidir sobre quantos bens fossem necessários ao integral ressarcimento do dano, levando-se em conta, ainda, o potencial valor de multa civil.

A modificação, contudo, afastou a aplicação do instituto para garantir o pagamento da multa civil. Trata-se de nítido retrocesso frente às conquistas já alcançadas. Nesse sentido, a indisponibilidade tem caráter assecuratório, não devendo o legislador, no exercício da criação de mandamentos, violar o grau de densidade normativa já alcançada pelo direito difuso à probidade administrativa em âmbito jurisprudencial. Com efeito, deve-se atentar para a necessidade constitucional de os Poderes Públicos atuarem positivamente para o resguardo do direito difuso à probidade, não apenas de modo a manter as conquistas já alcançadas, mas, indo além, avançar no processo de sua concretização.

No caso da modificação empreendida, viola-se, sem razão aparente, a interpretação conferida à redação original do dispositivo pelo Superior Tribunal de Justiça, que atribuía maior densidade normativa à tutela da probidade administrativa, permitindo que a indisponibilidade recaísse sobre a multa civil.

[228] STJ, 1ª Turma, REsp 1.176.440/RO, rel. Min. Napoleão Nunes Maia Filho, j. 17/09/2013, DJe 04/10/2013. Ressalte-se ser desnecessária a comprovação da dilapidação de bens para a decretação da indisponibilidade (STJ, 1ª Seção, REsp 1366721/BA, Dje 19.09.2014, Recurso Repetitivo, Tema 701).

Ademais, a alteração viola o devido processo legal e o artigo 37, § 4º, da Constituição Federal, uma vez que, em havendo improbidade administrativa, é a própria Carta Magna que expressamente impõe a indisponibilidade de bens para garantia do resultado útil da demanda.

Sobre o tema, colaciona-se a seguinte lição de Daniel Amorim Assumpção Neves:

> [...] o espírito da lei é garantir a eficácia da decisão de procedência na ação de improbidade administrativa e, se essa decisão contém um capítulo condenatório que fixa uma multa civil, não há qualquer sentido lógico ou jurídico em se excluir tal capítulo do âmbito garantidor da medida de indisponibilidade de bens. A exclusão, nesse caso, poderia contribuir com uma ineficácia parcial da ação de improbidade, o que certamente não era a vontade do legislador ao criar o dispositivo ora analisado.[229]

8.13. Ordem de prioridade na decretação da indisponibilidade de bens

O Código de Processo Civil prioriza a penhora sobre os bens com maior liquidez, de modo a garantir o valor a ser constrito, determinando, portanto, ser "prioritária a penhora em dinheiro":

> Art. 835. A penhora observará, preferencialmente, a seguinte ordem: I – dinheiro, em espécie ou em depósito ou aplicação em instituição financeira; II – títulos da dívida pública da União, dos Estados e do Distrito Federal com cotação em mercado; III – títulos e valores mobiliários com cotação em mercado; IV – veículos de via terrestre; V – bens imóveis; VI – bens móveis em geral; VII – semoventes; VIII – navios e aeronaves; IX – ações e quotas de sociedades simples e empresárias; X – percentual do faturamento de empresa devedora; XI – pedras e metais preciosos; XII – direitos aquisitivos derivados de promessa de compra e venda e de alienação fiduciária em garantia; XIII – outros direitos. § 1º É prioritária a penhora em dinheiro, podendo o juiz, nas demais hipóteses, alterar a ordem prevista no caput de acordo com as circunstâncias do caso concreto. [...].

[229] NEVES, Daniel Amorim Assumpção; OLIVEIRA, Rafael Carvalho Rezende. **Manual de improbidade administrativa**: direito material e processual. 7. ed. São Paulo: Método, 2019, p. 278.

Em contradição com o Código de Processo Civil e sob o argumento de "garantir a subsistência do acusado e a manutenção da atividade empresária ao longo do processo", o artigo 16, § 11, da Lei de Improbidade Administrativa dispõe que o bloqueio de contas bancárias deve ocorrer apenas de forma subsidiária, seguindo-se a esta ordem de preferência:

1) veículos de via terrestre;
2) bens imóveis;
3) bens móveis em geral;
4) semoventes;
5) navios e aeronaves;
6) ações e quotas de sociedades simples e empresárias;
7) pedras e metais preciosos; e
8) apenas na inexistência desses, o bloqueio de contas bancárias.

Vejamos a redação do dispositivo:

> Art. 16 [...] § 11. A ordem de indisponibilidade de bens deverá priorizar veículos de via terrestre, bens imóveis, bens móveis em geral, semoventes, navios e aeronaves, ações e quotas de sociedades simples e empresárias, pedras e metais preciosos e, apenas na inexistência desses, o bloqueio de contas bancárias, de forma a garantir a subsistência do acusado e a manutenção da atividade empresária ao longo do processo. [...].

Nota-se que a ordem prioritária prevista no artigo 16, § 11, da Lei de Improbidade Administrativa é menos eficaz na proteção do patrimônio público. Contudo, inexiste óbice para a sua relativização pelo juiz, o qual pode adotar a sistemática assegurada pelo artigo 835 do Código de Processo Civil, em atenção ao princípio da máxima efetividade na tutela dos direitos coletivos.

Por fim, incumbe ao réu o ônus de provar que a medida pode afetar a "subsistência do acusado e a manutenção da atividade empresária ao longo do processo".

8.14. Vedação à indisponibilidade de ativos inferiores a quarenta salários-mínimos

O artigo 16, § 13, da Lei de Improbidade Administrativa vedou a decretação de indisponibilidade da quantia de até quarenta salários-mínimos depositados em caderneta de poupança, em outras aplicações financeiras ou em conta corrente.[230]

No mesmo sentido, o entendimento consolidado no Superior Tribunal de Justiça:

> [...] todos os valores pertencentes ao devedor, até o limite de 40 (quarenta) salários mínimos, mantidos em conta-corrente, caderneta de poupança ou fundos de investimentos são impenhoráveis. (AgInt no AREsp 1.826.475/RJ, Rel. Ministro Marco Aurélio Belizze, Dje 25/06/2021.)

8.15. Vedação à indisponibilidade de bem de família

O Superior Tribunal de Justiça possui entendimento consolidado no sentido de que a decretação de indisponibilidade de bens pode recair sobre bem de família.[231]

Contudo, o artigo 16, § 14, da Lei n. 8.429/1992 veda expressamente a decretação de indisponibilidade do bem de família do réu. Excepcionalmente, a lei permite a decretação da indisponibilidade do bem de família, desde que comprovado que o imóvel seja fruto de vantagem patrimonial indevida, na forma do artigo 9º da Lei n. 8.429/1992: "É vedada a decretação de indisponibilidade do bem de família do réu, salvo se comprovado que o imóvel seja fruto de vantagem patrimonial indevida, conforme descrito no art. 9º desta Lei."

8.16. Consequencialismo judicial e indisponibilidade de bens

O artigo 20, *caput*, da Lei de Introdução às Normas do Direito Brasileiro (LINDB) dispõe que: "Nas esferas administrativa, controladora e judicial, não se decidirá com base em valores jurídicos abstratos sem que sejam consideradas as consequências práticas da decisão."

O dispositivo veda que decisão seja prolatada com base em "valores jurídicos abstratos", sem que sejam consideradas as consequências práticas da decisão. Trata-se de norma em consonância com o artigo 489, § 1º, incisos I e II, do Código de Processo Civil, não se considerando fundamentada qualquer decisão judicial que se limite à indicação, à reprodução

[230] Trata-se o que se convencionou chamar de "direito ao calote" (IESEMER, Henrique da Rosa; PINHEIRO, Igor Pereira. **Nova lei de improbidade administrativa comentada**. Leme: Mizuno, 2022, p. 71).

[231] REsp 1.837.848/SC, Rel. Ministro Francisco Falcão, Dje 05/03/2020.

ou à paráfrase de ato normativo, sem explicar sua relação com a causa ou a questão decidida, ou que empregar conceitos jurídicos indeterminados, sem explicar o motivo concreto de sua incidência no caso.[232]

"Valores jurídicos abstratos" é expressão genérica que abrange todas as normas que contenham enunciados abertos, caracterizados por elevado nível de abstração jurídica que exigem sua concretização pelo intérprete. A título de exemplo, podemos mencionar as referências aos "interesses gerais" ou à "segurança jurídica de interesse geral" realizadas pela própria Lei n. 13.655/2018. Nesses casos, o novo diploma exige do julgador que considere as consequências jurídicas da decisão.[233]

As considerações acerca das consequências de uma decisão não são algo inédito em nosso ordenamento jurídico. A título de exemplo, o Código Civil de 2002 permitiu ao juiz dar uma interpretação social aos contratos e ao uso da propriedade. Na seara criminal, a dosimetria deve levar em conta se a pena é suficiente para reprimir e prevenir o delito, sem prejuízo de considerar as próprias consequências da infração penal. Assim, o ordenamento impõe ao julgador que considere as consequências de suas decisões, por meio da adoção de técnicas multidisciplinares.[234]

O consequencialismo, contudo, vai além, impondo que sejam considerados os efeitos meta-jurídicos da decisão, levando em conta seus impactos sociais e econômicos. Exemplo: o juiz, ao prolatar sentença em demanda na qual se pleiteia o fornecimento de medicamento de alto custo, deve ponderar o custo orçamentário anual da sua decisão, as consequências para o SUS, bem como as repercussões nas demais políticas públicas adotadas pelo Estado.

O Supremo Tribunal Federal tem afastado a adoção do raciocínio consequencialista puro.[235] Pondere-se, contudo, que isso não significa que seja

[232] Costa, Rafael de Oliveira. (In)Segurança Jurídica? Breves Comentários à Lei nº 13.655/18. ***Justitia***, v. 208, 2020.

[233] Costa, Rafael de Oliveira. (In)Segurança Jurídica? Breves Comentários à Lei nº 13.655/18. ***Justitia***, v. 208, 2020.

[234] Costa, Rafael de Oliveira. (In)Segurança Jurídica? Breves Comentários à Lei nº 13.655/18. ***Justitia***, v. 208, 2020.

[235] Nesse sentido, o ministro Marco Aurélio já entendeu que: "A prevalência das consequências sobre o direito legislado resulta na inversão da lógica jurídica. Esclareço não preconizar, com isso, ignorar-se no processo a quadra vivida. Não perco de vista o horizonte social quando busco a solução dos problemas jurídicos com que me defronto. Aliás, qualquer interpretação jurídica parte da consideração de elementos fáticos, ainda que seja uma interpretação em abstrato, pois,

desconsiderada a análise das consequências da decisão. Não há dúvida de que os efeitos de determinada norma jurídica devem ser considerados pelo julgador.

Partindo dessas premissas, o artigo 16, § 12, da Lei de Improbidade Administrativa dispõe que o juiz, ao apreciar o pedido de indisponibilidade de bens do réu, observará os efeitos práticos da decisão. Trata-se de incorporação da lógica prevista no artigo 20, da LINDB no âmbito da decretação de indisponibilidade de bens e que deve ser interpretada, inclusive, atentando-se para o fato de que, dentre as consequências práticas decorrentes do indeferimento da medida, não pode restar a sociedade sem a reparação dos danos.

Contudo, o referido artigo 16, § 12, da Lei n. 8.429/1992 contempla uma ressalva, ao vedar de forma peremptória a adoção de medida capaz de acarretar prejuízo à prestação de serviços públicos: "O juiz, ao apreciar o pedido de indisponibilidade de bens do réu a que se refere o *caput* deste artigo, observará os efeitos práticos da decisão, vedada a adoção de medida capaz de acarretar prejuízo à prestação de serviços público."

Causa estranheza a parte final do dispositivo, uma vez que a indisponibilidade tende a abranger bens que pertencem a agentes ímprobos – pessoas físicas ou jurídicas –, de modo que não implica qualquer prejuízo à prestação de serviços públicos.

mesmo em casos tais, o magistrado não deixa de formular a hipótese e alcançar conclusões com base na realidade conhecida. O que não posso aceitar é que, presente a obrigação jurídica sob todos os cânones interpretativos – extraída da literalidade, historicidade, sistematicidade e teleologia da Constituição –, simplesmente se deixe de reconhecê-la ante razões de índole pragmática. Impõe-se o contorcionismo técnico para salvar as finanças públicas, mas este é o papel do Tribunal Constitucional? A resposta só pode ser negativa. O Supremo tornou esse enfoque claro ao apreciar casos envolvendo a colisão entre direitos fundamentais, que ficariam submetidos à ineficácia por argumentos de índole financeira. Faço referência a decisões que resultaram no deferimento de coquetéis para tratamento da Aids, direito à matrícula em creche, direito a tratamentos médicos e internação hospitalar – vejam, por exemplo, os acórdãos relativos ao Agravo Regimental no Recurso Extraordinário nº 271.286-8/RS, ao Recurso Extraordinário nº 436.996-6/SP, ambos relatados pelo Ministro Celso de Mello, ao Recurso Extraordinário nº 226.835-6/RS, relatado pelo Ministro Ilmar Galvão. Invariavelmente, este Tribunal tem assentado a plena eficácia da Carta, colocando em segundo plano considerações pragmáticas. O Supremo não deve ser um filtro pragmático quanto a disposições constitucionais cuja eficácia depende de recursos para que seja concretamente observada." (STF, RE 565.089, Relator: Ministro Marco Aurélio, DJ 01.02.2008.)

Conseguimos vislumbrar, contudo, uma hipótese a justificar a ressalva: ato de improbidade administrativa perpetrado por meio de concessionária de serviços públicos. Neste caso, o dispositivo em tela elege a manutenção da prestação do serviço público acima de quaisquer outros valores, não inviabilizando, contudo, que a indisponibilidade venha a recair sobre bens da pessoa física que tenha praticado o ato de improbidade administrativa.

8.17. Indisponibilidade de bens na hipótese de violação ao artigo 11 da Lei n. 8.429/1992

Até o advento do Lei n. 14.230/2021, o Superior Tribunal de Justiça entendia ser possível a indisponibilidade de bens na hipótese de violação ao artigo 11, da Lei n. 8.429/1992.[236]

Em que pesem as alterações promovidas na Lei de Improbidade Administrativa, entendemos que, diante da ausência de vedação expressa, permanece possível a indisponibilidade de bens na hipótese de violação aos princípios da administração pública (art. 11, da Lei n. 8.429/1992).

8.18. Abrangência da indisponibilidade de bens

No que concerne à abrangência da indisponibilidade de bens, é importante ponderar que:

a) tal medida deve recair sobre bens adquiridos antes ou depois da prática do ato de improbidade administrativa;
b) a constrição deve atingir parcela do patrimônio dos agentes que se mostre suficiente para o ressarcimento do dano – e, não, sobre o patrimônio integral dos réus na demanda;
c) é desnecessária a comprovação de dilapidação de bens;[237]
d) a medida não pode ser aplicada de forma genérica.[238]

236 STJ, AgRg no REsp 1.260.737/RJ, Dje 25.11.2014.

237 STJ, 1ª Seção, REsp 1.366.721/BA, Dje 19.09.2014, Recurso Repetitivo, Tema 701.

238 Nesse sentido: "MEDIDA DE INDISPONIBILIDADE DE BENS GENÉRICA – Não houve na decisão individualização da conduta dos réus para consequente individualização da medida de indisponibilidade, o que implicou em determinação de medida de bloqueio de bens genérica – Ora, trata-se de mais um indício de que não há nos autos elementos suficientes a comprovarem o fumus boni iuris acerca dos alegados atos de improbidade administrativa apurados – Desta feita, trata-se de vício que corrobora a não pode subsistência da medida de bloqueio de bens. BENS A SEREM BLOQUEADOS – Não houve na decretação da medida de indisponibilidade qualquer disposição acerca de quais bens poderiam ser bloqueados

9. Afastamento da função pública

A autoridade judicial competente pode determinar o afastamento do agente público do exercício do cargo, do emprego ou da função, sem prejuízo da remuneração, quando a medida for necessária à instrução processual ou para evitar a iminente prática de novos ilícitos. Trata-se de modalidade de tutela provisória de urgência de natureza conservativa, podendo ser manejada em caráter antecedente ou incidente, sendo necessário comprovar a sua:

a) indispensabilidade para a instrução processual; ou
b) idoneidade para evitar a iminente prática de novos ilícitos.

Registra-se que houve um avanço neste ponto específico, pois a redação originária do artigo 20, parágrafo único, da Lei n. 8.429/1992 previa apenas a situação elencada no item "a" acima (destaques nossos): "A autoridade judicial ou administrativa competente poderá determinar o afastamento do agente público do exercício do cargo, emprego ou função, sem prejuízo da remuneração, **quando a medida se fizer necessária à instrução processual**."

A Lei n. 14.230/2021 alterou tal dispositivo para incluir, ao final, a segunda finalidade (destaques nossos), renomenclaturando-o de parágrafo único para § 1º:

> A autoridade judicial competente poderá determinar o afastamento do agente público do exercício do cargo, do emprego ou da função, sem prejuízo da remuneração, quando a medida for necessária à instrução processual **ou para evitar a iminente prática de novos ilícitos**.

ou qual a ordem deveria ser seguida – Inteligência dos §§ 11, 12, 13 e 14, do art. 16, da LIA. SUBSTITUIÇÃO DA MEDIDA DE INDISPONIBILIDADE DE BENS – Não foi possibilitado ao réu a fixação de outras modalidades que garantam eventual ressarcimento ao erário, mas causem ao alegado devedor o menor prejuízo – Inteligência do art. 16, § 6º, da LIA. MULTA CIVIL – Impossibilidade de englobar a multa civil na quantia a ser bloqueada – O art. 16, § 10 vedou que a medida de indisponibilidade recaia sobre valor a título de multa a ser eventualmente aplicada. Necessário acolhimento ao recurso para levantar a medida de indisponibilidade determinado pelo juízo a quo, para assim obedecer aos dispositivos da nova Lei 14.230, de 25/10/2021, a qual alterou substancialmente a Lei 8429/92 (LIA). Decisão reformada. Recurso provido." (TJSP; Agravo de Instrumento 2029132-39.2021.8.26.0000; Relator (a): Leonel Costa; Órgão Julgador: 8ª Câmara de Direito Público; Foro de Campos do Jordão – 1ª Vara; Data do Julgamento: 24/11/2021; Data de Registro: 30/11/2021.)

O pedido deve discriminar as razões pelas quais a manutenção do agente público em seu cargo poderá afetar a instrução probatória ou implicar a prática de novos ilícitos, como, por exemplo, a destruição de documentos, a continuidade do desvio de valores, entre outros.

Dúvida existia, contudo, quanto ao prazo máximo de afastamento. Havia, então, duas correntes:

a) a primeira sustentava que não há como fixar prazo certo e determinado, mas apenas marco objetivo, qual seja, o término da instrução processual;
b) a segunda advogava que o afastamento devia ficar limitado ao prazo de cento e oitenta dias, contados da data em que foi prolatada a decisão que o decretou ou até o término da instrução processual, o que ocorrer antes (STJ, Corte Especial, Agravo Regimental na Suspensão de Liminar de Sentença 1.957/PB, Rel. Min. Francisco Falcão, Dje 09.03.2015).

A Lei n. 14.230/2021 parece ter pacificado a celeuma, embora tenha regulamentado a matérias apenas no Capítulo VI – Das Disposições Penais. Estabelece expressamente o § 2º incluído ao artigo 20 da Lei n. 8.429/1992 que o afastamento será de até noventa dias, prorrogáveis uma única vez por igual prazo, mediante decisão motivada: "O afastamento previsto no § 1º deste artigo será de até 90 (noventa) dias, prorrogáveis uma única vez por igual prazo, mediante decisão motivada."

Atente-se para o fato de que, em casos complexos, o prazo máximo fixado (cento e oitenta dias) pode ser insuficiente. Entendemos, assim, que poderão surgir duas correntes: a) é possível a realização de nova prorrogação, desde que devidamente motivada; e b) o prazo é peremptório, não sendo possíveis novas prorrogações.

A primeira posição nos parece ser a mais adequada diante do tratamento constitucional dispensado à matéria, pois preconiza uma tutela eficiente do patrimônio público, com máxima proteção dos direitos difusos e, como corolário, evitando causação de danos à população. Assim, finda a medida de afastamento e em sobrevindo elementos que atestem a necessidade de garantir a instrução probatória ou evitar a prática de novos ilícitos, inexistirá óbice à nova decretação da medida, submetida, mais uma vez, ao prazo de noventa dias, prorrogável por igual prazo.

Por fim, inobstante o texto legal disponha que o afastamento deva ocorrer sem prejuízo da remuneração, essa regra não tem caráter absoluto. No que tange à remuneração do agente durante o período de afastamento, em havendo vício na contratação e cumulação de pedidos – improbidade e nulificação ou anulação do certame ou do ato de nomeação –, é possível a concessão de tutela antecipada, liminarmente, consistente na sustação de todos os efeitos do certame, afastando a pessoa beneficiada **com** prejuízo de sua remuneração. Nesse sentido (destaques nossos):

> Em outras palavras, não se deve cogitar, em casos tais, de aplicação do art. 20, *caput* ou parágrafo único, da Lei nº 8.429/92. A matéria, em vez disso, está submetida ao art. 5º, §4º, da Lei nº 4.717/65, segundo o qual "na defesa do patrimônio público caberá a suspensão liminar do ato lesivo impugnado". A possibilidade aqui defendida nada tem que ver, outrossim, com a antecipação de efeitos da possível perda do cargo público, sanção essa regulada pela Lei nº 8.429/92. Também não tem relação com o parágrafo único, do art. 20, do mesmo diploma, medida de nítida feição cautelar e que só deve ser mantida até o final da instrução processual, haja vista seu fim último declarado pela Lei nº 8.429/92. Note-se que não se está, aqui, propugnando a legitimidade do afastamento, com prejuízo da remuneração, de todos os envolvidos no ato ímprobo, **mas tão somente daquele beneficiado com a investidura fraudulenta**. De outro modo, a antecipação dos efeitos da pena de perda da função pública, por encontrar embasamento na Lei nº 8.492/92, obviamente não é admitida pela legislação pátria. Em síntese, a partir de uma interpretação sistemática do microssistema processual coletivo, outra não pode ser a conclusão senão aquela de que a concessão de tutela antecipada dos efeitos do provável provimento desconstitutivo ou declaratório de nulidade ligado à ação civil pública – que se encontra "disfarçado" junto à ação de improbidade administrativa – deve implicar a suspensão da remuneração do agente público.[239]

10. Afastamento da "defesa prévia" e novo prazo para contestação

A redação original do artigo 17, § 7º, da Lei n. 8.429/1992 previa uma espécie de "contraditório prévio", antes do recebimento da inicial, per-

[239] Costa, Rafael de Oliveira; Junqueira, Gabriel Marson. A possibilidade de afastamento liminar de agentes públicos com prejuízo da remuneração em decorrência de vícios na investidura em cargo ou função pública. **Revista de Direito Administrativo & Constitucional**, v. 16, p. 288, 2017.

mitindo aos réus deduzirem defesa apta a demonstrar, de plano, a inviabilidade da ação.

A defesa prévia, contudo, não mais se encontra prevista na Lei de Improbidade Administrativa – mudança salutar, em razão da morosidade que causava ao processo judicial.[240]

Com efeito, a nova redação conferida ao artigo 17, § 7º, da LIA dispõe que:

> Se a petição inicial estiver em devida forma, o juiz mandará autuá-la e ordenará a citação dos requeridos para que a contestem no prazo comum de 30 (trinta) dias, iniciado o prazo na forma do art. 231 da Lei nº 13.105, de 16 de março de 2015 (Código de Processo Civil).

O novel dispositivo, além de afastar a defesa prévia, também ampliou para trinta dias o prazo para a apresentação de contestação, cujo termo inicial é regulamentado pelo artigo 231 do Código de Processo Civil.

No que tange à réplica, em atenção ao princípio da isonomia, o respectivo prazo deve ser também de 30 (trinta) dias, em conformidade com o lapso temporal conferido para a apresentação de contestação.

10.1. Obrigatoriedade de apresentação de defesa na hipótese de acompanhamento da posição da assessoria jurídica

O artigo 17, § 20, da Lei de Improbidade Administrativa passou a estabelecer que a assessoria jurídica que emitiu o parecer atestando a legalidade prévia dos atos administrativos praticados pelo administrador público ficará obrigada a defendê-lo judicialmente, caso este venha a responder por ação por improbidade administrativa, até que a decisão transite em julgado.

A título de exemplo, a procuradoria jurídica de um município apresenta parecer pela validade da concessão de uma licença para a realização de uma obra; tal entendimento é encampado pelo prefeito, expedindo-se a licença; todavia, o ato é questionado por meio de ação de improbidade administrativa. Em tal contexto, a assessoria jurídica é obrigada a defendê-lo judicialmente até o respectivo trânsito em julgado.

[240] BARBOSA, Renato Kim. Notificação prévia prejudica a razoável duração do processo de improbidade. **Revista Eletrônica Conjur**, 10 out. 2016. Coluna MP no Debate. Disponível em: https://www.conjur.com.br/2016-out-10/mp-debate-notificacao-previa-prejudica-razoavel-duracao-processo. Acesso em: 02 nov. 2021.

O dispositivo teve a sua constitucionalidade questionada, pois outorga à advocacia pública de entes governamentais a atribuição de promover a defesa pessoal de agentes públicos em ações de improbidade administrativa. Assim, haveria violação às finalidades institucionais de interesse público fixadas nos artigos 131 e 132 da Constituição Federal, que limitam a representação judicial e a consultoria jurídica em favor das entidades.

O Supremo Tribunal, então, declarou a inconstitucionalidade parcial, com redução de texto, do § 20 do artigo 17 da Lei n. 8.429/1992, no sentido de que não existe "obrigatoriedade de defesa judicial". Sustentou, em contrapartida, a possibilidade de os órgãos da advocacia pública autorizarem a realização dessa representação judicial por parte da assessoria jurídica que emitiu o parecer atestando a legalidade prévia do ato.[241]

11. Rejeição da petição inicial

O artigo 17, § 6º-B, da Lei de Improbidade Administrativa passou a prever as hipóteses em que é possível a rejeição da inicial:

> A petição inicial será rejeitada nos casos do art. 330 da Lei nº 13.105, de 16 de março de 2015 (Código de Processo Civil), bem como quando não preenchidos os requisitos a que se referem os incisos I e II do § 6º deste artigo, ou ainda quando manifestamente inexistente o ato de improbidade imputado.

De forma didática, o novo dispositivo regulamenta a rejeição da inicial em três situações distintas:

a) nos casos do artigo 330 do Código de Processo Civil,[242] em que não há análise do mérito;

[241] STF, ADI 7043, Rel. Min. Alexandre de Moraes, julgada em 31/08/22.

[242] "Art. 330. A petição inicial será indeferida quando: I – for inepta; II – a parte for manifestamente ilegítima; III – o autor carecer de interesse processual; IV – não atendidas as prescrições dos arts. 106 e 321. § 1º Considera-se inepta a petição inicial quando: I – lhe faltar pedido ou causa de pedir; II – o pedido for indeterminado, ressalvadas as hipóteses legais em que se permite o pedido genérico; III – da narração dos fatos não decorrer logicamente a conclusão; IV – contiver pedidos incompatíveis entre si. § 2º Nas ações que tenham por objeto a revisão de obrigação decorrente de empréstimo, de financiamento ou de alienação de bens, o autor terá de, sob pena de inépcia, discriminar na petição inicial, dentre as obrigações contratuais, aquelas que pretende controverter, além de quantificar o valor incontroverso do débito. § 3º Na hipótese do § 2º, o valor incontroverso deverá continuar a ser pago no tempo e modo contratados."

b) quando não preenchidos os requisitos de individualização ou provas das condutas praticadas, em que há sentença definitiva com julgamento de mérito; ou
c) quando manifestamente inexistente o ato de improbidade administrativa imputado, situação em que há sentença definitiva com julgamento de mérito.

Na última hipótese, houve confusão pelo legislador entre a rejeição da inicial, que implica extinção do feito sem a resolução do mérito, e a improcedência do pedido: a manifesta inexistência de ato de improbidade administrativa configura evidentemente questão de mérito, dando ensejo à prolação de sentença de improcedência do pedido inicial, na forma do artigo 487, *caput*, inciso I, do Código de Processo Civil. Por esse motivo, o artigo 17, § 11, da Lei de Improbidade Administrativa dispõe que: "Em qualquer momento do processo, verificada a inexistência do ato de improbidade, o juiz julgará a demanda improcedente".

De qualquer modo, somente será possível o reconhecimento da inexistência do ato de improbidade administrativa após prévia e obrigatória intimação do autor para manifestação,[243] sob pena de violação ao devido processo legal, *ex vi* do artigo 5º, *caput*, inciso LIV, da Constituição Federal e do artigo 10 do Código de Processo Civil.

12. Medidas a serem adotadas após a contestação

Oferecida a contestação e, se for o caso, ouvido o autor, o juiz, nos termos do artigo 17, § 10-B, da Lei de Improbidade Administrativa:

a) procederá ao julgamento conforme o estado do processo, observada a eventual inexistência manifesta do ato de improbidade administrativa;
b) poderá desmembrar o litisconsórcio, com vistas a otimizar a instrução processual. A título exemplificativo, imagine-se demanda ajuizada contra aproximadamente trezentos réus ocupantes de cargos em comissão com atribuições típicas de cargos efetivos, bem como em face daquele que os nomeou. Nesse caso, o juiz poderá promover o desmembramento do litisconsórcio, fazendo com que cada demanda tramite em face de apenas uma parcela de demandados,

[243] O Ministério Público sempre deve ser intimado, inclusive quando atua apenas como *custos legis*.

imprimindo celeridade na tramitação dos feitos e evitando a ocorrência da prescrição.

13. Decisão de tipificação da conduta e princípio da congruência

Tradicionalmente, entendia-se que o juiz poderia dar enquadramento legal diverso daquele apontado na petição inicial pelo autor (artigos 9º, 10 ou 11 da Lei n. 8.429/1992). Assim, o julgador podia proceder à correção da tipificação, pois não ficava vinculado ao fundamento jurídico invocado pelo autor da demanda. Nesse sentido:

> Não é inepta a petição inicial que deixa de apontar o dispositivo de lei, se da narrativa dos fatos decorrer logicamente o pedido. Da mesma forma, a aplicação de legislação diversa daquela utilizada pela parte para fundamentar seu pedido não implica julgamento extra petita. Aplicação dos brocardos *jura novit curia e mihi factum dabo tibi ius.*[244]

Contudo, o artigo 17, § 10-C, da Lei de Improbidade Administrativa ganhou nova redação, dispondo que: "Após a réplica do Ministério Público, o juiz proferirá decisão na qual indicará com precisão a tipificação do ato de improbidade administrativa imputável ao réu, sendo-lhe vedado modificar o fato principal e a capitulação legal apresentada pelo autor."

A decisão de tipificação da conduta é prolatada após a réplica, devendo indicar expressamente o tipo para cada ato de improbidade administrativa, sem modificar a capitulação legal apresentada pelo Ministério Público.[245]

Assim, para cada ato de improbidade administrativa, deverá necessariamente ser indicado apenas um tipo dentre aqueles previstos nos artigos 9º, 10 e 11 da Lei de Improbidade Administrativa.

E mais: segundo dispõe o artigo 17, § 10-F, inciso I, da Lei de Improbidade Administrativa, será nula a decisão de mérito total ou parcial da ação de improbidade administrativa que condenar o requerido por tipo diverso daquele definido na petição inicial.

Entendemos, no que tange à vinculação, que os dispositivos são inconstitucionais, uma vez que violam o princípio da independência funcional do julgador. A vinculação à tipificação dada pelo autor, além de contrariar o

[244] STJ, 2ª Turma, REsp 794.155, Rel. Min. Castro Meira, Dj 04.09.2006.

[245] "Art. 17 [...] § 10-D Para cada ato de improbidade administrativa, deverá necessariamente ser indicado apenas um tipo dentre aqueles previstos nos arts. 9º, 10 e 11 desta Lei. [...]."

entendimento majoritário em sede jurisprudencial,[246] inclusive na esfera criminal, de que o réu se defende dos fatos e não da capitulação legal, permite a decretação de nulidades por divergências interpretativas entre o autor e o juiz mesmo quando não se vislumbre qualquer prejuízo à ampla defesa e ao contraditório. Ora, até mesmo na esfera criminal, *ultima ratio* do ordenamento, o artigo 383 do Código de Processo Penal autoriza ao juiz a correção da capitulação dos fatos (*mutatio libelli*).

Ademais, o artigo 17, § 10-F, inciso I, da Lei de Improbidade Administrativa ofende a separação dos Poderes, o devido processo legal e a adequada tutela judicial, nos termos dos artigos 2º, 5º, *caput*, incisos XXXV e LIV, e 37, § 4º, da Constituição Federal, pois a legislação restringiu atividade própria do Poder Judiciário no exercício da sua jurisdição.

Em não sendo acolhida a tese da inconstitucionalidade, é possível ainda o surgimento de duas correntes interpretativas acerca dos dispositivos em tela:

a) uma posição restritiva, entendendo que a capitulação dada à conduta deve ser exatamente aquela pela qual o juiz condena o agente ímprobo; e
b) uma posição mais flexível, compreendendo que é suficiente que o autor da ação tenha capitulado a conduta dentro do dispositivo legal adequado (artigos 9º, 10 ou 11 da Lei n. 8.429/1992), podendo o juiz, dentro do seu mister, fixar em quaisquer dos incisos do mesmo dispositivo a responsabilização do agente ímprobo. Concluímos que este segundo entendimento é aquele que mais se coaduna com uma tutela eficiente do patrimônio público.

14. Produção de provas

Após ser proferida a decisão de tipificação da conduta, as partes serão intimadas a especificarem as provas que pretendem produzir (artigo 17, § 10-E, da Lei de Improbidade Administrativa).

Excepcionando a sistemática adotada pelo Código de Processo Civil, não se aplicam à ação de improbidade administrativa (artigo 17, § 19, da Lei de Improbidade Administrativa):

a) a presunção de veracidade dos fatos alegados pelo autor em caso de revelia. O dispositivo afasta-se do Código de Processo Civil, eli-

[246] STJ, RESp 842.428, Rel. Min Eliana Calmon, j. 24.04.2007.

dindo os efeitos da revelia na ação de improbidade administrativa, independentemente da indisponibilidade dos direitos discutidos em litígio;

b) a imposição de ônus da prova ao réu, na forma dos §§ 1º e 2º do artigo 373 do Código de Processo Civil. Ora, o ônus da prova quanto à prática de atos de improbidade administrativa recai, em regra, sobre o autor. Contudo, acompanhando o entendimento de Eduardo Cambi, não pode ser excluída de forma absoluta a possibilidade de se inverter o ônus da prova, diante das circunstâncias do caso concreto, quando for mais fácil para o agente ímprobo evidenciar a prática do ato de improbidade administrativa, aplicando-se a teoria da inversão dinâmica do ônus da prova. Com efeito, a ação de improbidade administrativa busca a proteção da moralidade administrativa, não se sujeitando à teoria estática da distribuição do ônus da prova, desde que exista decisão judicial fundamentada, após análise das circunstâncias da causa e das peculiaridades do fato a ser provado.[247] Nesse sentido:

> O direito fundamental à tutela jurisdicional adequada (art. 5º, inc. XXXV, CF), interpretado juntamente com a regra contida no artigo 13 da Lei 8.429/92, permite, mesmo de lege lata, a inversão do ônus da prova, na ação civil pública por improbidade administrativa, na hipótese do artigo 9º, inc. VII, da Lei 8.492/92, desde que o Ministério Público demonstre nexo de incompatibilidade entre o patrimônio e a renda auferida no exercício do mandato, cargo, emprego ou função pública, constatada pela variação patrimonial injustificada.[248]

[247] O Superior Tribunal de Justiça vem decidindo ser cabível, inclusive, agravo de instrumento contra decisão interlocutória que defere ou indefere a distribuição dinâmica do ônus da prova ou quaisquer outras atribuições do ônus da prova distinta da regra geral, desde que se operem *ope judicis* e mediante autorização legal. (REsp 1.729.110-CE, Rel. Min. Nancy Andrighi, por unanimidade, j. 02/04/2019, DJe 04/04/2019.)

[248] CAMBI, Eduardo Augusto Salomão. **Tese apresentada ao Congresso Estadual do Ministério Público do Paraná**, 2011. Disponível em: https://escolasuperior.mppr.mp.br/arquivos/File/teses2011/Eduardo_Cambi_02.doc. Acesso em: 2 nov. 2021. De forma mais detalhada, o autor argumenta o seguinte: "Tome-se como exemplo de possibilidade de inversão do ônus da prova, o ato de improbidade administrativa que importa em enriquecimento ilícito, descrito no artigo 9º, inc. VII, da Lei 8.492/92. Por este dispositivo legal, constitui ato de improbidade administrativa, importando em enriquecimento ilícito, "adquirir, para si ou para outrem, no exercício de mandato, cargo, emprego ou função pública, bens de qualquer natureza cujo valor

seja desproporcional à evolução do patrimônio ou à renda do agente público". Havendo nexo de incompatibilidade entre o patrimônio e a renda auferida no exercício do mandato, cargo, emprego ou função pública, constatada pela variação patrimonial injustificada, o desvio de finalidade no dever de probidade administrativa e o enriquecimento ilícito são presumidos (art. 9º, inc. VII, da Lei 8.249/92), o que impõe o dever de o agente público comprovar a origem de seu patrimônio. Assim sendo, é possível a inversão do ônus da prova, mesmo porque é dever do agente público informar a declaração de bens e valores que compõem o seu patrimônio, conforme exigência do artigo 13 da Lei 8.249/92. Pelo artigo 13 da Lei 8.429/92, a posse e o exercício do agente público ficam condicionados à apresentação da declaração dos bens e valores que compõem o seu patrimônio privado, bem como do cônjuge ou companheiro, dos filhos e das demais pessoas que vivam sob a dependência econômica do declarante. A obrigatoriedade da apresentação da declaração de bens não viola o direito fundamental à privacidade, pois o exercício de função pública decorre de escolha pessoal da qual surge o dever de submissão ao controle dos agentes de fiscalização e dos cidadãos. Quem escolhe ter vida pública renuncia à parcela da sua intimidade, para possibilitar o acesso das informações de seu patrimônio e de familiares próximos, indispensável para analisar se o crescimento patrimonial é compatível com os vencimentos do cargo que ocupa. A extensão da obrigatoriedade da apresentação da declaração de bens aos cônjuges, conviventes ou quaisquer pessoas que vivam, sob a dependência econômica do agente público é prevenir a possibilidade fraude na declaração, com a transferência de patrimônio ou a aquisição de bens em nome de parentes, com o objetivo de ocultar o patrimônio pessoa do agente público e até esconder os adquiridos com recursos de origem ilícita. O direito à informação está previsto no artigo 5º, inc. XIV ("é assegurado a todos o acesso à informação e resguardado o sigilo da fonte, quando necessário ao exercício funcional") e XXXIII ("todos têm direito a receber dos órgãos públicos informações de interesse particular, ou de interesse coletivo ou geral, que serão prestadas na forma da lei, sob pena de responsabilidade, ressalvadas aquelas cujo sigilo seja seja imprescindível à segurança da sociedade e do Estado"), ambos da Constituição Federal. Todavia, tal declaração não implica acesso público, amplo e irrestrito de seu conteúdo. Para que o cidadão possa ter acesso ao conteúdo das informações do agente público, é indispensável que motive a sua solicitação. Afinal, a Constituição Federal não instituiu o sistema de open file administrativo (direito ao arquivo aberto) e o artigo 2º da Lei 9.051/95 impõe aos peticionários a indicação dos fins e das razões do pedido. O artigo 13, par. 4º, da Lei 8.249/92 afirma que o declarante, a seu critério, pode entregar cópia da declaração anual de bens apresentada à Delegacia da Receita Federal, na conformidade da legislação do Imposto sobre a Renda e proventos de qualquer natureza. Bastava a exigência de fornecimento da declaração do Imposto de Renda Pessoa Física, uma vez que é bem detalhada, já está padronizada, e a manipulação dessas informações é menor, o que gera segurança e maior possibilidade de controle. Conforme já salientado, o objetivo do artigo 13 da Lei 8.249/92 é fiscalizar a evolução patrimonial do agente público e de seus familiares. Por isto, a obrigatoriedade da apresentação da declaração de bens deve ser anual e é mantida, quando o agente público deixa o cargo, pois somente desta forma é possível fiscalizar o eventual acréscimo patrimonial e a compatibilidade com os vencimentos percebidos em razão do cargo exercido. O artigo 19, par. 3º, da Lei 8.249/92 pune com demissão o agente público que se recusa a prestar declaração de bens ou que presta declaração falsa. Ora, tal punição é proporcional a que seria aplicada, caso o agente público não entregasse

Por fim, há previsão de obrigatório interrogatório do réu, em aproximação com o regime processual penal: o artigo 17, § 18, da Lei de Improbidade Administrativa estabelece que ao réu será assegurado o direito de ser interrogado sobre os fatos de que trata a ação, e a sua recusa ou o seu silêncio não implicarão confissão.

15. Acordo de não persecução cível (ANPC)

No âmbito da improbidade administrativa, grande parte dos juristas sustentava até recentemente ser incabível a celebração de acordos, tendo em vista a vedação expressa contida na redação originária do artigo 17, § 1º, da Lei n. 8.429/1992[249-250].

Contudo, em busca da efetividade dos direitos e das garantias fundamentais, passou-se a levar em conta a necessidade de superação da tradição demandista de acesso ao Poder Judiciário na esfera da probidade administrativa, para alcançar novas formas de resolução de conflitos, em nítida consolidação da ideia de Justiça Multiportas.

Nesse sentido, a Lei n. 12.846/2013 (Lei Anticorrupção), compondo com a Lei de Improbidade Administrativa um "microssistema legal de combate a atos lesivos à Administração Pública", regulamentou o "acordo de leniência", verdadeira composição em relação às pessoas jurídicas que praticam atos contra a administração pública, nacional ou estrangeira.[251]

a declaração de bens antes de assumir o cargo, uma vez que não poderia assumi-lo, se não apresentasse a referida declaração. Portanto, a não entrega da declaração gera a presunção de variação patrimonial incompatível com os vencimentos declarados. Tratando-se de servidores do Executivo Federal, a não apresentação anual da declaração de bens enseja a instauração de processo administrativo disciplinar, nos termos do artigo 5º do Decreto 5.483/2005. A técnica da inversão do ônus da prova, nas ações de improbidade administrativa, visa tutelar o modelo republicano, a ética na gestão pública e o direito fundamental ao governo honesto."

249 "Art. 17 [...] § 1º É vedada a transação, acordo ou conciliação nas ações de que trata o *caput*. [...]."

250 Não se descartava, contudo, a possibilidade de se firmar compromisso em matéria não afeta às sanções previstas na Lei de Improbidade Administrativa, ou seja, em relação à reparação dos danos causados pelo agente ímprobo.

251 A matéria vem regulada nos artigos 16 e 17 da Lei n. 12.846/2013: "Art. 16 -A autoridade máxima de cada órgão ou entidade pública poderá celebrar acordo de leniência com as pessoas jurídicas responsáveis pela prática dos atos previstos nesta Lei que colaborem efetivamente com as investigações e o processo administrativo, sendo que dessa colaboração resulte: I – a identificação dos demais envolvidos na infração, quando couber; e II – a obtenção célere de informações e documentos que comprovem o ilícito sob apuração. § 1º O acordo de que trata o caput somente poderá ser celebrado se preenchidos, cumulativamente, os seguintes

O § 4º do artigo 36 da Lei n. 13.140/2015 (Lei da Mediação) também passou a dispor expressamente que:

> Nas hipóteses em que a matéria objeto do litígio esteja sendo discutida em ação de improbidade administrativa ou sobre ela haja decisão do Tribunal de Contas da União, a conciliação de que trata o *caput* dependerá da anuência expressa do juiz da causa ou do Ministro Relator.

Mais recentemente, o artigo 1º, § 2º, da Resolução n. 179/2017 do Conselho Nacional do Ministério Público passou a permitir a celebração de compromisso de ajustamento de conduta nas hipóteses configuradoras de improbidade administrativa, sem prejuízo do ressarcimento ao erário e da aplicação de uma ou algumas das sanções previstas em lei, de acordo com a conduta ou o ato praticado.[252]

requisitos: I – a pessoa jurídica seja a primeira a se manifestar sobre seu interesse em cooperar para a apuração do ato ilícito; II – a pessoa jurídica cesse completamente seu envolvimento na infração investigada a partir da data de propositura do acordo; III – a pessoa jurídica admita sua participação no ilícito e coopere plena e permanentemente com as investigações e o processo administrativo, comparecendo, sob suas expensas, sempre que solicitada, a todos os atos processuais, até seu encerramento. 2º A celebração do acordo de leniência isentará a pessoa jurídica das sanções previstas no inciso II do art. 6º e no inciso IV do art. 19 e reduzirá em até 2/3 (dois terços) o valor da multa aplicável. § 3º O acordo de leniência não exime a pessoa jurídica da obrigação de reparar integralmente o dano causado. § 4º O acordo de leniência estipulará as condições necessárias para assegurar a efetividade da colaboração e o resultado útil do processo. § 5º Os efeitos do acordo de leniência serão estendidos às pessoas jurídicas que integram o mesmo grupo econômico, de fato e de direito, desde que firmem o acordo em conjunto, respeitadas as condições nele estabelecidas. § 6º A proposta de acordo de leniência somente se tornará pública após a efetivação do respectivo acordo, salvo no interesse das investigações e do processo administrativo. § 7º Não importará em reconhecimento da prática do ato ilícito investigado a proposta de acordo de leniência rejeitada. § 8º Em caso de descumprimento do acordo de leniência, a pessoa jurídica ficará impedida de celebrar novo acordo pelo prazo de 3 (três) anos contados do conhecimento pela administração pública do referido descumprimento. § 9º A celebração do acordo de leniência interrompe o prazo prescricional dos atos ilícitos previstos nesta Lei. § 10. A Controladoria-Geral da União – CGU é o órgão competente para celebrar os acordos de leniência no âmbito do Poder Executivo federal, bem como no caso de atos lesivos praticados contra a administração pública estrangeira. Art. 17. A administração pública poderá também celebrar acordo de leniência com a pessoa jurídica responsável pela prática de ilícitos previstos na Lei nº 8.666, de 21 de junho de 1993, com vistas à isenção ou atenuação das sanções administrativas estabelecidas em seus arts. 86 a 88."

[252] "É cabível o compromisso de ajustamento de conduta nas hipóteses configuradoras de improbidade administrativa, sem prejuízo do ressarcimento ao erário e da aplicação de uma ou algumas das sanções previstas em lei, de acordo com a conduta ou o ato praticado."

A medida vinha fundamentada no fato de que a suspensão condicional do processo e a colaboração premiada, no campo penal, e o acordo de leniência, nos campos administrativo e civil das pessoas jurídicas, passaram a permitir o afastamento de determinados comandos legais sancionatórios. Também se sustentava no fato de que os princípios e as normas estatuídas pelo Código de Processo Civil de 2015 incorporaram inúmeros mecanismos de autocomposição de conflitos, superando-se a forma rígida e tradicional de concretização de direitos por meio da imposição estatal da sentença.[253] Ademais, o acordo proporciona solução mais célere às lesões a direitos transindividuais e contribui para o descongestionamento do Poder Judiciário.

Com o intuito de colocar um fim à discussão, a Lei n. 13.964/2019 (Pacote Anticrime) incorporou o *princípio da consensualidade punitiva*, introduzindo a permissão expressa para o acordo de não persecução cível no artigo 17, § 1º, da Lei n. 8.429/1992: "As ações de que trata este artigo admitem a celebração de acordo de não persecução cível, nos termos desta Lei."

Em razão de vetos presidenciais, a norma não delimitou todas as nuances do instituto, deixando um amplo espaço para a criação doutrinária e jurisprudencial. A título de exemplo, houve o surgimento de duas correntes acerca do momento e forma de sua celebração do acordo.

A primeira sustentava que poderia ser celebrado antes mesmo do oferecimento da ação de improbidade administrativa, de forma similar ao acordo de não persecução penal. Nesse caso, o acordo deveria ser necessariamente submetido à homologação pelo Conselho Superior do Ministério Público.

A segunda entendia que a sua celebração deveria ocorrer após o oferecimento de ação de improbidade administrativa, em especial com fundamento no § 10-A do artigo 17, que estabelecia: "Havendo a possibilidade de solução consensual, poderão as partes requerer ao juiz a interrupção do prazo para a contestação, por prazo não superior a 90 (noventa) dias."

Em se encampando a segunda corrente, abriam-se duas possibilidades: a primeira delas admitia a celebração informal entre as partes, e a segunda exigia audiência específica para a validade do ato.[254]

[253] Cf. Resolução n. 179/2017 do Conselho Nacional do Ministério Público.

[254] Ressalte-se que, para a homologação do acordo de não persecução penal, será realizada audiência na qual o juiz deverá verificar a sua voluntariedade, por meio da oitiva do investigado na presença do seu defensor, e sua legalidade.

Contudo, a Lei n. 14.230/2021 regulamentou detalhadamente o acordo de não persecução cível (ANPC), fixando as bases do instituto e tecendo limites para sua aplicação.

O acordo de não persecução cível é, em verdade, negócio jurídico material e processual que visa a responsabilizar o agente ímprobo pelas condutas praticadas.[255-256] A título de exemplo, é possível convencionar a forma como se dará o custeio da prova pericial, as sanções aplicáveis ao agente ímprobo, a utilização de prova emprestada, entre outras medidas.

Para tanto, o legitimado para ajuizar a ação deve, inicialmente, verificar se o ANPC é mais vantajoso ao interesse público do que o ajuizamento da ação de improbidade administrativa, considerando, dentre outros fatores, a provável duração do processo, a efetividade das sanções aplicáveis e a abrangência da responsabilização de agentes públicos e de terceiros envolvidos no ilícito. Assim, embora deva ser priorizada a resolução consensual do conflito, inexiste direito subjetivo à sua celebração.[257]

Uma vez ultrapassada essa primeira etapa, a celebração de acordos de não persecução na esfera da improbidade administrativa não pode ocorrer de forma desregrada. Ao contrário, é preciso que dele advenham, ao menos, os seguintes resultados:

a) integral ressarcimento do dano – obrigação que não pode ser renunciada pelo compromitente; e
b) reversão à pessoa jurídica lesada da vantagem indevida obtida, ainda que oriunda de agentes privados.

Atente-se para o fato de que não há intervenção do juiz na fase de celebração do acordo, mas apenas em um segundo momento, na sua homologa-

[255] A respectiva natureza processual decorre do fato de que pode atuar como verdadeiro negócio jurídico processual.

[256] Parcela da doutrina sustenta tratar-se de espécie de termo de ajustamento de conduta. Nesse sentido: ZIESEMER, Henrique da Rosa; Pinheiro, Igor Pereira. Nova lei de improbidade administrativa comentada. Leme/SP: Mizuno, 2022, p. 263.

[257] Nesse sentido, o Superior Tribunal de Justiça já decidiu que "não há razão para retirar o feito da pauta virtual, uma vez que, além de não ser o acordo de não persecução cível um direito subjetivo do réu, o presente processo já ultrapassou a fase de análise dos fatos e provas (primeira e segunda instâncias), já tendo sido até mesmo julgado o agravo em recurso especial submetido a exame desta Corte Superior (que não ultrapassou sequer a admissibilidade recursal)." (STJ, AgInt no RtPaut no AgInt no RE nos EDcl no AgInt no agravo em recurso especial 1.341.323/RS, j. 05.05.2020.)

ção. Em outras palavras, as negociações para a celebração do acordo ocorrem entre o Ministério Público ou a pessoa jurídica interessada,[258] de um lado, e, de outro, o investigado ou demandado e seu defensor (artigo 17-B, § 5º, da Lei de Improbidade Administrativa), não podendo o Poder Judiciário imiscuir-se nas tratativas realizadas pelas partes e, na análise do pedido de homologação, limitando-se à legalidade ou desproporcionalidade das sanções. E mais: na celebração do acordo, devem ser considerados os seguintes aspectos (artigo 17-B, § 2º, da Lei de Improbidade Administrativa):

a) a personalidade do agente;
b) a natureza, as circunstâncias, a gravidade e a repercussão social do ato de improbidade; e
c) as vantagens, para o interesse público, da rápida solução do caso.

Além disso, § 4º do artigo 17-B passou a admitir expressamente a sua celebração em três momentos distintos:

a) no curso da investigação de apuração do ilícito;
b) no curso da ação de improbidade administrativa;[259] ou
c) no momento da execução da sentença condenatória.

Em relação aos requisitos para sua celebração, eles podem ser divididos em duas categorias: positivos e negativos.

No que tange aos requisitos positivos, devem estar presentes cumulativamente os seguintes predicados (artigo 17-B, § 1º, da Lei de Improbidade Administrativa):

a) oitiva do ente federativo lesado, em momento anterior ou posterior à propositura da ação. Registra-se que o legislador não obriga o ente

[258] Decisão do Supremo Tribunal Federal nas ações diretas de inconstitucionalidade n. 7.042 e 7.043 (destaques nossos): "O Tribunal, por maioria, julgou parcialmente procedentes os pedidos formulados na ação direta para: (a) declarar a inconstitucionalidade parcial, sem redução de texto, do caput e dos §§ 6º-A e 10-C do art. 17, assim como do caput e dos §§ 5º e 7º do art. 17-B, da Lei 8.429/1992, na redação dada pela Lei 14.230/2021, de modo a **restabelecer a existência de legitimidade ativa concorrente e disjuntiva** entre o Ministério Público e as **pessoas jurídicas interessadas** para a propositura da ação por ato de improbidade administrativa e para a **celebração de acordos de não persecução civil** [...]."

[259] Sobre o tema, o Superior Tribunal de Justiça tem admitido inclusive a sua homologação em fase recursal (STJ, 1ª Seção, EAREsp 102.585-RS, Rel. Min. Gurgel de Faria, julgado em 09/03/2022 – Info 728).

público ou governamental a se manifestar, apenas condicionando a validade do acordo ao ato de sua notificação para, querendo, apresentar manifestação em prazo razoável. Além disso, é preciso deixar claro que o ente deve se manifestar exclusivamente sobre matérias relacionadas às suas atribuições institucionais, em especial sobre as consequências administrativas do acordo e o ressarcimento de danos causados ao erário, não devendo promover juízos de valor acerca dos demais aspectos envolvendo o pacto;

b) aprovação, no prazo de até sessenta dias, pelo órgão do Ministério Público competente para apreciar as promoções de arquivamento de inquéritos civis, se anterior ao ajuizamento da ação;

c) homologação judicial, independentemente de o acordo ocorrer antes ou depois do ajuizamento da ação de improbidade administrativa.

Importa destacar que, na hipótese de o ANPC ser celebrado antes da propositura da ação de improbidade administrativa, será necessária a sua homologação pelo Conselho Superior do Ministério Público, na esfera estadual, ou pela Câmara de Coordenação e Revisão, no âmbito da União, bem como a homologação judicial. De outro modo, quando o acordo for celebrado após o ajuizamento da demanda de improbidade administrativa, basta a sua homologação judicial.

A homologação judicial, mesmo nas hipóteses em que antecede ao ajuizamento da ação de improbidade administrativa, contraria o Microssistema de Tutela Coletiva, de modo que seria mais prudente houvesse o legislador afastado esse requisito. Em tal contexto, a citada exigência de homologação judicial do acordo celebrado extrajudicialmente é passível de inconstitucionalidade, pois ofende a autonomia do Ministério Público e a sua independência funcional (artigo 127, *caput* e § 1º, da Constituição Federal).

De outro modo, o requisito negativo constitui-se na vedação para que o investigado ou o demandado celebre novo acordo pelo prazo de cinco anos, contado do conhecimento pelo Ministério Público ou pessoa jurídica interessada do efetivo descumprimento de acordo anteriormente celebrado (artigo 17-B, § 7º, da Lei de Improbidade Administrativa).[260]

[260] Em que pese o presidente da República estar excluído da incidência da Lei de Improbidade Administrativa durante o exercício do mandato, não vemos óbice à celebração de ANPC, inclusive por atos praticados antes do mandato.

Interpretando as recentes alterações promovidas na Lei n. 8.429/1992 com a Resolução n. 179/2017, do Conselho Nacional do Ministério Público (CNMP), e a Resolução n. 1.193/2020, com as modificações empreendidas pela Resolução n. 1.380/2021, ambas do Ministério Público do Estado de São Paulo, é possível exigir do compromitente o seguinte:

a) cessar o envolvimento com o ato ilícito;
b) confessar a prática do ato de improbidade administrativa (artigo 5º, *caput*, inciso V, da Resolução n. 1.193/2020-CPJ-MPSP);
c) assumir a responsabilidade pela reparação integral do dano sofrido pelo erário (artigo 1º, § 2º, da Resolução 179/2017-CNMP), tendo em vista a natureza irrenunciável do direito tutelado, inclusive no que tange à reparação do dano moral coletivo e do dano social. Observe-se que, para fins de apuração do valor do dano a ser ressarcido, deve ser realizada a oitiva do Tribunal de Contas competente, que se manifestará, com indicação dos parâmetros utilizados, no prazo de noventa dias (art. 17-B, § 3º, da Lei de Improbidade Administrativa). E mais: como a Lei n. 14.230/2021 não apresentou solução para a eventual controvérsia entre os valores indicados pelo Ministério Público e pelo Tribunal de Contas, é prudente que seja devidamente motivado o não acolhimento da manifestação do referido tribunal, apontando as razões do convencimento do órgão ministerial;[261]

[261] O citado § 3º do artigo 17-B teve sua eficácia suspensa cautelarmente na ação direta de inconstitucionalidade n. 7.236, ajuizada pela Associação Nacional dos Membros do Ministério Público (CONAMP). O ministro Alexandre de Moraes, relator do processo em questão no Supremo Tribunal Federal, aduziu o seguinte em sua decisão prolatada no dia 27 de dezembro de 2022 (destaques no original): "[...] a norma aparenta condicionar o exercício da atividade-fim do Ministério Público à atuação da Corte de Contas, transmudando-a em uma espécie de ato complexo apto a interferir indevidamente na autonomia funcional constitucionalmente assegurada ao órgão ministerial. Eventual desrespeito à plena autonomia do Ministério Público, em análise sumária, consiste em inconstitucionalidade perante a independência funcional consagrada nos artigos 127 e 128 da Constituição Federal. Além de inúmeras incertezas que circundam a aplicação da regra (v.g. vinculatividade do cálculo realizado e procedimentos para sua oitiva), portanto, a própria fixação de prazo para a manifestação, mediante lei ordinária de autoria parlamentar, afeta o gozo das prerrogativas de autonomia e de autogoverno das Cortes de Contas, o que, na linha do que previsto pelo texto constitucional e reconhecido pela reiterada jurisprudência desta SUPREMA CORTE, "inclui, essencialmente, a iniciativa reservada para instaurar processo legislativo que pretenda alterar sua organização e seu funcionamento, como resulta da interpretação lógico-sistemática dos artigos 73, 75 e 96, II, d, da Constituição Federal" (ADI 4643, Rel. Min. LUIZ FUX, Tribunal Pleno, DJe de

d) realizar a transferência não onerosa, em favor da entidade lesada, da propriedade dos bens, direitos e/ou valores que representem vantagem ou proveito direto ou indiretamente obtido da infração, quando for o caso (artigo 1º, § 2º, da Resolução n. 179/2017-CNMP);
e) submeter-se a uma ou algumas das sanções previstas no artigo 12 da Lei de Improbidade Administrativa (artigo 1º, § 2º, da Resolução n. 179/2017-CNMP; e artigo 5º, *caput*, inciso VIII, da Resolução n. 1.193/2020-CPJ-MPSP),[262]
f) submeter-se a cláusula específica de aplicação de multa diária ou outra espécie de cominação que se mostre adequada e suficiente para o caso de descumprimento das obrigações assumidas;[263]
g) assumir a obrigação, quando for o caso, de colaborar amplamente com as investigações, promovendo a identificação de outros agentes, partícipes, beneficiários, localização de bens e valores e produção de outras provas, durante o curso do inquérito civil ou do processo judicial;
h) especificar, se for o caso, tantos bens quanto bastem para a garantia do cumprimento das obrigações assumidas, os quais poderão permanecer indisponíveis.

No que tange ao seu conteúdo, o ANPC deve prever:

a) identificação do pactuante agente público ou terceiro que, não sendo agente público, induziu ou concorreu dolosamente para a prática do ato ou dele se beneficiou direta ou indiretamente;

03/06/2019. No mesmo sentido: ADI 789, Rel. Min. Celso de Mello, Tribunal Pleno, DJ de 19/12/1994; ADI 1994, Rel. Min. EROS GRAU, Tribunal Pleno, DJ de 08/09/2006; ADI 3223, Rel. Min. DIAS TOFFOLI, Tribunal Pleno, DJe de 02/02/2015; e ADI 5323, Rel. Min. ROSA WEBER, Tribunal Pleno, DJe de 06/05/2016). **Diante de todo o exposto, presentes os requisitos para concessão de medida, suspendo a eficácia do artigo 17-B, § 3º da Lei 8.429/1992, incluído pela Lei 14.230/2021.**"

[262] Nesse sentido, o Superior Tribunal de Justiça já decidiu inclusive que: "O ressarcimento não constitui sanção propriamente dita, mas sim consequência necessária do prejuízo causado. Caracterizada a improbidade administrativa por dano ao Erário, a devolução dos valores é imperiosa e deve vir acompanhada de pelo menos uma das sanções legais que, efetivamente, visam a reprimir a conduta ímproba e a evitar o cometimento de novas infrações. Precedentes do STJ." (REsp 1.184.897/PE, 2ª Turma, Rel. Min. Herman Benjamin.)

[263] Em caso de descumprimento do acordo, são possíveis o protesto de dívida e a inscrição da dívida em cadastros de proteção ao crédito.

b) descrição da conduta ilícita, com todas as suas circunstâncias, em especial suas condições de tempo e local;[264]
c) subsunção da conduta ilícita imputada à específica previsão legal de modalidade de ato de improbidade administrativa;
d) quantificação e extensão do dano e dos valores acrescidos ilicitamente, quando houver;
e) assunção por parte do pactuante da responsabilidade pelo ato ilícito praticado;
f) compromisso, quando for o caso, de colaborar amplamente com as investigações, promovendo a identificação de outros agentes, partícipes, beneficiários, localização de bens e valores e produção de outras provas, durante o curso do inquérito civil ou do processo judicial;
g) reparação integral do dano atualizado monetariamente, acrescido de juros legais e perdimento de bens e valores acrescidos ilicitamente;
h) aplicação de medidas sancionatórias previstas no artigo 12 da Lei de Improbidade Administrativa;
i) estipulação de cláusula específica de aplicação de multa diária ou outra espécie de cominação que se mostre adequada e suficiente para o caso de descumprimento das obrigações assumidas;
j) especificação, se for o caso, de tantos bens quanto bastem para a garantia do cumprimento das obrigações assumidas, os quais permanecerão indisponíveis;
k) advertência de que a eficácia do acordo extrajudicial estará condicionada a sua homologação pelo Conselho Superior do Ministério Público, no prazo de até sessenta dias e, na sequência, pelo órgão jurisdicional.

Quando celebrado com pessoas jurídicas, o acordo pode contemplar, ainda, a adoção de mecanismos e procedimentos internos de integridade, auditoria e incentivo à denúncia de irregularidades, e a aplicação efetiva de códigos de ética e de conduta, se for o caso, bem como de outras medidas em favor do interesse público e de boas práticas administrativas, nos

[264] Na hipótese de o ANPC ser celebrado apenas com o particular, deverá o compromissário descrever a conduta ilícita tanto do particular quanto do agente público.

termos do artigo 17-B, § 6º, da Lei de Improbidade Administrativa. Trata-se de busca pela prevenção da prática de atos de improbidade administrativa e harmonização entre as diferentes instâncias de consensualidade em matéria de ilícitos praticados contra a Administração Pública, sejam as de natureza penal – colaboração premiada e ANPP –, sejam as da Lei de Improbidade Administrativa e da Lei Anticorrupção – acordo de leniência.

Ademais, é necessária a oitiva do ente federativo lesado,[265] se o caso, não se exigindo, contudo, sua aquiescência como requisito de validade ou eficácia do acordo.

Perceba-se, ainda, que inexiste óbice à celebração de acordos parciais em demandas de improbidade administrativa, ou seja, que envolvam apenas algumas condutas ou alguns dos agentes. Prossegue-se, assim, com o ajuizamento de ação de improbidade administrativa em relação aos demais fatos ou agentes. O mesmo entendimento é aplicável à "colaboração premiada coletiva", desde que respeitados os limites e critérios fixados pela Lei n. 12.850/2013.[266]

Contudo, na hipótese de arquivamento do inquérito civil em razão do acordo total firmado e do acordo para medidas provisórias ou parciais, será necessária a homologação pelo Conselho Superior do Ministério Público.

Em caso de descumprimento do acordo, são admissíveis a averbação cautelar, o protesto de dívida e a inscrição da dívida em cadastros de proteção ao crédito, tendo em vista a natureza do direito tutelado.

O ANPC pode ser impugnado por meio de ação popular – em virtude da lesão ao patrimônio público ou à moralidade administrativa –, ação anulatória (artigo 966, § 4º, do Código de Processo Civil), ação civil pública e ação de improbidade administrativa, ajuizada em face do legitimado que houver celebrado o acordo em violação à Lei n. 8.429/1992.

Nesse ponto, é preciso deixar claro que o princípio da segurança jurídica e a proteção do ato jurídico perfeito não admitem a desconstituição de acordo de não persecução cível firmado com base em normas anteriores à Lei n. 14.230/2021, em respeito ao artigo 5º, *caput*, inciso XXXVI, da Constituição Federal, e ao artigo 6º da Lei de Introdução às Normas do Direito Brasileiro.

[265] Por força do artigo 17-B, § 1º, inciso I, da Lei n. 8.429/1992.

[266] DIDIER JR., Fredie; ZANETI JR., Hermes. **Curso de Direito Processual Civil**: Processo Coletivo. 11. ed. Salvador: Juspodivm, 2017, p. 338.

Por fim, segue abaixo quadro comparativo contendo os aspectos principais do ANPC e dos termos de ajustamento de conduta.

	Acordo de Não Persecução Cível	**Termo de Ajustamento de Conduta**
Finalidade	Responsabilização do agente e reparação de danos.	Tutela de direitos difusos, coletivos ou individuais homogêneos.
Legitimidade para a propositura	MP ou outro legitimado para a propositura da ação de improbidade administrativa, considerando o reconhecimento da inconstitucionalidade da legitimidade exclusiva pelo STF.	MP, Defensoria Pública, União, estados, Distrito Federal, municípios, autarquias, fundações públicas, empresas públicas (há discussão), sociedades de economia mista (há discussão) e associações (corrente minoritária).
Requisito	Ressarcimento do dano + oitiva do ente lesado + aprovação pelo CSMP ou pela CCR (extrajudicial) + oitiva do TC.	Tutela adequada do ilícito ou do dano, incluindo a sua reparação.
Homologação judicial	Obrigatória.	Facultativa.
Obrigações	Fazer, não fazer ou dar.	Reparação do dano + sanções previstas na LIA + mecanismos de integridade + obrigações de fazer, não fazer ou dar.
Beneficiário	Legitimados ativos dos atos de improbidade administrativa.	Pessoas naturais e jurídicas.

16. Requisitos específicos da sentença em ações de improbidade administrativa

O artigo 489 do Código de Processo Civil estabelece os elementos da sentença e os requisitos para a sua devida fundamentação. No que tange aos seus elementos, deve conter:

a) o relatório, no qual constarão os nomes das partes, a identificação do caso, com a suma do pedido e da contestação, e o registro das principais ocorrências havidas no andamento do processo;
b) os fundamentos. Em primeiro lugar deve o juiz apreciar as questões processuais (fundamentação de admissibilidade), passando, na sequência, à análise das questões de mérito (fundamentação de mérito). No mérito, deve o julgador analisar inicialmente as questões de fato, deixando claro os fatos comprovados que permitem a subsunção da conduta aos tipos previstos nos artigos 9º, 10 ou 11 da Lei n. 8.429/1992, para, em seguida, abordar as questões de direito.

Em relação a estas últimas, incumbe ao juiz estabelecer: a) as normas jurídicas que incidem no caso concreto, b) a compatibilidade das normas com a Constituição, c) a solução de eventuais conflitos normativos e d) os efeitos a serem produzidos. A fundamentação deve ser ampla, atentando para todos os elementos de prova acostados aos autos, avaliando a sua credibilidade, bem como os indícios existentes.

c) a parte dispositiva, em que o juiz resolverá as questões principais que as partes lhe submeterem. Nesse ponto, incumbe ao juiz, em consonância com a fundamentação, deixar claro o tipo previsto nos artigos 9º, 10 ou 11 da Lei n. 8.429/1992, em que está incurso o requerido.

No que concerne à fundamentação, dispõe que não se considera fundamentada qualquer decisão judicial – interlocutória, sentença ou acórdão – que realizar algum dos seguintes atos:

a) limitar-se à indicação, reprodução ou paráfrase de ato normativo, sem explicar sua relação com a causa ou a questão decidida;
b) empregar conceitos jurídicos indeterminados, sem explicar o motivo concreto de sua incidência no caso;
c) invocar motivos que se prestariam a justificar qualquer outra decisão;
d) não enfrentar todos os argumentos deduzidos no processo capazes de, em tese, infirmar a conclusão adotada pelo julgador;
e) limitar-se a invocar precedente ou enunciado de súmula, sem identificar seus fundamentos determinantes nem demonstrar que o caso sob julgamento se ajusta àqueles fundamentos;
f) deixar de seguir enunciado de súmula, jurisprudência ou precedente invocado pela parte, sem demonstrar a existência de distinção no caso em julgamento ou a superação do entendimento.

Contudo, a sentença proferida nos feitos de improbidade administrativa deve, além de observar o disposto no artigo 489 do Código de Processo Civil, atentar para os seguintes aspectos (artigo 17-C da Lei de Improbidade Administrativa):

a) indicar de modo preciso os fundamentos que demonstram os elementos a que se referem os artigos 9º, 10 e 11 da Lei n. 8.429/1992;

b) considerar as consequências práticas da decisão, sempre que decidir com base em valores jurídicos abstratos;[267]
c) considerar os obstáculos e as dificuldades reais do gestor e as exigências das políticas públicas[268] a seu cargo,[269] sem prejuízo dos direitos dos administrados e das circunstâncias práticas que houverem imposto, limitado ou condicionado a ação do agente;[270]

[267] Para uma análise aprofundada do tema, remetemos o leitor ao tópico "Consequencialismo judicial e indisponibilidade de bens".

[268] Política pública é "o programa de ação governamental que resulta de um processo ou conjunto de processos juridicamente regulados (processo eleitoral, processo de planejamento, processo de governo, processo orçamentário, processo legislativo, processo administrativo, processo judicial), visando coordenar os meios à disposição do Estado e as atividades privadas, para a realização de objetivos socialmente relevantes e politicamente determinados." (BUCCI, Maria Paula Dallari. **Fundamentos para uma teoria jurídica das políticas públicas**. São Paulo: Saraiva, 2013, p. 38.)

[269] No que tange às políticas públicas, a Súmula n. 53 do CSMP-SP estabelece que: "Não é dever do órgão do Ministério Público instaurar inquérito civil ou outro procedimento investigatório para mero acompanhamento da criação ou execução de programas ou políticas públicas, quando não houver notícia concreta de dano ou risco de lesão a interesses difusos, coletivos ou individuais homogêneos."

[270] Na mesma linha, o artigo 22 da LINDB dispõe que: "Art. 22. Na interpretação de normas sobre gestão pública, serão considerados os obstáculos e as dificuldades reais do gestor e as exigências das políticas públicas a seu cargo, sem prejuízo dos direitos dos administrados. § 1º Em decisão sobre regularidade de conduta ou validade de ato, contrato, ajuste, processo ou norma administrativa, serão consideradas as circunstâncias práticas que houverem imposto, limitado ou condicionado a ação do agente." Sobre o tema, já tivemos a chance de ponderar que: "Tradicionalmente, nas análises realizadas pelos órgãos controladores e pelo Poder Judiciário, a análise fica restrita aos aspectos legais. A título de exemplo, em uma demanda que contem pedido de fornecimento de tratamento médico, o magistrado analisa o direito subjetivo do autor, sem que venha a se perguntar sobre eventuais dificuldades envolvidas na implementação da política pública de saúde, tal como sói ocorrer com a ausência de veículos para o transporte do doente pelo Município ou pelo Estado-Membro. O novo dispositivo, contudo, impõe que na interpretação de normas sobre gestão pública o julgador considere "os obstáculos e as dificuldades reais do gestor e as exigências das políticas públicas a seu cargo", ponderando, em decisão sobre regularidade de conduta ou validade de ato, contrato, ajuste, processo ou norma administrativa, as circunstâncias práticas que houverem imposto, limitado ou condicionado a ação do agente. Trata-se, portanto, de novo parâmetro de análise da validade que até então estava fora de apreciação nas esferas administrativa ou judicial. Partindo do exemplo acima mencionado e fazendo incidir o novel dispositivo, caso o ente público disponha apenas de um veículo para realizar o transporte escolar, óbice algum existiria em sua utilização para a prestação do tratamento médico, sem que a conduta do administrador venha a implicar em desvio de finalidade, em atenção aos obstáculos impostos ao gestor público. Em que pese não concordarmos com esse posicionamento, o dispositivo tem o mé-

rito de ampliar os limites do controle sobre o ato administrativo. Vejamos. Embora a regra seja que a verificação da oportunidade e conveniência (mérito do ato administrativo) sejam realizadas exclusivamente pelo próprio Poder que praticou a conduta, não incumbindo ao Judiciário o controle de mérito, entendemos que o novo diploma vem estender os "limites" ou "parâmetros" da análise que podem ser adotados pelo magistrado. Ao prever que o controle de legalidade do ato administrativo leve em consideração "os obstáculos e as dificuldades reais do gestor e as exigências das políticas públicas a seu cargo", bem como "as circunstâncias práticas que houverem imposto, limitado ou condicionado a ação do agente", o artigo 22, da LINDB, permite que o Poder Judiciário adote parâmetros mais amplos para a análise da legalidade, aproximando-se do mérito, de modo a atender reclamo de parte da doutrina acerca da possibilidade de verificar se a atuação discricionária da administração está dentro da órbita legal da discricionariedade ou se ocorreu de forma desproporcional. Assim, não obstante ficar o magistrado sempre vinculado à análise da legalidade da conduta estatal, ou seja, se a conduta foi praticada dentro das balizas da discricionariedade, com fulcro nos princípios da razoabilidade e proporcionalidade16, o parâmetro de análise agora pode abranger também "os obstáculos e as dificuldades reais do gestor e as exigências das políticas públicas a seu cargo", bem como "as circunstâncias práticas que houverem imposto, limitado ou condicionado a ação do agente". E mais: em que pese a necessidade de se considerar as limitações estruturais impostas ao gestor público, não pode o Poder Judiciário deixar de conferir efetividade a direitos consagrados na Constituição e na legislação infraconstitucional. Isso porque existe um limite material implícito no ordenamento jurídico, atrelado à força normativa da Constituição e ao princípio da vedação do retrocesso social. Pelo aspecto negativo, impõe-se ao legislador, no exercício da criação normativa, a obediência ao grau de densidade normativa já alcançada pelos direitos fundamentais. De outra forma, sob o aspecto positivo, deve-se atentar para a necessidade constitucional dos poderes públicos atuarem positivamente para a redução das desigualdades sociais e materiais, ou seja, tendentes a um avanço no processo de concretização dos direitos fundamentais. Assim, na análise dos "obstáculos e das dificuldades reais do gestor e das exigências das políticas públicas a seu cargo" deve-se considerar, a título de exemplo, o lapso temporal necessário à realização de procedimento licitatório. Contudo, a ausência de concretização dos direitos fundamentais individuais e sociais pelo Administrador Público não elide a adoção de medidas pelos tribunais (tal como sói ocorrer na tutela do direito à educação de crianças e adolescentes, do direito à saúde, entre outros), especialmente quando o fundamento do descumprimento vier embasado na alegação de estar a sua efetivação vinculada à discricionariedade administrativa ou à cláusula de reserva do possível. Ora, é certo que, ordinariamente, não se inclui no âmbito das funções institucionais do Poder Judiciário a atribuição de formular e de implementar políticas públicas, pois, nesse campo, o encargo reside, primariamente, nos Poderes Legislativo e Executivo. De forma excepcional, contudo, tal incumbência passará ao Poder Judiciário, se e quando os órgãos estatais competentes descumprirem os encargos político-jurídicos que lhes foram atribuídos constitucionalmente, vindo a comprometer a eficácia de direitos fundamentais individuais e/ou coletivos. Em suma, o dispositivo não pode inviabilizar a responsabilização do administrador que descumprir a legislação, sendo necessário que, em sede de controle de constitucionalidade, os Tribunais deixem assentado que o artigo 22, da LINDB, só será constitucional se, interpretada conforme a Carta Magna, não afaste o estabelecido no

d) considerar, para a aplicação das sanções, de forma isolada ou cumulativa:[271]
   - os princípios da proporcionalidade e da razoabilidade;
   - a natureza, a gravidade e o impacto da infração cometida;
   - a extensão do dano causado;
   - o proveito patrimonial obtido pelo agente;
   - as circunstâncias agravantes ou atenuantes;[272]
   - a atuação do agente em minorar os prejuízos e as consequências advindas de sua conduta omissiva ou comissiva;
   - os antecedentes do agente;

e) considerar, na aplicação das sanções, a dosimetria das sanções relativas ao mesmo fato já aplicadas ao agente;[273]

f) considerar, na fixação das penas relativamente ao terceiro, quando for o caso, a sua atuação específica, não admitida a sua responsabilização por ações ou omissões para as quais não tiver concorrido ou das quais não tiver obtido vantagens patrimoniais indevidas;

g) indicar, na apuração da ofensa a princípios, critérios objetivos que justifiquem a imposição da sanção.

art. 37, § 6º, da Constituição." (Costa, Rafael de Oliveira. (In)Segurança Jurídica? Breves Comentários à Lei nº 13.655/18. **Justitia**, v. 208, 2020, p. 123.)

271 O dispositivo estabelece, em verdade, a necessidade de que sejam devidamente analisadas a proporcionalidade e razoabilidade na aplicação das sanções ao administrador público.

272 A norma demanda complementação no que concerne à incidência das circunstâncias agravantes ou atenuantes, visto que precisam estar expressamente elencadas pelo ordenamento jurídico.

273 Embora deva ocorrer a devida compensação entre as sanções aplicadas nas diversas instâncias (administrativa, civil e penal) para evitar eventual *bis in idem* (ex., o agente não pode ser obrigado a ressarcir o montante total do dano no âmbito civil e, novamente, na esfera penal), a previsão legal viola o princípio da independência das instâncias: embora a ilicitude seja única, a responsabilização pode ocorrer de forma independente em cada uma das esferas. A título de exemplo, a dosimetria da pena no âmbito criminal não fica vinculada à dosimetria realizada na aplicação da sanção decorrente da Lei n. 8.429/1992, em razão da independência existente entre as diferentes instâncias. Corroborando essa posição, imagine-se a aplicação de sanção de natureza administrativa ao agente violador de normas de direito. Sobrevindo a anulação da decisão que aplicou a reprimenda, não faria sentido tivesse havido limitação à dosimetria da pena, por exemplo, na esfera criminal. Ressalte-se, ainda, que a sentença absolutória criminal impede a propositura de ação reparatória no âmbito cível, salvo quando: a) implicar reconhecimento da inexistência do fato; b) ficar provado que o réu não concorreu para a infração penal; ou c) agir amparado em excludente de ilicitude, salvo quando existir legítima defesa com *aberratio ictus* ou estado de necessidade agressivo.

17. Recursos

Em relação à sistemática recursal no âmbito de Lei de Improbidade Administrativa, sem pretender esgotar a matéria, é preciso observar três situações relevantes:

a) decisão que rejeita a inicial – cabe recurso de apelação;
b) decisão que recebe a petição inicial – cabe recurso de agravo de instrumento;
c) decisões interlocutórias em geral – cabe o recurso de agravo de instrumento, inclusive em face da decisão que rejeitar questões preliminares suscitadas pelo réu em sua contestação (artigo 17, § 21, da Lei de Improbidade Administrativa).

Esta última hipótese reflete nítida ampliação do regime de cabimento do agravo de instrumento previsto no artigo 1.015 do Código de Processo Civil, que restringiu a utilização dessa modalidade recursal. A título de exemplo, caso o suposto autor do ato ímprobo suscite a ocorrência de litispendência e a tese não venha a ser acolhida, é possível a interposição de recurso de agravo de instrumento.[274]

Em que pese o rol do artigo 1.015 do Código de Processo Civil não fazer expressa referência à decisão interlocutória que fixa a incompetência do juízo, é possível a interposição de agravo de instrumento, em razão de exegese analógica ou extensiva do inciso III do art. 1.015 do Código de Processo Civil, visto que também pretende fixar o juízo natural e adequado para a demanda.[275]

Ademais, conforme ficará claro mais à frente, a decisão que converte a ação de improbidade administrativa em ação civil pública é recorrível por meio de agravo de instrumento (artigo 17, § 17, da Lei de Improbidade Administrativa).

Por fim, a 2ª Turma do Superior Tribunal de Justiça entende que o artigo 19, § 1º, da Lei da Ação Popular incide em relação às demandas de improbidade administrativa, de modo que são recorríveis por meio de agravo de instrumento todas as decisões interlocutórias, em atenção ao Micros-

[274] Em relação à alegação de prescrição, entendemos possível a interposição de recurso com fulcro no artigo 1.015, *caput*, inciso II, do Código de Processo Civil.

[275] Nesse sentido: STJ, 4ª Turma. REsp 1.679.909-RS, Rel. Min. Luis Felipe Salomão, por unanimidade, j. 14/11/2017, DJe 01/02/2018.

sistema Processual Coletivo (STJ, 2ª Turma. REsp 1.925.492-RJ, Rel. Min. Herman Benjamin, j. 04/05/2021, Info. 695).

17.1. O requisito de relevância

A Emenda Constitucional n. 125/2022, decorrente da conhecida "PEC da Relevância", alterou o artigo 105 da Constituição para instituir no recurso especial[276] um novo requisito de admissibilidade: relevância das questões de direito federal infraconstitucional.

Semelhante à repercussão geral exigida pelo Supremo Tribunal aos recursos extraordinários, a Emenda Constitucional n. 125/2022, permite ao Superior Tribunal de Justiça recusar o julgamento de recursos especiais, pelo voto de 2/3 dos membros do órgão competente, com base na ausência de relevância do caso. *In verbis*:

> Art. 105. [...] § 2º No recurso especial, o recorrente deve demonstrar a relevância das questões de direito federal infraconstitucional discutidas no caso, nos termos da lei, a fim de que a admissão do recurso seja examinada pelo Tribunal, o qual somente pode dele não conhecer com base nesse motivo pela manifestação de 2/3 (dois terços) dos membros do órgão competente para o julgamento. [...].

O afastamento da relevância somente ocorrerá pela manifestação de 2/3 (dois terços) dos membros do órgão competente para o julgamento. Assim, como as turmas do Superior Tribunal de Justiça são compostas por cinco ministros, é essencial o convencimento da relevância por dois dos julgadores.

A referida Emenda indica como presumidamente relevantes as ações penais, ações de improbidade administrativa, ações de alto valor (superior a 500 salários-mínimos), ações que possam gerar inelegibilidade, ações em que proferidos acórdãos contrários à jurisprudência dominante do Superior Tribunal de Justiça e outras hipóteses a serem indicadas em lei:

> Art. 105. [...] § 3º Haverá a relevância de que trata o § 2º deste artigo nos seguintes casos:
> I – ações penais;
> II – ações de improbidade administrativa;

276 Em verdade, o requisito da relevância deverá ser analisado em dois tipos de recursos, vale dizer, no recurso especial e no agravo em recurso especial.

> III – ações cujo valor da causa ultrapasse 500 (quinhentos) salários mínimos;
>
> IV – ações que possam gerar inelegibilidade;
>
> V – hipóteses em que o acórdão recorrido contrariar jurisprudência dominante o Superior Tribunal de Justiça;
>
> VI – outras hipóteses previstas em lei.

Atente-se para o fato de que as ações penais terão a relevância automaticamente reconhecida, ou seja, por mais singela que seja a infração penal serão apreciadas pelo Superior Tribunal de Justiça.

Do mesmo, as ações de improbidade administrativa serão todas presumidamente relevantes. Em outras palavras, por mais simples que seja o mérito de uma ação de improbidade administrativa, será desnecessário demonstrar o requisito da relevância. Até mesmo nas hipóteses de ato de improbidade administrativa de menor potencial ofensivo será desnecessário comprovar a relevância.[277]

Qual a natureza desse rol? Trata-se de rol exemplificativo, em especial diante do teor do artigo 105, § 3º, inciso VI, da Constituição Federal.

E as ações coletivas? Tais demandas não serão presumidamente relevantes pelo Superior Tribunal de Justiça, devendo o requisito ser demonstrado em preliminar de recurso.

A relevância será exigida nos recursos especiais interpostos após a entrada em vigor da Emenda Constitucional n. 125, ou seja, posteriormente a 15 de julho de 2022, conforme dispõe expressamente o artigo 2º da citada emenda:

> A relevância de que trata o § 2º do art. 105 da Constituição Federal será exigida nos recursos especiais interpostos após a entrada em vigor desta Emenda Constitucional, ocasião em que a parte poderá atualizar o valor da causa para os fins de que trata o inciso III do § 3º do referido artigo.

É necessária regulamentação legal para a aplicação do requisito da relevância? Sim, em atenção ao Enunciado Administrativo n. 8, do Superior Tribunal de Justiça.[278]

[277] Cf. artigo 12, § 5º, da Lei n. 8.429/1992.

[278] "A indicação, no recurso especial, dos fundamentos de relevância da questão de direito federal infraconstitucional somente será exigida em recursos interpostos contra acórdãos

Assim, após a devida regulamentação legal, na interposição dos novos recursos especiais será necessário incluir uma "preliminar" expressa sobre a relevância em que conste: a) em qual das hipóteses ele se enquadra; ou b) o tipo de relevância (jurídica, econômica, jurídica e/ou política), em conformidade com as hipóteses de cabimento do recurso previstas no artigo 105, *caput*, inciso III, da Constituição Federal.

18. Reexame necessário

Nos termos do artigo 17, § 19, inciso IV, da Lei n. 8.429/1992, não se aplica na ação de improbidade administrativa o reexame obrigatório da sentença de improcedência ou de extinção sem resolução de mérito.[279]

O dispositivo contraria a jurisprudência mais recente do Superior Tribunal de Justiça, a qual entende que a sentença que concluir pela carência ou pela improcedência de ação de improbidade administrativa está sujeita ao reexame necessário, com base na aplicação analógica do artigo 19 da Lei nº 4.717/1965.[280]

Por fim, é possível o surgimento de corrente que considera inconstitucional esse dispositivo, por violar as prerrogativas processuais adequadas e necessárias à tutela judicial efetiva da probidade administrativa, na forma dos artigos 5º, *caput*, inciso XXXV, 37, § 4º, e 129, *caput*, inciso III, da Constituição Federal.

19. Conversão da ação de improbidade administrativa em ação civil pública

Com o intuito de promover o aproveitamento dos atos processuais e em atenção ao princípio da eficiência, o artigo 17, § 16, da Lei n. 8.429/1992, com a redação fornecida pela Lei n. 14.230/2021, dispõe que:

> A qualquer momento, se o magistrado identificar a existência de ilegalidades ou de irregularidades administrativas a serem sanadas sem que estejam presentes todos os requisitos para a imposição das sanções aos agentes incluídos no polo passivo da demanda, poderá, em decisão motivada, converter a

publicados após a data de entrada em vigor da lei regulamentadora prevista no artigo 105, parágrafo 2º, da Constituição Federal."

279 No mesmo sentido, o artigo 18, § 3º, da Lei de Improbidade Administrativa dispõe que não haverá remessa necessária nas sentenças de que trata a Lei n. 8.429/1992.

280 STJ, 1ª Seção, EREsp 1.220.667-MG, Rel. Min. Herman Benjamin, j. 24/5/2017.

ação de improbidade administrativa em ação civil pública, regulada pela Lei nº 7.347, de 24 de julho de 1985.

Assim, a título exemplificativo, uma vez finda a instrução e não demonstrado o dolo do agente – embora persista irregularidade administrativa que tenha gerado prejuízo ao erário –, é possível "converter" a ação de improbidade administrativa em ação civil pública, evitando-se o ajuizamento de nova demanda praticamente idêntica.

Entendemos, contudo, que a medida é desnecessária. Com efeito, se o autor fez pedidos cumulativos – ou seja, que venham a abranger a tutela de direitos coletivos e a aplicação das sanções previstas na Lei n. 8.429/1992 – e o juiz entende que não há ato de improbidade administrativa, poderá este último, de ofício, afastar a aplicação das sanções previstas na Lei de Improbidade Administrativa e acolher os pedidos que se referem à tutela dos direitos coletivos. Sobre o tema, inclusive, o Superior Tribunal de Justiça já firmou o entendimento, por meio do Tema Repetitivo n. 1.089, no sentido de que, na ação de improbidade administrativa é possível o prosseguimento da demanda para pleitear o ressarcimento do dano ao erário, ainda que sejam declaradas prescritas as demais sanções previstas no artigo 12 da Lei n. 8.429/1992.

19.1. Ação pela prática de atos de improbidade administrativa e ação civil pública por ato lesivo à Administração Pública nacional

Óbice algum existe à propositura de ação pela prática de atos de improbidade administrativa, com fundamento na Lei n. 8.429/1992, e de ação por ato lesivo à Administração Pública nacional, com fundamento na Lei n. 12.846/2013, contra uma mesma pessoa jurídica, em virtude dos mesmos fatos.

Nesses casos, incumbe ao Ministério Público exercer o juízo de conveniência e oportunidade em relação ao ajuizamento de apenas uma delas, de ambas ou de uma mesma demanda que abranja todos os pedidos, de acordo com as circunstâncias do caso concreto e os elementos de prova de que dispõe.

20. Coisa julgada

Existem três correntes que procuram sistematizar o regime da coisa julgada nas ações de improbidade administrativa:

a) a primeira entende que incide integralmente o regime do Código de Processo Civil;[281]
b) a segunda entende que incide o regime do Microssistema de Tutela Coletiva, ou seja, a coisa julgada é *erga omnes* na hipótese de procedência e improcedência por fundamento distinto da falta de provas, tendo em vista a tutela do direito difuso à probidade (artigo 16 da Lei da Ação Civil Pública);[282]-[283]
c) por fim, a terceira corrente sustenta que incide um regime misto, ou seja, em relação à aplicação das sanções de caráter punitivo (ex., multa) incide o Código de Processo Civil e, no que tange à reparação dos danos, incide o regime do Microssistema de Tutela Coletiva.[284]

Entendemos que, com o intuito de manter a integridade e congruência do Microssistema de Tutela Coletiva, a razão está com a segunda corrente, que sustenta a incidência do regime do Direito Processual Coletivo.[285]

20.1. Limitação territorial dos efeitos da coisa julgada

O artigo 16 da Lei n. 7.347/1985 – Lei da Ação Civil Pública – dispõe o seguinte:

> Art. 16. A sentença civil fará coisa julgada *erga omnes*, nos limites da competência territorial do órgão prolator, exceto se o pedido for julgado improcedente por insuficiência de provas, hipótese em que qualquer legitimado poderá intentar outra ação com idêntico fundamento, valendo-se de nova prova.

[281] Por todos, conferir: Meirelles, Hely Lopes; Wald, Arnoldo; Mendes, Gilmar Ferreira. **Mandado de segurança e ações constitucionais**. São Paulo: Malheiros, 2009, p. 256.

[282] Na hipótese de improcedência por falta de provas, não há formação de coisa julgada.

[283] Garcia, Emerson; Alves, Rogério Pacheco. **Improbidade Administrativa**. Rio de Janeiro: Lumen Iuris, 2008, p. 794.

[284] Zavascki, Teori Albino. **Processo coletivo**: tutela de direitos coletivos e tutela coletiva de direitos. São Paulo: RT, 2009, p. 109.

[285] Em sentido similar, colacionam-se as seguintes súmulas do CSMP-SP: "Súmula n. 1: Homologa-se promoção de arquivamento quando o objeto investigado já tenha sido apreciado em ação popular julgada improcedente em virtude da validade do ato impugnado."; "Súmula n. 61: Se os mesmos fatos noticiados ao Ministério Público já foram objeto de ação popular em andamento, poderá ser promovido o arquivamento do inquérito civil se os pedidos de invalidação de ato lesivo e consequente ressarcimento forem os únicos pedidos possíveis, no caso concreto, de ser formulados em eventual ação civil pública ministerial."

Assim, questiona-se se a competência territorial do órgão julgador representa limitação aos efeitos da coisa julgada. Em outras palavras, a regra contida no citado artigo 16 incide nas ações de improbidade administrativa?

Entendemos que não, especialmente porque é incabível a vinculação entre os efeitos da sentença e a competência do órgão prolator da decisão. Sobre o tema, o Superior Tribunal de Justiça já consignou ser indevido limitar, aprioristicamente, a eficácia de decisões proferidas em ações civis públicas coletivas ao território da competência do órgão judicante:

> EMBARGOS DE DIVERGÊNCIA. PROCESSUAL CIVIL. ART. 16 DA LEI DA AÇÃO CIVIL PÚBLICA. AÇÃO COLETIVA. LIMITAÇÃO APRIORÍSTICA DA EFICÁCIA DA DECISÃO À COMPETÊNCIA TERRITORIAL DO ÓRGÃO JUDICANTE. DESCONFORMIDADE COM O ENTENDIMENTO FIRMADO PELA CORTE ESPECIAL DO SUPERIOR TRIBUNAL DE JUSTIÇA EM JULGAMENTO DE RECURSO REPETITIVO REPRESENTATIVO DE CONTROVÉRSIA (RESP Nº 1.243.887/PR, REL. MIN. LUÍS FELIPE SALOMÃO). DISSÍDIO JURISPRUDENCIAL DEMONSTRADO. EMBARGOS DE DIVERGÊNCIA ACOLHIDOS. 1. No julgamento do recurso especial repetitivo (representativo de controvérsia) nº 1.243.887/PR, Rel. Min. Luís Felipe Salomão, a Corte Especial do Superior Tribunal de Justiça, ao analisar a regra prevista no art. 16 da Lei nº 7.347/85, primeira parte, consignou ser indevido limitar, aprioristicamente, a eficácia de decisões proferidas em ações civis públicas coletivas ao território da competência do órgão judicante. 2. Embargos de divergência acolhidos para restabelecer o acórdão de fls. 2.418-2.425 (volume 11), no ponto em que afastou a limitação territorial prevista no art. 16 da Lei nº 7.347/85. (STJ – EREsp1134957 / SP – Relatora: Ministra Laurita Vaz – DJe 30/11/2016.)

Dessa forma, sendo a coisa julgada apenas a imutabilidade e indiscutibilidade da norma concreta da decisão, a sua autoridade não possui relação com a eficácia da sentença em ação de improbidade administrativa, que não pode ficar limitada territorialmente. O que importa para fins da extensão territorial da coisa julgada é o seu conteúdo, que não pode ser restringido pelos limites territoriais do órgão prolator da decisão.

21. Liquidação e cumprimento de sentença

21.1. Medidas executivas atípicas

No cumprimento de sentença proferida em ação de improbidade administrativa é possível a aplicação de medidas executivas atípicas, inclusive a apreensão de passaporte e a suspensão de carteira nacional de habilitação (CNH), pois se tutelam a moralidade administrativa e o patrimônio público.[286]

21.2. Legitimidade concorrente da pessoa jurídica lesada para iniciar o procedimento de liquidação e execução da sentença no que diz respeito ao ressarcimento do dano ou à perda/reversão dos bens

A entidade lesada tem preferência para iniciar o procedimento de liquidação e execução da sentença para obter o ressarcimento do dano ou a perda/reversão dos bens. Com efeito, o artigo 18, § 1º, da Lei de Improbidade Administrativa permite que a pessoa jurídica prejudicada proceda à liquidação e ao ulterior procedimento para cumprimento da sentença.

Contudo, caso a pessoa jurídica prejudicada não adote as providências cabíveis no prazo de seis meses, contados do trânsito em julgado da sentença de procedência, incide o princípio da indisponibilidade da execução coletiva: caberá ao Ministério Público proceder à respectiva liquidação do dano e ao cumprimento da sentença referente ao ressarcimento do patrimônio público ou à perda ou à reversão dos bens.[287]

Note-se que o prazo estabelecido para a atuação subsidiária do *Parquet* difere daquele adotado, por exemplo, na Lei da Ação Popular: enquanto no âmbito da ação de improbidade administrativa é de seis meses, nas ações populares será de apenas sessenta dias.[288] Entendemos, contudo, que o prazo alargado implica prejuízo à tutela do interesse público, sem que, contudo, o membro do Ministério Público fique obstado de promover a liquidação e execução antes de seu escoamento.

[286] STJ, 2ª Turma, REsp 1.929.230/MT, Rel. Min. Herman Benjamin, j. 04/05/2021, Info. 695.

[287] Nessas hipóteses, o membro do Ministério Público poderá, ainda, promover eventual responsabilização pela omissão verificada, ou seja, pela ausência de adoção de providências cabíveis para a liquidação e execução de sentença.

[288] "Art. 16. Caso decorridos 60 (sessenta) dias da publicação da sentença condenatória de segunda instância, sem que o autor ou terceiro promova a respectiva execução, o representante do Ministério Público a promoverá nos 30 (trinta) dias seguintes, sob pena de falta grave."

22. Pluralidade de atos de improbidade administrativa e unificação das penas

Até o advento do Lei n. 14.230/2021, na hipótese da prática pelo agente de mais de um ato de improbidade administrativa, a unificação deveria se dar da seguinte forma:

a) as sanções relativas ao ressarcimento do dano ao erário, perdimentos de bens acrescidos de forma ilícita e a multa civil deveriam ser aplicadas para cada conduta e cada processo;
b) em relação à aplicação de sanção de suspensão de direitos políticos, o Superior Tribunal de Justiça entendia, na hipótese de multiplicidade de condenações, pela aplicação da regra do artigo 111 da Lei de Execuções Penais, com a detração de sanções (STJ, 1ª Turma, ED no REsp 993.658/SC, rel. Min. Luiz Fux, Dje 23/03/10).

Contudo, a nova redação do artigo 18-A da Lei de Improbidade Administrativa[289] estabeleceu expressamente dois requisitos para a unificação das penas:

a) requerimento do réu;
b) pleito formulado na fase de cumprimento da sentença.

Nesses casos, o juiz unificará eventuais sanções aplicadas com outras já impostas em feitos diversos, tendo em vista a eventual continuidade do ilícito ou a prática de diversas ilicitudes, devendo ser observado o seguinte:

a) no caso de continuidade de ilícito,[290] o juiz promoverá a maior sanção aplicada, aumentada de um terço, ou a soma das penas – o que

[289] "Art. 18-A. A requerimento do réu, na fase de cumprimento da sentença, o juiz unificará eventuais sanções aplicadas com outras já impostas em outros processos, tendo em vista a eventual continuidade de ilícito ou a prática de diversas ilicitudes, observado o seguinte: I – no caso de continuidade de ilícito, o juiz promoverá a maior sanção aplicada, aumentada de 1/3 (um terço), ou a soma das penas, o que for mais benéfico ao réu; II – no caso de prática de novos atos ilícitos pelo mesmo sujeito, o juiz somará as sanções. Parágrafo único. As sanções de suspensão de direitos políticos e de proibição de contratar ou de receber incentivos fiscais ou creditícios do poder público observarão o limite máximo de 20 (vinte) anos."

[290] Quanto à expressão "continuidade de ilícito", diante da ausência de expressa definição normativa, entendemos que deve incidir por analogia, naquilo que for cabível, o artigo 71 do Código Penal, que trata da continuidade delitiva. Assim, a "continuidade de ilícito" decorre

for mais benéfico ao réu.[291] Todavia, tal regra não se aplica em relação ao ressarcimento do dano ao erário e ao perdimento de bens acrescidos de forma ilícita, sob pena de concessão de benefício indevido ao agente ímprobo, em prejuízo da coletividade, titular dos bens aviltados. Assim, essas cominações devem ser aplicadas para cada conduta, em cada processo, pois é inviável a respectiva unificação. No que tange, contudo, à multa civil e à suspensão de direitos políticos, é plenamente possível a aplicação da maior sanção, aumentada de um terço.

b) no caso de prática de novos atos ilícitos pelo mesmo sujeito, o juiz somará as sanções.

A Lei n. 8.429/1992 ainda dispõe que as sanções de suspensão de direitos políticos e de proibição de contratar ou de receber incentivos fiscais ou creditícios do Poder Público observarão o limite máximo de vinte anos, com o intuito de evitar punições excessivas, em analogia ao disposto no artigo 75 do Código Penal.

Por fim, diante da ausência de expressa regulamentação legal, é possível o surgimento de duas correntes no que tange à aplicação intertemporal do artigo 18-A da Lei de Improbidade Administrativa:

a) a primeira posição sustentando que o dispositivo não pode retroagir, devendo ser aplicado apenas às infrações perpetradas após o advento da Lei n. 14.230/21;

da prática de conduta ímproba de agente que, mediante mais de uma ação ou omissão, pratica dois ou mais ilícitos da mesma categoria, as quais, pelas condições de tempo, lugar e maneira de execução devem ser havidas como atos de improbidade administrativa em continuação. A expressão "mesma categoria" deve considerar os atos que são tipificados formalmente do mesmo modo, em atenção aos tipos administrativos gerais e especiais previstos nos artigos 9º, 10 e 11 da Lei de Improbidade Administrativa.

[291] A medida não pode abranger, contudo, sanções aplicadas em outras esferas, conforme entendimento sedimentado no Superior Tribunal de Justiça: "O art. 12 da Lei 8.429/92 é expresso ao determinar que as penalidades impostas pela prática de ato de improbidade administrativa independem das demais sanções penais, civis e administrativas, previstas na legislação específica. Desta forma, o fato de o agravado ter sido condenado, pela Justiça Eleitoral, ao pagamento de multa, por infringência às disposições contidas na Lei 9.504/97, não impede sua condenação em qualquer das sanções previstas na Lei 8.429/92, não havendo falar em *bis in idem.*" (STJ, AgRg no AREsp 606.352/SP, Rel. Ministra Assusete Magalhães, 2ª Turma, j. 15/12/2015, DJe 10/02/2016.)

b) a segunda posição admitindo que a intenção do legislador é de que também processos em curso sejam afetados pela nova sistemática. Esta última corrente parecer ser a mais acertada, considerando inclusive a aplicação dos princípios constitucionais do direito administrativo sancionador (artigo 1º, § 4º, da Lei n. 8.429/1992).

23. Apuração do valor do ressarcimento e vedação ao enriquecimento sem causa

Seguindo o entendimento do Superior Tribunal de Justiça, o artigo 18, § 3º, da Lei de Improbidade Administrativa dispõe que, para fins de apuração do valor do ressarcimento, deverão ser descontados os serviços efetivamente prestados. A medida visa a evitar o enriquecimento sem causa do ente público, não sendo possível o ressarcimento de "dispêndios estatais que retribuíram força de trabalho efetivamente prestada".[292]

24. Possibilidade de parcelamento do débito resultante da condenação pela prática de atos de improbidade administrativa

Com o intuito de facilitar a efetiva reparação dos danos, o juiz pode autorizar o parcelamento do débito resultante de condenação pela prática de improbidade administrativa. Para tanto, é preciso que o réu demonstre incapacidade financeira de saldá-lo de imediato (artigo 18, § 14, da Lei de Improbidade Administrativa).[293]

O parcelamento pode ser feito em até quarenta e oito parcelas mensais corrigidas monetariamente e, a nosso ver, pode abranger até mesmo os valores decorrentes da condenação em multa civil, pois esta quantia também integra o débito.

25. Afastamento da responsabilidade solidária

Nos termos do artigo 942 do Código Civil, todos os que concorrem para a produção de um dano são solidariamente responsáveis.

[292] STJ, AgInt no AREsp 798.081/RJ, Rel. Ministro Napoleão Nunes Maia Filho, 1ª Turma, j. 01/12/2020, DJe 09/12/2020.

[293] "Art. 18. [...] § 4º O juiz poderá autorizar o parcelamento, em até 48 (quarenta e oito) parcelas mensais corrigidas monetariamente, do débito resultante de condenação pela prática de improbidade administrativa se o réu demonstrar incapacidade financeira de saldá-lo de imediato."

Excepcionando essa regra, o artigo 17-C, § 2º, da Lei de Improbidade Administrativa dispõe que, na hipótese de litisconsórcio passivo, a condenação ocorrerá no limite da participação e dos benefícios diretos auferidos por cada agente ímprobo, sendo vedada a solidariedade.

Desse modo, a regra enfraquece o sistema de repressão aos atos ímprobos, violando o princípio da moralidade. Assim, é possível sustentar a sua inconstitucionalidade, em atenção, inclusive, ao princípio da vedação ao retrocesso social.

26. Improbidade administrativa e Lei Anticorrupção

Até o advento da Lei n. 14.230/2021, as demandas ajuizadas com base na Lei n. 8.429/1992 e na Lei n. 12.846/2013 seguiam ritos distintos: a primeira possuía rito especial com inúmeras peculiaridades, com a possibilidade, inclusive, de apresentação de defesa prévia, e a segunda seguia o rito comum do Código de Processo Civil, com as peculiaridades elencadas pela Lei da Ação Civil Pública.

Hodiernamente, contudo, ambas as espécies de demandas passaram a seguir, de forma geral, um mesmo rito: o procedimento comum previsto no Código de Processo Civil.

Assim, embora as ações de improbidade administrativa não observem por inteiro o procedimento comum, entendemos possível o ajuizamento de feito único para ambas as pretensões. Em outras palavras, óbice algum existe à propositura de uma única demanda com base de Lei de Improbidade Administrativa e na Lei Anticorrupção, desde que observadas as peculiaridades do rito da improbidade administrativa – prazo de citação, obrigatoriedade de interrogatório, entre outras –, de modo a afastar eventuais contradições em ambas as esferas de responsabilização.[294]

27. Custas, honorários advocatícios e outras despesas

O artigo 23-B da Lei n. 8.429/1992 passou a dispor que, nas ações e nos acordos regidos por tal lei, não há adiantamento de custas, preparo, emolumentos, honorários periciais ou quaisquer outras despesas. O dispositivo encampou a tese firmada no Tema n. 510 do Superior Tribunal de Justiça, no sentido de que:

[294] A medida ainda garante observância ao artigo 12, § 7º, da Lei de Improbidade Administrativa, que dispõe que as sanções aplicadas a pessoas jurídicas com base na Lei n. 8.429/1992 e na Lei n. 12.846/2013 deverão observar o princípio constitucional do *non bis in idem*.

> Não é possível se exigir do Ministério Público o adiantamento de honorários periciais em ações civis públicas. Ocorre que a referida isenção conferida ao Ministério Público em relação ao adiantamento dos honorários periciais não pode obrigar que o perito exerça seu ofício gratuitamente, tampouco transferir ao réu o encargo de financiar ações contra ele movidas. Dessa forma, considera-se aplicável, por analogia, a Súmula n. 232 desta Corte Superior ("A Fazenda Pública, quando parte no processo, fica sujeita à exigência do depósito prévio dos honorários do perito"), a determinar que a Fazenda Pública ao qual se acha vinculado o *Parquet* arque com tais despesas.

Ademais, no caso de procedência dos pedidos iniciais, as custas e as demais despesas processuais serão pagas ao final.

Por fim, o art. 23-B da Lei de Improbidade Administrativa ainda determina que, em se comprovando má-fé, haverá condenação em honorários sucumbenciais em caso de improcedência dos pedidos constantes na exordial.

CAPÍTULO 5
PRESCRIÇÃO

1. Disposições gerais

José Fernando Simão ensina que a prescrição é um fenômeno que torna ineficaz a pretensão.[295] Em outras palavras, violado um direito, a pretensão deve ser exercida dentro do prazo previsto em lei, sob pena de ineficácia. E a redação original do artigo 23 da Lei n. 8.429/1992, que trata desse instituto, dispunha o seguinte:

> Art. 23. As ações destinadas a levar a efeitos as sanções previstas nesta lei podem ser propostas:
>
> I – até cinco anos após o término do exercício de mandato, de cargo em comissão ou de função de confiança;
>
> II – dentro do prazo prescricional previsto em lei específica para faltas disciplinares puníveis com demissão a bem do serviço público, nos casos de exercício de cargo efetivo ou emprego.
>
> III – até cinco anos da data da apresentação à administração pública da prestação de contas final pelas entidades referidas no parágrafo único do art. 1º desta Lei.

Todavia, o referido dispositivo foi profundamente alterado pela Lei n. 14.230/2021, que, ao revogar os incisos I a III, unificou os prazos para oito

295 SIMÃO, José Fernando. Prescrição e decadência: tempo de esclarecer controvérsias. *In*: CASSETTARI, Christiano; CAMARGO VIANA, Rui Geraldo (org.). **10 anos de vigência do Código Civil brasileiro de 2002**: estudos em homenagem ao professor Carlos Alberto Dabus Maluf. São Paulo: Saraiva, v. 1, p. 216-238, 2013, p. 230.

anos. Confira-se a nova redação do *caput*: "Art. 23. A ação para a aplicação das sanções previstas nesta Lei prescreve em 8 (oito) anos, contados a partir da ocorrência do fato ou, no caso de infrações permanentes, do dia em que cessou a permanência."

Atente-se para o fato de que não se realizou efetivo aumento do prazo prescricional. Houve, em verdade, uma redução do prazo em determinadas situações. A pretensão para a aplicação das penalidades elencadas no artigo 12 da Lei de Improbidade Administrativa prescreve em oito anos. Contudo, tal prazo passou a ser contado a partir da ocorrência do fato; já no caso das condutas permanentes – que se protraem no tempo –, o termo inicial é o dia em que termina a permanência.[296],[297],[298]

Deve-se conferir especial atenção ao termo inicial, pois contado da data do ato de improbidade administrativa, não de sua descoberta, como seria natural pela aplicação da teoria da *actio nata*. Assim, ainda que não se tenha tomado ciência da prática do ato de improbidade administrativa, dá-se início à contagem do prazo prescricional.

A nova redação da Lei de Improbidade Administrativa prevê uma causa de suspensão da prescrição. Nesse sentido, o § 1º incluído ao seu artigo 23 salienta que a instauração de inquérito civil[299] ou de processo administra-

[296] Exemplo: utilização indevida em obra particular de um trator pertencente ao município; o prazo prescricional apenas começa a correr após a cessação dessa utilização ilícita, com a restituição do bem.

[297] "Infrações permanentes" são atos de improbidade administrativa que têm a sua execução protraída no tempo.

[298] Luana Pedrosa de Figueiredo Cruz atenta para a distinção entre infração permanente e infração instantânea com efeitos serão permanentes: "[...] uma contratação sem licitação que seja configurada como ato de improbidade é considerada uma infração instantânea (ainda que produza efeitos ao longo do tempo), pois se consumou no momento da contratação irregular, por mais que seus efeitos se prolonguem no tempo de execução do contrato. A malfadada 'rachadinha', no nosso entender, é exemplo claro de infração permanente, pois, a cada mês que se opta por fazer a devolução, apropriação ilegal ou imoral do valor destinado ao funcionário, é praticado mais um ato que ratifica aquele inicial, de modo que se caracteriza como infração permanente. No último caso, por exemplo, o prazo prescricional somente começa a contar a partir do momento que cessa a conduta ilegal e caracterizada como ato de improbidade. A partir do momento que a 'rachadinha' parar de acontecer, se inicia a contagem do prazo prescricional." (Gajardoni, Fernando da Fonseca; Cruz, Luana Pedrosa de Figueiredo; Gomes Júnior, Luiz Manoel; Favreto, Rogério. **Comentários à nova Lei de Improbidade Administrativa**. 5. ed., São Paulo: Revista dos Tribunais, 2022, p. 558.)

[299] Nos termos do art. 1º, da Resolução CNMP nº 23/2007, "O inquérito civil, de natureza unilateral e facultativa, será instaurado para apurar fato que possa autorizar a tutela dos

tivo para a apuração dos atos de improbidade administrativa suspende o curso do prazo prescricional.

A suspensão, nesse caso, é responsável "por pausar o prazo que estava em curso, de modo que ao cessar a causa suspensiva, o prazo retomará o seu curso, de onde parou".[300] E essa suspensão pode vigorar por até cento e oitenta dias corridos. O prazo prescricional recomeça a correr após a conclusão do procedimento ou, em não sendo concluído, esgotado o respectivo prazo de suspensão. Assim, é possível a ocorrência de duas situações distintas:

a) o inquérito civil ou procedimento investigatório é concluído antes de cento e oitenta dias. Nessa hipótese, o prazo prescricional volta a correr a partir do dia da conclusão das investigações;
b) o inquérito civil ou procedimento investigatório ultrapassa o prazo de cento e oitenta dias, sem que tenha sido concluído. Nessa hipótese, o prazo prescricional, que estava suspenso, volta a fluir normalmente a partir do 180º dia.

A prescrição e a suspensão produzem efeitos relativamente a todos os que concorreram para a prática do ato de improbidade administrativa (artigo 23, § 6º, da Lei de Improbidade Administrativa). A norma aproxima o sistema de improbidade administrativa do regime penal, fazendo com que as circunstâncias objetivas se comuniquem, à semelhança do artigo 580 do Código de Processo Penal. Suponhamos que cinco agentes sejam condenados em primeira instância. Um deles interpõe recurso de apelação. Se o tribunal demorar mais de quatro anos para apreciar a apelação, haverá prescrição intercorrente, a qual se estenderá aos quatro réus, ou seja, aqueles que não recorreram também serão beneficiados com a prescrição.

Por fim, nos atos de improbidade administrativa conexos que sejam objeto do mesmo processo, a suspensão e a interrupção relativas a qualquer deles estendem-se aos demais. Esses são os mandamentos incluídos pela Lei n. 14.230/2021, conforme a redação conferida aos §§ 6º e 7º do artigo 23 da Lei n. 8.429/1992.

interesses ou direitos a cargo do Ministério Público nos termos da legislação aplicável, servindo como preparação para o exercício das atribuições inerentes às suas funções institucionais."

[300] FIGUEIREDO, Luciano; FIGUEIREDO, Roberto. Manual de Direito Civil. Salvador: Juspodivm, 2020, p. 368.

2. Prescrição intercorrente

O fenômeno da prescrição intercorrente ocorre após o ajuizamento da ação, desde que advenham determinados eventos processuais. Até recentemente, o Superior Tribunal de Justiça não admitia a aplicação da prescrição intercorrente em demandas de improbidade administrativa, ainda que a ação, ajuizada no prazo, demorasse mais de cinco anos para ser julgada.[301]

A Lei n. 14.230/2021 modificou a Lei n. 8.429/1992, regulamentando a figura da prescrição intercorrente em ações de improbidade administrativa. A nova redação do artigo 23, § 5º, dispõe o seguinte: "Interrompida a prescrição, o prazo recomeça a correr do dia da interrupção, pela metade do prazo previsto no *caput* deste artigo."

A partir da leitura do dispositivo legal, é possível extrair duas conclusões. A primeira é no sentido de que a prescrição intercorrente ocorre após o decurso do prazo de quatro anos. Trata-se de prazo que vai contra o Enunciado n. 196, do Fórum Permanente de Processualistas Civis (FPPC), que estabelece que o prazo de prescrição intercorrente é o mesmo da ação, e o artigo 206-A do Código Civil, que estabelece expressamente que a prescrição intercorrente observará o mesmo prazo da pretensão, ou seja, o prazo da ação principal.[302] O prazo é exíguo para a realização de toda a instrução processual e o exame do mérito em demandas complexas de improbidade administrativa, contrariando os princípios da proporcionalidade e da proibição de proteção insuficiente dos bens jurídicos (artigo 5º, *caput*, inciso LIV, da Constituição), de modo a caracterizar vício de inconstitucionalidade material.[303]

A segunda conclusão consiste em que, para a adequada compreensão da prescrição intercorrente, é necessário conhecer as causas de interrupção da prescrição, previstas no § 4º do referido artigo 23:

a) ajuizamento da ação de improbidade administrativa – ou seja, não é necessário haver o recebimento da petição inicial;
b) publicação da sentença condenatória;

[301] STJ, 2ª Turma, REsp 1289993/RO, Rel. Min. Eliana Calmon, julgado em 19/09/2013.

[302] Art. 206-A. A prescrição intercorrente observará o mesmo prazo de prescrição da pretensão, observadas as causas de impedimento, de suspensão e de interrupção da prescrição previstas neste Código e observado o disposto no art. 921 da Lei nº 13.105, de 16 de março de 2015 (Código de Processo Civil)."

[303] No mesmo sentido, a Nota Técnica nº 01/2021 – 5ª CCR do Ministério Público Federal.

c) publicação de decisão ou acórdão de Tribunal de Justiça ou Tribunal Regional Federal que confirma sentença condenatória ou que reforma sentença de improcedência;
d) publicação de decisão ou acórdão do Superior Tribunal de Justiça que confirma acórdão condenatório ou que reforma acórdão de improcedência;
e) publicação de decisão ou acórdão do Supremo Tribunal Federal que confirma acórdão condenatório ou que reforma acórdão de improcedência.

Assim, uma vez interrompida a prescrição, o § 5º dispõe que o prazo recomeça a correr do dia da interrupção pela metade do prazo previsto no *caput* do artigo 23 – ou seja: a prescrição ocorrerá em quatro anos. Exemplo: com o ajuizamento de ação de improbidade administrativa, teremos o primeiro marco interruptivo da prescrição; o Poder Judiciário terá, então, quatro anos para prolatar uma sentença condenatória ou, ainda, proferir acórdão que reforme sentença de improcedência, sob pena de ocorrência da prescrição intercorrente.[304]

[304] Na prática, a contagem do prazo de prescrição intercorrente deve seguir a seguinte lógica: "1) O autor praticou o ato de improbidade. 2) O Ministério Público ou a pessoa jurídica interessada terão o prazo de 8 anos para ajuizar ação de improbidade. O que interessa é o ajuizamento da ação, ou seja, a mera protocolização. Não importa, para fins de prescrição na improbidade, o despacho do juiz nem a citação do réu. Se a ação foi ajuizada antes de 8 anos, não há prescrição. 3) Qual é o termo inicial do prazo? a) Se o ato de improbidade for uma infração instantânea: o prazo prescricional começou a correr na data da ocorrência do fato. b) Se o ato de improbidade for uma infração permanente: o prazo prescricional começou a correr no dia em que cessou a permanência. 4) Se foi instaurado inquérito civil ou processo administrativo para apurar os fatos, o prazo prescricional ficará suspenso pelo período máximo de 180 dias. Logo, na prática, teríamos um cenário de 8 anos + 180 dias para a propositura da ação de improbidade. 5) Com a propositura da ação, ou seja, a sua mera protocolização, interrompe-se o prazo prescricional. 6) Vale ressaltar, contudo, que, a partir do ajuizamento, o prazo prescricional muda e passa a ser de 4 anos. 7) Depois do ajuizamento, o Estado-juiz tem um prazo de 4 anos para prolatar a sentença. 8) Proferida a sentença, deve-se analisar: 8.a) Se a sentença for absolutória e houve recurso: a prescrição continua correndo sem interrupção. Isso significa que, entre a data do ajuizamento e o acórdão do TJ ou TRF, não pode transcorrer mais que 4 anos. 8.b) Se a sentença for condenatória e houve recurso: o prazo prescricional foi interrompido, ou seja, recomeça a contagem de mais 4 anos. Isso significa que o TJ ou TRF terá até 4 anos para julgar a apelação. 9) TJ ou TRF julgou a apelação. Deve-se analisar: 9.a) Se o acórdão confirmou sentença condenatória: o prazo prescricional foi interrompido. Isso significa que, se houver recurso para o STJ ou STF, o Tribunal Superior terá que julgar o

Ainda no que tange à nova regulamentação da prescrição intercorrente, o § 8º do artigo 23, também incluído pela Lei n. 14.230/2021, determina que o juiz ou o tribunal, depois de ouvido o Ministério Público, deve, de ofício ou a requerimento da parte interessada, reconhecer a prescrição intercorrente da pretensão sancionadora e decretá-la de imediato. Vale dizer, por se tratar de norma de ordem pública, criou-se uma obrigação para o membro do Poder Judiciário decretar a prescrição intercorrente assim que tiver notícia de sua ocorrência. A regra está em consonância com o artigo 921, § 5º, do Código de Processo Civil, que permite a decretação de ofício da prescrição intercorrente, desde que o juiz, anteriormente, intime as partes para que se manifestem no prazo de quinze dias.[305]

Não opera a prescrição intercorrente, contudo, quando a demora na solução do feito for imputável ao Poder Judiciário, em atenção ao artigo

recurso em até 4 anos. 9.b) Se o acórdão reformou a sentença absolutória: o prazo prescricional também foi interrompido (porque houve condenação). Isso significa que, se houver recurso para o STJ ou STF, o Tribunal Superior terá que julgar o recurso em até 4 anos. 9.c) Se o acórdão confirmou a sentença absolutória ou reformou a sentença condenatória para absolver o réu: o prazo prescricional não foi interrompido. Isso significa que, se houver recurso para o STJ ou STF, o Tribunal Superior terá que julgar o recurso no tempo restante contado da prolação da sentença. Ex: imaginemos que a sentença foi prolatada em 12/12/2021; o acórdão foi proferido em 12/12/2024 (três anos depois); isso significa que o Tribunal Superior terá apenas 1 ano para julgar o recurso; chegando o dia 12/12/2025 sem julgamento, terá que ser reconhecida a prescrição intercorrente. 10) O TJ ou TRF julgou o recurso. Imaginemos que foram interpostos, simultaneamente, recursos especial e extraordinário. O recurso especial será apreciado inicialmente. Daí surgem os seguintes cenários possíveis: 10.a) a decisão do TJ ou TRF foi condenatória e o STJ reformou para absolver: o acórdão do STJ não interrompeu a prescrição. O STF terá que julgar o recurso extraordinário eventualmente interposto nos 4 anos restantes contados do julgamento da apelação pelo TJ ou TRF. 10.b) a decisão do TJ ou TRF foi condenatória e o STJ a manteve: o acórdão do STJ interrompeu a prescrição. O STF terá que julgar o recurso extraordinário que já havia sido interposto no prazo de 4 anos contados da publicação do acórdão do STJ. 10.c) a decisão do TJ ou TRF foi absolutória e o STJ reformou para condenar: o acórdão do STJ interrompeu a prescrição. O STF terá que julgar extraordinário eventualmente interposto nos 4 anos restantes contados do julgamento da publicação do acórdão do STJ. 10.d) a decisão do TJ ou TRF foi absolutória e o STJ a manteve: o acórdão do STJ não interrompeu a prescrição. O STF terá que julgar o recurso extraordinário que já havia sido interposto nos 4 anos restantes contados do julgamento da apelação pelo TJ ou TRF." (CAVALCANTE, Márcio André Lopes. **Dizer o Direito**, 8 nov. 2022. Disponível em: https://www.dizerodireito.com.br/2022/11/as-mudancas-promovidas-pela-lei.html. Acesso em: 16 nov. 2022.)

305 "Art. 921 [...] § 5º O juiz, depois de ouvidas as partes, no prazo de 15 (quinze) dias, poderá, de ofício, reconhecer a prescrição no curso do processo e extingui-lo, sem ônus para as partes. [...]."

240, § 3º, do Código de Processo Civil: "A parte não será prejudicada pela demora imputável exclusivamente ao serviço judiciário".

No que tange à aplicabilidade da prescrição intercorrente na fase de cumprimento de sentença, é preciso destacar a existência de duas correntes. Uma primeira posição sustenta ser possível a sua incidência, em razão da ausência de vedação legal. Uma segunda posição, contudo, entende inviável a incidência da prescrição intercorrente na fase de cumprimento de sentença, tendo em vista que as alterações promovidas no artigo 23, da Lei n. 8.429/1992, incidem exclusivamente para a fase de conhecimento.[306]

Em sendo adotada a primeira corrente, no que tange ao termo inicial da contagem do prazo (artigo 921, § 4º, do Código de Processo Civil), será o dia em que o autor tiver ciência da primeira tentativa infrutífera de localização de bens penhoráveis ou do próprio devedor.[307]

Ademais, o artigo 921, § 4º-A, do Código de Processo Civil ainda estabelece que a efetiva citação, intimação do devedor ou constrição de bens penhoráveis interrompe o prazo de prescrição, que não corre pelo tempo necessário à citação e à intimação do devedor, bem como para as formalidades da constrição patrimonial, desde que o credor cumpra os prazos previstos na lei processual ou fixados pelo juiz.

Por fim, a alegação de nulidade quanto ao procedimento de suspensão das execuções somente será conhecida caso demonstrada a ocorrência de efetivo prejuízo, que será presumido apenas em caso de inexistência da intimação da primeira tentativa infrutífera de localização do devedor ou de bens penhoráveis (artigo 921, § 6º, do Código de Processo Civil).

306 "FASE DE CUMPRIMENTO DE SENTENÇA – Ação por ato de improbidade administrativa – Sentença que condenou os réus pela prática dolosa de ato de improbidade administrativa – Pretensão de ressarcimento ao Erário – Imprescritibilidade – Tema nº 897 da Repercussão Geral – Imprescritibilidade que se estende à fase de cumprimento de sentença – Alterações ao art. 23 da Lei nº 8.429/92 que tratam da prescrição intercorrente na fase de conhecimento e não na fase de cumprimento de sentença – Recurso não provido." (TJSP; Agravo de Instrumento 2234471-92.2021.8.26.0000; Relator (a): Luís Francisco Aguilar Cortez; Órgão Julgador: 1ª Câmara de Direito Público; Foro de Teodoro Sampaio – Vara Única; Data do Julgamento: 24/11/2021; Data de Registro: 24/11/2021.)

307 "Art. 921 [...] § 4º O termo inicial da prescrição no curso do processo será a ciência da primeira tentativa infrutífera de localização do devedor ou de bens penhoráveis, e será suspensa, por uma única vez, pelo prazo máximo previsto no § 1º deste artigo. [...]."

3. Prescrição virtual[308]

A prescrição virtual, também chamada de prescrição "em perspectiva" ou "antecipada", ocorre quando, tendo-se conhecimento do fato, toma-se por base a pena virtualmente considerada e faz-se a averiguação de possível prescrição. Inexistindo interesse em dar andamento à demanda – que de antemão, pode-se dizer, terá reconhecida extinta a pretensão –, o feito não deve prosseguir. Em outras palavras, entende-se que, mesmo que o feito prossiga, ele não terá utilidade, porque muito provavelmente ocorrerá o reconhecimento da prescrição.

A título de exemplo, pode-se pensar em demanda de improbidade administrativa ainda pendente de ajuizamento, sendo que já transcorridos mais de sete anos e onze meses desde a data do fato.

Outro exemplo seria demanda de improbidade administrativa já ajuizada contra doze réus, sendo que seis deles residem em outros países, e a defesa de um dos requeridos solicita a realização de interrogatório. Após o decurso de três anos e nove meses, sequer houve a citação de todos os réus. Logo, restam apenas três meses para a citação de todos os réus, apresentação de contestação e réplica, bem como realização do interrogatório.

Em quaisquer dos exemplos, seria possível reconhecer a "prescrição virtual" e extinguir o processo sem a resolução do mérito pela perda superveniente do interesse de agir.

Sobre o tema, há basicamente duas posições. Uma primeira corrente sustenta que é possível o reconhecimento da prescrição virtual, extinguindo-se o feito com fulcro no artigo 485, *caput*, inciso VI, do Código de Processo Civil. A medida justifica-se pela busca da celeridade, evitando a sobrecarga do Poder Judiciário em demandas em que inexiste real perspectiva de efetiva aplicação de sanções.

Uma segunda corrente, seguindo a posição dos Tribunais Superiores na esfera penal, rechaça a possibilidade de aplicação da prescrição virtual, tendo em vista a ausência de previsão legal do instituto e a violação ao princípio da presunção de não-culpabilidade. Com efeito, inexiste norma legal que viabilize o reconhecimento de prescrição diante da possível data da prolação de sentença condenatória ou outro marco interruptivo da prescrição intercorrente.

[308] O presente tópico é uma versão aprimorada do artigo disponível em: https://www.estadao.com.br/politica/blog-do-fausto-macedo/improbidade-administrativa-e-prescricao-virtual/

Ademais, justifica o prosseguimento da demanda o fato de se trabalhar com dados incertos e eivados de elevada subjetividade, bem como a possibilidade de mudança do contexto estrutural do Poder Judiciário, com a adoção de medidas tendentes a promover a celeridade processual.

Por fim, o afastamento da prescrição virtual permite a congruência entre as esferas penal e administrativa/civil, em especial diante do teor da Súmula 438 do Superior Tribunal de Justiça, evitando a adoção de posições contraditórias.

4. Processo prescricional e direito intertemporal

Com a promulgação da Lei n. 14.230/2021, surgiu dúvida quanto a qual prazo prescricional seria aplicado a investigações e processos em trâmite. Sobre o tema, vislumbram-se três correntes:

a) a primeira sustenta que os prazos mais favoráveis devem ser aplicados ao caso concreto, sejam eles os previstos na redação original da Lei n. 8.429/1992 ou os previstos na nova redação;
b) a segunda preconiza que se aplicam, sempre, os novos prazos, em razão de se tratar de norma de direito processual;
c) a terceira salienta que, para os fatos praticados antes da vigência da nova lei, devem ser aplicados os prazos antigos; e, para os fatos praticados após tal vigência, devem ser aplicados os novos prazos, pois se trata de norma de direito material.

O Supremo Tribunal Federal concluiu, no Tema n. 1.199, que o novo regime prescricional é irretroativo, aplicando-se os novos marcos temporais e a prescrição intercorrente a partir da publicação da nova lei, *in verbis*: "O novo regime prescricional previsto na Lei 14.230/2021 é irretroativo, aplicando-se os novos marcos temporais a partir da publicação da lei."

5. Imprescritibilidade das ações de ressarcimento

O Supremo Tribunal Federal, interpretando o § 5º do artigo 37 da Constituição Federal,[309] concluiu que: "São imprescritíveis as ações de ressarcimento ao erário fundadas na prática de ato doloso tipificado na Lei de

[309] "Art. 37 [...] § 5º A lei estabelecerá os prazos de prescrição para ilícitos praticados por qualquer agente, servidor ou não, que causem prejuízos ao erário, ressalvadas as respectivas ações de ressarcimento. [...]."

Improbidade Administrativa." Tal decisão foi proferida no recurso extraordinário n. 852.475 (Tema n. 897).

Desse modo, inexistindo hoje a figura culposa de improbidade administrativa, a imprescritibilidade das ações de ressarcimento incide em todas as hipóteses em que praticados atos de improbidade.

6. Prazo prescricional em relação aos particulares

Para os particulares, vigora o mesmo prazo prescricional previsto para os agentes públicos. Tal entendimento foi sumulado pelo Superior Tribunal de Justiça: "Súmula 634 – Ao particular aplica-se o mesmo regime prescricional previsto na Lei de Improbidade Administrativa para o agente público." (Primeira Seção, julgado em 12/06/2019, DJe 17/06/2019.)

CAPÍTULO 6
APURAÇÃO E MEDIDAS EXTRAJUDICIAIS

1. Introdução

O inquérito civil é um procedimento de índole constitucional, previsto expressamente no artigo 129, *caput*, inciso III, da Carta Magna: "Art. 129. São funções institucionais do Ministério Público: [...] III – promover o inquérito civil e a ação civil pública, para a proteção do patrimônio público e social, do meio ambiente e de outros interesses difusos e coletivos; [...]."

No âmbito infraconstitucional, inúmeros diplomas regulamentam o inquérito civil, dentre os quais pode-se mencionar o artigo 8º, § 1º, da Lei n. 7.347/1985; o artigo 6º da Lei n. 7.853/1989; o artigo 223, combinado com o artigo 201, inciso V, ambos da Lei n. 8.069/1990; o artigo 26, inciso I, da Lei n. 8.625/1993; e o artigo 6º da Lei Complementar n. 75/1993.

Trata-se, em verdade, de um procedimento administrativo de instauração facultativa pelo membro do Ministério Público. A sua finalidade consiste em angariar provas e elementos de convicção relacionados à violação de bens jurídicos difusos, coletivos em sentido estrito e individuais homogêneos para a adoção de medidas na esfera não penal.[310]

O inquérito civil é mencionado expressamente no artigo 22 da Lei n. 8.429/1992, em razão das alterações empreendidas pela Lei n. 14.230/2021 (destaques nossos):

[310] Nesse sentido, o artigo 1º da Resolução n. 23/2007 do Conselho Nacional do Ministério Público dispõe que: "Art. 1º O inquérito civil, de natureza unilateral e facultativa, será instaurado para apurar fato que possa autorizar a tutela dos interesses ou direitos a cargo do Ministério Público nos termos da legislação aplicável, servindo como preparação para o exercício das atribuições inerentes às suas funções institucionais."

> Art. 22. Para apurar qualquer ilícito previsto nesta Lei, **o Ministério Público**, de ofício, a requerimento de autoridade administrativa ou mediante representação formulada de acordo com o disposto no art. 14 desta Lei, **poderá instaurar inquérito civil** ou procedimento investigativo assemelhado e requisitar a instauração de inquérito policial.
>
> Parágrafo único. Na apuração dos ilícitos previstos nesta Lei, será garantido ao investigado a oportunidade de manifestação por escrito e de juntada de documentos que comprovem suas alegações e auxiliem na elucidação dos fatos.

O inquérito é o meio adequado para a apuração dos ilícitos previstos na Lei de Improbidade Administrativa. Presidido pelo membro do Ministério Público, o inquérito deve possuir um objeto bem definido em sua portaria inaugural, consistente em investigar um determinado fato delituoso e respectiva autoria. Nesse sentido:

> Com o fito de determinar a materialidade e a autoria de fatos que possam ensejar o ajuizamento do processo coletivo pelo Ministério Público, por meio do inquérito civil podem-se promover diligências, requisitar documentos, informações, exames e perícias, expedir notificações, tomar depoimentos, proceder a vistorias e inspeções.[311]

Trata-se de procedimento de natureza unilateral e facultativa, sendo instaurado para apurar fato que possa autorizar a tutela dos interesses ou direitos a cargo do Ministério Público. Contudo, tal procedimento não é condição de procedibilidade para o ajuizamento das ações a cargo do *Parquet*, nem para a realização das demais medidas de sua atribuição própria.

O inquérito civil é instaurado de ofício ou mediante representação por meio de portaria inaugural. A sua instauração deve estar calcada em fatos concretos, que evidenciem a prática de atos de improbidade administrativa e que justifiquem a utilização do procedimento (justa causa).[312] E mais: não pode ser instaurado de forma genérica, mas deve especificar a irregularidade a ser verificada.

[311] MAZZILLI, Hugo Nigro. **A defesa dos interesses difusos em juízo**. 31. ed. São Paulo: Saraiva, 2019, p. 549-550.

[312] FERRARESI, Eurico. **Inquérito Civil**. Rio de Janeiro: Forense, 2010, p. 5.

Durante seu trâmite, são produzidas diversas provas: requisição de documentos, informações, exames e perícias; expedição de notificações; oitivas; vistorias; inspeções; entre outras diligências.

Após o término das investigações, duas providências podem ser adotadas. A primeira consiste no arquivamento do inquérito civil, quando não há prova suficiente acerca do fato delituoso, bem como quando não se elucida a respectiva autoria. O membro do Ministério Público, então, elabora de forma fundamentada o arquivamento e remete os autos para a devida apreciação do Conselho Superior do Ministério Público ou da Câmara de Coordenação e Revisão. Na sequência, o órgão superior pode homologar o arquivamento, fixar novas diligências ou determinar o ajuizamento de ação, designando novo membro.

Já a segunda providência possível, quando se obtém prova do fato delituoso e da respectiva autoria, refere-se ao ajuizamento de ação de improbidade administrativa. Neste caso, o inquérito civil será anexado à petição inicial, para constar como documento no respectivo processo judicial.

1.1. Natureza jurídica

A doutrina não é pacífica acerca da natureza inquisitorial ou contraditória do inquérito civil. A primeira corrente sustenta que os inquéritos civis se submetem ao princípio do contraditório, de modo a prestigiar o direito de defesa de eventuais interessados. A medida permite, inclusive, a dispensa de produção da prova pericial em futura ação a ser ajuizada, nos termos do artigo 472 do Código de Processo Civil.[313]

Já a segunda corrente advoga que o inquérito civil tem como objetivo angariar elementos de prova para que o membro do Ministério Público venha a formar sua convicção. Assim, é dispensável a observância do princípio do contraditório, em especial porque não implica a aplicação de qualquer sanção ao investigado.

E a terceira corrente entende que o inquérito civil tem natureza tendencialmente inquisitorial, de modo que, embora não deva observância exclusiva ao princípio do contraditório, ele incide de forma mitigada. O foco, contudo, está no aspecto inquisitorial.[314]

[313] "Art. 472. O juiz poderá dispensar prova pericial quando as partes, na inicial e na contestação, apresentarem, sobre as questões de fato, pareceres técnicos ou documentos elucidativos que considerar suficientes."

[314] Cf. Didier Jr., Fredie; Zaneti Jr., Hermes. **Curso de Direito Processual Civil**: Processo Coletivo. 11. ed. Salvador: Juspodivm, 2017.

Por fim, uma quarta corrente sustenta ser o inquérito civil procedimento tendencialmente contraditório. Embora seja possível a adoção de medidas de forma inquisitiva pelo Ministério Público, a observância ao princípio do contraditório contribui para a preservação da cooperação entre as partes e para a desnecessidade de reprodução da prova. O foco está no aspecto contraditório.[315]

Reforçando esta última corrente, o artigo 22, parágrafo único, da Lei n. 8.429/1992, passou a prever o seguinte: "Na apuração dos ilícitos previstos nesta Lei, será garantido ao investigado a oportunidade de manifestação por escrito e de juntada de documentos que comprovem suas alegações e auxiliem na elucidação dos fatos." Apesar de o inquérito civil visar a apurar o ato de improbidade administrativa e elucidar a respectiva autoria, é facultado ao investigado o direito de se manifestar por escrito, bem como de juntar documentos aptos a comprovarem suas alegações e auxiliar na elucidação dos fatos.

A referida disposição, apesar de abrandar o caráter inquisitorial do inquérito civil, não o transmudou em procedimento contraditório, pois, se assim fosse, restaria inviabilizada a investigação levada a cabo pelo Ministério Público. Com efeito, caso vigorasse *in totum* o princípio do contra-

[315] Nesse sentido, o artigo 22 da Resolução COPJ n. 6/2014 do Ministério Público do Estado do Espírito Santo: "Art. 22. O presidente do inquérito civil ou do procedimento preparatório, deverá ouvir, ao final, o(s) investigado(s), podendo o(s) mesmo(s) se fazer (em) acompanhar por advogado, facultada a apresentação de informações por escrito, no prazo máximo de 15 (quinze) dias. § 1º Não se aplica o disposto no caput, deste artigo, nas hipóteses seguintes: I – quando haja dificuldade justificada em fazê-lo; II – quando em situações justificadas de urgência; III – quando, de qualquer modo, possa refletir prejuízo à eficácia da investigação; IV – quando já fora ouvido em outro procedimento investigatório sobre os fatos investigados, mediante a juntada da respectiva prova emprestada. § 2º Ao ser notificado, o investigado será cientificado dessa condição e da faculdade de se fazer acompanhar por advogado e de trazer os subsídios que entender necessários. § 3º A critério do presidente do inquérito civil, o momento da(s) oitiva(s) do(s) investigado(s) poderá ser antecipado. § 4º No caso do investigado ou seu advogado requerer diligências, o presidente apreciará a conveniência e a oportunidade da sua realização, arcando o(s) investigado(s) com eventuais despesas. 5º É facultado ao investigado, no curso do inquérito civil, requerer pessoalmente ou por seu advogado, a juntada de documentos aos autos do procedimento, cujo deferimento dependerá da pertinência com o fato investigado. § 6º O defensor constituído nos autos poderá assistir o investigado durante a apuração de infrações, sob pena de nulidade absoluta do seu depoimento e, subsequentemente, de todos os elementos investigatórios e probatórios dele decorrentes ou derivados, direta ou indiretamente, podendo, inclusive, no curso da respectiva apuração, apresentar razões e quesitos."

ditório, toda e qualquer diligência deveria ser previamente comunicada e debatida com o averiguado, o que, por certo, esvaziaria a finalidade do instituto, tornando-o completamente ineficaz e inoperante, em flagrante prejuízo ao interesse público.

Em suma, o dispositivo em apreço formalizou uma faculdade referente ao Direito Administrativo Sancionador,[316] que, à semelhança do Direito Penal, garante direitos ao investigado. É o caso, na seara criminal, do artigo 6º, inciso V, do Código de Processo Penal, que prevê o interrogatório do averiguado no inquérito policial:

> Art. 6º Logo que tiver conhecimento da prática da infração penal, a autoridade policial deverá: [...] V – ouvir o indiciado, com observância, no que for aplicável, do disposto no Capítulo III do Título Vll, deste Livro, devendo o respectivo termo ser assinado por duas testemunhas que Ihe tenham ouvido a leitura; [...].

2. Instauração

Conforme salientado, o inquérito civil pode ser instaurado:

a) de ofício;
b) mediante requerimento ou representação formulada por qualquer pessoa ou comunicação de outro órgão do Ministério Público, ou qualquer autoridade; ou
c) por designação do procurador-geral de Justiça, do Conselho Superior do Ministério Público, das Câmaras de Coordenação e Revisão e dos demais órgãos superiores da instituição.

O Ministério Público deve atuar, independentemente de provocação, em caso de conhecimento, por qualquer forma, de fatos que, em tese, constituam ato de improbidade administrativa. E o conhecimento por manifestação anônima, justificada, não implica ausência de providências, desde que obedecidos os mesmos requisitos para as representações em geral. Cita-se, nesse sentido, a Súmula n. 611 do Superior Tribunal de Justiça: "Desde que devidamente motivada e com amparo em investigação ou sindicância, é permitida a instauração de processo administrativo dis-

[316] Cf. art. 1º, § 4º, da Lei n. 8.429/1992: "Aplicam-se ao sistema da improbidade disciplinado nesta Lei os princípios constitucionais do direito administrativo sancionador."

ciplinar com base em denúncia anônima, em face do poder-dever de autotutela imposto à Administração."

O membro do Ministério Público, na posse de informações ou documentos indicativos de improbidade administrativa, pode complementá-las antes de instaurar o inquérito civil, visando a apurar elementos para a identificação dos investigados ou do objeto, instaurando procedimento preparatório. Este deve ser concluído no prazo de noventa dias, prorrogável por igual prazo, uma única vez, em caso de motivo justificável. Vencido este prazo, o membro do Ministério Público deve promover seu arquivamento, ajuizar a respectiva ação civil pública ou o converter em inquérito civil.

Cabe ao membro do Ministério Público investido da atribuição para a propositura da ação a responsabilidade pela instauração de inquérito civil. Eventual conflito negativo ou positivo de atribuição deve ser suscitado, fundamentadamente, nos próprios autos ou em petição dirigida ao órgão com atribuição no respectivo ramo, que decidirá a questão no prazo de trinta dias. No caso de conflito de atribuição entre membros de ramos diversos do Ministério Público, cabe ao Conselho Nacional do Ministério Público resolver a questão. [317]

[317] Cf. recente decisão do Supremo Tribunal Federal: "AÇÃO CÍVEL ORIGINÁRIA. CONSTITUCIONAL E ADMINISTRATIVO. COMPETÊNCIA DO CONSELHO NACIONAL DO MINISTÉRIO PÚBLICO PARA DIRIMIR CONFLITO DE ATRIBUIÇÃO ENTRE MINISTÉRIOS PÚBLICOS DIVERSOS. EXERCÍCIO DO CONTROLE DA LEGALIDADE DA ATUAÇÃO ADMINISTRATIVA. RESPEITO À INDEPENDÊNCIA FUNCIONAL. CF, ART. 130-A, § 2º, INCISOS I E II. INCOMPETÊNCIA DO SUPREMO TRIBUNAL FEDERAL. 1. Incompetência originária do SUPREMO TRIBUNAL FEDERAL para conhecer e dirimir conflito de atribuições entre membros de ramos diversos do Ministério Público. Inaplicabilidade do art. 102, I, f, da CF, por ausência de risco ao equilíbrio federativo. 2. Impossibilidade de encaminhamento do conflito de atribuição para o Procurador-Geral da República, enquanto autoridade competente, pois é parte interessada na solução da demanda administrativa, uma vez que acumula a Chefia do Ministério Público da União com a chefia de um de seus ramos, o Ministério Público Federal, nos termos da LC 75/1993. 3. Os membros do Ministério Público integram um só órgão sob a direção única de um só Procurador-Geral, ressalvando-se, porém, que só existem unidade e indivisibilidade dentro de cada Ministério Público, inexistindo qualquer relação de hierarquia entre o Ministério Público Federal e os dos Estados, entre o de um Estado e o de outro, ou entre os diversos ramos do Ministério Público da União. 4. EC 45/2004 e interpretação sistemática da Constituição Federal. A solução de conflitos de atribuições entre ramos diversos dos Ministérios Públicos pelo CNMP, nos termos do artigo 130-A, § 2º, e incisos I e II, da Constituição Federal e no exercício do controle da atuação administrativa do Parquet, é a mais adequada, pois reforça o mandamento constitucional que lhe atribuiu o controle da legalidade das ações administrativas dos membros e órgãos

O inquérito civil deve ser instaurado por portaria, numerada em ordem crescente, renovada anualmente, devidamente registrada em sistema informatizado de controle e autuada, contendo:

a) o fundamento legal que autoriza a ação do Ministério Público e a descrição do fato objeto do inquérito civil;
b) o nome e a qualificação possível da pessoa jurídica ou física a quem o fato é atribuído;
c) o nome e a qualificação possível do autor da representação, se for o caso;
d) a data e o local da instauração e a determinação de diligências iniciais;
e) a designação do secretário, mediante termo de compromisso, quando couber;
f) a determinação de remessa de cópia para publicação.

Se, no curso do inquérito civil, novos fatos indicarem necessidade de investigação de objeto diverso do que estiver sendo investigado, o membro do Ministério Público pode aditar a portaria inicial ou determinar a extração de peças para instauração de outro inquérito civil, respeitadas as normas incidentes quanto à divisão de atribuições.

2.1. Prazo para a conclusão do inquérito civil

O artigo 23, § 2º, da Lei n. 8.429/1992 salienta que o inquérito civil instaurado para a apuração de ato de improbidade administrativa será concluído no prazo de trezentos e sessenta e cinco dias corridos, prorrogável uma única vez por igual período,[318] mediante ato fundamentado submetido à

dos diversos ramos ministeriais, sem ingressar ou ferir a independência funcional. 5. Não conhecimento da Ação Cível Originária e encaminhamento dos autos ao Conselho Nacional do Ministério Público para, nos termos do artigo 130-A, incisos I e II, da Constituição Federal, dirimir o conflito de atribuições." (ACO 843, rel. Min. Marco Aurélio, rel. p. acórdão Min. Alexandre de Moraes, Tribunal Pleno, julgado em 08/06/2020.)

[318] No que tange à prorrogação, o artigo 6º, parágrafo único, da Resolução n. 1.380/2021-CPJ--MPSP estabelece que: "Decorridos 365 dias da vigência da Lei Federal nº 14.230/21, os inquéritos civis em andamento quando da publicação da mencionada lei, sem prejuízo do cumprimento imediato das diligências determinadas, deverão ter o despacho de prorrogação de prazo submetido por ofício ao Conselho Superior do Ministério Público, contendo informação do número dos autos e da data de sua instauração, acompanhado de cópia dos

revisão da instância competente do órgão ministerial, conforme dispuser a respectiva lei orgânica.

Contudo, a prática tem demonstrado que as investigações complexas podem exigir um tempo superior àquele imposto pela nova lei. A análise de grande volume de material, o cruzamento de dados e o tempo para o encaminhamento de resposta às requisições, dentre outras diligências imprescindíveis, podem justificar um prazo maior para a adequada apuração. É notórios que casos envolvendo licitações e procedimentos complexos demandam muito tempo para uma análise cuidadosa. A fixação de prazo exíguo para o término das investigações fere, inequivocamente, a tutela do patrimônio público.

Assim, o artigo 23, § 2º, da Lei n. 8.429/1992 precisa ser interpretado em consonância com o *caput* do mesmo dispositivo, que estabelece o prazo prescricional,[319] de modo a garantir significado relevante a todas as expressões adotadas pelo diploma normativo.

Sobre o tema, a celeuma gira em torno da natureza do prazo: próprio ou impróprio. Entendemos que o legislador não pode limitar abstratamente instrumento de investigação do Ministério Público, sobretudo em casos complexos ou com vários investigados. Trata-se, então, de prazo impróprio.

De qualquer modo, entendemos possível que a investigação ultrapasse o prazo de 720 dias – considerada a possibilidade de prorrogação – em três hipóteses distintas:

1) em decorrência da instauração de outro procedimento investigativo antes ou depois do inquérito civil. Menciona-se, a título exemplificativo, a realização de investigação inicial dos fatos por meio de procedimento preparatório de inquérito civil (PPIC),[320] instau-

despachos motivados das prorrogações anteriores, ou mediante disponibilização de acesso ao conteúdo dos autos em caso de expediente que tramita sob forma eletrônica."

319 "Art. 23. A ação para a aplicação das sanções previstas nesta Lei prescreve em 8 (oito) anos, contados a partir da ocorrência do fato ou, no caso de infrações permanentes, do dia em que cessou a permanência. [...]."

320 Disciplinado pela Resolução n. 23/2007, do Conselho Nacional do Ministério Público: "Art. 2º [...] § 4º O Ministério Público, de posse de informações previstas nos artigos 6º e 7º da Lei nº 7.347/85 que possam autorizar a tutela dos interesses ou direitos mencionados no artigo 1º desta Resolução, poderá complementá-las antes de instaurar o inquérito civil, visando apurar elementos para identificação dos investigados ou do objeto, instaurando procedimento preparatório. § 5º O procedimento preparatório deverá ser autuado com numeração seqüencial à do inquérito civil e registrado em sistema próprio, mantendo-se

rando-se o inquérito civil (IC) apenas após o regular trâmite do referido procedimento preliminar. Vale mencionar, ainda, a hipótese de conclusão do prazo do inquérito e instauração de um procedimento investigatório criminal (PIC),[321] permitindo a produção de provas que subsidiem a propositura de denúncia na seara criminal;

2) obtenção de autorização do Conselho Superior ou da Câmara de Coordenação e Revisão para o prosseguimento das investigações, em caso de justificada necessidade. O fundamento consiste na aplicação analógica do entendimento jurisprudencial atinente ao artigo 5º da Lei n. 9.296/1996. Embora tal dispositivo tenha estabelecido o prazo de quinze dias para a conclusão da interceptação telefônica, cuja renovação, segundo a citada lei, pode ser realizada por uma única vez, a jurisprudência vem permitindo sucessivas prorrogações. A justificativa consiste no fato de inexistir qualquer limitação na lei acerca da quantidade de prorrogações quando houver justificada necessidade, concedendo-se novas autorizações se ainda presentes os fundamentos para a conclusão das investigações. Portanto, uma vez fundamentada a decisão de prorrogação e obtida a respectiva autorização, não há que se falar em excesso de prazo ou qualquer nulidade;[322]

a numeração quando de eventual conversão. § 6º O procedimento preparatório deverá ser concluído no prazo de 90 (noventa) dias, prorrogável por igual prazo, uma única vez, em caso de motivo justificável. § 7º Vencido este prazo, o membro do Ministério Público promoverá seu arquivamento, ajuizará a respectiva ação civil pública ou o converterá em inquérito civil."

321 Regulamentado pela Resolução n. 181/2071, do Conselho Nacional do Ministério Público.

322 "[...] EM CRIMES DE CORRUPÇÃO PASSIVA, A COLETA DA PROVA DA PRÁTICA DO FATO TÍPICO TORNA-SE MAIS DIFÍCIL, O QUE JUSTIFICA A INTERCEPTAÇÃO TELEFÔNICA. PRORROGAÇÃO DE INTERCEPTAÇÃO TELEFÔNICA COM BASE NA FUNDAMENTAÇÃO EXPOSTA NA PRIMEIRA DECISÃO. POSSIBILIDADE. A COMPLEXIDADE DOS FATOS INVESTIGADOS JUSTIFICA A PRORROGAÇÃO DA INTERCEPTAÇÃO TELEFÔNICA, MESMO QUE SUCESSIVAS. [...] AGRAVO A QUE SE NEGA PROVIMENTO. [...] II – Em crimes como o de corrupção passiva, o réu não age às claras; ao contrário, perpetra sua ação na surdina, de modo que a coleta da prova da prática do fato típico torna-se mais difícil, o que justifica, dessa forma, a decretação da questionada interceptação telefônica, medida adequada e necessária para o prosseguimento das investigações. III – 'As decisões que autorizam a prorrogação de interceptação telefônica, sem acrescentar novos motivos, evidenciam que essa prorrogação foi autorizada com base na mesma fundamentação exposta na primeira decisão que deferiu o monitoramento' (HC 92.020/DF, Rel. Min. Joaquim Barbosa). IV – Não há falar, na espécie, em violação ao disposto

3) obtenção de autorização judicial para o prosseguimento das investigações. Conforme as justificativas colacionadas no parágrafo acima, também é possível a autorização judicial nesse sentido, pois inexiste vedação para o deferimento de tal prorrogação pelo Poder Judiciário, desde que presente uma justificada necessidade.

Atente-se, ainda, para o fato de que, mesmo antes de concluída a investigação, pode ser iniciada a contagem da prescrição, uma vez que, se o inquérito não for concluído nos primeiros 180 dias, o prazo prescricional voltará a fluir.[323]

2.2. Prazo para a propositura da ação de improbidade administrativa

Por sua vez, o artigo 23, § 3º, da Lei n. 8.429/1992 determina que, uma vez encerrado o prazo para a conclusão do inquérito civil, a ação deve ser proposta no prazo de trinta dias, se não for caso de arquivamento. Qual a natureza desse prazo? Acerca do tema, vislumbra-se o surgimento de duas posições:

a) a primeira corrente sustenta tratar-se de prazo próprio, não havendo margem para qualquer dilação;
b) a segunda corrente advoga tratar-se de prazo impróprio, o qual, ontologicamente, não gera preclusão e se refere ao cumprimento de um dever. Assim como os prazos conferidos aos juízes são considerados impróprios no curso de um processo, por significarem cumprimento de dever, o mesmo entendimento também se aplica ao membro do Ministério Público em sede de inquérito civil, ou seja, não enseja preclusão. Entendemos que esta segunda posição é

na Lei 9.296/1996, uma vez que o Plenário desta Suprema Corte já decidiu que 'é possível a prorrogação do prazo de autorização para a interceptação telefônica, mesmo que sucessivas, especialmente quando o fato é complexo a exigir investigação diferenciada e contínua. Não configuração de desrespeito ao art. 5º, *caput*, da Lei 9.296/1996' (HC 83.515/RS, Rel. Min. Nelson Jobim). [...] VI – Agravo regimental a que se nega provimento." (STF, RHC n. 156.593 AgR, Rel. Ministro Ricardo Lewandowski, 2ª Turma, j. 17/08/2018.)

[323] Nos termos do artigo 23, § 1º, da Lei n. 8.429/1992: "A instauração de inquérito civil ou de processo administrativo para apuração dos ilícitos referidos nesta Lei suspende o curso do prazo prescricional por, no máximo, 180 (cento e oitenta) dias corridos, recomeçando a correr após a sua conclusão ou, caso não concluído o processo, esgotado o prazo de suspensão."

aquela que mais se coaduna com o sistema atinente à Lei de Improbidade Administrativa.[324-325]

Contudo, independentemente da posição adotada, na hipótese de abuso, fica facultado ao investigado acionar a respectiva Corregedoria-Geral ou o Conselho Nacional do Ministério Público, visando a apurar eventual responsabilidade disciplinar do membro que excedeu o prazo de trinta dias.

2.3. Propositura da ação após o decurso dos prazos

Como os prazos previstos para a conclusão dos inquéritos civis ou para o ajuizamento da ação de improbidade administrativa (artigo 23, §§ 2º e 3º, da Lei n. 8.429/1992) não possuem natureza decadencial ou prescricional, nada obsta a propositura da ação após o decurso desses prazos.

Desse modo, decorrido o prazo de trinta dias para o ajuizamento da ação ou de 365 dias para a conclusão do inquérito civil, não pode ser admitida a "não intervenção", pois a atuação do Ministério Público constitui um dever. Por conseguinte, eventuais interessados podem oficiar ao chefe da respectiva instituição para que, internamente, seja resolvida de forma célere a questão, objetivando o ajuizamento da ação de improbidade administrativa.

[324] Nesse sentido: "Quanto ao § 3º do art. 23, acresça-se que o prazo de 30 (trinta) dias par ajuizamento da ação é impróprio e não acarreta nenhuma sanção processual ou material se superado, ficando sujeito apenas ao controle dos órgãos correicionais quanto a eventual excesso injustificado, até porque a única leitura possível do dispositivo é aquela que diz que a ação deverá ser proposta no prazo de 30 (trinta) dias a contar da conclusão das diligências imprescindíveis do inquérito civil. Logo, não será o esgotamento do prazo de 2 anos que imporá o ajuizamento da ação em 30 dias, ficando na dependência, isso sim, do término das diligências e da colheita de provas hábeis para sustentar a pretensão. Da mesma forma, o escoamento do trintídio não invalidará a ação que vier a ser proposta." (PAULINO, Galtiênio da Cruz; SCHOUCAIR, João Paulo Santos; CERQUEIRA, Marcelo Malheiros; BALLAN JÚNIOR, Octahydes (org). **Comentários à Lei de Improbidade Administrativa:** Interpretação constitucional em consonância com a eficácia jurídica e social. Salvador: Juspodivm, 2022, p. 408.)

[325] Cf. BARBOSA, Renato Kim; COSTA, Rafael de Oliveira. Nova LIA: os prazos para conclusão do inquérito e ajuizamento da ação. **Revista Eletrônica Conjur**, 15 nov. 2021. Coluna Opinião. Disponível em: https://www.conjur.com.br/2021-nov-15/opiniao-lia-inquerito-civil-ajuizamento-acao. Acesso em: 28 dez. 2022.

2.4. Suspensão do prazo prescricional

Nos termos do artigo 23, § 1º, da Lei n. 8.429/1992, a instauração de inquérito civil ou de processo administrativo para a apuração de ato de improbidade administrativa suspende o curso do prazo prescricional por, no máximo, cento e oitenta dias corridos, recomeçando a correr após a sua conclusão ou, caso não concluído o processo, esgotado o prazo de suspensão.

Em regra, os prazos materiais são contados apenas em dias corridos. Como exemplo, citam-se os prazos de prescrição (artigos 189, 205 e 206 do Código Civil) e decadência (artigos 207 a 211 do Código Civil). Seguindo nessa mesma linha, o artigo 23, § 1º, da Lei n. 8.429/1992 estabeleceu expressamente que haverá a suspensão do prazo prescricional por cento e oitenta dias *corridos*, ou seja, devem ser computados dias não úteis.

E mais: o termo para reinício da contagem é fixado alternativamente:

a) da conclusão (finalização) do inquérito civil; ou
b) caso não concluído o inquérito civil, a partir do esgotamento do prazo de 180 dias de suspensão.

Importa consignar que, embora a lei tenha feito referência expressa ao inquérito civil, entendemos que qualquer procedimento administrativo instaurado no âmbito do Ministério Público para a investigação dos fatos (procedimento preparatório de inquérito civil, notícia de fato, entre outros) é capaz de suspender o curso do prazo prescricional. Com efeito, a finalidade da norma é evitar a ocorrência de prescrição durante o período em que ocorre a apuração do ato de improbidade administrativa.

3. Indeferimento de requerimento de instauração do inquérito civil

Em caso de evidência de que os fatos narrados na representação não configuram ato de improbidade administrativa, se o fato já tiver sido objeto de investigação/ação ou se os fatos apresentados já se encontrarem solucionados, o membro do Ministério Público, no prazo máximo de trinta dias, deve indeferir o pedido de instauração de inquérito civil, em decisão fundamentada, da qual se dará ciência pessoal ao representante e ao representado.

Do indeferimento cabe recurso administrativo, com as respectivas razões, no prazo de dez dias. As razões de recurso devem ser protocoladas junto ao órgão que indeferiu o pedido, as quais são remetidas, em não havendo reconsideração, no prazo de três dias, juntamente com a representação e com a decisão impugnada, ao Conselho Superior do Ministério Público ou à Câmara de Coordenação e Revisão respectiva para a devida apreciação. Os interessados devem ser notificados acerca do recurso para que, em assim desejando, ofereçam contrarrazões.

Expirado o prazo mencionado acima, os autos serão arquivados na própria origem, registrando-se no sistema respectivo, mesmo sem manifestação do representante.

4. Instrução

A instrução do inquérito civil é presidida por membro do Ministério Público a quem for conferida essa atribuição pela lei. O membro do *Parquet* pode designar servidor do Ministério Público para secretariar o inquérito civil.

Com o intuito de esclarecer o fato objeto de investigação, devem ser colhidas todas as provas permitidas pelo ordenamento jurídico, com a juntada das peças em ordem cronológica de apresentação, devidamente numeradas em ordem crescente. Todas as diligências devem ser documentadas mediante termo ou auto circunstanciado.

As declarações e os depoimentos sob compromisso são tomados por termo pelo membro do Ministério Público, assinado pelos presentes ou, em caso de recusa, na aposição da assinatura por duas testemunhas.

Qualquer pessoa pode, durante a tramitação do inquérito civil, apresentar ao Ministério Público documentos ou subsídios para melhor apuração dos fatos.

O defensor constituído nos autos pode assistir o investigado durante a apuração de infrações, sob pena de nulidade absoluta do seu depoimento e, subsequentemente, de todos os elementos investigatórios e probatórios dele decorrentes ou derivados, direta ou indiretamente. O advogado pode, inclusive, apresentar razões e quesitos no curso da respectiva apuração.

Aplica-se ao inquérito civil o princípio da publicidade dos atos, com exceção dos casos de sigilo legal ou em que a publicidade possa acarretar prejuízo às investigações, casos em que a decretação do sigilo legal deve ser motivada. A publicidade é instrumentalizada por meio das seguintes diligências:

a) divulgação oficial, com o exclusivo fim de conhecimento público mediante publicação de extratos na imprensa oficial;

b) divulgação em meios cibernéticos ou eletrônicos, dela devendo constar as portarias de instauração e extratos dos atos de conclusão;
c) expedição de certidão e extração de cópias sobre os fatos investigados, mediante requerimento fundamentado e por deferimento do presidente do inquérito civil. As despesas decorrentes da extração de cópias correm por conta de quem as solicitou;
d) prestação de informações ao público em geral, a critério do presidente do inquérito civil.

A restrição à publicidade deve ser decretada em decisão motivada, para fins de interesse público, e pode ser, conforme o caso, limitada a determinadas pessoas, provas, informações, dados, períodos ou fases, cessando quando extinta a causa que a motivou. Os documentos resguardados por sigilo legal devem ser autuados em apenso.

No que tange ao sigilo, o Supremo Tribunal Federal decidiu ser possível a requisição direta, pelo Ministério Público, de informações financeiras necessárias para a investigação em que existam recursos públicos envolvidos, uma vez que:

> [...] a ordem jurídica confere explicitamente poderes amplos de investigação ao Ministério Público – art. 129, incisos VI, VIII, da Constituição Federal, e art. 8º, incisos II e IV, e § 2º, da Lei Complementar nº 75/1993. 5. Não cabe ao Banco do Brasil negar, ao Ministério Público, informações sobre nomes de beneficiários de empréstimos concedidos pela instituição, com recursos subsidiados pelo erário federal, sob invocação do sigilo bancário, em se tratando de requisição de informações e documentos para instruir procedimento administrativo instaurado em defesa do patrimônio público. Princípio da publicidade, art. 37 da Constituição. 6. No caso concreto, os empréstimos concedidos eram verdadeiros financiamentos públicos, porquanto o Banco do Brasil os realizou na condição de executor da política creditícia e financeira do Governo Federal, que deliberou sobre sua concessão e ainda se comprometeu a proceder à equalização da taxa de juros, sob a forma de subvenção econômica ao setor produtivo, de acordo com a Lei nº 8.427/1992. 7. Mandado de segurança indeferido.[326]

[326] STF, Pleno, MS 21.729/DF, Rel. Min. Marco Aurélio, Rel. p/ ac. Min. Neri da Silveira, Dj 19.10.2001.

O defensor pode, mesmo sem procuração, examinar autos de investigações findas ou em andamento, ainda que conclusos à autoridade, podendo copiar peças e tomar apontamentos, em meio físico ou digital. Já nos autos sujeitos a sigilo, o advogado deve apresentar procuração para o exercício desses direitos.

O presidente do inquérito civil pode delimitar, de modo fundamentado, o acesso do defensor à identificação do representante e aos elementos de prova relacionados a diligências em andamento e ainda não documentados nos autos, quando houver risco de comprometimento da eficiência, da eficácia ou da finalidade das diligências.

Em cumprimento ao princípio da publicidade das investigações, o membro do Ministério Público pode prestar informações, inclusive aos meios de comunicação social, a respeito das providências adotadas para apuração de fatos em tese ilícitos. Todavia, ele deve abster-se de externar ou antecipar juízos de valor a respeito de apurações ainda não concluídas.

Por fim, no que tange às provas produzidas em inquérito civil, o Superior Tribunal de Justiça firmou entendimento no sentido de que possuem valor relativo, devendo prevalecer em caso de ausência de contraprova pelo agente ímprobo à luz do contraditório e da ampla defesa.[327]

5. Arquivamento

Uma vez esgotadas todas as possibilidades de diligências, o membro do Ministério Público, caso se convença da inexistência de fundamento para a propositura de ação, deve promover, fundamentadamente, o arquivamento do inquérito civil ou do procedimento preparatório.

Os autos do inquérito civil ou do procedimento preparatório, juntamente com a promoção de arquivamento, devem ser remetidos ao órgão de revisão competente, no prazo de três dias, contado da comprovação da efetiva cientificação pessoal dos interessados, por meio de publicação na imprensa oficial.

A promoção de arquivamento deve ser submetida a exame e deliberação do órgão de revisão competente, na forma de seu Regimento Interno. Até a sessão do Conselho Superior do Ministério Público ou da Câmara de Coordenação e Revisão respectiva, para que seja homologada ou rejeitada a promoção de arquivamento, podem as pessoas colegitimadas apresentar

[327] STJ, 2ª Turma, AgRg no AREsp, Rel. Min. Humberto Martins, Dje 03/02/2015.

razões escritas ou documentos, que serão juntados aos autos do inquérito ou do procedimento preparatório.

Deixando o órgão de revisão competente de homologar a promoção de arquivamento, deve ser adotada uma das seguintes providências:

a) converter o julgamento em diligência para a realização de atos imprescindíveis à sua decisão, especificando-os e remetendo os autos ao membro do Ministério Público que determinou seu arquivamento, e, no caso de recusa fundamentada, ao órgão competente para designar o membro que atuará;
b) deliberar pelo prosseguimento do inquérito civil ou do procedimento preparatório, indicando os fundamentos de fato e de direito de sua decisão, adotando as providências relativas à designação, em qualquer hipótese, de outro membro do Ministério Público para atuação.

Por fim, o desarquivamento do inquérito civil, diante de novas provas ou para investigar fato novo relevante, pode ocorrer no prazo máximo de seis meses após o arquivamento. Transcorrido esse lapso, deve ser instaurado novo inquérito civil, sem prejuízo das provas já colhidas. O desarquivamento de inquérito civil para a investigação de fato novo, não sendo caso de ajuizamento de ação, implica novo arquivamento e remessa ao órgão competente.

6. Recomendação

A recomendação, regulamentada pela Resolução n. 164, de 28 de março de 2017, do Conselho Nacional do Ministério Público, é instrumento de atuação extrajudicial do Ministério Público por intermédio do qual este expõe, em ato formal, razões fáticas e jurídicas sobre determinada questão, sendo de grande valia no combate à improbidade administrativa. O seu objetivo consiste em persuadir o destinatário a praticar ou deixar de praticar determinados atos em benefício da melhoria dos serviços públicos e de relevância pública ou do respeito aos interesses, direitos e bens defendidos pela Instituição.

Considerando a natureza indisponível do direito difuso à probidade administrativa, a recomendação é usualmente utilizada para a regularização de determinada situação, mediante mudança de determinado comportamento administrativo, ou a demarcação da responsabilidade do agente, figurando, nesse último caso, como espécie de advertência de possível responsabilização posterior pela prática de ato de improbidade administrativa.[328]

Trata-se de instrumento de prevenção de responsabilidades ou correção de condutas. Por depender do convencimento decorrente de sua fundamentação para ser atendida e, assim, alcançar sua plena eficácia, a recomendação não tem caráter coercitivo, regendo-se, dentre outros, pelos seguintes princípios:

a) motivação;
b) formalidade e solenidade;
c) celeridade e implementação tempestiva das medidas recomendadas;
d) publicidade, moralidade, eficiência, impessoalidade e legalidade;
e) máxima amplitude do objeto e das medidas recomendadas;
f) garantia de acesso à Justiça;
g) máxima utilidade e efetividade;
h) caráter não-vinculativo das medidas recomendadas;
i) caráter preventivo ou corretivo;
j) resolutividade;
k) segurança jurídica;
l) ponderação e proporcionalidade nos casos de tensão entre direitos fundamentais.

O Ministério Público, de ofício ou mediante provocação, nos autos de inquérito civil, de procedimento administrativo ou procedimento preparatório, pode expedir recomendação objetivando o respeito e a efetividade dos direitos e interesses que lhe incumba defender e, sendo o caso, a edição ou alteração de normas.

Antes de expedir a recomendação à autoridade pública, devem ser requisitadas informações ao órgão destinatário sobre a situação jurídica e o caso concreto a ela afetos, exceto em caso de impossibilidade devidamente motivada. Contudo, em casos que reclamam urgência, o Ministério Público pode, de ofício, expedir recomendação, procedendo, posteriormente, à instauração do respectivo procedimento.

A recomendação pode ser dirigida, de maneira preventiva ou corretiva, preliminar ou definitiva, a qualquer pessoa, física ou jurídica, de direito

[328] Garcia, Emerson; Pacheco, Rogério Alves. *Op. cit.* p. 911.

público ou privado, que tenha condições de fazer ou deixar de fazer alguma coisa para salvaguardar interesses, direitos e bens de que é incumbido o Ministério Público.

A recomendação deve ser dirigida a quem tem poder, atribuição ou competência para a adoção das medidas recomendadas, ou responsabilidade pela reparação ou prevenção do dano. Não pode ser expedida recomendação que tenha como destinatária a mesma parte e como objeto o mesmo pedido de ação judicial, ressalvadas as situações excepcionais, justificadas pelas circunstâncias de fato e de direito e pela natureza do bem tutelado, devidamente motivadas, e desde que não contrarie decisão judicial.

Sendo cabível a recomendação, esta deve ser manejada anterior e preferencialmente à ação judicial. A recomendação deve ser devidamente fundamentada, mediante a exposição dos argumentos fáticos e jurídicos que justificam a sua expedição, bem como indicar prazo razoável para a adoção das providências cabíveis, apontando-as de forma clara e objetiva. O atendimento da recomendação será apurado nos autos do inquérito civil, procedimento administrativo ou preparatório em que foi expedida, podendo, na hipótese de descumprimento, servir de meio para comprovar o dolo do agente.

O membro do Ministério Público pode requisitar ao destinatário a adequada e imediata divulgação da recomendação expedida, incluindo sua afixação em local de fácil acesso ao público. Também pode requisitar, em prazo razoável, resposta por escrito sobre o atendimento ou não da recomendação, bem como instar os destinatários a respondê-la de modo fundamentado.

Na hipótese de desatendimento à recomendação, de falta de resposta ou de resposta considerada inconsistente, o Ministério Público deve adotar as medidas cabíveis à obtenção do resultado pretendido com a expedição da recomendação.

Com o objetivo de evitar a judicialização e fornecer ao destinatário todas as informações úteis à formação de seu convencimento quanto ao atendimento da recomendação, o Ministério Público, ao expedir a recomendação, pode indicar as medidas que entende cabíveis, em tese, no caso de desatendimento da recomendação, desde que incluídas em sua esfera de atribuições, inclusive eventual incorrência em ato de improbidade administrativa.

7. Compromisso de ajustamento de conduta

Nos casos previstos em lei, o Ministério Público pode firmar compromisso de ajustamento de conduta com o responsável pela ameaça ou lesão aos direitos coletivos, visando à reparação do dano, à adequação da conduta às exigências legais ou normativas e, ainda, à compensação e à indenização pelos danos que não possam ser recuperados. Tal instituto é regulamentado pela Resolução n. 179/2017, do Conselho Nacional do Ministério Público. Cita-se o exemplo de entidade pública que celebra com o Ministério Público termo de ajustamento de conduta para a elaboração de Sistema de Integridade (*public compliance*) voltado a todos os seus órgãos e servidores.

O compromisso de ajustamento de conduta é instrumento de garantia dos direitos e interesses difusos e coletivos, individuais homogêneos e outros direitos de cuja defesa está incumbido o Ministério Público. Possui natureza de negócio jurídico que tem por finalidade a adequação da conduta às exigências legais e constitucionais, com eficácia de título executivo extrajudicial a partir da celebração.

Não sendo o titular dos direitos concretizados no compromisso de ajustamento de conduta, não pode o órgão do Ministério Público fazer concessões que impliquem renúncia aos direitos ou interesses difusos, coletivos e individuais homogêneos, cingindo-se a negociação à interpretação do direito para o caso concreto, à especificação das obrigações adequadas e necessárias, em especial o modo, tempo e lugar de cumprimento, bem como à mitigação, à compensação e à indenização dos danos que não possam ser recuperados.

É cabível o compromisso de ajustamento de conduta nas hipóteses configuradoras de improbidade administrativa, sem prejuízo do ressarcimento ao erário e da aplicação de uma ou algumas das sanções previstas em lei, de acordo com a conduta ou o ato praticado.

A celebração do compromisso de ajustamento de conduta com o Ministério Público não afasta, necessariamente, a responsabilidade administrativa ou penal pelo mesmo fato, nem importa, automaticamente, no reconhecimento de responsabilidade para outros fins que não os estabelecidos expressamente no compromisso.

Cabe ao órgão do Ministério Público com atribuição para a celebração do compromisso de ajustamento de conduta decidir quanto à necessidade, conveniência e oportunidade de reuniões ou audiências públicas com a participação dos titulares dos direitos, entidades que os representem ou demais interessados.

No exercício de suas atribuições, pode o órgão do Ministério Público tomar compromisso de ajustamento de conduta para a adoção de medidas provisórias ou definitivas, parciais ou totais. Na hipótese de adoção de medida provisória ou parcial, a investigação deve continuar em relação aos demais aspectos da questão, ressalvada situação excepcional que enseje arquivamento fundamentado.

O compromisso de ajustamento de conduta é tomado em qualquer fase da investigação, nos autos de inquérito civil ou procedimento correlato, ou no curso da ação judicial, devendo conter obrigações certas, líquidas e exigíveis, salvo peculiaridades do caso concreto, e ser assinado pelo órgão do Ministério Público e pelo compromitente.

O compromisso de ajustamento de conduta deve prever multa diária ou outras espécies de cominação para o caso de descumprimento das obrigações nos prazos assumidos. Admite-se, em casos excepcionais e devidamente fundamentados, a previsão de que esta cominação seja fixada judicialmente, se necessária à execução do compromisso.

As indenizações pecuniárias referentes a danos a direitos ou interesses difusos e coletivos, quando não for possível a reconstituição específica do bem lesado, e as liquidações de multas deverão ser destinadas a fundos federais, estaduais e municipais que tenham o mesmo escopo do fundo previsto no artigo 13 da Lei n. 7.347/1985.

Nessas hipóteses, também é admissível a destinação dos referidos recursos a projetos de prevenção ou reparação de danos de bens jurídicos da mesma natureza, ao apoio a entidades cuja finalidade institucional inclua a proteção aos direitos ou interesses difusos, a depósito em contas judiciais ou, ainda, podem receber destinação específica que tenha a mesma finalidade dos fundos previstos em lei ou esteja em conformidade com a natureza e a dimensão do dano.

Os valores referentes às medidas compensatórias decorrentes de danos irreversíveis aos direitos ou interesses difusos devem ser, preferencialmente, revertidos em proveito da região ou pessoas impactadas.

O órgão do Ministério Público que tomou o compromisso de ajustamento de conduta deve diligenciar para fiscalizar o seu efetivo cumprimento, valendo-se, sempre que necessário e possível, de técnicos especializados. Podem ser previstas no próprio compromisso de ajustamento de conduta obrigações consubstanciadas na periódica prestação de informações sobre a execução do acordo pelo compromitente.

Uma vez descumprido, no todo ou em parte, o compromisso de ajustamento de conduta, deve o órgão de execução do Ministério Público com atribuição para fiscalizar o seu cumprimento promover, no prazo máximo de sessenta dias, ou assim que possível, nos casos de urgência, a execução judicial do respectivo título executivo extrajudicial com relação às cláusulas em que se constatar a mora ou inadimplência.

Tal prazo pode ser excedido se o compromitente, instado pelo órgão do Ministério Público, justificar satisfatoriamente o descumprimento ou reafirmar sua disposição para o cumprimento, casos em que ficará a critério do órgão ministerial decidir pelo imediato ajuizamento da execução, por sua repactuação ou pelo acompanhamento das providências adotadas pelo compromitente até o efetivo cumprimento do compromisso de ajustamento de conduta, sem prejuízo da possibilidade de execução da multa, quando cabível e necessário.

O Ministério Público tem legitimidade para executar compromisso de ajustamento de conduta firmado por outro órgão público, no caso de sua omissão frente ao descumprimento das obrigações assumidas, sem prejuízo da adoção de outras providências de natureza civil ou criminal que se mostrarem pertinentes, inclusive em face da inércia do órgão público compromitente.

8. Improbidade administrativa e atividade de inteligência ministerial

A atividade de inteligência encontra fundamento constitucional no princípio da eficiência (artigos 37, *caput*, e 74, inciso II, da Constituição Federal), em especial em seus corolários da economicidade e efetividade.

No âmbito infraconstitucional, a Lei n. 9.883/1999 trata da atividade de inteligência em nível federal, deixando claro que a atividade de inteligência (gênero) pode ser classificada em inteligência em sentido estrito e contrainteligência.

A primeira delas pode ser definida como "a atividade que objetiva a obtenção, análise e disseminação de conhecimentos dentro e fora do território nacional sobre fatos e situações de imediata ou potencial influência sobre o processo decisório e a ação governamental e sobre a salvaguarda e a segurança da sociedade e do Estado" (artigo 1º, § 2º, da Lei n. 9.883/1999).

De outra banda, a contrainteligência é "a atividade que objetiva neutralizar a inteligência adversa" (artigo 1º, § 3º, da Lei n. 9.883/1999).

A atividade de inteligência tem como finalidade a produção de conhecimento para o tomador de decisão que se encontra em posição estratégica. Trata-se, portanto, de "atividade-meio que visa à obtenção de informações e sua análise para fins de produção conhecimento e auxílio a tomada de decisões estratégicas ou táticas da atividade-fim, bem como a proteção contra atividade de inteligência adversa".[329]

No âmbito do Ministério Público, a atividade de inteligência pode ser desempenhada por órgão diversos, nos termos da Lei n. 8.625/1993 e da Lei Complementar n. 75/1993.[330]

É preciso, contudo, diferenciar a atividade ministerial de investigação dos atos de improbidade administrativa da atividade de inteligência.

A atividade ministerial de investigação é executada mediante procedimentos próprios – procedimento de investigatórios criminal (PIC) no âmbito penal e inquérito civil (IC) na esfera não penal –, que têm como finalidade a produção de provas sobre a prática de um determinado ato de improbidade administrativa, de modo a permitir a formação do convencimento do órgão ministerial acerca da necessidade de propositura de uma demanda.[331]

De outro vértice, a atividade ministerial de inteligência tem como base a atuação sistematizada na obtenção de dados e a submissão dessas infor-

[329] VITORELLI, Edilson. **Manual de Direito Difusos**. Salvador: Juspodivm, p. 829.

[330] "Em que pese ausência de uma 'cultura de inteligência' consolidada em alguns órgãos ambientais e mesmo do Ministério Público (isso sem mencionar a mistificação em torno desse importante ramo de atuação), a atividade de inteligência desempenha papel fundamental em todas as suas áreas de atuação: • obter informações, submetendo-as a criteriosa análise e com isso produzindo conhecimento, com a finalidade de amparar a tomada de decisões estratégicas ou táticas nos mais diferentes níveis, notadamente no combate a macrocriminalidade e defesa de interesses difusos; • identificar fatos ou situações que possam resultar em ameaças, riscos ou oportunidades para a atuação do Ministério Público; • subsidiar a Administração Superior com conhecimentos (diferente de simples estatísticas) sobre o aumento de ilícitos ambientais para realizar planejamento estratégico, incremento de recursos físicos e humanos nessa área de atuação; • subsidiar os órgãos de execução com conhecimentos relativos a suas atribuições, por exemplo, aumento de ilícitos ambientais em determinada região, aprofundamento de informações preliminares recebidas; • maior entrosamento com órgãos de fiscalização ou policiais; • incremento de atuação proativa, ao invés de meramente reativa (ênfase na prevenção do ilícito ambiental); • identificação de inconsistências em licenciamentos ambientais concedidos, seja em razão de falhas ou fraudes no órgão ambiental." (VITORELLI, Edilson. **Manual de Direito Difusos**. Salvador: Juspodivm, p. 830.)

[331] VITORELLI, Edilson. **Manual de Direito Difusos**. Salvador: Juspodivm, p. 830.

mações a um processo científico de tratamento, com a consequente produção de "conhecimento", visando a subsidiar a tomada de decisões.[332]

Assim, a atividade de inteligência ministerial adquire importância não só para a repressão, mas, também, para a prevenção da prática de atos de improbidade administrativa, em especial diante dos novos contornos que vêm ganhando os atos de corrupção, perpetradas de forma cada vez mais complexa e com uma estrutura de ocultação específica. Nesse sentido, a Política Nacional de Inteligência (Decreto n. 8.793/2016) destaca a corrupção enquanto:

> [...] fenômeno mundial capaz de produzir a erosão das instituições e o descrédito do Estado como agente a serviço do interesse nacional. Pode ter, nos polos ativo e passivo, agentes públicos e privados. Cabe à Inteligência cooperar com os órgãos de controle e com os governantes na prevenção, identificação e combate à corrupção em suas diversas manifestações, inclusive quando advindas do campo externo, que colocam em risco o interesse público.

Na área da improbidade administrativa, os promotores e procuradores de Justiça são detentores de amplos conhecimentos e uma multiplicidade de informações, os quais, muitas vezes, não são compartilhados, submetidos a qualquer forma de análise científica ou sequer estruturados, reduzindo a eficiência e eficácia da atuação ministerial.

Desse modo, é preciso uma readequação do Ministério Público, com "a estruturação física e humana de setores de inteligência ministeriais, a capacitação permanente de membros e servidores, e o estabelecimento de procedimentos padronizados",[333] de modo que a inteligência contribua de forma efetiva para o combate à prática de atos de improbidade administrativa.

332 Vitorelli, Edilson. **Manual de Direito Difusos.** Salvador: Juspodivm, p. 830.
333 Vitorelli, Edilson. **Manual de Direito Difusos.** Salvador: Juspodivm, p. 832.

CAPÍTULO 7
DECLARAÇÃO DE BENS, PROCEDIMENTO ADMINISTRATIVO E DISPOSIÇÕES PENAIS

1. Declaração de bens

O Capítulo VII da Lei n. 8.429/1992 versa sobre a "Declaração de Bens" – artigo 13, *caput* e parágrafos – e foi inteiramente modificado pela Lei n. 14.230/2021.

Trata-se de importante medida para a preservação do patrimônio público, pois preconiza expressamente a obrigação de registro, no momento da posse, de todos os bens pertencentes ao agente público. Assim, facilita-se a posterior verificação de eventual enriquecimento ilícito, demonstrável a partir de uma incompatibilidade do atual patrimônio do servidor com a remuneração e demais verbas lícitas recebidas no período.

Tal disposição possui sua gênese no artigo 3º da Lei n. 3.164, de 1º de junho de 1957, conhecida como Lei Pitombo-Godoy Ilha.[334] A citada norma, mantida nas legislações subsequentes, instituía o registro público obrigatório, com atualização bienal, dos valores e bens pertencentes ao patrimônio privado daqueles que exerciam cargos ou funções públicas da União e entidades autárquicas, eletivas ou não:

> Art. 3º É instituído o registro público obrigatório dos valores e bens pertencentes ao patrimônio privado de quantos exerçam cargos ou funções públicas da União e entidades autárquicas, eletivas ou não.
>
> § 1º O registro far-se-á no Serviço do Pessoal competente, mediante declaração do servidor público, incidindo na pena de demissão do serviço público o que fizer falsa declaração.

[334] Cf. BARBOSA, Renato Kim. **Corrupção e Dano Social**: Análise da Responsabilidade Civil inclusive na *Nova* Lei de Improbidade Administrativa. São Paulo: Almedina, 2022, p. 166-169.

§ 2º O registro compreenderá, móveis, imóveis, semoventes, dinheiro, títulos e ações e qualquer outra espécie de bens e valores patrimoniais, excluídos os objetos e utensílios de uso doméstico cuja soma não exceda de Cz$ 100.000,00 (cem mil cruzeiros).

§ 3º A declaração será atualizada bienalmente, podendo a autoridade a que estiver subordinado o servidor exigir a comprovação da legitimidade da procedência dos bens acrescidos ao patrimônio do servidor.

§ 4º O registro prévio é condição indispensável à posse do servidor público e deverá ser obrigatoriamente atualizado antes do seu afastamento do cargo ou função.

§ 5º A declaração de que trata êste artigo compreende os bens do casal.

Antes da mudança legislativa realizada em 2021, a Lei n. 8.429/1992 condicionava a posse e o exercício de agente público à apresentação de declaração dos bens e valores que compunham o seu patrimônio privado, com a finalidade de ser arquivada no serviço de pessoal competente.

A declaração compreendia imóveis, móveis, semoventes, dinheiro, títulos, ações e qualquer outra espécie de bens e valores patrimoniais, localizados no país ou no exterior, abrangendo, quando era o caso, os bens e valores patrimoniais do cônjuge ou companheiro, dos filhos e de outras pessoas que vivam sob a dependência econômica do declarante, excluídos apenas os objetos e utensílios de uso doméstico. Essa declaração devia ser atualizada anualmente e na data em que o agente público deixasse o exercício do mandato, cargo, emprego ou função. Também era prevista a pena de demissão, a bem do serviço público, sem prejuízo de outras sanções cabíveis, para o agente público que se recusasse a prestar declaração dos bens, dentro do prazo determinado, ou que a prestasse falsa. O declarante, a seu critério, podia entregar cópia da declaração anual de bens apresentada à Delegacia da Receita Federal na conformidade da legislação do imposto sobre a renda e proventos de qualquer natureza, com as necessárias atualizações, para suprir a exigência colacionada acima.

Com as alterações empreendidas pela Lei n. 14.230/2021, permitiu-se a apresentação de declaração de imposto de renda e proventos de qualquer natureza, que tenha sido entregue à Secretaria Especial da Receita Federal do Brasil, visando a ser arquivada no serviço de pessoal competente.

Tal declaração de bens deve ser atualizada anualmente e na data em que o agente público deixar o exercício do mandato, do cargo, do emprego ou da função.

Manteve-se a pena de demissão, sem prejuízo de outras sanções cabíveis, para o agente público que se recusar a prestar a declaração dos bens em apreço dentro do prazo determinado ou que prestar declaração falsa.

Por fim, a exclusão da exigência de declaração dos bens pertencentes a cônjuge, companheiro, filhos ou outras pessoas que vivem sob dependência do agente público. Tal imposição, atualmente revogada pela Lei n. 14.230/2021, era expressamente prevista no § 1º do artigo 13 da Lei n. 8.429/1992:

> Art. 13 [...] § 1º A declaração compreenderá imóveis, móveis, semoventes, dinheiro, títulos, ações, e qualquer outra espécie de bens e valores patrimoniais, localizado no País ou no exterior, e, quando for o caso, abrangerá os bens e valores patrimoniais do cônjuge ou companheiro, dos filhos e de outras pessoas que vivam sob a dependência econômica do declarante, excluídos apenas os objetos e utensílios de uso doméstico. [...].

Entendemos inconstitucional a revogação, uma vez que não é possível afastar a apresentação da declaração patrimonial de cônjuge e dependentes, em atenção aos princípios da vedação ao retrocesso social e da tutela mínima anticorrupção. Com efeito, tal supressão pode facilitar a ocultação de bens indevidamente auferidos pelo agente público, prejudicando uma efetiva proteção do patrimônio público.

2. Procedimento administrativo

A nova redação da Lei de Improbidade Administrativa, conforme as alterações empreendidas pela Lei n. 14.230/2021, manteve em seus artigos 14 e 15, com pequenas alterações, o procedimento administrativo para investigar fatos tipificados como improbidade administrativa. Todavia, tal procedimento não se destina a aplicar as sanções previstas no artigo 12 da Lei n. 8.429/1992, mas, sim, para infligir as penalidades disciplinares cabíveis, conforme o respectivo estatuto funcional do agente público ímprobo.

Nesse sentido, permite-se que qualquer pessoa ofereça representação à autoridade administrativa competente – por exemplo, superior hierárquico do servidor faltoso – para que seja instaurada investigação destinada a apurar, em procedimento disciplinar, os fatos que podem configurar improbidade administrativa.

A Súmula 611 do Superior Tribunal de Justiça, atinente à "denúncia" anônima, assentou o seguinte entendimento: "Desde que devidamente motivada e com amparo em investigação ou sindicância, é permitida a instauração de processo administrativo disciplinar com base em denúncia anônima, em face do poder-dever de autotutela imposto à Administração."

Quanto aos seus requisitos, a representação deve ser escrita ou reduzida a termo e assinada, bem como necessita conter a qualificação do representante, as informações sobre o fato e sua autoria e a indicação das provas de que tenha conhecimento.

Se a representação, contudo, não preencher tais requisitos, a autoridade administrativa a rejeitará em despacho fundamentado. O indeferimento, contudo, não impede o interessado de oferecer nova representação agora ao Ministério Público, nos termos do artigo 22 da lei:

> Art. 22. Para apurar qualquer ilícito previsto nesta Lei, o Ministério Público, de ofício, a requerimento de autoridade administrativa ou mediante representação formulada de acordo com o disposto no art. 14 desta Lei, poderá instaurar inquérito civil ou procedimento investigativo assemelhado e requisitar a instauração de inquérito policial.
>
> Parágrafo único. Na apuração dos ilícitos previstos nesta Lei, será garantido ao investigado a oportunidade de manifestação por escrito e de juntada de documentos que comprovem suas alegações e auxiliem na elucidação dos fatos.

Já no caso de a representação preencher os requisitos legais, a autoridade administrativa determinará a imediata apuração dos fatos, observada a legislação que regula o processo administrativo disciplinar aplicável ao agente. Neste ponto, a Lei de Improbidade Administrativa adequou a redação do § 3º do artigo 13, que antes tratava apenas dos servidores federais e militares, para abranger os agentes públicos de qualquer ente federativo.

O artigo 15, *caput*, da Lei de Improbidade Administrativa estabelece uma obrigação para a respectiva comissão processante: dar conhecimento ao Ministério Público e ao Tribunal de Contas acerca da existência de procedimento administrativo instaurado para apurar a prática de ato de improbidade administrativa. Em verdade, o dispositivo vai além, permitindo a habilitação do Ministério Público ao exercício da função de fiscal da ordem jurídica em processos administrativos para a apuração de atos de improbidade administrativa.

Por fim, faculta-se, no parágrafo único do citado dispositivo, ao Ministério Público e ao Tribunal de Contas a designação, a requerimento, de representante para acompanhar o procedimento administrativo instaurado para a apuração dos fatos.

3. Disposições penais

3.1. Artigo 19

Mantendo a normativa anterior, a *Nova* Lei de Improbidade Administrativa tipifica o seguinte delito em seu artigo 19:

> Art. 19. Constitui crime a representação por ato de improbidade contra agente público ou terceiro beneficiário, quando o autor da denúncia o sabe inocente.
>
> Pena: detenção de seis a dez meses e multa.
>
> Parágrafo único. Além da sanção penal, o denunciante está sujeito a indenizar o denunciado pelos danos materiais, morais ou à imagem que houver provocado.

O crime em apreço consiste na conduta do autor que, mesmo ciente da inocência do representado, oferece representação por ato de improbidade administrativa contra agente público ou terceiro beneficiário. As respectivas penas são de seis a dez meses de detenção e multa. A norma ainda ressalva expressamente que tal sanção penal não exclui a reparação dos danos materiais ou morais.

Todavia, se a representação for recebida e, como consequência, for instaurada investigação ou ajuizada ação, prevalece o delito previsto no artigo 339 do Código Penal, que tipifica a denunciação caluniosa, *in verbis*:

> Art. 339. Dar causa à instauração de inquérito policial, de procedimento investigatório criminal, de processo judicial, de processo administrativo disciplinar, de inquérito civil ou de ação de improbidade administrativa contra alguém, imputando-lhe crime, infração ético-disciplinar ou ato ímprobo de que o sabe inocente:
>
> Pena – reclusão, de dois a oito anos, e multa.
>
> § 1º – A pena é aumentada de sexta parte, se o agente se serve de anonimato ou de nome suposto.
>
> § 2º – A pena é diminuída de metade, se a imputação é de prática de contravenção.

Assim, o crime previsto no artigo 19 da Lei de Improbidade Administrativa apenas existirá se a representação for indeferida, pois, do contrário, prevalece o delito mais grave previsto no artigo 339, do Código Penal.[335] As penas deste delito são de dois a oito anos de reclusão e multa, as quais podem ser majoradas de um sexto se o agente se utilizar de anonimato ou nome falso.

Por fim, se um dos sujeitos ativos previstos no artigo 2º da Lei de Abuso de Autoridade (Lei n. 13.869/2019) requisitar investigações e atuar mediante dolo específico de beneficiar a terceiro ou a si mesmo, não estaremos diante da infração prevista no artigo 19 da Lei de Improbidade Administrativa, mas, sim, do delito previsto no artigo 27 da Lei n. 13.869/2019:

> Art. 27. Requisitar instauração ou instaurar procedimento investigatório de infração penal ou administrativa, em desfavor de alguém, à falta de qualquer indício da prática de crime, de ilícito funcional ou de infração administrativa:
>
> Pena – detenção, de 6 (seis) meses a 2 (dois) anos, e multa.
>
> Parágrafo único. Não há crime quando se tratar de sindicância ou investigação preliminar sumária, devidamente justificada.

3.2. Sanções penais – artigos 20 e 21 da Lei n. 8.429/1992

O artigo 20 estabelece que: "A perda da função pública e a suspensão dos direitos políticos só se efetivam com o trânsito em julgado da sentença condenatória."

Desse modo, as referidas sanções – perda da função pública e suspensão dos direitos políticos – apenas podem ser aplicadas após o transcurso do referido marco processual: trânsito em julgado da decisão judicial que reconheceu a existência do ato de improbidade administrativa e aplicou tais penalidades.

Na redação originária do parágrafo único do artigo 20, concedia-se tanto à autoridade judicial quanto à autoridade administrativa o poder para afastar o agente público do exercício do cargo, emprego ou função, sem prejuízo da remuneração, quando a medida se fizesse necessária à instrução processual.

[335] De outro modo, parcela da doutrina entende que houve a revogação do tipo penal previsto no artigo 19 da Lei n. 8.429/1992. Por todos, conferir: ZIESEMER, Henrique da Rosa; PINHEIRO, Igor Pereira. **Nova lei de improbidade administrativa comentada.** Leme: Mizuno, 2022, p. 311.

Todavia, a Lei n. 14.230/2021 alterou tal dispositivo para restringir esse poder apenas ao juiz. Fixou, ainda, um prazo para tal afastamento: até 90 (noventa) dias, prorrogáveis uma única vez por igual período, mediante decisão motivada.

Acerca do prazo de afastamento, encontramos duas posições. A primeira preconiza uma interpretação literal do dispositivo para permitir um afastamento do agente público de até no máximo cento e oitenta dias (noventa mais noventa). A segunda sugere a realização de uma interpretação teleológica da norma, ou seja, o prazo fixado em lei é apenas um ponto de partida para o juiz da causa, que, diante das peculiaridades fáticas do caso concreto, pode alongar, com base na razoabilidade, o período de afastamento. Nesse sentido (destaques nossos):

> AGRAVO INTERNO NA SUSPENSÃO DE LIMINAR E DE SENTENÇA. AFASTAMENTO DE PREFEITO. PRORROGAÇÃO DO PRAZO POR MAIS 180 DIAS. GRAVE LESÃO À ORDEM E À ECONOMIA PÚBLICAS NÃO DEMONSTRADA. 1. A suspensão de liminar é medida excepcional de contracautela cuja finalidade é evitar grave lesão à ordem, à saúde, à segurança ou à economia públicas. 2. A jurisprudência do Superior Tribunal de Justiça é no sentido de que "o deferimento do pedido de suspensão está condicionado à cabal demonstração de que a manutenção da decisão impugnada causa grave lesão a um dos bens tutelados pela legislação de regência". 3. O afastamento temporário de prefeito municipal decorrente de investigação por atos de improbidade administrativa (art. 20, parágrafo único, da Lei n. 8.429/1992) não tem o potencial de, por si só, causar grave lesão aos bens jurídicos protegidos pela Lei n. 8.437/1992. 4. **O STJ considera razoável o prazo de 180 dias para afastamento cautelar de prefeito. Todavia, também entende que, excepcionalmente, as peculiaridades fáticas do caso concreto podem ensejar a necessidade de alongar o período de afastamento**, sendo o juízo natural da causa, em regra, o mais competente para tanto (AgRg na SLS n. 1.854/ES, relator Ministro Felix Fischer, Corte Especial, DJe de 21/3/2014). 5. No presente caso, as decisões mencionadas apresentam fundamentação idônea e têm prazo determinado. A prorrogação do afastamento do cargo de prefeito está fundada em elementos probatórios contemporâneos, que apontam para indícios de interferência na instrução processual. Portanto, a excepcionalidade prevista pela legislação de regência não foi devidamente demonstrada. A insatisfação do requerente com a decisão impugnada e o evidente interesse pessoal de retornar ao cargo de prefeito aparentam transcen-

der o interesse público em discussão. Agravo interno improvido. (STJ, AgInt na SLS n. 2.790/ES, Relator: Ministro Humberto Martins, Corte Especial, j. 01/12/2020, DJe 14/12/2020.)

3.2.1. Parâmetros para a aplicação das sanções previstas no artigo 12 da Lei n. 8.429/1992

Embora topograficamente dentro do Capítulo VI – "Das Disposições Penais", o artigo 21 da Lei de Improbidade Administrativa regulamenta as sanções previstas no artigo 12, estabelecendo que elas independem:

a) da efetiva ocorrência de dano ao patrimônio público, salvo quanto ao ressarcimento ou quanto ao ato de improbidade administrativa que causa lesão ao erário. Esta última exceção foi incluída pela Lei n. 14.230/2021, de modo que atualmente é indispensável a comprovação da efetiva ocorrência do dano em duas hipóteses: 1) quanto ao ressarcimento; e 2) quanto aos atos que causam lesão ao erário;
b) da aprovação ou rejeição das contas pelo órgão de controle interno ou pelo Tribunal ou Conselho de Contas. As sanções da Lei de Improbidade Administrativa não estão vinculadas à aprovação ou rejeição das contas por parte do respectivo tribunal de contas ou órgão de controle interno. Assim, um gestor que teve suas contas aprovadas pelo Tribunal de Contas poderá sofrer as penalidades previstas na Lei n. 8.429/1992.

3.2.2. Observância das decisões tomadas por órgãos de controle

A Lei n. 14.230/2021 introduziu balizas para as decisões judiciais, que agora devem considerar os atos do órgão de controle interno ou externo quando tiverem servido de fundamento para a conduta do agente público (artigo 21, § 1º, da Lei n. 8.429/1992).

Ademais, também devem ser sopesadas as provas produzidas perante os órgãos de controle e as correspondentes decisões devem ser consideradas na formação da convicção do juiz, sem prejuízo da análise do dolo na conduta do agente (artigo 21, § 2º, da Lei n. 8.429/1992).

Pondere-se que, embora devam ser consideradas as decisões dos órgãos de controle, qualquer interpretação que pretenda vincular as decisões do Poder Judiciário é inconstitucional, por violar o artigo 5º, *caput*, inciso XXXV, da Constituição. Nesse sentido:

[...] O Controle exercido pelo Tribunal de Contas, não é jurisdicional, por isso que não há qualquer vinculação da decisão proferida pelo órgão de controle e a possibilidade de ser o ato impugnado em sede de ação de improbidade administrativa, sujeita ao controle do Poder Judiciário. (STJ, REsp 1032732/CE, Rel. Ministro LUIZ FUX, PRIMEIRA TURMA, julgado em 19/11/2009, DJe 03/12/2009.)

3.2.3. Novo regime de independência das instâncias e inconstitucionalidade da comunicabilidade das sentenças penais absolutórias com a improbidade administrativa

Uma mesma conduta pode implicar, simultaneamente, ilícito penal, civil e administrativo. Tradicionalmente, o sistema da independência das instâncias permite a propositura de demandas independentes em cada uma dessas esferas, pois a primeira versa sobre o interesse de punir do Estado e as demais sobre o aspecto patrimonial e funcional.

Agora, segundo o § 3º do referido artigo 21, as sentenças civis e penais produzem efeitos em relação à ação de improbidade administrativa quando concluírem *pela inexistência da conduta ou pela negativa da autoria*. E o parágrafo subsequente (§ 4º) determina que a absolvição criminal em ação que se discutem os mesmos fatos, confirmada por *decisão colegiada, impede o trâmite da ação de improbidade administrativa*, havendo comunicação *com todos os fundamentos de absolvição* previstos no artigo 386 do Código de Processo Penal.[336]

Como regra, a sentença absolutória não exerce qualquer influência sobre o processo cível, salvo quando reconhece, categoricamente, a inexistência material do fato ou afasta peremptoriamente a autoria ou participação. Nesse sentido, o artigo 66 do Código de Processo Penal: "Não obstante a sentença absolutória no juízo criminal, a ação civil poderá ser proposta quando não tiver sido, categoricamente, reconhecida a inexistência material do fato". E, ainda, o artigo 935 do Código Civil, que estabelece que a responsabilidade civil é independente da criminal, não mais se podendo

[336] "Art. 21 [...] § 3º As sentenças civis e penais produzirão efeitos em relação à ação de improbidade quando concluírem pela inexistência da conduta ou pela negativa da autoria. § 4º A absolvição criminal em ação que discuta os mesmos fatos, confirmada por decisão colegiada, impede o trâmite da ação da qual trata esta Lei, havendo comunicação com todos os fundamentos de absolvição previstos no art. 386 do Decreto-Lei nº 3.689, de 3 de outubro de 1941 (Código de Processo Penal). [...]."

questionar sobre a existência do fato ou sobre quem seja o seu autor quando estas questões se acharem decididas no Juízo criminal.

De modo diverso, a nova regra contida no art. 21, § 3º, da LIA amplia a vinculação do sistema: não apenas as sentenças penais – como vinha ocorrendo até então – produzem efeitos no âmbito das ações de improbidade administrativa, mas também as sentenças civis. A regra *não se aplica a absolvições na esfera administrativa*, mas apenas na civil e na penal. Portanto, se após um processo penal ou civil o juiz conclui que não houve o fato ou que o agente não foi o autor daquela conduta (negativa de autoria), deve ser julgado improcedente o pedido de condenação pela prática de improbidade administrativa.

Contudo, a comunicabilidade dos efeitos de sentenças civis em relação à ação de improbidade administrativa deve ser interpretada em consonância com a Constituição Federal, visando a preservar a soberania do juiz que aprecia a ação na tipificação de determinada conduta ilícita como caracterizadora de ato de improbidade administrativa.

A nova lei fixou, ainda, que, em caso de absolvição pelos mesmos fatos na esfera penal, deve ser extinta a ação de improbidade administrativa. Diferentemente da exceção anterior, nesse caso a vinculação da instância ocorre sob qualquer fundamento absolutório e não apenas por inexistência de conduta ou negativa de autoria.

A alteração modifica por completo o regime estabelecido pelo artigo 935 do Código Civil, pelo artigo 126 da Lei n. 8.112/1990 e pelos artigos 66 e 67, inciso III, do Código de Processo Penal, que preveem a comunicação de efeitos entre as esferas penal e civil apenas em caso de absolvição por demonstração de inexistência do fato ou da autoria. Sobre o tema, o Superior Tribunal de Justiça entendia que há "independência entre tais instâncias que só é ressalvada quando o juízo criminal (e não a instância administrativa) reconhece a inexistência do fato ou da autoria".[337]

No novo regime, mesmo a absolvição na esfera penal por *insuficiência de provas ou pelo fato de não haver prova da existência do fato* leva à extinção da ação de improbidade administrativa. Trata-se, em verdade, de modificação substancial na aplicação do princípio da independência das instâncias e que poderá conduzir a efeitos significativos em todo o ordenamento.

[337] REsp 1.323.123/SP, Rel. Ministro Humberto Martins, 2ª Turma, j. 07/05/2013, DJe 16/05/2013.

E mais: o novo regime *não exige o trânsito em julgado*, mas apenas a prolação de decisão por um órgão colegiado.

Assim, o artigo 21, § 4º, da Lei de Improbidade Administrativa é passível de questionamento acerca de sua constitucionalidade, uma vez que prevê a comunicabilidade automática entre qualquer sentença penal absolutória e a responsabilidade pela prática de atos de improbidade administrativa. O dispositivo viola, por consequência, o artigo 37, § 4º, *in fine* – sistema probatório de responsabilização pela prática de atos de improbidade administrativa –, e o artigo 5º, *caput*, inciso LIV – devido processo legal adjetivo –, ambos da Constituição. Além disso, a medida ainda implica a submissão absoluta da jurisdição cível à jurisdição criminal, violando a autonomia de órgãos do Poder Judiciário no exercício de sua função jurisdicional. Não bastasse, a aplicação do dispositivo viola a distinção existente entre esfera penal e Direito Administrativo Sancionador, tendo sido este último consagrado expressamente pelo artigo 1º, *caput* e § 4º, da Lei de Improbidade Administrativa. Não se pode olvidar, ainda, que a aplicação automática do artigo 386, *caput*, inciso III, do Código de Processo Penal – não constituir o fato infração penal – na esfera da improbidade administrativa só seria possível se houvesse absoluta coincidência entre o tipo penal e o tipo administrativo, uma vez que é inviável a vinculação entre tipos que não contemplam a mesma conduta.

Ultrapassada a questão da constitucionalidade, entendemos possível o surgimento de duas posições a partir da inclusão dos novos dispositivos:

a) a primeira corrente limitando a vinculação à seara da improbidade administrativa;
b) a segunda corrente entendendo que o novo regime do princípio da independência das instâncias deve repercutir em todo o ordenamento jurídico. Assim, caso o agente seja absolvido na esfera penal em decorrência da prática de um crime de dano ao patrimônio, não mais poderá ser responsabilizado, por exemplo, no âmbito administrativo, independentemente dos fundamentos que deram ensejo à sua absolvição.

De qualquer modo, é preciso discutir a constitucionalidade e a convencionalidade dos novos §§ 3º e 4º do artigo 21 da Lei n. 8.429/1992. Com efeito, a alteração no regime da independência das instâncias não encontra paralelo na ordem jurídica e pode causar, caso adotada a primeira corrente, uma contradição sistêmica que atenta contra o princípio da proibição da proteção deficiente, sem prejuízo de eventual inconvencionalidade pela lesão ao princípio da tutela mínima anticorrupção.

Com os argumentos e as conclusões aduzidos acima, registra-se que o citado § 4º do artigo 21 teve sua eficácia suspensa cautelarmente na ação direta de inconstitucionalidade n. 7.236, ajuizada pela Associação Nacional dos Membros do Ministério Público (CONAMP). O ministro Alexandre de Moraes, relator do processo em questão no Supremo Tribunal Federal, aduziu o seguinte em sua decisão prolatada no dia 27 de dezembro de 2022 (destaques no original):

> Consagrada no § 4º do art. 37 da Constituição Federal, segundo o qual "os atos de improbidade administrativa importarão a suspensão dos direitos políticos, a perda da função pública, a indisponibilidade dos bens e o ressarcimento ao erário, na forma e gradação previstas em lei, sem prejuízo da ação penal cabível", a independência de instâncias exige tratamentos sancionatórios diferenciados entre os atos ilícitos em geral (civis, penais e político-administrativos) e os atos de improbidade administrativa. [...].
>
> A independência entre as diferentes formas de persecução, todavia, encontra-se abrandada por imperativos sistêmicos nas hipóteses em que, na esfera penal, seja possível reconhecer a inexistência do fato ou a negativa de sua autoria. Nesse sentido: RMS 26.510, Rel. Min. CEZAR PELUSO, Tribunal Pleno, DJe de 26/03/2010; MS 38.103 AgR, Rel. Min. TRIBUNAL PLENO, DJe de 21/03/2022; e RE 1.044.681 AgR, Rel. Min. DIAS TOFFOLI, Segunda Turma, DJe de 21/03/2018 [...].
>
> Nada obstante o reconhecimento dessa "independência mitigada" (Rcl 41.557, Rel. Min. GILMAR MENDES, Segunda Turma, DJe de 10/03/2021), a comunicabilidade ampla pretendida pela norma questionada acaba por corroer a própria lógica constitucional da autonomia das instâncias, o que indica, ao menos em sede de cognição sumária, a necessidade do provimento cautelar.
>
> **Diante de todo o exposto, presentes os requisitos para concessão de medida, suspendo a eficácia do artigo 21, §4º da Lei 8.429/1992, incluído pela Lei 14.230/2021.**

Por fim, o § 5º do mesmo artigo 21 salienta que as sanções eventualmente aplicadas em outras esferas deverão ser compensadas com as sanções aplicadas nos termos da Lei n. 8.429/1992. O dispositivo decreta a obrigação de compensação entre punições originadas em esferas distintas, medida que apenas poderá ser adotada quando as sanções forem de mesma natureza e tiverem a mesma finalidade. Ademais, é preciso que as sanções aplicadas em outras esferas sejam dotadas de definitividade no âmbito administrativo ou de coisa jugada material no âmbito jurisdicional.

A título de exemplo, uma multa imposta com base na legislação eleitoral ou em processo de tomada de contas não poderá ser abatida da multa aplicada em demanda de improbidade administrativa, sob pena, inclusive, de violação ao princípio da independência das instâncias. De outro modo, óbice algum existe ao abatimento dos pagamentos realizados na esfera penal para o ressarcimento dos danos com o montante fixado na esfera cível.

Registra-se, ademais, o seguinte julgado concernente à matéria em apreço: "A absolvição na ação de improbidade administrativa em virtude da ausência de dolo e da ausência de obtenção de vantagem indevida esvazia a justa causa de eventual ação penal" (STJ, 5ª Turma, RHC 173.448-DF, rel. min. Reynaldo Soares da Fonseca, julgado em 7/3/2023, Info 766).

3.2.4. Instauração facultativa de inquérito civil ou procedimento investigativo

O artigo 22, *caput*, da Lei de Improbidade Administrativa recebeu nova redação da Lei n. 14.230/2021, tornando expressa a faculdade de o Ministério Público instaurar inquérito civil ou procedimento investigativo assemelhado, além de requisitar a instauração de inquérito policial, para apurar qualquer ilícito previsto em tal diploma (destaques nossos):

> Art. 22. Para apurar qualquer ilícito previsto nesta Lei, o Ministério Público, de ofício, a requerimento de autoridade administrativa ou mediante representação formulada de acordo com o disposto no art. 14 desta Lei, poderá **instaurar inquérito civil ou procedimento investigativo assemelhado** e requisitar a instauração de inquérito policial.

Ademais, a nova lei ainda incluiu um parágrafo único ao referido dispositivo, salientando que, na apuração dos ilícitos em questão, deve ser garantida ao investigado a oportunidade de manifestação por escrito e de juntada de documentos que comprovem suas alegações e auxiliem na elucidação dos fatos. Tal mudança foi debatida no capítulo que trata do inquérito civil da presente obra.

CAPÍTULO 8
QUADRO COMPARATIVO

ANTIGA LEI DE IMPROBIDADE ADMINISTRATIVA	*NOVA* LEI DE IMPROBIDADE ADMINISTRATIVA
Ementa: Dispõe sobre as sanções aplicáveis aos agentes públicos nos casos de enriquecimento ilícito no exercício de mandato, cargo, emprego ou função na administração pública direta, indireta ou fundacional e dá outras providências.	Ementa: Dispõe sobre as sanções aplicáveis em virtude da prática de atos de improbidade administrativa, de que trata o § 4º do art. 37 da Constituição Federal; e dá outras providências.
CAPÍTULO I **Das Disposições Gerais**	**CAPÍTULO I** **Das Disposições Gerais**
Art. 1º Os atos de improbidade praticados por qualquer agente público, servidor ou não, contra a administração direta, indireta ou fundacional de qualquer dos Poderes da União, dos Estados, do Distrito Federal, dos Municípios, de Território, de empresa incorporada ao patrimônio público ou de entidade para cuja criação ou custeio o erário haja concorrido ou concorra com mais de cinqüenta por cento do patrimônio ou da receita anual, serão punidos na forma desta lei.	Art. 1º O sistema de responsabilização por atos de improbidade administrativa tutelará a probidade na organização do Estado e no exercício de suas funções, como forma de assegurar a integridade do patrimônio público e social, nos termos desta Lei.
Parágrafo único. Estão também sujeitos às penalidades desta lei os atos de improbidade praticados contra o patrimônio de entidade que receba subvenção, benefício ou incentivo, fiscal ou creditício, de órgão público bem como daquelas para cuja criação ou custeio o erário haja concorrido ou concorra com menos de cinqüenta por cento do patrimônio ou da receita anual, limitando-se, nestes casos, a sanção patrimonial à repercussão do ilícito sobre a contribuição dos cofres públicos.	Revogado·

***ANTIGA* LEI DE IMPROBIDADE ADMINISTRATIVA**	***NOVA* LEI DE IMPROBIDADE ADMINISTRATIVA**
	§ 1º Consideram-se atos de improbidade administrativa as condutas dolosas tipificadas nos arts. 9º, 10 e 11 desta Lei, ressalvados tipos previstos em leis especiais.
	§ 2º Considera-se dolo a vontade livre e consciente de alcançar o resultado ilícito tipificado nos arts. 9º, 10 e 11 desta Lei, não bastando a voluntariedade do agente.
	§ 3º O mero exercício da função ou desempenho de competências públicas, sem comprovação de ato doloso com fim ilícito, afasta a responsabilidade por ato de improbidade administrativa.
	§ 4º Aplicam-se ao sistema da improbidade disciplinado nesta Lei os princípios constitucionais do direito administrativo sancionador.
	§ 5º Os atos de improbidade violam a probidade na organização do Estado e no exercício de suas funções e a integridade do patrimônio público e social dos Poderes Executivo, Legislativo e Judiciário, bem como da administração direta e indireta, no âmbito da União, dos Estados, dos Municípios e do Distrito Federal.
	§ 6º Estão sujeitos às sanções desta Lei os atos de improbidade praticados contra o patrimônio de entidade privada que receba subvenção, benefício ou incentivo, fiscal ou creditício, de entes públicos ou governamentais, previstos no § 5º deste artigo.
	§ 7º Independentemente de integrar a administração indireta, estão sujeitos às sanções desta Lei os atos de improbidade praticados contra o patrimônio de entidade privada para cuja criação ou custeio o erário haja concorrido ou concorra no seu patrimônio ou receita atual, limitado o ressarcimento de prejuízos, nesse caso, à repercussão do ilícito sobre a contribuição dos cofres públicos.

ANTIGA LEI DE IMPROBIDADE ADMINISTRATIVA	*NOVA* LEI DE IMPROBIDADE ADMINISTRATIVA
	§ 8º Não configura improbidade a ação ou omissão decorrente de divergência interpretativa da lei, baseada em jurisprudência, ainda que não pacificada, mesmo que não venha a ser posteriormente prevalecente nas decisões dos órgãos de controle ou dos tribunais do Poder Judiciário.
Art. 2º Reputa-se agente público, para os efeitos desta lei, todo aquele que exerce, ainda que transitoriamente ou sem remuneração, por eleição, nomeação, designação, contratação ou qualquer outra forma de investidura ou vínculo, mandato, cargo, emprego ou função nas entidades mencionadas no artigo anterior.	Art. 2º Para os efeitos desta Lei, consideram-se agente público o agente político, o servidor público e todo aquele que exerce, ainda que transitoriamente ou sem remuneração, por eleição, nomeação, designação, contratação ou qualquer outra forma de investidura ou vínculo, mandato, cargo, emprego ou função nas entidades referidas no art. 1º desta Lei.
	Parágrafo único. No que se refere a recursos de origem pública, sujeita-se às sanções previstas nesta Lei o particular, pessoa física ou jurídica, que celebra com a administração pública convênio, contrato de repasse, contrato de gestão, termo de parceria, termo de cooperação ou ajuste administrativo equivalente.
Art. 3º As disposições desta lei são aplicáveis, no que couber, àquele que, mesmo não sendo agente público, induza ou concorra para a prática do ato de improbidade ou dele se beneficie sob qualquer forma direta ou indireta.	Art. 3º As disposições desta Lei são aplicáveis, no que couber, àquele que, mesmo não sendo agente público, induza ou concorra dolosamente para a prática do ato de improbidade.
	§ 1º Os sócios, os cotistas, os diretores e os colaboradores de pessoa jurídica de direito privado não respondem pelo ato de improbidade que venha a ser imputado à pessoa jurídica, salvo se, comprovadamente, houver participação e benefícios diretos, caso em que responderão nos limites da sua participação.
	§ 2º As sanções desta Lei não se aplicarão à pessoa jurídica, caso o ato de improbidade administrativa seja também sancionado como ato lesivo à administração pública de que trata a Lei nº 12.846, de 1º de agosto de 2013.

***ANTIGA* LEI DE IMPROBIDADE ADMINISTRATIVA**	***NOVA* LEI DE IMPROBIDADE ADMINISTRATIVA**
Art. 4º Os agentes públicos de qualquer nível ou hierarquia são obrigados a velar pela estrita observância dos princípios de legalidade, impessoalidade, moralidade e publicidade no trato dos assuntos que lhe são afetos.	Revogado.
Art. 5º Ocorrendo lesão ao patrimônio público por ação ou omissão, dolosa ou culposa, do agente ou de terceiro, dar-se-á o integral ressarcimento do dano.	Revogado.
Art. 6º No caso de enriquecimento ilícito, perderá o agente público ou terceiro beneficiário os bens ou valores acrescidos ao seu patrimônio.	Revogado.
Art. 7º Quando o ato de improbidade causar lesão ao patrimônio público ou ensejar enriquecimento ilícito, caberá a autoridade administrativa responsável pelo inquérito representar ao Ministério Público, para a indisponibilidade dos bens do indiciado.	Art. 7º Se houver indícios de ato de improbidade, a autoridade que conhecer dos fatos representará ao Ministério Público competente, para as providências necessárias.
Parágrafo único. A indisponibilidade a que se refere o *caput* deste artigo recairá sobre bens que assegurem o integral ressarcimento do dano, ou sobre o acréscimo patrimonial resultante do enriquecimento ilícito.	Revogado.
Art. 8º O sucessor daquele que causar lesão ao patrimônio público ou se enriquecer ilicitamente está sujeito às cominações desta lei até o limite do valor da herança.	Art. 8º O sucessor ou o herdeiro daquele que causar dano ao erário ou que se enriquecer ilicitamente estão sujeitos apenas à obrigação de repará-lo até o limite do valor da herança ou do patrimônio transferido.
	Art. 8º-A A responsabilidade sucessória de que trata o art. 8º desta Lei aplica-se também na hipótese de alteração contratual, de transformação, de incorporação, de fusão ou de cisão societária.

ANTIGA LEI DE IMPROBIDADE ADMINISTRATIVA	*NOVA* LEI DE IMPROBIDADE ADMINISTRATIVA
	Parágrafo único. Nas hipóteses de fusão e de incorporação, a responsabilidade da sucessora será restrita à obrigação de reparação integral do dano causado, até o limite do patrimônio transferido, não lhe sendo aplicáveis as demais sanções previstas nesta Lei decorrentes de atos e de fatos ocorridos antes da data da fusão ou da incorporação, exceto no caso de simulação ou de evidente intuito de fraude, devidamente comprovados.
CAPÍTULO II Dos Atos de Improbidade Administrativa	**CAPÍTULO II Dos Atos de Improbidade Administrativa**
Seção I Dos Atos de Improbidade Administrativa que Importam Enriquecimento Ilícito	**Seção I Dos Atos de Improbidade Administrativa que Importam Enriquecimento Ilícito**
Art. 9º Constitui ato de improbidade administrativa importando enriquecimento ilícito auferir qualquer tipo de vantagem patrimonial indevida em razão do exercício de cargo, mandato, função, emprego ou atividade nas entidades mencionadas no art. 1º desta lei, e notadamente:	Art. 9º Constitui ato de improbidade administrativa importando em enriquecimento ilícito auferir, mediante a prática de ato doloso, qualquer tipo de vantagem patrimonial indevida em razão do exercício de cargo, de mandato, de função, de emprego ou de atividade nas entidades referidas no art. 1º desta Lei, e notadamente:
I – receber, para si ou para outrem, dinheiro, bem móvel ou imóvel, ou qualquer outra vantagem econômica, direta ou indireta, a título de comissão, percentagem, gratificação ou presente de quem tenha interesse, direto ou indireto, que possa ser atingido ou amparado por ação ou omissão decorrente das atribuições do agente público;	Mesma redação.
II – perceber vantagem econômica, direta ou indireta, para facilitar a aquisição, permuta ou locação de bem móvel ou imóvel, ou a contratação de serviços pelas entidades referidas no art. 1º por preço superior ao valor de mercado;	Mesma redação.

***ANTIGA* LEI DE IMPROBIDADE ADMINISTRATIVA**	***NOVA* LEI DE IMPROBIDADE ADMINISTRATIVA**
III – perceber vantagem econômica, direta ou indireta, para facilitar a alienação, permuta ou locação de bem público ou o fornecimento de serviço por ente estatal por preço inferior ao valor de mercado;	Mesma redação.
IV – utilizar, em obra ou serviço particular, veículos, máquinas, equipamentos ou material de qualquer natureza, de propriedade ou à disposição de qualquer das entidades mencionadas no art. 1º desta lei, bem como o trabalho de servidores públicos, empregados ou terceiros contratados por essas entidades;	IV – utilizar, em obra ou serviço particular, qualquer bem móvel, de propriedade ou à disposição de qualquer das entidades referidas no art. 1º desta Lei, bem como o trabalho de servidores, de empregados ou de terceiros contratados por essas entidades;
V – receber vantagem econômica de qualquer natureza, direta ou indireta, para tolerar a exploração ou a prática de jogos de azar, de lenocínio, de narcotráfico, de contrabando, de usura ou de qualquer outra atividade ilícita, ou aceitar promessa de tal vantagem;	Mesma redação.
VI – receber vantagem econômica de qualquer natureza, direta ou indireta, para fazer declaração falsa sobre medição ou avaliação em obras públicas ou qualquer outro serviço, ou sobre quantidade, peso, medida, qualidade ou característica de mercadorias ou bens fornecidos a qualquer das entidades mencionadas no art. 1º desta lei;	VI – receber vantagem econômica de qualquer natureza, direta ou indireta, para fazer declaração falsa sobre qualquer dado técnico que envolva obras públicas ou qualquer outro serviço ou sobre quantidade, peso, medida, qualidade ou característica de mercadorias ou bens fornecidos a qualquer das entidades referidas no art. 1º desta Lei;
VII – adquirir, para si ou para outrem, no exercício de mandato, cargo, emprego ou função pública, bens de qualquer natureza cujo valor seja desproporcional à evolução do patrimônio ou à renda do agente público;	VII – adquirir, para si ou para outrem, no exercício de mandato, de cargo, de emprego ou de função pública, e em razão deles, bens de qualquer natureza, decorrentes dos atos descritos no *caput* deste artigo, cujo valor seja desproporcional à evolução do patrimônio ou à renda do agente público, assegurada a demonstração pelo agente da licitude da origem dessa evolução;
VIII – aceitar emprego, comissão ou exercer atividade de consultoria ou assessoramento para pessoa física ou jurídica que tenha interesse suscetível de ser atingido ou amparado por ação ou omissão decorrente das atribuições do agente público, durante a atividade;	Mesma redação.

ANTIGA LEI DE IMPROBIDADE ADMINISTRATIVA	*NOVA* LEI DE IMPROBIDADE ADMINISTRATIVA
IX – perceber vantagem econômica para intermediar a liberação ou aplicação de verba pública de qualquer natureza;	Mesma redação.
X – receber vantagem econômica de qualquer natureza, direta ou indiretamente, para omitir ato de ofício, providência ou declaração a que esteja obrigado;	Mesma redação.
XI – incorporar, por qualquer forma, ao seu patrimônio bens, rendas, verbas ou valores integrantes do acervo patrimonial das entidades mencionadas no art. 1º desta lei;	Mesma redação.
XII – usar, em proveito próprio, bens, rendas, verbas ou valores integrantes do acervo patrimonial das entidades mencionadas no art. 1º desta lei.	Mesma redação.
Seção II **Dos Atos de Improbidade Administrativa que Causam Prejuízo ao Erário**	**Seção II** **Dos Atos de Improbidade Administrativa que Causam Prejuízo ao Erário**
Art. 10. Constitui ato de improbidade administrativa que causa lesão ao erário qualquer ação ou omissão, dolosa ou culposa, que enseje perda patrimonial, desvio, apropriação, malbaratamento ou dilapidação dos bens ou haveres das entidades referidas no art. 1º desta lei, e notadamente:	Art. 10. Constitui ato de improbidade administrativa que causa lesão ao erário qualquer ação ou omissão dolosa, que enseje, efetiva e comprovadamente, perda patrimonial, desvio, apropriação, malbaratamento ou dilapidação dos bens ou haveres das entidades referidas no art. 1º desta Lei, e notadamente:
I – facilitar ou concorrer por qualquer forma para a incorporação ao patrimônio particular, de pessoa física ou jurídica, de bens, rendas, verbas ou valores integrantes do acervo patrimonial das entidades mencionadas no art. 1º desta lei;	I – facilitar ou concorrer, por qualquer forma, para a indevida incorporação ao patrimônio particular, de pessoa física ou jurídica, de bens, de rendas, de verbas ou de valores integrantes do acervo patrimonial das entidades referidas no art. 1º desta Lei;
II – permitir ou concorrer para que pessoa física ou jurídica privada utilize bens, rendas, verbas ou valores integrantes do acervo patrimonial das entidades mencionadas no art. 1º desta lei, sem a observância das formalidades legais ou regulamentares aplicáveis à espécie;	Mesma redação.

***ANTIGA* LEI DE IMPROBIDADE ADMINISTRATIVA**	***NOVA* LEI DE IMPROBIDADE ADMINISTRATIVA**
III – doar à pessoa física ou jurídica bem como ao ente despersonalizado, ainda que de fins educativos ou assistências, bens, rendas, verbas ou valores do patrimônio de qualquer das entidades mencionadas no art. 1º desta lei, sem observância das formalidades legais e regulamentares aplicáveis à espécie;	Mesma redação.
IV – permitir ou facilitar a alienação, permuta ou locação de bem integrante do patrimônio de qualquer das entidades referidas no art. 1º desta lei, ou ainda a prestação de serviço por parte delas, por preço inferior ao de mercado;	Mesma redação.
V – permitir ou facilitar a aquisição, permuta ou locação de bem ou serviço por preço superior ao de mercado;	Mesma redação.
VI – realizar operação financeira sem observância das normas legais e regulamentares ou aceitar garantia insuficiente ou inidônea;	Mesma redação.
VII – conceder benefício administrativo ou fiscal sem a observância das formalidades legais ou regulamentares aplicáveis à espécie;	Mesma redação.
VIII – frustrar a licitude de processo licitatório ou de processo seletivo para celebração de parcerias com entidades sem fins lucrativos, ou dispensá-los indevidamente;	VIII – frustrar a licitude de processo licitatório ou de processo seletivo para celebração de parcerias com entidades sem fins lucrativos, ou dispensá-los indevidamente, acarretando perda patrimonial efetiva;
IX – ordenar ou permitir a realização de despesas não autorizadas em lei ou regulamento;	Mesma redação.
X – agir negligentemente na arrecadação de tributo ou renda, bem como no que diz respeito à conservação do patrimônio público;	X – agir ilicitamente na arrecadação de tributo ou de renda, bem como no que diz respeito à conservação do patrimônio público;
XI – liberar verba pública sem a estrita observância das normas pertinentes ou influir de qualquer forma para a sua aplicação irregular;	Mesma redação.
XII – permitir, facilitar ou concorrer para que terceiro se enriqueça ilicitamente;	Mesma redação.

ANTIGA LEI DE IMPROBIDADE ADMINISTRATIVA	*NOVA* LEI DE IMPROBIDADE ADMINISTRATIVA
XIII – permitir que se utilize, em obra ou serviço particular, veículos, máquinas, equipamentos ou material de qualquer natureza, de propriedade ou à disposição de qualquer das entidades mencionadas no art. 1º desta lei, bem como o trabalho de servidor público, empregados ou terceiros contratados por essas entidades.	Mesma redação.
XIV – celebrar contrato ou outro instrumento que tenha por objeto a prestação de serviços públicos por meio da gestão associada sem observar as formalidades previstas na lei;	Mesma redação.
XV – celebrar contrato de rateio de consórcio público sem suficiente e prévia dotação orçamentária, ou sem observar as formalidades previstas na lei;	Mesma redação.
XVI – facilitar ou concorrer, por qualquer forma, para a incorporação, ao patrimônio particular de pessoa física ou jurídica, de bens, rendas, verbas ou valores públicos transferidos pela administração pública a entidades privadas mediante celebração de parcerias, sem a observância das formalidades legais ou regulamentares aplicáveis à espécie;	Mesma redação.
XVII – permitir ou concorrer para que pessoa física ou jurídica privada utilize bens, rendas, verbas ou valores públicos transferidos pela administração pública a entidade privada mediante celebração de parcerias, sem a observância das formalidades legais ou regulamentares aplicáveis à espécie;	Mesma redação.
XVIII – celebrar parcerias da administração pública com entidades privadas sem a observância das formalidades legais ou regulamentares aplicáveis à espécie;	Mesma redação.
XIX – agir negligentemente na celebração, fiscalização e análise das prestações de contas de parcerias firmadas pela administração pública com entidades privadas;	XIX – agir para a configuração de ilícito na celebração, na fiscalização e na análise das prestações de contas de parcerias firmadas pela administração pública com entidades privadas;

ANTIGA LEI DE IMPROBIDADE ADMINISTRATIVA	*NOVA* LEI DE IMPROBIDADE ADMINISTRATIVA
XX – liberar recursos de parcerias firmadas pela administração pública com entidades privadas sem a estrita observância das normas pertinentes ou influir de qualquer forma para a sua aplicação irregular.	Mesma redação.
XXI – liberar recursos de parcerias firmadas pela administração pública com entidades privadas sem a estrita observância das normas pertinentes ou influir de qualquer forma para a sua aplicação irregular.	Revogado.
	XXII – conceder, aplicar ou manter benefício financeiro ou tributário contrário ao que dispõem o *caput* e o § 1º do art. 8º-A da Lei Complementar nº 116, de 31 de julho de 2003.
	§ 1º Nos casos em que a inobservância de formalidades legais ou regulamentares não implicar perda patrimonial efetiva, não ocorrerá imposição de ressarcimento, vedado o enriquecimento sem causa das entidades referidas no art. 1º desta Lei.
	§ 2º A mera perda patrimonial decorrente da atividade econômica não acarretará improbidade administrativa, salvo se comprovado ato doloso praticado com essa finalidade.
Seção II-A Dos Atos de Improbidade Administrativa Decorrentes de Concessão ou Aplicação Indevida de Benefício Financeiro ou Tributário	Revogado.
Art. 10-A. Constitui ato de improbidade administrativa qualquer ação ou omissão para conceder, aplicar ou manter benefício financeiro ou tributário contrário ao que dispõem o *caput* e o § 1º do art. 8º-A da Lei Complementar nº 116, de 31 de julho de 2003.	Revogado

ANTIGA LEI DE IMPROBIDADE ADMINISTRATIVA	*NOVA* LEI DE IMPROBIDADE ADMINISTRATIVA
Seção III Dos Atos de Improbidade Administrativa que Atentam Contra os Princípios da Administração Pública	**Seção III Dos Atos de Improbidade Administrativa que Atentam Contra os Princípios da Administração Pública**
Art. 11. Constitui ato de improbidade administrativa que atenta contra os princípios da administração pública qualquer ação ou omissão que viole os deveres de honestidade, imparcialidade, legalidade, e lealdade às instituições, e notadamente:	Art. 11. Constitui ato de improbidade administrativa que atenta contra os princípios da administração pública a ação ou omissão dolosa que viole os deveres de honestidade, de imparcialidade e de legalidade, caracterizada por uma das seguintes condutas:
I – praticar ato visando fim proibido em lei ou regulamento ou diverso daquele previsto, na regra de competência;	Revogado.
II – retardar ou deixar de praticar, indevidamente, ato de ofício;	Revogado.
III – revelar fato ou circunstância de que tem ciência em razão das atribuições e que deva permanecer em segredo;	III – revelar fato ou circunstância de que tem ciência em razão das atribuições e que deva permanecer em segredo, propiciando beneficiamento por informação privilegiada ou colocando em risco a segurança da sociedade e do Estado;
IV – negar publicidade aos atos oficiais;	IV – negar publicidade aos atos oficiais, exceto em razão de sua imprescindibilidade para a segurança da sociedade e do Estado ou de outras hipóteses instituídas em lei;
V – frustrar a licitude de concurso público;	V – frustrar, em ofensa à imparcialidade, o caráter concorrencial de concurso público, de chamamento ou de procedimento licitatório, com vistas à obtenção de benefício próprio, direto ou indireto, ou de terceiros;
VI – deixar de prestar contas quando esteja obrigado a fazê-lo;	VI – deixar de prestar contas quando esteja obrigado a fazê-lo, desde que disponha das condições para isso, com vistas a ocultar irregularidades;
VII – revelar ou permitir que chegue ao conhecimento de terceiro, antes da respectiva divulgação oficial, teor de medida política ou econômica capaz de afetar o preço de mercadoria, bem ou serviço;	Mesma redação.

***ANTIGA* LEI DE IMPROBIDADE ADMINISTRATIVA**	***NOVA* LEI DE IMPROBIDADE ADMINISTRATIVA**
VIII – descumprir as normas relativas à celebração, fiscalização e aprovação de contas de parcerias firmadas pela administração pública com entidades privadas;	Mesma redação.
IX – deixar de cumprir a exigência de requisitos de acessibilidade previstos na legislação;	Revogado.
X – transferir recurso a entidade privada, em razão da prestação de serviços na área de saúde sem a prévia celebração de contrato, convênio ou instrumento congênere, nos termos do parágrafo único do art. 24 da Lei nº 8.080, de 19 de setembro de 1990.	Revogado.
	XI – nomear cônjuge, companheiro ou parente em linha reta, colateral ou por afinidade, até o terceiro grau, inclusive, da autoridade nomeante ou de servidor da mesma pessoa jurídica investido em cargo de direção, chefia ou assessoramento, para o exercício de cargo em comissão ou de confiança ou, ainda, de função gratificada na administração pública direta e indireta em qualquer dos Poderes da União, dos Estados, do Distrito Federal e dos Municípios, compreendido o ajuste mediante designações recíprocas;
	XII – praticar, no âmbito da administração pública e com recursos do erário, ato de publicidade que contrarie o disposto no § 1º do art. 37 da Constituição Federal, de forma a promover inequívoco enaltecimento do agente público e personalização de atos, de programas, de obras, de serviços ou de campanhas dos órgãos públicos.
	§ 1º Nos termos da Convenção das Nações Unidas contra a Corrupção, promulgada pelo Decreto nº 5.687, de 31 de janeiro de 2006, somente haverá improbidade administrativa, na aplicação deste artigo, quando for comprovado na conduta funcional do agente público o fim de obter proveito ou benefício indevido para si ou para outra pessoa ou entidade.

ANTIGA LEI DE IMPROBIDADE ADMINISTRATIVA	*NOVA* LEI DE IMPROBIDADE ADMINISTRATIVA
	§ 2º Aplica-se o disposto no § 1º deste artigo a quaisquer atos de improbidade administrativa tipificados nesta Lei e em leis especiais e a quaisquer outros tipos especiais de improbidade administrativa instituídos por lei.
	§ 3º O enquadramento de conduta funcional na categoria de que trata este artigo pressupõe a demonstração objetiva da prática de ilegalidade no exercício da função pública, com a indicação das normas constitucionais, legais ou infralegais violadas.
	§ 4º Os atos de improbidade de que trata este artigo exigem lesividade relevante ao bem jurídico tutelado para serem passíveis de sancionamento e independem do reconhecimento da produção de danos ao erário e de enriquecimento ilícito dos agentes públicos.
	§ 5º Não se configurará improbidade a mera nomeação ou indicação política por parte dos detentores de mandatos eletivos, sendo necessária a aferição de dolo com finalidade ilícita por parte do agente.
CAPÍTULO III **Das Penas**	**CAPÍTULO III** **Das Penas**
Art. 12. Independentemente das sanções penais, civis e administrativas previstas na legislação específica, está o responsável pelo ato de improbidade sujeito às seguintes cominações, que podem ser aplicadas isolada ou cumulativamente, de acordo com a gravidade do fato:	Art. 12. Independentemente do ressarcimento integral do dano patrimonial, se efetivo, e das sanções penais comuns e de responsabilidade, civis e administrativas previstas na legislação específica, está o responsável pelo ato de improbidade sujeito às seguintes cominações, que podem ser aplicadas isolada ou cumulativamente, de acordo com a gravidade do fato:

***ANTIGA* LEI DE IMPROBIDADE ADMINISTRATIVA**	***NOVA* LEI DE IMPROBIDADE ADMINISTRATIVA**
I – na hipótese do art. 9º, perda dos bens ou valores acrescidos ilicitamente ao patrimônio, ressarcimento integral do dano, quando houver, perda da função pública, suspensão dos direitos políticos de oito a dez anos, pagamento de multa civil de até três vezes o valor do acréscimo patrimonial e proibição de contratar com o Poder Público ou receber benefícios ou incentivos fiscais ou creditícios, direta ou indiretamente, ainda que por intermédio de pessoa jurídica da qual seja sócio majoritário, pelo prazo de dez anos;	I – na hipótese do art. 9º desta Lei, perda dos bens ou valores acrescidos ilicitamente ao patrimônio, perda da função pública, suspensão dos direitos políticos até 14 (catorze) anos, pagamento de multa civil equivalente ao valor do acréscimo patrimonial e proibição de contratar com o poder público ou de receber benefícios ou incentivos fiscais ou creditícios, direta ou indiretamente, ainda que por intermédio de pessoa jurídica da qual seja sócio majoritário, pelo prazo não superior a 14 (catorze) anos;
II – na hipótese do art. 10, ressarcimento integral do dano, perda dos bens ou valores acrescidos ilicitamente ao patrimônio, se concorrer esta circunstância, perda da função pública, suspensão dos direitos políticos de cinco a oito anos, pagamento de multa civil de até duas vezes o valor do dano e proibição de contratar com o Poder Público ou receber benefícios ou incentivos fiscais ou creditícios, direta ou indiretamente, ainda que por intermédio de pessoa jurídica da qual seja sócio majoritário, pelo prazo de cinco anos;	II – na hipótese do art. 10 desta Lei, perda dos bens ou valores acrescidos ilicitamente ao patrimônio, se concorrer esta circunstância, perda da função pública, suspensão dos direitos políticos até 12 (doze) anos, pagamento de multa civil equivalente ao valor do dano e proibição de contratar com o poder público ou de receber benefícios ou incentivos fiscais ou creditícios, direta ou indiretamente, ainda que por intermédio de pessoa jurídica da qual seja sócio majoritário, pelo prazo não superior a 12 (doze) anos;
III – na hipótese do art. 11, ressarcimento integral do dano, se houver, perda da função pública, suspensão dos direitos políticos de três a cinco anos, pagamento de multa civil de até cem vezes o valor da remuneração percebida pelo agente e proibição de contratar com o Poder Público ou receber benefícios ou incentivos fiscais ou creditícios, direta ou indiretamente, ainda que por intermédio de pessoa jurídica da qual seja sócio majoritário, pelo prazo de três anos;	III – na hipótese do art. 11 desta Lei, pagamento de multa civil de até 24 (vinte e quatro) vezes o valor da remuneração percebida pelo agente e proibição de contratar com o poder público ou de receber benefícios ou incentivos fiscais ou creditícios, direta ou indiretamente, ainda que por intermédio de pessoa jurídica da qual seja sócio majoritário, pelo prazo não superior a 4 (quatro) anos;
IV – na hipótese prevista no art. 10-A, perda da função pública, suspensão dos direitos políticos de 5 (cinco) a 8 (oito) anos e multa civil de até 3 (três) vezes o valor do benefício financeiro ou tributário concedido.	Revogado.

ANTIGA LEI DE IMPROBIDADE ADMINISTRATIVA	*NOVA* LEI DE IMPROBIDADE ADMINISTRATIVA
Parágrafo único. Na fixação das penas previstas nesta lei o juiz levará em conta a extensão do dano causado, assim como o proveito patrimonial obtido pelo agente.	Revogado.
	§ 1º A sanção de perda da função pública, nas hipóteses dos incisos I e II do *caput* deste artigo, atinge apenas o vínculo de mesma qualidade e natureza que o agente público ou político detinha com o poder público na época do cometimento da infração, podendo o magistrado, na hipótese do inciso I do *caput* deste artigo, e em caráter excepcional, estendê-la aos demais vínculos, consideradas as circunstâncias do caso e a gravidade da infração.
	§ 2º A multa pode ser aumentada até o dobro, se o juiz considerar que, em virtude da situação econômica do réu, o valor calculado na forma dos incisos I, II e III do *caput* deste artigo é ineficaz para reprovação e prevenção do ato de improbidade.
	§ 3º Na responsabilização da pessoa jurídica, deverão ser considerados os efeitos econômicos e sociais das sanções, de modo a viabilizar a manutenção de suas atividades.
	§ 4º Em caráter excepcional e por motivos relevantes devidamente justificados, a sanção de proibição de contratação com o poder público pode extrapolar o ente público lesado pelo ato de improbidade, observados os impactos econômicos e sociais das sanções, de forma a preservar a função social da pessoa jurídica, conforme disposto no § 3º deste artigo.
	§ 5º No caso de atos de menor ofensa aos bens jurídicos tutelados por esta Lei, a sanção limitar-se-á à aplicação de multa, sem prejuízo do ressarcimento do dano e da perda dos valores obtidos, quando for o caso, nos termos do *caput* deste artigo.

ANTIGA LEI DE IMPROBIDADE ADMINISTRATIVA	*NOVA* LEI DE IMPROBIDADE ADMINISTRATIVA
	§ 6º Se ocorrer lesão ao patrimônio público, a reparação do dano a que se refere esta Lei deverá deduzir o ressarcimento ocorrido nas instâncias criminal, civil e administrativa que tiver por objeto os mesmos fatos.
	§ 7º As sanções aplicadas a pessoas jurídicas com base nesta Lei e na Lei nº 12.846, de 1º de agosto de 2013, deverão observar o princípio constitucional do *non bis in idem*.
	§ 8º A sanção de proibição de contratação com o poder público deverá constar do Cadastro Nacional de Empresas Inidôneas e Suspensas (CEIS) de que trata a Lei nº 12.846, de 1º de agosto de 2013, observadas as limitações territoriais contidas em decisão judicial, conforme disposto no § 4º deste artigo.
	§ 9º As sanções previstas neste artigo somente poderão ser executadas após o trânsito em julgado da sentença condenatória.
	§ 10. Para efeitos de contagem do prazo da sanção de suspensão dos direitos políticos, computar-se-á retroativamente o intervalo de tempo entre a decisão colegiada e o trânsito em julgado da sentença condenatória.
CAPÍTULO IV **Da Declaração de Bens**	**CAPÍTULO IV** **Da Declaração de Bens**
Art. 13. A posse e o exercício de agente público ficam condicionados à apresentação de declaração dos bens e valores que compõem o seu patrimônio privado, a fim de ser arquivada no serviço de pessoal competente.	Art. 13. A posse e o exercício de agente público ficam condicionados à apresentação de declaração de imposto de renda e proventos de qualquer natureza, que tenha sido apresentada à Secretaria Especial da Receita Federal do Brasil, a fim de ser arquivada no serviço de pessoal competente.

ANTIGA LEI DE IMPROBIDADE ADMINISTRATIVA	*NOVA* LEI DE IMPROBIDADE ADMINISTRATIVA
§ 1º A declaração compreenderá imóveis, móveis, semoventes, dinheiro, títulos, ações, e qualquer outra espécie de bens e valores patrimoniais, localizado no País ou no exterior, e, quando for o caso, abrangerá os bens e valores patrimoniais do cônjuge ou companheiro, dos filhos e de outras pessoas que vivam sob a dependência econômica do declarante, excluídos apenas os objetos e utensílios de uso doméstico.	Revogado.
§ 2º A declaração de bens será anualmente atualizada e na data em que o agente público deixar o exercício do mandato, cargo, emprego ou função.	§ 2º A declaração de bens a que se refere o *caput* deste artigo será atualizada anualmente e na data em que o agente público deixar o exercício do mandato, do cargo, do emprego ou da função.
§ 3º Será punido com a pena de demissão, a bem do serviço público, sem prejuízo de outras sanções cabíveis, o agente público que se recusar a prestar declaração dos bens, dentro do prazo determinado, ou que a prestar falsa.	§ 3º Será apenado com a pena de demissão, sem prejuízo de outras sanções cabíveis, o agente público que se recusar a prestar a declaração dos bens a que se refere o *caput* deste artigo dentro do prazo determinado ou que prestar declaração falsa.
§ 4º O declarante, a seu critério, poderá entregar cópia da declaração anual de bens apresentada à Delegacia da Receita Federal na conformidade da legislação do Imposto sobre a Renda e proventos de qualquer natureza, com as necessárias atualizações, para suprir a exigência contida no *caput* e no § 2º deste artigo .	Revogado·
CAPÍTULO V **Do Procedimento Administrativo e do Processo Judicial**	**CAPÍTULO V** **Do Procedimento Administrativo e do Processo Judicial**
Art. 14. Qualquer pessoa poderá representar à autoridade administrativa competente para que seja instaurada investigação destinada a apurar a prática de ato de improbidade.	Mesma redação.
§ 1º A representação, que será escrita ou reduzida a termo e assinada, conterá a qualificação do representante, as informações sobre o fato e sua autoria e a indicação das provas de que tenha conhecimento.	Mesma redação.

***ANTIGA* LEI DE IMPROBIDADE ADMINISTRATIVA**	***NOVA* LEI DE IMPROBIDADE ADMINISTRATIVA**
§ 2º A autoridade administrativa rejeitará a representação, em despacho fundamentado, se esta não contiver as formalidades estabelecidas no § 1º deste artigo. A rejeição não impede a representação ao Ministério Público, nos termos do art. 22 desta lei.	Mesma redação.
§ 3º Atendidos os requisitos da representação, a autoridade determinará a imediata apuração dos fatos que, em se tratando de servidores federais, será processada na forma prevista nos arts. 148 a 182 da Lei nº 8.112, de 11 de dezembro de 1990 e, em se tratando de servidor militar, de acordo com os respectivos regulamentos disciplinares.	§ 3º Atendidos os requisitos da representação, a autoridade determinará a imediata apuração dos fatos, observada a legislação que regula o processo administrativo disciplinar aplicável ao agente.
Art. 15. A comissão processante dará conhecimento ao Ministério Público e ao Tribunal ou Conselho de Contas da existência de procedimento administrativo para apurar a prática de ato de improbidade.	Mesma redação.
Parágrafo único. O Ministério Público ou Tribunal ou Conselho de Contas poderá, a requerimento, designar representante para acompanhar o procedimento administrativo.	Mesma redação.
Art. 16. Havendo fundados indícios de responsabilidade, a comissão representará ao Ministério Público ou à procuradoria do órgão para que requeira ao juízo competente a decretação do seqüestro dos bens do agente ou terceiro que tenha enriquecido ilicitamente ou causado dano ao patrimônio público.	Art. 16. Na ação por improbidade administrativa poderá ser formulado, em caráter antecedente ou incidente, pedido de indisponibilidade de bens dos réus, a fim de garantir a integral recomposição do erário ou do acréscimo patrimonial resultante de enriquecimento ilícito.
§ 1º O pedido de seqüestro será processado de acordo com o disposto nos arts. 822 e 825 do Código de Processo Civil.	Revogado.
	§ 1º-A O pedido de indisponibilidade de bens a que se refere o *caput* deste artigo poderá ser formulado independentemente da representação de que trata o art. 7º desta Lei.

ANTIGA LEI DE IMPROBIDADE ADMINISTRATIVA	*NOVA* LEI DE IMPROBIDADE ADMINISTRATIVA
§ 2º Quando for o caso, o pedido incluirá a investigação, o exame e o bloqueio de bens, contas bancárias e aplicações financeiras mantidas pelo indiciado no exterior, nos termos da lei e dos tratados internacionais.	§ 2º Quando for o caso, o pedido de indisponibilidade de bens a que se refere o *caput* deste artigo incluirá a investigação, o exame e o bloqueio de bens, contas bancárias e aplicações financeiras mantidas pelo indiciado no exterior, nos termos da lei e dos tratados internacionais.
	§ 3º O pedido de indisponibilidade de bens a que se refere o *caput* deste artigo apenas será deferido mediante a demonstração no caso concreto de perigo de dano irreparável ou de risco ao resultado útil do processo, desde que o juiz se convença da probabilidade da ocorrência dos atos descritos na petição inicial com fundamento nos respectivos elementos de instrução, após a oitiva do réu em 5 (cinco) dias.
	§ 4º A indisponibilidade de bens poderá ser decretada sem a oitiva prévia do réu, sempre que o contraditório prévio puder comprovadamente frustrar a efetividade da medida ou houver outras circunstâncias que recomendem a proteção liminar, não podendo a urgência ser presumida.
	§ 5º Se houver mais de um réu na ação, a somatória dos valores declarados indisponíveis não poderá superar o montante indicado na petição inicial como dano ao erário ou como enriquecimento ilícito.
	§ 6º O valor da indisponibilidade considerará a estimativa de dano indicada na petição inicial, permitida a sua substituição por caução idônea, por fiança bancária ou por seguro-garantia judicial, a requerimento do réu, bem como a sua readequação durante a instrução do processo.

ANTIGA LEI DE IMPROBIDADE ADMINISTRATIVA	*NOVA* LEI DE IMPROBIDADE ADMINISTRATIVA
	§ 7º A indisponibilidade de bens de terceiro dependerá da demonstração da sua efetiva concorrência para os atos ilícitos apurados ou, quando se tratar de pessoa jurídica, da instauração de incidente de desconsideração da personalidade jurídica, a ser processado na forma da lei processual.
	§ 8º Aplica-se à indisponibilidade de bens regida por esta Lei, no que for cabível, o regime da tutela provisória de urgência da Lei nº 13.105, de 16 de março de 2015 (Código de Processo Civil).
	§ 9º Da decisão que deferir ou indeferir a medida relativa à indisponibilidade de bens caberá agravo de instrumento, nos termos da Lei nº 13.105, de 16 de março de 2015 (Código de Processo Civil).
	§ 10. A indisponibilidade recairá sobre bens que assegurem exclusivamente o integral ressarcimento do dano ao erário, sem incidir sobre os valores a serem eventualmente aplicados a título de multa civil ou sobre acréscimo patrimonial decorrente de atividade lícita.
	§ 11. A ordem de indisponibilidade de bens deverá priorizar veículos de via terrestre, bens imóveis, bens móveis em geral, semoventes, navios e aeronaves, ações e quotas de sociedades simples e empresárias, pedras e metais preciosos e, apenas na inexistência desses, o bloqueio de contas bancárias, de forma a garantir a subsistência do acusado e a manutenção da atividade empresária ao longo do processo.
	§ 12. O juiz, ao apreciar o pedido de indisponibilidade de bens do réu a que se refere o *caput* deste artigo, observará os efeitos práticos da decisão, vedada a adoção de medida capaz de acarretar prejuízo à prestação de serviços públicos.

ANTIGA LEI DE IMPROBIDADE ADMINISTRATIVA	*NOVA* LEI DE IMPROBIDADE ADMINISTRATIVA
	§ 13. É vedada a decretação de indisponibilidade da quantia de até 40 (quarenta) salários mínimos depositados em caderneta de poupança, em outras aplicações financeiras ou em conta-corrente.
	§ 14. É vedada a decretação de indisponibilidade do bem de família do réu, salvo se comprovado que o imóvel seja fruto de vantagem patrimonial indevida, conforme descrito no art. 9º desta Lei.
Art. 17. A ação principal, que terá o rito ordinário, será proposta pelo Ministério Público ou pela pessoa jurídica interessada, dentro de trinta dias da efetivação da medida cautelar.	Art. 17. A ação para a aplicação das sanções de que trata esta Lei será proposta pelo Ministério Público e seguirá o procedimento comum previsto na Lei nº 13.105, de 16 de março de 2015 (Código de Processo Civil), salvo o disposto nesta Lei.
§ 1º As ações de que trata este artigo admitem a celebração de acordo de não persecução cível, nos termos desta Lei.	Revogado.
§ 2º A Fazenda Pública, quando for o caso, promoverá as ações necessárias à complementação do ressarcimento do patrimônio público.	Revogado.
§ 3º No caso de a ação principal ter sido proposta pelo Ministério Público, aplica-se, no que couber, o disposto no § 3º do art. 6º da Lei no 4.717, de 29 de junho de 1965.	Revogado.
§ 4º O Ministério Público, se não intervir no processo como parte, atuará obrigatoriamente, como fiscal da lei, sob pena de nulidade.	Revogado.
	§ 4º-A A ação a que se refere o *caput* deste artigo deverá ser proposta perante o foro do local onde ocorrer o dano ou da pessoa jurídica prejudicada.
§ 5º A propositura da ação prevenirá a jurisdição do juízo para todas as ações posteriormente intentadas que possuam a mesma causa de pedir ou o mesmo objeto.	§ 5º A propositura da ação a que se refere o *caput* deste artigo prevenirá a competência do juízo para todas as ações posteriormente intentadas que possuam a mesma causa de pedir ou o mesmo objeto.

***ANTIGA* LEI DE IMPROBIDADE ADMINISTRATIVA**	***NOVA* LEI DE IMPROBIDADE ADMINISTRATIVA**
§ 6º A ação será instruída com documentos ou justificação que contenham indícios suficientes da existência do ato de improbidade ou com razões fundamentadas da impossibilidade de apresentação de qualquer dessas provas, observada a legislação vigente, inclusive as disposições inscritas nos arts. 16 a 18 do Código de Processo Civil.	§ 6º A petição inicial observará o seguinte: I – deverá individualizar a conduta do réu e apontar os elementos probatórios mínimos que demonstrem a ocorrência das hipóteses dos arts. 9º, 10 e 11 desta Lei e de sua autoria, salvo impossibilidade devidamente fundamentada; II – será instruída com documentos ou justificação que contenham indícios suficientes da veracidade dos fatos e do dolo imputado ou com razões fundamentadas da impossibilidade de apresentação de qualquer dessas provas, observada a legislação vigente, inclusive as disposições constantes dos arts. 77 e 80 da Lei nº 13.105, de 16 de março de 2015 (Código de Processo Civil).
	§ 6º-A O Ministério Público poderá requerer as tutelas provisórias adequadas e necessárias, nos termos dos arts. 294 a 310 da Lei nº 13.105, de 16 de março de 2015 (Código de Processo Civil).
	§ 6º-B A petição inicial será rejeitada nos casos do art. 330 da Lei nº 13.105, de 16 de março de 2015 (Código de Processo Civil), bem como quando não preenchidos os requisitos a que se referem os incisos I e II do § 6º deste artigo, ou ainda quando manifestamente inexistente o ato de improbidade imputado.
§ 7º Estando a inicial em devida forma, o juiz mandará autuá-la e ordenará a notificação do requerido, para oferecer manifestação por escrito, que poderá ser instruída com documentos e justificações, dentro do prazo de quinze dias.	§ 7º Se a petição inicial estiver em devida forma, o juiz mandará autuá-la e ordenará a citação dos requeridos para que a contestem no prazo comum de 30 (trinta) dias, iniciado o prazo na forma do art. 231 da Lei nº 13.105, de 16 de março de 2015 (Código de Processo Civil).
§ 8º Recebida a manifestação, o juiz, no prazo de trinta dias, em decisão fundamentada, rejeitará a ação, se convencido da inexistência do ato de improbidade, da improcedência da ação ou da inadequação da via eleita.	Revogado.

ANTIGA LEI DE IMPROBIDADE ADMINISTRATIVA	*NOVA* LEI DE IMPROBIDADE ADMINISTRATIVA
§ 9º Recebida a petição inicial, será o réu citado para apresentar contestação.	Revogado.
§ 10. Da decisão que receber a petição inicial, caberá agravo de instrumento.	Revogado.
§ 10-A. Havendo a possibilidade de solução consensual, poderão as partes requerer ao juiz a interrupção do prazo para a contestação, por prazo não superior a 90 (noventa) dias.	Mesma redação.
	§ 10-B. Oferecida a contestação e, se for o caso, ouvido o autor, o juiz: I – procederá ao julgamento conforme o estado do processo, observada a eventual inexistência manifesta do ato de improbidade; II – poderá desmembrar o litisconsórcio, com vistas a otimizar a instrução processual.
	§ 10-C. Após a réplica do Ministério Público, o juiz proferirá decisão na qual indicará com precisão a tipificação do ato de improbidade administrativa imputável ao réu, sendo-lhe vedado modificar o fato principal e a capitulação legal apresentada pelo autor.
	§ 10-D. Para cada ato de improbidade administrativa, deverá necessariamente ser indicado apenas um tipo dentre aqueles previstos nos arts. 9º, 10 e 11 desta Lei.
	§ 10-E. Proferida a decisão referida no § 10-C deste artigo, as partes serão intimadas a especificar as provas que pretendem produzir.
	§ 10-F. Será nula a decisão de mérito total ou parcial da ação de improbidade administrativa que: I – condenar o requerido por tipo diverso daquele definido na petição inicial; II – condenar o requerido sem a produção das provas por ele tempestivamente especificadas.
§ 11. Em qualquer fase do processo, reconhecida a inadequação da ação de improbidade, o juiz extinguirá o processo sem julgamento do mérito.	§ 11. Em qualquer momento do processo, verificada a inexistência do ato de improbidade, o juiz julgará a demanda improcedente.

ANTIGA **LEI DE IMPROBIDADE ADMINISTRATIVA**	***NOVA*** **LEI DE IMPROBIDADE ADMINISTRATIVA**
§ 12. Aplica-se aos depoimentos ou inquirições realizadas nos processos regidos por esta Lei o disposto no art. 221, *caput* e § 1º, do Código de Processo Penal.	Revogado.
§ 13. Para os efeitos deste artigo, também se considera pessoa jurídica interessada o ente tributante que figurar no polo ativo da obrigação tributária de que tratam o § 4º do art. 3º e o art. 8º-A da Lei Complementar nº 116, de 31 de julho de 2003.	Revogado.
	§ 14. Sem prejuízo da citação dos réus, a pessoa jurídica interessada será intimada para, caso queira, intervir no processo.
	§ 15. Se a imputação envolver a desconsideração de pessoa jurídica, serão observadas as regras previstas nos arts. 133, 134, 135, 136 e 137 da Lei nº 13.105, de 16 de março de 2015 (Código de Processo Civil).
	§ 16. A qualquer momento, se o magistrado identificar a existência de ilegalidades ou de irregularidades administrativas a serem sanadas sem que estejam presentes todos os requisitos para a imposição das sanções aos agentes incluídos no polo passivo da demanda, poderá, em decisão motivada, converter a ação de improbidade administrativa em ação civil pública, regulada pela Lei nº 7.347, de 24 de julho de 1985.
	§ 17. Da decisão que converter a ação de improbidade em ação civil pública caberá agravo de instrumento.
	§ 18. Ao réu será assegurado o direito de ser interrogado sobre os fatos de que trata a ação, e a sua recusa ou o seu silêncio não implicarão confissão.

ANTIGA LEI DE IMPROBIDADE ADMINISTRATIVA	*NOVA* LEI DE IMPROBIDADE ADMINISTRATIVA
	§ 19. Não se aplicam na ação de improbidade administrativa: I – a presunção de veracidade dos fatos alegados pelo autor em caso de revelia; II – a imposição de ônus da prova ao réu, na forma dos §§ 1º e 2º do art. 373 da Lei nº 13.105, de 16 de março de 2015 (Código de Processo Civil); III – o ajuizamento de mais de uma ação de improbidade administrativa pelo mesmo fato, competindo ao Conselho Nacional do Ministério Público dirimir conflitos de atribuições entre membros de Ministérios Públicos distintos; IV – o reexame obrigatório da sentença de improcedência ou de extinção sem resolução de mérito.
	§ 20. A assessoria jurídica que emitiu o parecer atestando a legalidade prévia dos atos administrativos praticados pelo administrador público ficará obrigada a defendê-lo judicialmente, caso este venha a responder ação por improbidade administrativa, até que a decisão transite em julgado.
	§ 21. Das decisões interlocutórias caberá agravo de instrumento, inclusive da decisão que rejeitar questões preliminares suscitadas pelo réu em sua contestação.

***ANTIGA* LEI DE IMPROBIDADE ADMINISTRATIVA**	***NOVA* LEI DE IMPROBIDADE ADMINISTRATIVA**
	Art. 17-B. O Ministério Público poderá, conforme as circunstâncias do caso concreto, celebrar acordo de não persecução civil, desde que dele advenham, ao menos, os seguintes resultados: I – o integral ressarcimento do dano; II – a reversão à pessoa jurídica lesada da vantagem indevida obtida, ainda que oriunda de agentes privados. § 1º A celebração do acordo a que se refere o *caput* deste artigo dependerá, cumulativamente: I – da oitiva do ente federativo lesado, em momento anterior ou posterior à propositura da ação; II – de aprovação, no prazo de até 60 (sessenta) dias, pelo órgão do Ministério Público competente para apreciar as promoções de arquivamento de inquéritos civis, se anterior ao ajuizamento da ação; III – de homologação judicial, independentemente de o acordo ocorrer antes ou depois do ajuizamento da ação de improbidade administrativa.
	§ 2º Em qualquer caso, a celebração do acordo a que se refere o *caput* deste artigo considerará a personalidade do agente, a natureza, as circunstâncias, a gravidade e a repercussão social do ato de improbidade, bem como as vantagens, para o interesse público, da rápida solução do caso.
	§ 3º Para fins de apuração do valor do dano a ser ressarcido, deverá ser realizada a oitiva do Tribunal de Contas competente, que se manifestará, com indicação dos parâmetros utilizados, no prazo de 90 (noventa) dias.
	§ 4º O acordo a que se refere o *caput* deste artigo poderá ser celebrado no curso da investigação de apuração do ilícito, no curso da ação de improbidade ou no momento da execução da sentença condenatória.

ANTIGA LEI DE IMPROBIDADE ADMINISTRATIVA	*NOVA* LEI DE IMPROBIDADE ADMINISTRATIVA
	§ 5º As negociações para a celebração do acordo a que se refere o *caput* deste artigo ocorrerão entre o Ministério Público, de um lado, e, de outro, o investigado ou demandado e o seu defensor.
	§ 6º O acordo a que se refere o *caput* deste artigo poderá contemplar a adoção de mecanismos e procedimentos internos de integridade, de auditoria e de incentivo à denúncia de irregularidades e a aplicação efetiva de códigos de ética e de conduta no âmbito da pessoa jurídica, se for o caso, bem como de outras medidas em favor do interesse público e de boas práticas administrativas.
	§ 7º Em caso de descumprimento do acordo a que se refere o *caput* deste artigo, o investigado ou o demandado ficará impedido de celebrar novo acordo pelo prazo de 5 (cinco) anos, contado do conhecimento pelo Ministério Público do efetivo descumprimento.

ANTIGA LEI DE IMPROBIDADE ADMINISTRATIVA	*NOVA* LEI DE IMPROBIDADE ADMINISTRATIVA
	Art. 17-C. A sentença proferida nos processos a que se refere esta Lei deverá, além de observar o disposto no art. 489 da Lei nº 13.105, de 16 de março de 2015 (Código de Processo Civil): I - indicar de modo preciso os fundamentos que demonstram os elementos a que se referem os arts. 9º, 10 e 11 desta Lei, que não podem ser presumidos; II - considerar as consequências práticas da decisão, sempre que decidir com base em valores jurídicos abstratos; III - considerar os obstáculos e as dificuldades reais do gestor e as exigências das políticas públicas a seu cargo, sem prejuízo dos direitos dos administrados e das circunstâncias práticas que houverem imposto, limitado ou condicionado a ação do agente; IV - considerar, para a aplicação das sanções, de forma isolada ou cumulativa: a) os princípios da proporcionalidade e da razoabilidade; b) a natureza, a gravidade e o impacto da infração cometida; c) a extensão do dano causado; d) o proveito patrimonial obtido pelo agente; e) as circunstâncias agravantes ou atenuantes; f) a atuação do agente em minorar os prejuízos e as consequências advindas de sua conduta omissiva ou comissiva; g) os antecedentes do agente; V - considerar na aplicação das sanções a dosimetria das sanções relativas ao mesmo fato já aplicadas ao agente; VI - considerar, na fixação das penas relativamente ao terceiro, quando for o caso, a sua atuação específica, não admitida a sua responsabilização por ações ou omissões para as quais não tiver concorrido ou das quais não tiver obtido vantagens patrimoniais indevidas; VII - indicar, na apuração da ofensa a princípios, critérios objetivos que justifiquem a imposição da sanção.

ANTIGA LEI DE IMPROBIDADE ADMINISTRATIVA	*NOVA* LEI DE IMPROBIDADE ADMINISTRATIVA
	§ 1º A ilegalidade sem a presença de dolo que a qualifique não configura ato de improbidade.
	§ 2º Na hipótese de litisconsórcio passivo, a condenação ocorrerá no limite da participação e dos benefícios diretos, vedada qualquer solidariedade.
	§ 3º Não haverá remessa necessária nas sentenças de que trata esta Lei.
	Art. 17-D. A ação por improbidade administrativa é repressiva, de caráter sancionatório, destinada à aplicação de sanções de caráter pessoal previstas nesta Lei, e não constitui ação civil, sendo vedado seu ajuizamento para o controle de legalidade de políticas públicas e para a proteção do patrimônio público e social, do meio ambiente e de outros interesses difusos, coletivos e individuais homogêneos.
	Parágrafo único. Ressalvado o disposto nesta Lei, o controle de legalidade de políticas públicas e a responsabilidade de agentes públicos, inclusive políticos, entes públicos e governamentais, por danos ao meio ambiente, ao consumidor, a bens e direitos de valor artístico, estético, histórico, turístico e paisagístico, a qualquer outro interesse difuso ou coletivo, à ordem econômica, à ordem urbanística, à honra e à dignidade de grupos raciais, étnicos ou religiosos e ao patrimônio público e social submetem-se aos termos da Lei nº 7.347, de 24 de julho de 1985.
Art. 18. A sentença que julgar procedente ação civil de reparação de dano ou decretar a perda dos bens havidos ilicitamente determinará o pagamento ou a reversão dos bens, conforme o caso, em favor da pessoa jurídica prejudicada pelo ilícito.	Art. 18. A sentença que julgar procedente a ação fundada nos arts. 9º e 10 desta Lei condenará ao ressarcimento dos danos e à perda ou à reversão dos bens e valores ilicitamente adquiridos, conforme o caso, em favor da pessoa jurídica prejudicada pelo ilícito.

***ANTIGA* LEI DE IMPROBIDADE ADMINISTRATIVA**	***NOVA* LEI DE IMPROBIDADE ADMINISTRATIVA**
	§ 1º Se houver necessidade de liquidação do dano, a pessoa jurídica prejudicada procederá a essa determinação e ao ulterior procedimento para cumprimento da sentença referente ao ressarcimento do patrimônio público ou à perda ou à reversão dos bens.
	§ 2º Caso a pessoa jurídica prejudicada não adote as providências a que se refere o § 1º deste artigo no prazo de 6 (seis) meses, contado do trânsito em julgado da sentença de procedência da ação, caberá ao Ministério Público proceder à respectiva liquidação do dano e ao cumprimento da sentença referente ao ressarcimento do patrimônio público ou à perda ou à reversão dos bens, sem prejuízo de eventual responsabilização pela omissão verificada.
	§ 3º Para fins de apuração do valor do ressarcimento, deverão ser descontados os serviços efetivamente prestados.
	§ 4º O juiz poderá autorizar o parcelamento, em até 48 (quarenta e oito) parcelas mensais corrigidas monetariamente, do débito resultante de condenação pela prática de improbidade administrativa se o réu demonstrar incapacidade financeira de saldá-lo de imediato.

ANTIGA LEI DE IMPROBIDADE ADMINISTRATIVA	*NOVA* LEI DE IMPROBIDADE ADMINISTRATIVA
	Art. 18-A. A requerimento do réu, na fase de cumprimento da sentença, o juiz unificará eventuais sanções aplicadas com outras já impostas em outros processos, tendo em vista a eventual continuidade de ilícito ou a prática de diversas ilicitudes, observado o seguinte: I – no caso de continuidade de ilícito, o juiz promoverá a maior sanção aplicada, aumentada de 1/3 (um terço), ou a soma das penas, o que for mais benéfico ao réu; II – no caso de prática de novos atos ilícitos pelo mesmo sujeito, o juiz somará as sanções. Parágrafo único. As sanções de suspensão de direitos políticos e de proibição de contratar ou de receber incentivos fiscais ou creditícios do poder público observarão o limite máximo de 20 (vinte) anos.
CAPÍTULO VI **Das Disposições Penais**	**CAPÍTULO VI** **Das Disposições Penais**
Art. 19. Constitui crime a representação por ato de improbidade contra agente público ou terceiro beneficiário, quando o autor da denúncia o sabe inocente. Pena: detenção de seis a dez meses e multa.	Mesma redação.
Parágrafo único. Além da sanção penal, o denunciante está sujeito a indenizar o denunciado pelos danos materiais, morais ou à imagem que houver provocado.	Mesma redação.
Art. 20. A perda da função pública e a suspensão dos direitos políticos só se efetivam com o trânsito em julgado da sentença condenatória.	Mesma redação.
Parágrafo único. A autoridade judicial ou administrativa competente poderá determinar o afastamento do agente público do exercício do cargo, emprego ou função, sem prejuízo da remuneração, quando a medida se fizer necessária à instrução processual.	§ 1º A autoridade judicial competente poderá determinar o afastamento do agente público do exercício do cargo, do emprego ou da função, sem prejuízo da remuneração, quando a medida for necessária à instrução processual ou para evitar a iminente prática de novos ilícitos.

***ANTIGA* LEI DE IMPROBIDADE ADMINISTRATIVA**	***NOVA* LEI DE IMPROBIDADE ADMINISTRATIVA**
	§ 2º O afastamento previsto no § 1º deste artigo será de até 90 (noventa) dias, prorrogáveis uma única vez por igual prazo, mediante decisão motivada.
Art. 21. A aplicação das sanções previstas nesta lei independe:	Mesma redação.
I – da efetiva ocorrência de dano ao patrimônio público, salvo quanto à pena de ressarcimento;	I – da efetiva ocorrência de dano ao patrimônio público, salvo quanto à pena de ressarcimento e às condutas previstas no art. 10 desta Lei;
II – da aprovação ou rejeição das contas pelo órgão de controle interno ou pelo Tribunal ou Conselho de Contas.	Mesma redação.
	§ 1º Os atos do órgão de controle interno ou externo serão considerados pelo juiz quando tiverem servido de fundamento para a conduta do agente público.
	§ 2º As provas produzidas perante os órgãos de controle e as correspondentes decisões deverão ser consideradas na formação da convicção do juiz, sem prejuízo da análise acerca do dolo na conduta do agente.
	§ 3º As sentenças civis e penais produzirão efeitos em relação à ação de improbidade quando concluírem pela inexistência da conduta ou pela negativa da autoria.
	§ 4º A absolvição criminal em ação que discuta os mesmos fatos, confirmada por decisão colegiada, impede o trâmite da ação da qual trata esta Lei, havendo comunicação com todos os fundamentos de absolvição previstos no art. 386 do Decreto-Lei nº 3.689, de 3 de outubro de 1941 (Código de Processo Penal).
	§ 5º Sanções eventualmente aplicadas em outras esferas deverão ser compensadas com as sanções aplicadas nos termos desta Lei.

ANTIGA LEI DE IMPROBIDADE ADMINISTRATIVA	*NOVA* LEI DE IMPROBIDADE ADMINISTRATIVA
Art. 22. Para apurar qualquer ilícito previsto nesta lei, o Ministério Público, de ofício, a requerimento de autoridade administrativa ou mediante representação formulada de acordo com o disposto no art. 14, poderá requisitar a instauração de inquérito policial ou procedimento administrativo.	Art. 22. Para apurar qualquer ilícito previsto nesta Lei, o Ministério Público, de ofício, a requerimento de autoridade administrativa ou mediante representação formulada de acordo com o disposto no art. 14 desta Lei, poderá instaurar inquérito civil ou procedimento investigativo assemelhado e requisitar a instauração de inquérito policial.
	Parágrafo único. Na apuração dos ilícitos previstos nesta Lei, será garantido ao investigado a oportunidade de manifestação por escrito e de juntada de documentos que comprovem suas alegações e auxiliem na elucidação dos fatos.
CAPÍTULO VII **Da Prescrição**	**CAPÍTULO VII** **Da Prescrição**
Art. 23. As ações destinadas a levar a efeitos as sanções previstas nesta lei podem ser propostas:	Art. 23. A ação para a aplicação das sanções previstas nesta Lei prescreve em 8 (oito) anos, contados a partir da ocorrência do fato ou, no caso de infrações permanentes, do dia em que cessou a permanência.
I – até cinco anos após o término do exercício de mandato, de cargo em comissão ou de função de confiança;	Revogado.
II – dentro do prazo prescricional previsto em lei específica para faltas disciplinares puníveis com demissão a bem do serviço público, nos casos de exercício de cargo efetivo ou emprego.	Revogado.
III – até cinco anos da data da apresentação à administração pública da prestação de contas final pelas entidades referidas no parágrafo único do art. 1º desta Lei.	Revogado.
	§ 1º A instauração de inquérito civil ou de processo administrativo para apuração dos ilícitos referidos nesta Lei suspende o curso do prazo prescricional por, no máximo, 180 (cento e oitenta) dias corridos, recomeçando a correr após a sua conclusão ou, caso não concluído o processo, esgotado o prazo de suspensão.

ANTIGA LEI DE IMPROBIDADE ADMINISTRATIVA	*NOVA* LEI DE IMPROBIDADE ADMINISTRATIVA
	§ 2º O inquérito civil para apuração do ato de improbidade será concluído no prazo de 365 (trezentos e sessenta e cinco) dias corridos, prorrogável uma única vez por igual período, mediante ato fundamentado submetido à revisão da instância competente do órgão ministerial, conforme dispuser a respectiva lei orgânica.
	§ 3º Encerrado o prazo previsto no § 2º deste artigo, a ação deverá ser proposta no prazo de 30 (trinta) dias, se não for caso de arquivamento do inquérito civil.
	§ 4º O prazo da prescrição referido no *caput* deste artigo interrompe-se: I – pelo ajuizamento da ação de improbidade administrativa; II – pela publicação da sentença condenatória; III – pela publicação de decisão ou acórdão de Tribunal de Justiça ou Tribunal Regional Federal que confirma sentença condenatória ou que reforma sentença de improcedência; IV – pela publicação de decisão ou acórdão do Superior Tribunal de Justiça que confirma acórdão condenatório ou que reforma acórdão de improcedência; V – pela publicação de decisão ou acórdão do Supremo Tribunal Federal que confirma acórdão condenatório ou que reforma acórdão de improcedência.
	§ 5º Interrompida a prescrição, o prazo recomeça a correr do dia da interrupção, pela metade do prazo previsto no *caput* deste artigo.
	§ 6º A suspensão e a interrupção da prescrição produzem efeitos relativamente a todos os que concorreram para a prática do ato de improbidade.
	§ 7º Nos atos de improbidade conexos que sejam objeto do mesmo processo, a suspensão e a interrupção relativas a qualquer deles estendem-se aos demais.

ANTIGA LEI DE IMPROBIDADE ADMINISTRATIVA	*NOVA* LEI DE IMPROBIDADE ADMINISTRATIVA
	§ 8º O juiz ou o tribunal, depois de ouvido o Ministério Público, deverá, de ofício ou a requerimento da parte interessada, reconhecer a prescrição intercorrente da pretensão sancionadora e decretá-la de imediato, caso, entre os marcos interruptivos referidos no § 4º, transcorra o prazo previsto no § 5º deste artigo.
	Art. 23-A. É dever do poder público oferecer contínua capacitação aos agentes públicos e políticos que atuem com prevenção ou repressão de atos de improbidade administrativa.
	Art. 23-B. Nas ações e nos acordos regidos por esta Lei, não haverá adiantamento de custas, de preparo, de emolumentos, de honorários periciais e de quaisquer outras despesas. § 1º No caso de procedência da ação, as custas e as demais despesas processuais serão pagas ao final. § 2º Haverá condenação em honorários sucumbenciais em caso de improcedência da ação de improbidade se comprovada má-fé.
	Art. 23-C. Atos que ensejem enriquecimento ilícito, perda patrimonial, desvio, apropriação, malbaratamento ou dilapidação de recursos públicos dos partidos políticos, ou de suas fundações, serão responsabilizados nos termos da Lei nº 9.096, de 19 de setembro de 1995.
CAPÍTULO VIII **Das Disposições Finais**	**CAPÍTULO VIII** **Das Disposições Finais**
Art. 24. Esta lei entra em vigor na data de sua publicação.	Mesma redação.
Art. 25. Ficam revogadas as Leis nºs 3.164, de 1º de junho de 1957, e 3.502, de 21 de dezembro de 1958 e demais disposições em contrário.	Mesma redação.

Art. 3º No prazo de 1 (um) ano a partir da data de publicação desta Lei, o Ministério Público competente manifestará interesse no prosseguimento das ações por improbidade administrativa em curso ajuizadas pela Fazenda Pública, inclusive em grau de recurso.

§ 1º No prazo previsto no *caput* suspende-se o processo, observado o disposto no art. 314 da Lei nº 13.105, de 16 de março de 2015 (Código de Processo Civil).

§ 2º Não adotada a providência descrita no *caput*, o processo será extinto sem resolução do mérito.

CAPÍTULO 9
MODELOS

1. Modelo de petição inicial

EXCELENTÍSSIMO(A) SENHOR(A) JUIZ(A) DE DIREITO DA VARA ________

O MINISTÉRIO PÚBLICO DO ESTADO DE ________, pelo(a) Promotor(a) de Justiça que esta subscreve, no uso de suas atribuições constitucionais e legais, vem, respeitosamente, perante Vossa Excelência, ajuizar ACÃO DE IMPROBIDADE ADMINISTRATIVA em face de X, (dados qualificativos), e Y, (dados qualificativos), pelos motivos de fato e de direito a seguir aduzidos.

O requerido X, que ocupa o cargo de Prefeito Municipal de ______, nomeou, no dia 27 de outubro de 2021, seu filho Y como Chefe de Seção do Almoxarifado da Prefeitura Municipal local, cargo em comissão, conforme o ato de nomeação juntado aos autos (doc. 01). Em seguida, mais precisamente no dia 28 de outubro de 2021, Y tomou posse e passou a exercer as funções relativas a esse cargo, que possui a remuneração mensal de R$ 10.000,00 (dez mil reais).

Tal fato foi comunicado por *e-mail* ao Ministério Público (doc. 02), o qual instaurou o inquérito civil n. ____ (doc. 03). Durante o trâmite das investigações, foram ouvidos o Prefeito (doc. 04) e seu filho (doc. 05), bem como subordinados do réu Y (doc. 06), além da juntada de diversos documentos e notícias da *internet* (doc. 07).

Em sua manifestação escrita juntada aos autos (doc. 08) e em sua oitiva realizada na Promotoria de Justiça (doc. 04), o Prefeito asseverou que tinha ciência acerca do teor Súmula Vinculante n. 13 do Supremo Tribunal Federal, mas justificou a nomeação de seu filho para o cargo comissionado em questão por acreditar que ele é bastante competente para o desempenho das respectivas funções. Registrou que manterá seu filho no citado cargo, argumentando que o interesse público demanda para tal cargo uma pessoa com a qualificação de Y.

Já o requerido Y também se manifestou por escrito (doc. 09) e foi ouvido na Promotoria de Justiça (doc. 05), quando salientou que tinha ciência acerca do teor Súmula Vinculante n. 13 do Supremo Tribunal Federal, mas que é muito capacitado para ocupar o cargo comissionado de Chefe de Seção do Almoxarifado. Registrou que não vê problema algum em ter sido nomeado pelo seu pai, o Prefeito X, pois a população só tem a ganhar com o seu trabalho. Consignou, por fim, que trabalha muito, inclusive comparecendo presencialmente na repartição pública de segunda a quinta-feira, das 13h às 17h, conforme permite a legislação de estilo.

As testemunhas ouvidas na Promotoria de Justiça confirmaram os fatos investigados (doc. 06), vale dizer, consignaram que o Prefeito X realmente nomeou o seu filho Y para o cargo comissionado de Chefe de Seção do Almoxarifado. Relataram, em suma, que o requerido Y comparece para trabalhar de segunda a quinta-feira, das 13h às 17h, cumprindo sua jornada laboral de forma regular. Consignaram, outrossim, que o requerido Y costuma repetir que foi nomeado para o cargo por ser muito qualificado tecnicamente e não porque é filho do Prefeito X.

Como se vê, ao final das investigações levadas a cabo pelo Ministério Público, restou comprovado que o Prefeito X nomeou seu filho Y para um cargo em comissão, de livre nomeação e exoneração, em flagrante desrespeito aos artigos 37 e demais correlatos da Constituição Federal. Vale dizer, apesar de terem ciência dessa ilicitude, os requeridos aproveitaram-se do mandato eletivo de X, em notório prejuízo da imagem do Município de ____.

Os princípios da impessoalidade e da moralidade estão expressamente previstos no *caput* do referido artigo 37 da Carta Magna (destaques nossos): "A administração pública direta e indireta de qualquer dos Poderes da União, dos Estados, do Distrito Federal e dos Municípios obedecerá aos princípios de legalidade, **impessoalidade, moralidade**, publicidade e eficiência [...]." Desse modo, todo e qualquer agente público, notadamente aqueles que ocupam altos cargos na Administração Pública, devem obediência a esses cânones constitucionais, uma vez que a coisa pública a todos pertence, demandando, assim, uma gestão pública pautada pela ética e sem quaisquer favorecimentos indevidos.

Quanto ao assunto, o Supremo Tribunal Federal editou a Súmula Vinculante n. 13, que determina o seguinte: "A nomeação de cônjuge, companheiro ou parente em linha reta, colateral ou por afinidade, até o terceiro grau, inclusive, da autoridade nomeante ou de servidor da mesma pessoa jurídica investido em cargo de direção, chefia ou assessoramento, para o exercício de cargo em comissão ou de confiança ou, ainda, de função gratificada na administração pública direta e indireta em qualquer dos poderes da União, dos Estados, do Distrito Federal e dos Municípios, compreendido o ajuste mediante designações recíprocas, viola a Constituição Federal."

Nota-se, em tal contexto, que é dever de todos os agentes públicos respeitarem o teor da referida súmula, que possui poder vinculante nos termos do artigo 103-A da Constituição Federal, *in verbis* (destaques nossos):

> Art. 103-A. O Supremo Tribunal Federal poderá, de ofício ou por provocação, mediante decisão de dois terços dos seus membros, após reiteradas decisões sobre matéria constitucional, aprovar súmula que, a partir de sua publicação na imprensa oficial, terá **efeito vinculante em relação aos demais órgãos do Poder Judiciário e à administração pública direta e indireta, nas esferas federal, estadual e municipal**, bem como proceder à sua revisão ou cancelamento, na forma estabelecida em lei.
>
> § 1º A súmula terá por objetivo a validade, a interpretação e a eficácia de normas determinadas, acerca das quais haja controvérsia atual entre órgãos judiciários ou entre esses e a administração pública que acarrete grave insegurança jurídica e relevante multiplicação de processos sobre questão idêntica.
>
> § 2º Sem prejuízo do que vier a ser estabelecido em lei, a aprovação, revisão ou cancelamento de súmula poderá ser provocada por aqueles que podem propor a ação direta de inconstitucionalidade.

> § 3º Do ato administrativo ou decisão judicial que contrariar a súmula aplicável ou que indevidamente a aplicar, caberá reclamação ao Supremo Tribunal Federal que, julgando-a procedente, anulará o ato administrativo ou cassará a decisão judicial reclamada, e determinará que outra seja proferida com ou sem a aplicação da súmula, conforme o caso.

Por conseguinte, o fato de o familiar nomeado possuir qualificação ou não para exercer um cargo em comissão não justifica o afastamento desse *decisum*. Com efeito, tutela-se por meio da vedação ao nepotismo tanto a imagem da Administração Pública perante terceiros quanto uma gestão pública escorreita e sem favorecimentos, visando a evitar qualquer mácula que possa conspurcar as normas e os princípios constitucionais aplicáveis à espécie.[338]

E, no caso concreto sob análise, o requerido Y é filho – vale dizer, descendente de primeiro grau – do Prefeito X. Assim, quando este nomeou aquele para um cargo em comissão, incidiu-se na proscrição aventada pela Súmula Vinculante n. 13 do Supremo Tribunal Federal.

De outra banda, registra-se que a Lei n. 14.230/2021 mudou profundamente a Lei n. 8.429/1992. Quanto aos atos de improbidade administrativa que violam os princípios da Administração Pública, alterou-se o *caput* do artigo 11 para fixar um rol taxativo de condutas: "Constitui ato de improbidade administrativa que atenta contra os princípios da administração pública a ação ou omissão dolosa que viole os deveres de honestidade, de imparcialidade e de legalidade, caracterizada por uma das seguintes condutas: [...]."

E o inciso XI, incluído ao referido artigo pela Lei n. 14.230/2021, trata justamente do nepotismo, cuja redação reproduziu o teor da citada Súmula Vinculante n. 13: "XI – nomear cônjuge, companheiro ou parente em linha reta, colateral ou por afinidade, até o terceiro grau, inclusive, da autoridade nomeante ou de servidor da mesma pessoa jurídica investido em cargo de direção, chefia ou assessoramento, para o exercício de cargo em comissão ou de confiança ou, ainda, de função gratificada na administração pública direta e indireta em qualquer dos Poderes da União, dos Estados, do

[338] Cf. BARBOSA, Renato Kim. Nepotismo, mesmo indireto, contraria princípios basilares do Direito Público. **Revista Eletrônica Conjur**, 11 abr. 2016. Coluna MP no Debate. Disponível em: https://www.conjur.com.br/2016-abr-11/mp-debate-nepotismo-indireto-nega-principios-basilares-direito-publico. Acesso em: 22 out. 2021.

Distrito Federal e dos Municípios, compreendido o ajuste mediante designações recíprocas".

Nesse sentido, nota-se que a conduta do requerido X, Prefeito Municipal de _____, ao nomear o seu filho Y, também requerido, para o cargo em comissão de Chefe do Almoxarifado, incidiu no artigo 11, *caput*, inciso XI, da Lei n. 8.429/1992.

E, do mesmo modo, a conduta do requerido Y, filho do Prefeito Municipal de _____, ao aceitar a referida nomeação e tomar posse, beneficiando-se de seu parentesco com a autoridade nomeante, incidiu no mesmo artigo 11, *caput*, inciso XI, da Lei n. 8.429/1992. Ademais, quanto ao réu Y, registra-se o conteúdo do artigo 3º, *caput*, da Lei de Improbidade Administrativa: "As disposições desta Lei são aplicáveis, no que couber, àquele que, mesmo não sendo agente público, induza ou concorra dolosamente para a prática do ato de improbidade."

Diante do exposto, o MINISTÉRIO PÚBLICO DO ESTADO DE ________ requer:

a) a citação dos réus para que ofereçam contestação;
b) a intimação pessoal do autor de todos os atos e termos do processo;
c) a intimação do Município de ______, nos termos do § 14 do artigo 17 da Lei n. 8.429/1992;
d) seja julgada procedente a pretensão para anular o ato de nomeação em apreço e condenar os réus X e Y como incursos no artigo 11, *caput*, inciso XI, da Lei n. 8.429/1992, aplicando-lhes as sanções do artigo 12, inciso III, da referida lei: d.1) pagamento de multa civil de vinte e quatro vezes o valor da remuneração percebida pelos réus; e d.2) proibição de contratar com o Poder Público ou de receber benefícios ou incentivos fiscais ou creditícios, direta ou indiretamente, ainda que por intermédio de pessoa jurídica da qual seja sócio majoritário, pelo prazo de quatro anos.

Protesta-se pela produção de todos os meios de provas, em especial o depoimento pessoal, a oitiva de testemunhas e o que for necessário para o deslinde justo da causa.

Requer-se, finalmente, a dispensa do autor do pagamento de custas, emolumentos e outros encargos, nos termos do artigo 23-B, *caput*, da Lei n. 8.429/1992.

Dá-se à causa o valor de R$ ______.
Termos em que pede deferimento.

Local, data.

Promotor(a) de Justiça

2. Modelo de decisão saneadora

Vistos em saneador.

Passo à análise das preliminares arguidas.

A alegação de ilegitimidade passiva não prospera. Com efeito, a responsabilidade dos réus decorre do fato de o requerido X ser o Prefeito que realizou a nomeação de seu filho para o cargo comissionado, bem como o requerido Y ser aquele que se beneficiou do ato em apreço, em razão de o Prefeito ser seu pai.

A preliminar de inépcia da petição inicial é impertinente, pois estão adequados a delimitação dos pedidos, a via eleita e os demais requisitos para se ajuizar esta demanda.

Não há questões preliminares ao mérito ou defesas de mérito indiretas que mereçam acolhimento, razão pela qual não deve ser aplicado o disposto nos artigos 354 e 355 do Código de Processo Civil.

As partes são legítimas e encontram-se representadas, concorrendo as condições da ação e os pressupostos de desenvolvimento válido e regular do processo. E mais: não há nulidades a serem sanadas.

Não se encontram presentes as hipóteses elencadas no artigo 356 do Código de Processo Civil, de modo que é inviável o julgamento antecipado parcial do mérito.

Em atenção ao artigo 17, § 10-C, da Lei n. 8.429/1992, dou o agente público como incurso no artigo 11, *caput*, inciso XI, da mesma lei, uma vez que, como Prefeito, nomeou seu filho para cargo em comissão, nos exatos termos do fato principal e da capitulação legal apresentada pelo Ministério Público.

Assim, fixo os seguintes pontos controvertidos: a) ciência quanto à Súmula Vinculante n. 13 do Supremo Tribunal Federal; b) nomeação do requerido Y; c) relação de parentesco.

O ônus da prova seguirá a regra geral estabelecida pelo artigo 373 do Código de Processo Civil.

Especifiquem as partes, no prazo de 15 (quinze) dias, as provas que pretendem produzir.

Local, data.

Juiz(a) de Direito

3. Modelo de sentença

Trata-se de AÇÃO DE IMPROBIDADE ADMINISTRATIVA proposta pelo MINISTÉRIO PÚBLICO DO ESTADO DE _____ em face de X, qualificado a fls., e de Y, qualificado a fls.

O autor sustentou em sua exordial que o requerido X, Prefeito Municipal de _____, nomeou seu filho Y para o cargo em comissão de Chefe do Almoxarifado da Prefeitura Municipal local. Assim, solicitou a anulação do ato de nomeação, bem como a condenação dos requeridos como incursos no ato de improbidade administrativa previsto no artigo 11, *caput*, inciso XI, da Lei n. 8.429/1992.

Os requeridos, citados a fls., sustentaram em sua contestação que, apesar de conhecerem o teor da Súmula Vinculante n. 13 do Supremo Tribunal Federal, o réu Y possui todas as qualificações técnicas exigidas para o cargo, motivo pelo qual não haveria óbice para a sua nomeação e consequente posse. Aduziram que o Ministério Público está agindo por vingança e querendo ditar os rumos da Prefeitura Municipal de _____.

Réplica do Ministério Público a fls.

Decisão saneadora a fls.

Audiência realizada a fls., quando se ouviram testemunhas e os requeridos.

Alegações finais do Ministério Público a fls.

Alegações finais dos requeridos a fls.

É o relatório. Passo a decidir.

Os pedidos contidos na petição inicial são PROCEDENTES.

O Ministério Público aduziu, em sua exordial a fls., que o requerido X, ocupante do cargo de Prefeito Municipal de _____, nomeou o seu filho Y para o cargo comissionado de Chefe do Almoxarifado da Prefeitura local. Assim, o *Parquet* requereu a anulação da nomeação e dos demais atos subsequentes, bem como a condenação dos réus pela prática do ato de improbidade administrativa previsto no artigo 11, *caput*, inciso XI, da Lei n. 8.429/1992.

No inquérito civil instaurado para apurar os fatos em apreço – juntado aos autos pelo Ministério Público a fls. –, constam os documentos referentes à nomeação e à posse do requerido Y, bem como a manifestação escrita dos então investigados. Além disso, também há a oitiva de testemunhas e dos requeridos.

Em suas contestações (fls.), os requeridos X e Y basicamente confirmaram que possuíam ciência quanto à Súmula Vinculante n. 13 do Supremo Tribunal Federal. Todavia, eles salientaram que, apesar disso, acreditavam que a nomeação do réu Y pelo seu pai X, Prefeito Municipal de ____, para o cargo em comissão de Chefe de Almoxarifado da Prefeitura local era vantajosa para o interesse público, pois o requerido Y é qualificado tecnicamente para o desempenho das respectivas funções. Por esse motivo, eles entendem que não podem ser condenados pela prática de ato de improbidade administrativa, já que visavam apenas a bem atender a população.

Além dos documentos já juntados aos autos comprovando a relação de parentesco entre X e Y (fls.) e os atos de nomeação e posse para o cargo comissionado (fls.), foram ouvidos testemunhas e os requeridos.

As testemunhas confirmaram na audiência de instrução os fatos narrados na exordial (fls.), vale dizer, consignaram que o Prefeito X realmente nomeou o seu filho Y para o cargo comissionado de Chefe de Seção do Almoxarifado. Relataram, em suma, que o requerido Y comparece para trabalhar de segunda a quinta-feira, das 13h às 17h, cumprindo sua jornada laboral de forma regular. Consignaram, outrossim, que o requerido Y costuma repetir que foi nomeado para o cargo por ser muito qualificado tecnicamente e não porque é filho do Prefeito X.

Durante seu depoimento pessoal realizado na audiência de instrução (fls.), o requerido X asseverou que tinha ciência acerca do teor Súmula Vinculante n. 13 do Supremo Tribunal Federal, mas justificou a nomeação de seu filho para o cargo comissionado em questão por acreditar que ele é bastante competente para o desempenho das respectivas funções.

Registrou que manterá seu filho no citado cargo, argumentando que o interesse público demanda para tal cargo uma pessoa com a qualificação de Y. Registrou, em contrapartida, que acatará eventual decisão em contrário do Poder Judiciário.

Já o réu Y, em audiência de instrução (fls.), salientou que tinha ciência acerca do teor Súmula Vinculante n. 13 do Supremo Tribunal Federal, mas que é muito capacitado para ocupar o cargo comissionado de Chefe de Seção do Almoxarifado. Registrou que não vê problema algum em ter sido nomeado pelo seu pai, o Prefeito X, pois a população só tem a ganhar com o seu trabalho. Consignou, por fim, que trabalha muito, inclusive comparecendo presencialmente na repartição pública de segunda a quinta-feira, das 13h às 17h, conforme permite a legislação de estilo.

Em alegações finais, tanto o autor quanto os réus apenas reiteraram as teses anteriormente consignadas. Assim, ao final do regular trâmite processual, restou comprovado que o Prefeito X nomeou seu filho Y para um cargo em comissão, de livre nomeação e exoneração, em flagrante desrespeito aos artigos 37 e demais correlatos da Constituição Federal. Vale dizer, apesar de terem ciência dessa ilicitude, os réus aproveitaram-se do mandato eletivo de X, em notório prejuízo da imagem do Município de ____.

Os princípios da impessoalidade e da moralidade estão expressamente previstos no *caput* do referido artigo 37 da Carta Magna (destaques nossos): "A administração pública direta e indireta de qualquer dos Poderes da União, dos Estados, do Distrito Federal e dos Municípios obedecerá aos princípios de legalidade, **impessoalidade**, **moralidade**, publicidade e eficiência [...]." Desse modo, todo e qualquer agente público, notadamente aqueles que ocupam altos cargos na Administração Pública, devem obediência a esses cânones constitucionais, uma vez que a coisa pública a todos pertence, demandando, assim, uma gestão pública pautada pela ética e sem quaisquer favorecimentos indevidos.

Quanto ao assunto, o Supremo Tribunal Federal editou a Súmula Vinculante n. 13, que determina o seguinte: "A nomeação de cônjuge, companheiro ou parente em linha reta, colateral ou por afinidade, até o terceiro grau, inclusive, da autoridade nomeante ou de servidor da mesma pessoa jurídica investido em cargo de direção, chefia ou assessoramento, para o exercício de cargo em comissão ou de confiança ou, ainda, de função gratificada na administração pública direta e indireta em qualquer dos poderes da União, dos Estados, do Distrito Federal e dos Municípios, compreendido o ajuste mediante designações recíprocas, viola a Constituição Federal."

Nota-se, em tal contexto, que é dever de todos os agentes públicos respeitarem o teor da referida súmula, que possui poder vinculante nos termos do artigo 103-A da Constituição Federal, *in verbis* (destaques nossos):

> Art. 103-A. O Supremo Tribunal Federal poderá, de ofício ou por provocação, mediante decisão de dois terços dos seus membros, após reiteradas decisões sobre matéria constitucional, aprovar súmula que, a partir de sua publicação na imprensa oficial, terá **efeito vinculante em relação aos demais órgãos do Poder Judiciário e à administração pública direta e indireta, nas esferas federal, estadual e municipal**, bem como proceder à sua revisão ou cancelamento, na forma estabelecida em lei.
>
> § 1º A súmula terá por objetivo a validade, a interpretação e a eficácia de normas determinadas, acerca das quais haja controvérsia atual entre órgãos judiciários ou entre esses e a administração pública que acarrete grave insegurança jurídica e relevante multiplicação de processos sobre questão idêntica.
>
> § 2º Sem prejuízo do que vier a ser estabelecido em lei, a aprovação, revisão ou cancelamento de súmula poderá ser provocada por aqueles que podem propor a ação direta de inconstitucionalidade.
>
> § 3º Do ato administrativo ou decisão judicial que contrariar a súmula aplicável ou que indevidamente a aplicar, caberá reclamação ao Supremo Tribunal Federal que, julgando-a procedente, anulará o ato administrativo ou cassará a decisão judicial reclamada, e determinará que outra seja proferida com ou sem a aplicação da súmula, conforme o caso.

Por conseguinte, o fato de o familiar nomeado possuir qualificação ou não para exercer um cargo em comissão não justifica o afastamento desse *decisum*. Com efeito, tutela-se por meio da vedação ao nepotismo tanto a imagem da Administração Pública perante terceiros quanto uma gestão pública escorreita e sem favorecimentos, visando a evitar qualquer mácula que possa conspurcar as normas e os princípios constitucionais aplicáveis à espécie.[339]

[339] Cf. BARBOSA, Renato Kim. Nepotismo, mesmo indireto, contraria princípios basilares do Direito Público. **Revista Eletrônica Conjur**, 11 abr. 2016. Coluna MP no Debate. Disponível em: https://www.conjur.com.br/2016-abr-11/mp-debate-nepotismo-indireto-nega-principios-basilares-direito-publico. Acesso em: 22 out. 2021.

E, no caso concreto sob análise, o requerido Y é filho – vale dizer, descendente de primeiro grau – do Prefeito X, conforme os documentos juntados a fls. Assim, quando este nomeou aquele para um cargo em comissão, incidiu-se na proscrição aventada pela Súmula Vinculante n. 13 do Supremo Tribunal Federal.

De outra banda, registra-se que a Lei n. 14.230/2021 mudou profundamente a Lei n. 8.429/1992. Quanto aos atos de improbidade administrativa que violam os princípios da Administração Pública, alterou-se o *caput* do artigo 11 para fixar um rol taxativo de condutas: "Constitui ato de improbidade administrativa que atenta contra os princípios da administração pública a ação ou omissão dolosa que viole os deveres de honestidade, de imparcialidade e de legalidade, caracterizada por uma das seguintes condutas: [...]."

E o inciso XI, incluído ao referido artigo pela Lei n. 14.230/2021, trata justamente do nepotismo, cuja redação reproduziu o teor da citada Súmula Vinculante n. 13: "XI – nomear cônjuge, companheiro ou parente em linha reta, colateral ou por afinidade, até o terceiro grau, inclusive, da autoridade nomeante ou de servidor da mesma pessoa jurídica investido em cargo de direção, chefia ou assessoramento, para o exercício de cargo em comissão ou de confiança ou, ainda, de função gratificada na administração pública direta e indireta em qualquer dos Poderes da União, dos Estados, do Distrito Federal e dos Municípios, compreendido o ajuste mediante designações recíprocas".

Nesse sentido, nota-se que a conduta do requerido X, Prefeito Municipal de _____, ao nomear o seu filho Y, também requerido, para o cargo em comissão de Chefe do Almoxarifado, incidiu no artigo 11, *caput*, inciso XI, da Lei n. 8.429/1992.

E, do mesmo modo, a conduta do requerido Y, filho do Prefeito Municipal de _____, ao aceitar a referida nomeação e tomar posse, beneficiando-se de seu parentesco com a autoridade nomeante, incidiu no mesmo artigo 11, *caput*, inciso XI, da Lei n. 8.429/1992. Ademais, quanto ao réu Y, registra-se o conteúdo do artigo 3º, *caput*, da Lei de Improbidade Administrativa: "As disposições desta Lei são aplicáveis, no que couber, àquele que, mesmo não sendo agente público, induza ou concorra dolosamente para a prática do ato de improbidade."

Como corolário, são eivados de nulidade o ato de nomeação e os demais atos subsequentes. Ademais, passo à análise das penalidades previstas no artigo 12, *caput*, inciso III, da Lei n. 8.429/1992.

Sopesando o caso *sub examine*, fixo a multa civil, para cada um dos réus, em dez vezes o valor da remuneração percebida pelo Prefeito Municipal. Também aplico a proibição de contratar com o Poder Público ou de receber benefícios ou incentivos fiscais ou creditícios, direta ou indiretamente, ainda que por intermédio de pessoa jurídica da qual seja sócio majoritário, pelo prazo de dois anos.

Diante do exposto, nos termos do artigo 487, *caput*, inciso I, do Código de Processo Civil, JULGO PROCEDENTE os pedidos formulados pelo MINISTÉRIO PÚBLICO DO ESTADO de ______ para ANULAR o ato de nomeação e os demais atos subsequentes correlatos do requerido Y para o cargo em comissão de Chefe do Almoxarifado, bem como para CONDENAR os réus X e Y, consoante o artigo 12, *caput*, inciso III, da Lei n. 8.429/1992, pela prática do ato de improbidade administrativa previsto no artigo 11, *caput*, inciso XI, da mesma lei.

Condeno os réus ao pagamento das custas processuais e taxa judiciária.

Ciência ao Ministério Público. Publique-se. Intimem-se.

Local, data.

Juiz(a) de Direito

EPÍLOGO

O aprimoramento dos instrumentos jurídicos que objetivam conferir efetividade às garantias e aos direitos fundamentais individuais e coletivos é fundamental para se trilhar a evolução da sociedade. E, em tal contexto, é indispensável a atualização da Lei n. 8.429/1992, visando a solucionar obstáculos e dificuldades vislumbrados nas quase três décadas de sua vigência, para avançar em defesa da sociedade e do interesse público.

Todavia, as alterações empreendidas pela Lei n. 14.230/2021 não foram apenas nessa direção. Cita-se, *verbi gratia*, a criação de exíguo prazo para o término do inquérito civil, em descompasso com a já existente prescrição. Dentre diversos outros exemplos, também prejudica o interesse público o rol taxativo imposto ao artigo 11 da Lei n. 8.429/1992, impedindo uma proteção mais abrangente do patrimônio público.

De outro vértice, é necessário enaltecer, *e.g.*, a supressão da vetusta figura da "notificação prévia", que atrasava o rito processual e pouco auxiliava na condução dos trabalhos.

Assim, a "Nova" Lei de Improbidade Administrativa é uma realidade, devendo os operadores do Direito manejá-la adequadamente para uma efetiva tutela do patrimônio público. O diploma normativo em apreço serve de norte para todo agente público, o qual deve, sempre, respeitar os princípios norteadores da Administração Pública, independentemente de seu vínculo com o Estado.

Apenas desse modo será possível a construção de uma sociedade justa e, em cujo seio, sejam efetivos os direitos de todo cidadão, curando a nossa democracia, na medida do possível, de sua pior doença: a corrupção.

REFERÊNCIAS

ABED, George T.; GUPTA, Sanjeev. **Governance, corruption and economic performance**. Washington: International Monetary Fund, 2003.

AGAPITO, Luis Roca. **El delito de malversación de caudales públicos**. Barcelona: J. M. Bosch Editor, 1999.

____________. La influencia de la Unión Europea en la lucha contra la corrupción pública. *In*: GARCÍA, F. Javier Álvarez (ed.). **La adecuación del derecho penal español al ordenamiento de la Unión Europea, la política criminal europea**. Valencia: Tirant lo Blanch, p. 759-800, 2009.

ALBA, Ubaldo Nieto de. **Ética de Gobierno, economía y corrupción**. Madrid: Editorial Complutense, 1996.

ALEMANN, Urich Von. The unknown depths of political theory: the case for a multidimensional concept of corruption. **Crime, Law and Social Change**, v. 42, n. 1, p. 25-34, 2004.

ALLDRIDGE, Peter. Reforming the criminal law of corruption. **Criminal Law Forum**, v. 11, p. 287-322, 2000.

ALMEIDA, Fernando Menezes de. Combate à corrupção pelo Direito brasileiro: perspectiva constitucional e nova tendência trazida pela Lei das Empresas Estatais. *In*: CUNHA FILHO, Alexandre Jorge Carneiro da (coord.) *et al.* **48 visões sobre a corrupção**. São Paulo: Quartier Latin, 2016.

ALMEIDA, João Batista de. **Aspectos controvertidos da ação civil pública**. São Paulo: Revista dos Tribunais, 2001.

ALVARENGA, Aristides Junqueira. Reflexões sobre improbidade administrativa no Direito brasileiro. *In*: BUENO, Cássio Scarpinella; PORTO FILHO, Pedro Paulo de R. (coord.). **Improbidade administrativa**: questões polêmicas e atuais. São Paulo: Malheiros, 2001.

ANDVIG, Jens Christopher; MOENE, Karl Ove. How corruption may corrupt. **Journal of Economic Behavior and Organization**, v. 13, p. 63-76, 1990.

ANECHIARICO, Frank; JACOBS, James Barret. **The pursuit of absolute integrety**: how corruption control makes government ineffective. Chicago: The University of Chicago Press, 1996.

ARAÚJO, Felipe Dantas de. Corrupção e novas concepções de direito punitivo: rumo a um direito de intervenção anticorrupção? **Revista de Direito Internacional**, Brasília. v. 8. n. 2. p. 205-253. jul./dez. 2011.

ARÊDES, Sirlene. Âmbito constitucional de aplicação do Direito Penal e do Direito Administrativo sancionador. **Revista

Brasileira de Ciências Criminais, São Paulo, v. 25. n. 129, p. 435-477, mar. 2017.

_____________. **Responsabilização do agente público**: individualização da sanção por ato de improbidade administrativa. Belo Horizonte: Fórum, 2012.

ARIS, Thalita Abdala. **Improbidade administrativa no Direito Eleitoral**. Rio de Janeiro: Lumen Juris, 2014.

ARNIM, Hans Herbert Von. **Korruption und korruptionsbekampfung**. Berlin: Duncker & Humblot, 2007.

ARNONE, Marco; ILIOPULOS, Eleni. **La corruzione costa**: effetti economici, istituzionali e sociali. Milano: Vita e Pensiero, 2005.

ARZAMENDI, José Luis de la Cuesta. Iniciativas internacionales contra la corrupción. **Eguzkilore**: Cuadernos del Instituto Vasco de Criminología, San Sebastián, n. 17, p. 5-26, dez. 2003.

AUREANO, Guillermo. R. Financements et corruption. La corruption en Amérique Latine: définitions et stratégies de recherche. **Studia Diplomatica**, v. 55, n. 5-6, p. 75-86, 2002.

AZEVEDO, Antonio Junqueira de. **Novos estudos e pareceres de Direito Privado**. São Paulo: Saraiva, 2009.

BALBI, Giuliano. **I delitti di corruzione**: un'indagine strutturale e sistematica. Napoli: Jovene, 2003.

BALLÉN, Rafael. **Corrupción**: los otros bandidos. 2. ed. Bogotá: Ediciones Juridicas Gustavo Ibañez, 2004.

BARRANCO, Norberto Javier de la Mata. El delito de cohecho activo. **Revista Arazandi de Derecho y Proceso Penal**, n. 12, p. 29-76, 2004.

BARBOSA, Renato Kim. Além da PEC 37: poderes investigatórios do MP e o Projeto de Lei 233/2015. **Revista Eletrônica Conjur**, 19 out. 2015. Coluna MP no Debate. Disponível em: https://www.conjur.com.br/2015-out-19/mp-debate-poderes-investigatorios-mp-projeto-lei-2332015. Acesso em: 1º nov. 2021.

_____________. **Corrupção e Dano Social**: Análise da Responsabilidade Civil inclusive na *Nova* Lei de Improbidade Administrativa. São Paulo: Almedina, 2022.

_____________. **Dano social decorrente de corrupção e improbidade administrativa**: teoria holística da responsabilidade civil. 2021. 286 f. Tese (Doutorado) – Faculdade de Direito, Universidade de São Paulo, São Paulo, 2021.

_____________. Nepotismo, mesmo indireto, contraria princípios basilares do Direito Público. **Revista Eletrônica Conjur**, 11 abr. 2016. Coluna MP no Debate. Disponível em: https://www.conjur.com.br/2016-abr-11/mp-debate-nepotismo-indireto-nega-principios-basilares-direito-publico. Acesso em: 22 out. 2021.

_____________. Notificação prévia prejudica a razoável duração do processo de improbidade. **Revista Eletrônica Conjur**, 10 out. 2016. Coluna MP no Debate. Disponível em: https://www.conjur.com.br/2016-out-10/mp-debate-notificacao-previa-prejudica-razoavel-duracao-processo. Acesso em: 02 nov. 2021.

_____________. COSTA, Rafael de Oliveira. Nova LIA: os prazos para conclusão do inquérito e ajuizamento da ação. **Revista Eletrônica Conjur**, 15 nov. 2021. Coluna Opinião. Disponível em: https://www.conjur.com.br/2021-nov-15/opiniao-lia-inquerito-civil-ajuizamento-acao. Acesso em: 28 dez. 2022.

BARRANCO, Norberto Javier de la Mata. **La respuesta penal a la corrupción pública**: el tratamiento penal de los particulares que contribuyen a ella. Granada: Comares, 2004.

BASTOS, Celso Ribeiro. A tutela dos interesses difusos no Direito Constitucional brasileiro. **Revista de Processo**, São Paulo, ano 6, n. 23, p. 36-44, 1981.

____________; MARTINS, Yves Gandra. **Comentários à Constituição do Brasil**. 2. ed. São Paulo: Saraiva, v. 3, t. 3, 1999.

BASTOS, Rosaura Moreira Brito. **Improbidade administrativa**: conteúdo jurídico e dimensão constitucional. Belo Horizonte: Fórum, 2010.

BAUTISTA, Oscar Diego. **Ética para corruptos**: una forma de prevenir la corrupción en los gobiernos y administraciones públicas. Bilbao: Desclée de Brouwer, 2008.

BECHARA, Ana Elisa Liberatore Silva. A criminalização do enriquecimento ilícito de funcionário público: lições ao Brasil sobre o perigo de retrocesso do Direito Penal ao período pré-iluminista. **Revista Brasileira de Ciências Criminais**, São Paulo, v. 20, n. 98, p. 503-538, set./out. 2012.

BECHARA, Fábio Ramazzini; RODRIGUES, Amanda de Carvalho. Corrupção e justiça penal negocial: a necessária releitura da obrigatoriedade da ação penal pública no Direito brasileiro. *In*: CASTRO, Manuella Santos de (org.) *et al.* **Governança, *compliance* e corrupção**. São Paulo: Almedina, 2019.

BENÍTEZ, José Manuel Gómez. Corrupción y delito de administración desleal. **La Ley**: Revista jurídica española de docrtina, jurisprudencia e bibliografia, n. 7, p. 1283-1288, 2000.

BENJAMIN, Antônio Herman Vasconcellos. A insurreição da aldeia global contra o processo civil clássico: apontamentos sobre a opressão e a libertação judiciais do meio ambiente e do consumidor. *In*: MILARÉ, Édis (coord.). **Ação civil pública – Lei 7.347/85**: reminiscências e reflexões após dez anos de aplicação, São Paulo: Revista dos Tribunais, 1995.

BERALDI, Carlos Alberto. Control de la corrupción mediante la desregulación. **Pena y Estado**: Revista Latinoamericana de Política Criminal, n. 1, Buenos Aires, p. 33-54, 1995.

BERNAL, Andrés Botero. La corrupción: tensión entre lo político y lo jurídico. **Revista Opinión Jurídica**, Facultade de Derecho de la Universidad de Medellín, Medellín, v. 3, n. 6, p. 37-58, 2004.

BERTONCINI, Mateus. **Ato de improbidade administrativa**: 15 anos da Lei 8.429/92. São Paulo: Revista dos Tribunais, 2007.

BEZERRA, Marcus Otávio; COSTA, Carla; SOUZA JÚNIOR, Homero de. O controle dos representantes eleitos. *In*: SPECK, Bruno W. (org.). **Caminhos da transparência**, Campinas: Ed. Unicamp, 2002.

BITENCOURT NETO, Eurico. **Improbidade administrativa e violação de princípios**. Belo Horizonte: Del Rey, 2005.

BITTENCOURT, Sidney. **Comentários à Lei Anticorrupção**: lei 12.846/2013. São Paulo: Revista dos Tribunais, 2014.

BJORVATN, Kjetil; SOREIDE, Tina. Corruption and privatization. **European Journal of Political Economy**, v. 21, n. 4, p. 903-914, 2005.

BLACKBURN, Keith; BOSE, Niloy; HAQUE, M. Emranul. The incidence and persistence of corruption in economic development. **Journal of Economic Dynamics and Control**, v. 30, n. 12, p. 2447-2468, 2006.

BOBBIO, Norberto. **Teoria do ordenamento jurídico**. 10. ed. Brasília: Editora Universidade de Brasília, 1999.

BOCK, Dennis. **Criminal compliance**. Baden-Baden: Nomos, 2011.

BOEHM, Frédéric; LAMBSDORFF, Johann Graf. Corrupción y anticorrupción: una perspectiva neo institucional. **Revista de Economía Institucional**, v. 2, n. 21, p. 45-72, 2009.

BOERSMA, Martine. **Corruption**: a violation of human rights and a crime under internacional law? Cambridge: Intersentia, 2012.

BOTELHO, Ana Cristina Melo de Pontes. **Corrupção política**: uma patologia social. Belo Horizonte: Fórum, 2010.

BRASIL. Controladoria-Geral da União. **Relatório sobre a Avaliação do Sistema de Integridade da Administração Pública Federal Brasileira feita pela OCDE**, 2011. Disponível em: https://www.gov.br/cgu/pt-br/assuntos/articulacao-internacional/convencao-da-ocde/arquivos/avaliacaointegridadebrasileiraocde.pdf. Acesso em: 10 mai. 2021.

BRASILEIRO, Renato. **Pacote anticrime**: comentários à Lei 13.964/2019 artigo por artigo. Salvador: Juspodivm, 2020.

BRIOSCHI, Carlo Alberto. **Breve historia de la corrupción**: de la antigüedad a nuestros días. Milano: Taurus, 2004.

BUCCI, Maria Paula Dallari. **Fundamentos para uma teoria jurídica das políticas públicas**. São Paulo: Saraiva, 2013.

BUENO, Cassio Scarpinella; PORTO FILHO, Pedro Paulo de Rezende (coord.). **Improbidade administrativa**: questões polêmicas e atuais. São Paulo, Malheiros, 2001

BURLE FILHO, José Emmanuel. Ação civil pública e a tutela da probidade administrativa. In: MILARÉ, Edis (coord.). **Ação civil pública após 20 anos**: efetividade e desafios, São Paulo: Revista dos Tribunais, 2005.

CACIAGLI, Mario. **Clientelismo, corrupción y criminalidad organizada**: evidencias empíricas y propuestas teóricas a partir de los casos italianos. Madrid: Centro de Estudios Politicos y Constitucionales, 1996.

CAGGIANO, Monica Herman. Corrupção, *lobbies* e esvaziamento da democracia. *In*: BECHARA, Fábio Ramazzini (coord.) *et al.* **Corrupção**. São Paulo: Almedina, 2020.

CALDERONE, Carmelo Renato. Lotta alla corruzione in campo comunitario ed internazionale. **Rivista Trimestrale di Diritto Penale dell'Economia**, n. 42, p. 607-619, 2001.

CAMARGO, Paulo Sergio Uchôa Fagundes Ferraz de. **Dano moral coletivo**: uma possibilidade de aplicação dos danos punitivos. São Paulo: Almedina, 2016.

CAMBI, Eduardo Augusto Salomão. **Tese apresentada ao Congresso Estadual do Ministério Público do Paraná**, 2011.

____________; Lima, Diogo de Araujo; Novak, Mariana Sartori. Reflexões sobre regime jurídico do acordo de não persecução cível. *In*: CAMBI, Eduardo; SILVA, Danni Sales Silva; MARINELA, Fernanda Marinela (org.). **Pacote Anticrime**: volume I. Curitiba: Escola Superior do MPPR, p. 56-91, 2020.

CAPARRÓS, Eduardo A. Fabián. **La corrupción de agente público extranjero e internacional**. Valencia: Tirant lo Blanch, 2003.

____________. Relaciones entre blanqueo de capitales y corrupción. Algunas valoraciones a propósito de las previsiones contenidas en la Convención de la OCDE sobre soborno de funcionarios públicos extranjeros en las transacciones comerciales internacionales (1997). In: OLIVÉ, Juan Carlos Ferré (ed.). **Delitos financeiros, fraude y corrupción em Europa**: blanqueo de dinero y corrupción en el sistema bancário. Salamanca, v. 2, p. 103-110, 2002.

____________; CEPEDA, Ana Isabel Pérez (coord.). **Estudios sobre corrupción**. Salamanca: Ratio Legis, 2010.

CAPPELLETTI, Mauro. Tutela dos interesses difusos. **Revista Ajuris**, n. 33, Porto Alegre: Associação dos Juízes do Rio Grande do Sul, p. 169-182, 1985.

CARRARO, André; FOCHEZATTO, Adelar; HILLBRECHT, Ronald Otto. O impacto da corrupção sobre o crescimento econômico do Brasil: aplicação de um modelo de equilíbrio geral para o período 1994-1998. **Anais do XXXIV Encontro Nacional de Economia** – ANPEC, Salvador, 2006.

CARVALHO FILHO, José dos Santos. **Improbidade administrativa**: prescrição e outros prazos extintivos. 3. ed. São Paulo: Atlas, 2019.

____________. **Manual de Direito Administrativo**. 27. ed. São Paulo: Atlas, 2014.

CASTRO, Manuella Santos de. *Compliance* em meio digital: análise de casos icônicos de responsabilidade civil. *In*: ____________ (org.) *et al.* **Governança, *compliance* e corrupção**. São Paulo: Almedina, 2019.

CAVALCANTE, Márcio André Lopes. **Dizer o Direito**, 8 nov. 2022. Disponível em: https://www.dizerodireito.com.br/2022/11/as-mudancas-promovidas-pela-lei.html. Acesso em: 16 nov. 2022.

CAZZOLA, Franco. **Della corruzione**: fisiologia e patologia di un sistema politico. Bologna: Il Mulino, 1988.

CELENTANI, Marco; GANUZA, Juan-José; PEYDRÓ, José-Luis. Combating corruption in international business transactions. **Economica**, n. 71, p. 417-448, 2004.

CICHOCKI, Patrícia Toledo de Campos. **Infração disciplinar e improbidade administrativa**: limites e pontos de interação. Novas Edições Acadêmicas, 2018.

CIERVA, Ricardo de la. **Historias de la corrupción**. 2. ed. Barcelona: Planeta, 1992.

CINCUNEGUI, Juan Bautista; CINCUNEGUI, Juan de Dios. **La corrupción y los factores de poder**. Rosario: Dunken, 1996.

CLARKE, George R. G.; XU, Lixin Colin. Privatization, competition, and corruption: how characteristics of bribe takers and payers affect bribe payments to utilites. **Journal of Public Economics**, v. 88, n. 4, p. 2067-2098, 2004.

CLAUSSEN, Hans Rudolf. **Korruption im öffentilichen dienst**. München: Heymanns, 1995.

COLLIER, Michael. W. Explaining corruption: An institutional choice approach. **Crime, Law & Social Change**, v. 38, p. 1-32, 2002.

COLOMBATTO, Enrico. Why is corruption tolerated? **The Review of Austrian Economics**, v. 16, n. 4, p. 363-379, 2003.

COPOLA, Gina. **A improbidade administrativa no Direito brasileiro**. Belo Horizonte: Fórum, 2011.

CORDERO, Isidoro Blanco. La corrupción desde una perspectiva criminológica: un estudio de sus causas desde las teorías de las actividades rutinarias y de la elección racional. *In*: ÁLVAREZ, Fernando Pérez (coord.). **Serta**: in memoriam Alexandri Baratta, Salamanca: Universidad de Salamanca, p. 267-296, 2004.

____________; ARZAMENDI, José Luis de la Cuesta. Los nuevos delitos de corrupción en las transacciones comerciales internacionales. **Revista de Ciencias Penales**: Revista de la Asociación Española de Ciencias Penales, n. 4, p. 9-29, 2001-2002.

COSTA, Helena Regina Lobo da. "Ne bis in idem" e Lei Anticorrupção: sobre os limites para a imposição de sanção pelo Estado. **Revista Fórum de Ciências Criminais**, v, 2, n. 3, Belo Horizonte, p. 73-90, jan./jun. 2015.

COSTA, José Armando da. **Conteúdo jurídico da improbidade administrativa.** Brasília: Brasília Jurídica, 2000.

COSTA, José de Faria; GODINHO, Inês Fernandes; SOUSA, Susana Aires de (org.). **Os crimes de fraude e a corrupção no espaço europeu.** Coimbra: Coimbra Editora, 2014.

COSTA, Rafael de Oliveira. Fortalecimento do Ministério Público e efetividade no combate à corrupção. **Jornal digital do Estadão**, 29 out. 2020. Blog do Fausto Macedo. Disponível em: https://politica.estadao.com.br/blogs/fausto-macedo/fortalecimento-do-ministerio-publico-e-efetividade-no-combate-a-corrupcao/. Acesso em: 31 out. 2021.

____________. **Do Ministério Público como Superego da Sociedade**: *design* institucional e legitimidade na atuação judicial e extrajudicial. Florianópolis: Sequencia, v. 38, 2017.

____________. ***Dubitando ad veritatem parvenimus***: da responsabilidade do legislador por improbidade administrativa na edição de leis inconstitucionais de efeitos concretos. Porto Alegre: Direito Público, v. 68, p. 95-108, 2016.

____________.. Entre o direito e a política: A criatividade e o "fechamento hermenêutico" no exercício da jurisdição constitucional. **Pensar – Revista de Ciências Jurídicas**, v. 21.

____________. (In)Segurança Jurídica? Breves Comentários à Lei nº 13.655/18. ***Justitia***, v. 208, 2020.

____________. Judicializando a política: da responsabilidade por improbidade administrativa em razão do descumprimento de "compromisso eleitoral". **Revista Direitos Fundamentais & Democracia** (UniBrasil), v. 18, p. 3-13, 2015.

____________. *Public Compliance*, Processos Estruturais e a Tutela do Direito Difuso à Probidade Administrativa. *In*: João Luiz Barbosa. (Org.). **Constituição, Direito e Temas Transversais.** Osasco: EdiFieo, v. 1, 2021.

____________. Segurança Jurídica e a (Im) previsibilidade do Direito. **Nomos – Revista do Programa de Pós-Graduação em Direito da UFC**, v. 34.1, jan./jun. 2014.

____________; ALMEIDA, Gregório Assagra de. **Direito Processual Penal Coletivo**: a tutela penal dos bens jurídicos e coletivos. 2. ed. Belo Horizonte: D'Plácido, 2021.

____________; BUZZETTI, Bruno Starke. Da Inconstitucionalidade do art. 45, § 2º, da Lei 12.594/2012. **Revista de Direito da Infância e da Juventude** (RDIJ), v. 3, p. 73-85, 2014.

____________; JUNQUEIRA, Gabriel Marson. A possibilidade de afastamento liminar de agentes públicos com prejuízo da remuneração em decorrência de vícios na investidura em cargo ou função pública. **Revista de Direito Administrativo & Constitucional**, v. 16, p. 288, 2017.

COSTA, Susana Henriques da. Aplicação da lei de improbidade administrativa. *In*: CUNHA, Alexandre dos Santos; SILVA, Paulo Eduardo Alves da (coord. e org.). **Pesquisa empírica em Direito**: Anais do I Encontro de Pesquisa Empírica em Direito, Ribeirão Preto, 29 e 30 set. 2011, Rio de Janeiro: IPEA, 2013.

____________. **O processo coletivo na tutela do patrimônio público e da moralidade administrativa**: ação de improbidade administrativa, ação civil pública e ação popular. 2. ed. São Paulo: Atlas, 2015.

CREMER, Georg. **Corruption & development aid**: confronting the challenges. London: Lynne Rinner, 2008.

CUNHA, Alcides Alberto Munhoz da. Evolução das ações coletivas no Brasil. **Revista de Processo**, São Paulo, ano 20, n. 77, jan./mar. 1995.

DAL POZZO, Antonio Araldo Ferraz *et al.* **Lei Anticorrupção**: apontamentos sobre a Lei 12.846/2013. Belo Horizonte: Fórum, 2014.

DECOMAIN, Pedro Roberto. **Improbidade administrativa**. São Paulo: Dialética, 2014.

DEL MASSO, Fabiano Dolenc; ROVAI, Armando Luiz. Corrupção e desenvolvimento econômico. *In*: CASTRO, Manuella Santos de (org.) *et al.* **Governança, *compliance* e corrupção**. São Paulo: Almedina, 2019.

DIAS, Bruno Fernandes. Responsabilidade de pessoas jurídicas e físicas em matéria de corrupção: o regime jurídico da Lei nº 12.846/2013. **Fórum Administrativo**, Belo Horizonte, ano 15, n. 167, p. 20-35, jan. 2015.

DÍAZ, M. Magadán; GARCÍA, J. Rivas. **Corrupción y fraude**: economía de la trasgresión. Madrid: Editorial Dykinson, 1999.

DIDIER JR., Fredie; ZENETI JR., Hermes. **Curso de Direito Processual Civil**: Processo Coletivo. Salvador: Juspodivm, 2017.

DONNINI, Rogério José Ferraz. Fundamento legal da função punitiva na responsabilidade civil. *In*: ______________ (coord.). **Risco, dano e responsabilidade civil**. Salvador: Juspodivm, 2018.

DUPUIS, Maria Benedetta. **La corruzione**. Padova: Cedam, 1995.

EMERSON, Patrick M. Corruption, competition and democracy. **Journal of Development Economics**, v. 81, n. 1, p. 193-212, 2006.

ESTEVES, João Luiz Martins; MONIZ, Tania Lobo. Elementos jurídico-políticos da formação da corrupção no Estado brasileiro. *In*: CASTRO, Manuella Santos de (org.) *et al.* **Governança, *compliance* e corrupção**. São Paulo: Almedina, 2019.

FABRETTI, Humberto Barrionuevo. Panorama crítico da lei anticorrupção (Lei 12.846/2013). **Revista dos Tribunais**, São Paulo, v. 103, n. 947, p. 25-36, set. 2014.

FAINI, Fernanda. **Legge Anticorruzione**: analisi della legge n. 190/2012. Disponível em: https://www.altalex.com/documents/news/2013/02/19/legge-anticorruzione-analisi-della-legge-n-190-2012. Acesso em: 29 abr. 2021.

FAVRETO, Rogerio; GOMES JUNIOR, Luiz Manoel; ARAUJO LIMA, Diogo de. **O Direito Intertemporal e a nova Lei de Improbidade Administrativa**. Disponível em: https://www.conjur.com.br/2021-out-18/opiniao-direito-intertemporal-lei-improbidade. Acesso em: 26 out. 2021.

FAZZIO JÚNIOR, Waldo. **Corrupção no poder público**: peculato, concussão, corrupção passiva e prevaricação. São Paulo: Atlas, 2002.

______________. **Improbidade administrativa**. São Paulo: Atlas, 2014.

______________. **Improbidade administrativa e crimes de prefeitos**: de acordo com a lei de responsabilidade fiscal. 2. ed. São Paulo: Atlas, 2001.

FEDERAÇÃO DAS INDÚSTRIAS DO ESTADO DE SÃO PAULO (Brasil). **Relatório – Corrupção**: custos econômicos e propostas de combate. São Paulo, 2010.

FERRARESI, Eurico. **Inquérito civil**. Rio de Janeiro: Forense, 2010.

FERRAZ JUNIOR, Tercio Sampaio. Corrupção: um mito político. *In*: **Jornal Folha de São Paulo**, São Paulo, 9 nov. 2015.

FERRAZ, Luciano. Reflexões sobre a Lei n. 12.846/2013 e seus impactos nas relações público-privadas: lei de improbidade empresarial e não lei anticorrupção. **Revista Brasileira de Direito Público**, Belo Horizonte, ano 12, n. 47, p. 33-43, out./dez. 2014.

FIGUEIREDO, Marcelo. **Probidade administrativa**: comentários à Lei 8.429/92 e legislação complementar. 6. ed. São Paulo: Malheiros, 2009.

FILGUEIRAS, Fernando. **Corrupção, democracia e legitimidade**. Belo Horizonte: Editora UFMG, 2008.

FLORÊNCIO FILHO, Marco Aurélio; SILVA, Amanda Scalisse. A (des)necessidade do ato de ofício para configuração da corrupção passiva no Direito Penal brasileiro. *In*: BECHARA, Fábio Ramazzini (coord.) *et al.* **Corrupção**. São Paulo: Almedina, 2020.

FURTADO, Lucas Rocha. **As raízes da corrupção no Brasil**: estudos de casos e lições para o futuro. Belo Horizonte: Fórum, 2015.

GADAMER, Hans-Georg. **Verdade e Método**. Tradução de Flávio Paulo Meurer. Petrópolis: Vozes, 1997.

GAJARDONI, Fernando da Fonseca; CRUZ, Luana Pedrosa de Figueiredo; GOMES JÚNIOR, Luiz Manoel; FAVRETO, Rogério. **Comentários à nova Lei de Improbidade Administrativa**. 5. ed., São Paulo: Revista dos Tribunais, 2022.

GALLARDO, Nancy Barra. **Fenómenos de corrupción en el mundo actual**: relación entre lo privado y lo público. Santiago de Chile: Lexisnexis, 2007.

GARCÍA, Alejandro Nieto. ¿Es inevitable la corrupción? **Responsa Iurisperitorum Digesta**, v. 4, Salamanca, Ediciones Universidad de Salamanca, p. 101-114, 2000.

___________. **Corrupción en la España democrática**. Barcelona: Ariel, 1997.

___________. **Derecho Administrativo Sancionador**. 5. ed. Madri: Tecnos, 2017.

GARCIA, Emerson; ALVES, Rogério Pacheco. **Improbidade administrativa**. 9. ed. São Paulo: Saraiva, 2017.

GARCÍA, Germán Silva. La problemática de la corrupción dentro de una perspectiva socio-jurídica. **Derecho Penal y Criminología**, v. 21, n. 68, p. 129-143, 2000.

GARCÍA, Nicolás Rodríguez. La cooperación internacional en la lucha contra la corrupción: perspectivas de futuro. **Revista Uruguaya de Derecho Procesal**, Montevideo, n. 2, p. 125-148, 2001.

GASPARINI, Diógenes. **Direito Administrativo**. 11. ed. São Paulo: Saraiva, 2006.

GERBINO, Aldo. **La corruzione e l'ombra: civiltà figurativa siciliana**. Roma: Salvatore Sciascia Editore, 1990.

GHIDETI, Luís Gustavo Casillo. **Improbidade administrativa e a figura dos terceiros**. 2014. 128 f. Dissertação (Mestrado em Direito do Estado) – Faculdade de Direito, Universidade de São Paulo, São Paulo, 2014.

GLOECKNER, Ricardo Jacobsen. Anticorrupção ou corruptibilidade das formas? **Boletim IBCCRIM**, São Paulo, v. 23, n. 277, p. 19-21, dez. 2015.

GODOY, Alfonso Sabán. **El marco jurídico de la corrupción**. Madrid: Civitas, 1991.

GOMES, Lucas Medeiros. O combate internacional à corrupção como política externa desenvolvimentista. **Revista Jus Navigandi**, Teresina, ano 22, n. 5131, 19 jul. 2017. Disponível em: https://jus.com.br/artigos/58794. Acesso em: 21 abr. 2021.

GOMES, Luiz Flávio; SANTANA, Artur Cardoso Carvalho. A interdisciplinaridade no Direito brasileiro e a multiplicidade de instrumentos jurídicos no combate à corrução. *In*: BECHARA, Fábio Ramazzini (coord.) *et al.* **Corrupção**. São Paulo: Almedina, 2020.

GOMES, Maria Tereza Uille. Corrupção sistêmica desestruturda: inovação, inteligência artificial, classificação de delitos. *In*: BECHARA, Fábio Ramazzini (coord.) *et al.* **Corrupção**. São Paulo: Almedina, 2020.

GONZÁLEZ, Joaquín. González. **Corrupción y justicia democrática**: introducción a una teoría de la función judicial en las sociedades en cambio. Madrid: Clamores, 2000.

GRAY, Cheryl. W.; KAUFMANN, Daniel. Corruption and development. **Finance and Development**, v. 35, n. 1, p. 7-10, mar. 1998.

GRINOVER, Ada Pellegrini. A tutela jurisdicional dos interesses difusos. **Revista de Processo**, São Paulo, n. 14-15, ano 4, abr./set. 1979.

____________. **Código Brasileiro de Defesa do Consumidor**. 6. ed. Rio de Janeiro: Forense Universitária, 1999.

GUARDIA, Gregório Edoardo Raphael Selingardi. Princípios processuais no Direito Administrativo sancionador: um estudo à luz das garantias constitucionais. **Revista da Faculdade de Direito da Universidade de São Paulo**, São Paulo, v. 109, p. 773-793, jan./dez. 2014.

HABIB, Sérgio. Brasil: **Quinhentos anos de corrupção**: enfoque sócio-histórico-jurídico-penal. Porto Alegre: Sérgio Antonio Fabris Editor, 1994.

HARRIS, Robert. **Political corruption**: in and beyond the nation state. London: Routledge, 2003.

HERNÁNDEZ, Francisco Jesús Carrera. La persecución penal de la corrupción en la Unión Europea. *In*: GONZÁLEZ, S. Álvarez; TEJADA, J. R. Remacha (ed.). **Cooperación jurídica internacional**. Madrid, p. 207-234, 2001.

HONISCH, Paula; SUMICKY, Alejandro Patuna. Algunas cuestiones derivadas de la organización estatal en materia de investigación de hechos de corrupción. **Nueva Doctrina Penal**, n. 2, p. 581-611, 2007.

HUBER, Barbara. La lucha contra la corrupción desde una perspectiva supranacional. **Revista Penal**, n. 11, p. 41-52, 2003.

IBÁÑEZ, Perfecto Andrés. Estado de derecho, jurisdicción y corrupción: una reflexión desde España. **Pena y Estado**: Revista Latinoamericana de Política Criminal, v. 1, Buenos Aires, n. 1, p. 23-32, 1995.

____________. La corrupción en el banquillo: jurisdicción penal y crisis del estado de derecho. **Claves de Razón Práctica**, Madrid, n. 40, p. 2-11, mar. 1994.

JELLOUN, Tahar Ben. **Corruption**. New York: New Press, 1995.

JOHNSTON, Michael. **Syndromes of corruption**: wealth, power and democracy. Cambridge: Cambridge University Press, 2012.

JORGE, Flávio Cheim. A improbidade administrativa (Lei n. 8.429 de 2 de junho de 1992). *In*. FARIAS, Cristiano Chaves de; DIDIER JR., Fredie (coord.). **Procedimentos especiais cíveis**: legislação extravagante. São Paulo: Saraiva, 2002.

JUNQUEIRA, Gabriel Marson. **A prevenção da corrupção na administração pública**: contributos criminológicos, do *corporate compliance* e *public compliance*. Belo Horizonte: D'Plácido, 2019.

KINDHAUSER, Urs. Presupuestos de la corrupción punible en el Estado, la economía y la sociedade: los delitos de corrupción en el Código Penal alemán. **Política Criminal**, v. 2, n. 3, p. 1-18, jul. 2007.

KLITGAARD, Robert. ***Adressing corruption together***. Organisation for Economic Co-operation and Development (OECD), 2015.

____________. **Controlando la corrupción**: una indagación práctica para el gran problema social de fin de siglo. Buenos Aires: Sudamericana, 1994.

LAMEIRA, José António de Sousa. Ética e corrupção nas relações contratuais. *In*: CASTRO, Manuella Santos de (org.) *et al.* **Governança, *compliance* e corrupção.** São Paulo: Almedina, 2019.

LEONEL, Ricardo de Barros. **Manual do Processo Coletivo**. São Paulo: RT, 2011.

LESSA, Sebastião José. **Improbidade administrativa**: doutrina e jurisprudência. Belo Horizonte: Fórum, 2011.

LIMA, Renato Brasileiro de. **Pacote Anticrime**: comentários à Lei 13.964/2019 artigo por artigo. Salvador: Juspodivm, 2020

LIVIANU, Roberto. **Corrupção**. 3. ed. São Paulo: Quartier Latin, 2018.

LOBO FILHO, Fernando Rissoli. **A Lei Anticorrupção e o Direito Administrativo sancionador**. São Paulo: IASP, 2019.

LOPEZ, Teresa Ancona. Responsabilidade civil na sociedade de risco. **Revista da Faculdade de Direito da Universidade de São Paulo**, São Paulo, v. 105, p. 1223-1234, 2010.

LUCON, Paulo Henrique dos Santos. Improbidade administrativa no microssistema anticorrupção e viabilização dos acordos de leniência. *In*: BECHARA, Fábio Ramazzini (coord.) *et al.* **Corrupção**. São Paulo: Almedina, 2020.

____________. Procedimento e sanções na Lei Anticorrupção (Lei 12.846/2013). **Revista dos Tribunais**, São Paulo, v. 103, n. 947, p. 267-279, set. 2014.

____________; COSTA, Eduardo José da Fonseca; COSTA, Guilherme Recena (coord.). **Improbidade administrativa**: aspectos processuais da Lei n. 8.429/92. São Paulo: Atlas, 2015.

____________; SILVA, Bruno Freire e. Efeitos de sentenças na ação de improbidade e o princípio da proporcionalidade. *In*: ARRUDA ALVIM, Eduardo; JORGE, Flavio Cheim; RODRIGUES, Marcelo Abelha. **Temas de improbidade administrativa**. São Paulo: Lumen Juris, 2010.

LUZ, Yuri Corrêa da. O combate à corrupção entre Direito Penal e Direito Administrativo sancionador. **Revista Brasileira de Ciências Criminais**, São Paulo, v. 19, n. 89, p. 429-470, mar./abr. 2011.

MACEDO, Alexander dos Santos. Da ação popular – retratabilidade da posição assumida pela pessoa jurídica no processo – possibilidade. **Revista Forense**, v. 90. n. 328, p. 3-7, out./dez. 1994.

MAEDA, Bruno Carneiro. Programas de *compliance* anticorrupção: importância e elementos essenciais. *In*: DL DEBBIO, Alessandra; MAEDA, Bruno Carneiro; AYRES, Carlos Henrique da Silva (coord.). **Temas de anticorrupção e compliance.** Rio de Janeiro: Elsevier, 2013.

MAGALHÃES JÚNIOR, Alexandre Alberto de Azevedo. A Tutela do Patrimônio Público. *In*: Vitorelli, Edilson (Org.). **Manual de Direitos Difusos.** Salvador: Juspodivm, 2019.

____________. **Convenção processual na tutela coletiva.** Salvador: Juspodivm, 2020.

MALA NETO, Cândido Furtado. Corrupção e impunidade: estudo criminológico da atuação da justiça penal. **Pena y Estado**: Revista Latinoamericana de Política Criminal, n. 1, Buenos Aires, p. 129-148, 1995.

MALKIN, Michelle. **Culture of corruption.** 4. ed. New York: Regenery, 2009.

MANCUSO, Rodolfo de Camargo. **Interesses difusos**: conceito e legitimação para agir. 5. ed. São Paulo: Revista dos Tribunais, 2000.

MARMELSTEIN, George. **Curso de Direitos Fundamentais**. São Paulo: Atlas.

MARTINS JUNIOR, Wallace Paiva. **Ministério Público**: a Constituição e as Leis Orgânicas. São Paulo: Atlas, 2015.

____________. **Probidade administrativa**. São Paulo: Saraiva, 2001.

MARTINS, Fernando Rodrigues. **Controle do patrimônio público**: comentários à Lei de Improbidade Administrativa. 3. ed. São Paulo: Revista dos Tribunais, 2009.

MARTINS, Ives Gandra da Silva. Responsabilidade dos agentes públicos por atos de lesão à sociedade – inteligência dos §§5º e 6º do artigo 37 da CF – improbidade administrativa por culpa ou dolo – disciplina jurídica do *impeachment* presidencial (artigo 85 inciso V da CF). **Fórum Administrativo**, Belo Horizonte, ano 15, n. 169, p. 85-96, mar. 2015.

MATTARELLA, Bernardo Giorgio. Controllo della corruzione amministrativa e regole di etica pubblica. **Rivista Italiana di Diritto Pubblico Comunitario**, n. 5, p. 1029-1054, 2002.

MAURÍCIO JÚNIOR, Alceu; MORAES, Francisco de Assis Basílio de; BERTOLDE, Ingridy Silva. A lei da ficha limpa e o princípio da moralidade na administração pública. **Fórum Administrativo**, Belo Horizonte, ano 14, n. 156, p. 21-33, fev. 2014.

MAURO, Paolo. Corruption and growth. **Quarterly Journal of Economics**, v. 110, n. 3, p. 681-712, 1995.

MAZZILLI, Hugo Nigro. **A defesa dos interesses difusos em juízo**. 31. ed. São Paulo: Saraiva, 2019.

____________. O inquérito civil e o enriquecimento ilícito de administradores públicos. ***Justitia***, São Paulo, v. 53, n. 156, p. 35-38, out./dez. 1991.

____________. **Regime jurídico do Ministério Público**. 8. ed. São Paulo: Saraiva, 2014.

MECANISMO DE ACOMPANHAMENTO DA IMPLEMENTAÇÃO DA CONVENÇÃO INTERAMERICANA CONTRA A CORRUPÇÃO. **Relatório final da trigésima reunião da comissão de peritos** – Brasil. Washington: OEA, 2018.

MEDEIROS, Sérgio Monteiro. **Lei de Improbidade Administrativa**: comentários e anotações jurisprudenciais. São Paulo: Juarez de Oliveira, 2003.

MEIRELLES, Hely Lopes; WALD, Arnoldo; MENDES, Gilmar Ferreira. **Mandado de segurança e ações constitucionais**. São Paulo: Malheiros, 2009.

MENDONÇA, André Luiz de Almeida. Recuperação de ativos e combate à corrupção. *In*: BECHARA, Fábio Ramazzini (coord.) *et al.* **Corrupção**. São Paulo: Almedina, 2020.

MENDONÇA. Andrey Borges de. Os benefícios possíveis na colaboração premiada: entre a legalidade e a autonomia da vontade. *In*: BOTTINI, Pierpaolo Cruz; MOURA, Maria Thereza de Assis (orgs.). **Colaboração Premiada**. São Paulo: Revista dos Tribunais, 2017.

MERÇON-VARGAS, Sarah. **Teoria do processo judicial punitivo não penal**. Salvador: Juspodivm, 2018.

MEXÍA, Pablo García. **Los conflictos de intereses y la corrupción contemporánea**. Pamplona: Arazandi, 2001.

MIRANDA, Gustavo Senna. **Princípio do juiz natural e sua aplicação na Lei de Improbidade Administrativa**. São Paulo: Revista dos Tribunais, 2007.

MONGILLO, Vincenzo. **La corruzione tra sfera interna e dimensione internazionale**: effeti, potenzialità e limiti di un dirito penale "multilivello" dallo Stato-

-nazione alla globalizzazione. Napoli: Edizioni Scientifiche Italiane, 2012.

MONTE, Alfredo del; PAPAGNI, Erasmo. The determinants of corruption in Italy: regional panel data analysis. **European Journal of Political Economy**, v. 23, n. 2, p. 379-396, 2007.

MORALES, Luis Gerardo González. **The economics of corruption and bureaucratic inefficiency in weak states**: theory and evidence. Frankfut am Main: Peter Lang Publishing, 2003.

MOREIRA NETO, Diogo de Figueiredo; FREITAS, Rafael Véras de. A juridicidade da Lei Anticorrupção: reflexões e interpretações prospectivas. **Fórum Administrativo**, Belo Horizonte, ano 14, n. 156, p. 9-20, fev. 2014.

__________; GARCIA, Flávio Amaral. A principiologia no Direito Administrativo sancionador. **Revista Brasileira de Direito Público**, Belo Horizonte, v. 11, n. 43, p. 9-28, out./dez. 2013.

MOREIRA, Egon Bockmann; BAGATIN, Andreia Cristina. Lei Anticorrupção e quatro de seus principais temas: responsabilidade objetiva, desconsideração societária, acordos de leniência e regulamentos administrativos. **Revista de Direito Público da Economia**, Belo Horizonte, ano 12, n. 47, p. 55-84, jul./set. 2014.

MOREIRA, José Carlos Barbosa. A ação popular do Direito brasileiro como instrumento da tutela jurisdicional dos chamados "interesses difusos". **Revista de Processo**, São Paulo, ano 7, n. 28, out./dez. 1982.

__________. A legitimação para a defesa dos interesses difusos no Direito brasileiro. *In*: **Temas de Direito Processual** – Terceira Série. São Paulo: Saraiva, 1984.

MULAS, Nieves Sanz. Corrupción urbanística (la mezcla de cemento, ayuntamientos y comisiones ilegales). **La Ley Penal**: Revista de Derecho Penal, Procesal y Penitenciario, n. 45, p. 66-91, 2008.

NASCIMENTO, Melillo Dinis do (org.). **Lei Anticorrupção Empresarial**: aspectos críticos à Lei n. 12.846/2013. Belo Horizonte: Fórum, 2014.

NEISSER, Fernando Gaspar. **Dolo e culpa na corrupção política**: improbidade e imputação objetiva. Belo Horizonte: Fórum, 2019.

NEVES, Daniel Amorim Assumpção; OLIVEIRA, Rafael Carvalho Rezende. **Improbidade administrativa**: direito material e processual. 8. ed. São Paulo: Forense, 2020.

__________; OLIVEIRA, Rafael Carvalho Rezende. O sistema brasileiro de combate à corrupção e a Lei n. 12.846/2013 (Lei anticorrupção). **Revista Brasileira de Direito Público**, Belo Horizonte, ano 12, n. 44, p. 9-21, jan./mar. 2014.

NOHARA, Irene Patrícia; PEREIRA, Flávio de Leão Bastos. Introjeção da disciplina legal de combate à corrupção no Brasil: inspiração e regime jurídico. *In*: CASTRO, Manuella Santos de (org.) *et al.* **Governança, *compliance* e corrupção**. São Paulo: Almedina, 2019.

OCAMPO, Luis Moreno. La corrupción es una forma de abuso de poder. **Pena y Estado**: Revista Latinoamericana de Política Criminal, n. 1, Buenos Aires p. 205-228, 1995.

OLIVEIRA, José Roberto Pimenta. **Improbidade administrativa e sua autonomia constitucional**. Belo Horizonte: Fórum, 2009.

__________; GROTTI, Dinorá Adelaide Musetti Grotti. Direito administrativo sancionador brasileiro: breve evolução, identidade, abrangência e funcionalidades. **Interesse Público.** Belo Horizonte, ano 22, n. 120, p. 83-126, mar./abr. 2020.

OLIVEIRA, Rafael Carvalho Rezende. **A constitucionalização do Direito Administrativo**. 2. ed. Rio de Janeiro: Lumen Juris, 2010.

ORTONAL, Marcelo Augusto Biehl. **O novo papel dos Tribunais de Contas no microssistema de combate à corrupção administrativa**. Tese de Doutorado. Universidade Federal do Paraná, Curitiba, 2019.

OSÓRIO, Fábio Medina. **Improbidade administrativa**. Porto Alegre: Síntese, 1998.

____________. **Teoria da improbidade administrativa**: má gestão pública, corrupção e ineficiência. São Paulo: Revista dos Tribunais, 2013.

PAGOTTO, Leopoldo Ubiratan Carreiro. **O combate à corrupção**: a contribuição do Direito Econômico. 2010. 409 f. Tese (Doutorado em Direito Econômico, Financeiro e Tributário) – Faculdade de Direito, Universidade de São Paulo, São Paulo, 2010.

PAULINO, Galtiênio da Cruz; SCHOUCAIR, João Paulo Santos; CERQUEIRA, Marcelo Malheiros; BALLAN JÚNIOR, Octahydes (org). **Comentários à Lei de Improbidade Administrativa**: Interpretação constitucional em consonância com a eficácia jurídica e social. Salvador: Juspodivm, 2022.

PAZZAGLINI FILHO, Marino. **Lei de improbidade administrativa comentada**. São Paulo: Atlas, 2002.

PEIXOTO, Ravi. ***Standards* probatórios no Direito Processual brasileiro**. Salvador: Juspo-divm, 2021.

PERDOMO, Alberto Poveda. **La corrupción y el régimen**. 2. ed. Santa Fe de Bogotá: Ediciones Libreria del Profesional, 2000.

PEREIRA, Rafael. Parâmetros para aplicação do acordo de não persecução cível criado pelo Pacote Anticrime (Lei n. 13.964/2019). *In*: CAMBI, Eduardo; SILVA, Danni Sales Silva; MARINELA, Fernanda Marinela (org.). **Pacote Anticrime**: volume I. Curitiba: Escola Superior do MPPR, p. 211-235, 2020.

PÉREZ, Jesús González. **Corrupción, ética y moral en las administraciones públicas**. Pamplona: Civitas, 2014.

PEREZ, Marcos Augusto. Acordos de leniência no processo administrativo anticorrupção brasileiro. *In*: Alexandre J. Carneiro da Cunha Filho; Glaucio Roberto Brittes de Araújo; Roberto Livianu; Ulisses Augusto Pascolati Junior (org.). **48 Visões sobre a corrupção**. São Paulo: Quartier Latin, v. 1, p. 655-670, 2016.

PETEAN, Fabiano Augusto. **Lei Anticorrupção**: sanções na defesa da livre concorrência. Curitiba: Appris, 2019.

PIETRO, Maria Sylvia Zanella Di. **Direito Administrativo**. 27. ed. São Paulo: Atlas, 2014.

____________. **Lei Anticorrupção comentada**. Belo Horizonte: Fórum, 2017.

PINOTTI, Maria Cristina. Corrupção, instituições e estagnação econômica: Brasil e Itália. *In*: ____________ (org.). **Corrupção**: Lava Jato e Mãos Limpas. São Paulo: Portfolio-Penguin, 2019.

PINTO, Felipe Chiarello de Souza; SILVA, Amanda Scalisse. A exigência de compliance nas contratações públicas. *In*: CASTRO, Manuella Santos de (org.) *et al.* **Governança, *compliance* e corrupção**. São Paulo: Almedina, 2019.

PIRES, Antonio Cecilio Moreira; PIRES, Lilian Regina Gabriel Moreira. Governança pública como forma de controle da corrupção. *In*: CASTRO, Manuella Santos de (org.) *et al.* **Governança, *compliance* e corrupção**. São Paulo: Almedina, 2019.

PIRES, Luis Manuel Fonseca; Zocun, Mauricio; ADRI, Renata Porto (coord.). **Corrupção, ética e moralidade administrativa**. Belo Horizonte: Fórum, 2008.

POLILLO, Renato Romero. **Responsabilidade e corrupção**. São Paulo: Contracorrente, 2020.

POMER, Leon. **La corrupción**: una cultura argentina. Buenos Aires: Leviatan, 2004.

PORTA, Donatella Della. **Corruzione politica e amministrazione pubblica**: risorse, meccanismi, attori. Bologna: Il Mulino, 1994.

POZO, Miguel Ángel Encinar Del. **El delito de corrupción privada en el ámbito de los negocios**. Cizur Menor: Editorial Aranzadi, 2016.

PRADO, Francisco Octavio de Almeida. **Improbidade administrativa**. São Paulo: Malheiros, 2001.

PROENÇA, José Marcelo Martins. Custo econômico da corrupção para as empresas. *In*: BECHARA, Fábio Ramazzini (coord.) *et al*. **Corrupção**. São Paulo: Almedina, 2020.

PUERTA, Maria José Rodríguez. **El delito de cohecho**: problemática jurídico penal del soborno de funcionários. Pamplona: Aranzadi, 1999.

QUEIROZ, Maria Regina Ferro. **Perfil processual da lei de improbidade administrativa**. 2004, 434 f. Dissertação (Mestrado em Direito Processual Civil) – Faculdade de Direito, Universidade de São Paulo, São Paulo, 2004.

QUIROZ, Alfonso W. Corrupción, burocracia colonial y veteranos separatistas en Cuba, 1868-1910. **Revista de Indias**, v. 61, n. 221, p. 91-112, 2001.

____________. Redes de alta corrupción en el Perú: poder y venalidad desde el Virrey Amat a Montesinos. **Revista de Indias**, v. 66, n. 236, p. 237-248, abr. 2006.

RAINS, Luisa; FEBRES, Jorge. La corrupción en el ámbito de la administración tributaria. **Seminario Regional de Política Fiscal**, Santiago de Chile, v. 10, p. 1-23, enero 1998.

REGIANI, Tatiana. *Compliance* como ferramenta no âmbito da governança corporativa de empresas em crise. *In*: CASTRO, Manuella Santos de (org.) *et al*. **Governança, *compliance* e corrupção**. São Paulo: Almedina, 2019.

REISMAN, William Michael. **¿Remedios contra la corrupción?** Cohecho, cruzadas y reforma. México: Fondo de Cultura Económica, 1984.

REOS, Orlando A. Efectos económicos de la corrupción. **Ética y Gobernabilidad**, n. 7, 2005.

REZZOAGLI, Bruno Ariel. **Corrupción y contratos públicos**: una visión desde la fiscalización del Tribunal de Cuentas. Salamanca: Ratio Legis, 2005.

____________. **Licitaciones públicas, corrupción y control fiscalizador**. México: Instituto de Estudios Superiores en Derecho Penal, 2004.

RIBAS JUNIOR, Salomão. **Corrupção pública e privada:** quatro aspectos: ética no serviço público, contratos, financiamento eleitoral e controle. Belo Horizonte: Fórum, 2014.

RIMONDI, Jorge Luis. **Calificación legal de los actos de corrupción en la Administración Pública**. Buenos Aires: Ad-Hoc, 2006.

RIPOLLÉS, José Luis Díez; GÓMEZ-CÉSPEDES, Alejandra. La corrupción urbanística: estrategias de análisis. **Revista Española de Investigación Criminológica**, n. 6, p. 1-37, abr. 2008.

ROCK, Michael T.; BONNETT, Heidi. The comparative politics of corruption: accounting for the East Asian paradox in empirical studies of corruption, growth and investment. **World Development**, v. 32, n. 6, p. 999-1017, 2004.

RODRÍGUEZ, Víctor Gabriel Oliveira. Mensalão: Liberdade, injusto massacre da imprensa e algum testemunho pessoal. *In*: PEDRINA, Gustavo Mascarenhas Lacerda (org.). **AP 470**: análise da intervenção da mídia no julgamento do mensalão a partir de entrevistas com a defesa, São Paulo: LiberArs, p. 21-30, 2013.

ROSE-ACKERMAN, Susan. Corruption. *In*: NEWMAN, Peter (ed.). **The New Palgrave Dictionary of Economics and the Law**. London: Macmillan, p. 517-522, 1998.

____________. **Corruption**: a study in political economy. New York: Academic Press, 1978.

____________. Desarrollo y corrupción: gestión y análisis de políticas públicas. **Gestión Análisis de Políticas Públicas**, n. 21, p. 5-21, mayo/agosto 2001.

____________. **La corrupción y los gobiernos**: causas, consecuencias y reforma. Madrid: Siglo XXI de España Editores, 2001.

____________. Medidas anticorrupción. **Conferencia sobre Transición y Consolidación Democráticas**, Madrid, 19-27 oct. 2001, p. 63-138, 2002.

____________. The challenge of poor governance and corruption. **Revista Direito GV**, v. 1, p. 207-266, 2005.

____________. The economics of corruption. **Journal of Public Economics**, n. 4, issue 2, p. 187-203, 1975.

____________; PALIFKA, Bonnie J. **Corruption and government**: causes, consequences and reform. 2. ed. New York: Cambridge University Press, 2016.

ROTHSTEIN, Bo; USLANER, Eric M. All for one: equality, corruption, and social trust. **World Politics**, v. 58, n. 1, p. 41-72, oct. 2005.

SAGUIER, Eduardo R. La corrupción administrativa como mecanismo de acumulación y engendrador de una burguesía comercial local. **Anuario de Estudios Americanos**, v. 46, 1989.

SANCHEZ, Demelsa Benito. **El delito de corrupción en las transacciones comerciales internacionales**. Madrid: Iustel, 2012.

____________; CERINA, Giorgio Dario M. Apuntes sobre los delitos de corrupción: problemas actuales y perspectivas de reforma. *In*: DIAZ-SANTOS, Maria Rosario; RODRÍGUEZ, Nuria Matellanes; CAPARRÓS, Eduardo A. Fabían (coord.). **De los delitos y de las penas, hoy**: la nueva reforma del Código Penal. Salamanca: Rattio Legis, p. 61-94, 2009.

SANTOS, Carlos Frederico Brito dos. **Improbidade administrativa**: reflexões sobre a Lei n. 8.429/92. Rio de Janeiro: Forense, 2002

SANTOS, Christiano Jorge; MARQUES, Silvio Antonio. Pacote Anticrime (Lei 13.964/2019) e acordo de não persecução cível na fase pré-processual: entre o dogmatismo e o pragmatismo. **Revista de Processo**, v. 303, p. 291-314, mai. 2020.

SANTOS, Kleber Bispo dos. **Improbidade administrativa e atentado aos princípios da administração pública**. Belo Horizonte: Fórum, 2011.

SANTOS, Roberto Lima. Direito fundamental à probidade administrativa e as convenções internacionais de combate à corrupção. **Revista de Doutrina da 4ª Região**, Porto Alegre, n. 50, out. 2012.

SAPELLI, Giulio. **Cleptocracia**: el "mecanismo único" de la corrupción entre economía y política. Buenos Aires: Losada, 1998.

SAUTU, Ruth. **Catálogo de prácticas corruptas**: corrupción, confianza y democracia. Buenos Aires: Lumiere, 2004.

SCAFF, Fernando Facury; SILVEIRA, Renato de Mello Jorge. Lei Anticorrupção é substancialmente de caráter penal. **Revista Eletrônica Conjur**, 5 fev. 2014. Coluna Lei da Compliance. Disponível em: https://www.conjur.com.br/2014-fev-05/renato-silveira-fernando-scaff-lei-anticorrupcao-carater-penal. Acesso em: 13 mai. 2021.

SEÑA, Jorge F. Malem. **La corrupción**: aspectos éticos, económicos políticos y jurídicos. Barcelona: Gedisa, 2002.

SERRANO, Pedro Estevam Alves Pinto. A responsabilidade objetiva da lei anticorrupção. **Revista do Advogado**, São Paulo, v. 34, n. 125, p. 106-114, dez. 2014.

SHAH, Anwar; SCHACTER, Mark. Combating corruption: look before you leap. **Finance Development**, n. 41, p. 40-43, dec. 2004.

SICA, Heitor Vitor Mendonça. Aspectos do pedido na ação de improbidade administrativa. **Revista de Processo**, São Paulo, v. 34, n. 178, p. 76-105, dez. 2009.

SILK, J. Riffault. La lutte contre la corruption nationale et internationale par les moyens du droit pénal. **Revue Internationale de Droit Comparé**, v. 54, n. 2, p. 639-662, 2002.

SILVA, De Plácido e. **Vocabulário jurídico**. Rio de Janeiro: Forense, v. I, 1984.

SILVA SÁNCHEZ, Jesús-Maria. Deberes de vigilância y compliance empresarial. *In*: KUHLEN, L.; MONTIEL, J. P.; GIMENO, I. O. U. (Org.). **Compliance y teoría del Derecho Penal**. Madrid: Marcial Pons, 2013.

SILVEIRA, Renato de Mello Jorge. O acordo de leniência na lei anticorrupção. **Revista dos Tribunais**, São Paulo, v. 103, n. 947, p. 157-78, set. 2014.

____________; SAAD-DINIZ, Eduardo. ***Compliance*, Direito Penal e lei anticorrupção**. São Paulo: Saraiva, 2015.

SIMÃO, José Fernando. Prescrição e decadência: tempo de esclarecer controvérsias. *In*: CASSETTARI, Christiano; CAMARGO VIANA, Rui Geraldo (org.). **10 anos de vigência do Código Civil brasileiro de 2002**: estudos em homenagem ao professor Carlos Alberto Dabus Maluf. São Paulo: Saraiva, v. 1, p. 216-238, 2013.

SIMÃO, Valdir Moysés. *Compliance* e setor privado. *In*: BECHARA, Fábio Ramazzini (coord.) *et al*. **Corrupção**. São Paulo: Almedina, 2020.

SOUSA, Monica Teresa Costa; VILELA, Alex Bruno Canela. A contribuição das Nações Unidas no combate à corrupção: evolução normativa e perspectiva internacional. **Revista de Direito da Administração Pública**, Rio de Janeiro, ano 3, v. 1, n. 2, p. 135-160, jul./dez. 2018.

SOUZA, Luciano Anderson de. Lei Anticorrupção: avanços e desafios. **Revista Brasileira de Ciências Criminais**, São Paulo, v. 22, n. 256, p. 4-5, mar. 2014.

____________. Lei Anticorrupção: balanço de um semestre de muitos desacertos. **Revista Brasileira de Ciências Criminais**, São Paulo, v. 22, n. 260, p. 11-12, jun. 2014.

SOUZA, Patrícia Veronica Nunes Carvalho Sobra de. **Corrupção e improbidade**: críticas e controle. Belo Horizonte: Fórum, 2012.

SPINELLI, Mário. Mecanismos de prevenção e controle da corrupção: a estruturação de sistemas de integridade na Administração Pública. *In*: BECHARA, Fábio Ramazzini (coord.) *et al*. **Corrupção**. São Paulo: Almedina, 2020.

STRECK, Lenio Luiz. **Verdade e Consenso**: Constituição, hermenêutica e teorias discursivas. Rio de Janeiro: Editora Lumen Juris, 2006.

TAMASAUSKAS, Igor Sant'Anna; BOTTINI, Pierpaolo Cruz. A interpretação constitucional possível da responsabilidade objetiva na lei anticorrupção. **Revista dos Tribunais**, São Paulo, v. 103, n. 947, p. 133-155, set. 2014.

TORRE, Ignacio Berdugo Gómez de la. La respuesta penal internacional frente a la corrupción. Consecuencias sobre la legislación española. **Revista de la Universidad de Deusto**, p. 229-265, 63/2015.

UBIETO, Emilio Octavio de Toledo y. Poderes públicos y corrupción: delitos contra el correcto ejercicio de los poderes públicos y alcance de la noción jurídico penal de corrupción. *In*: CONDE, Francisco Muñoz; PITA (coord.). **Problemas actuales del Derecho Penal y la criminologia**: estudios penales en memoria de la Profesora Dra. María del Mar Díaz Pita. Valencia: Tirant Lo Blanch, p. 1009-1030, 2008.

VALENTE, Victor Augusto Estevam. Lei anticorrupção: aspectos penais e processuais penais à luz do diálogo das fontes. **Boletim IBCCRIM**, São Paulo, v. 23, n. 278, p. 6-8, jan. 2016.

VANEGAS, Farid Samir Benavides. Corrupción, violencia y Derecho Penal. **Derecho Penal y Criminología**, v. 21, n. 68, p. 145-169, enero 2000.

VÁZQUEZ, Manuel A. Abanto. La lucha contra la corrupción en un mundo globalizado. *In*: PUERTO, Ricardo Predo del (coord.). **Apuntes de Derecho Penal Económico**. Asunción: Instituto de Estudios para la Consolidacion del Estado de Derecho, v. 3, p. 9-71, 2013.

VÁZQUEZ, Rodolfo. Corrupción política y responsabilidad de los servidores públicos. **Doxa, Cuadernos de Filosofia del Derecho**, n. 30, p. 205-216, 2007.

VERÍSSIMO, Carla. ***Compliance***: incentivo à adoção de medidas anticorrupção. São Paulo: Saraiva, 2018.

VIGLIAR, José Marcelo Menezes. **Tutela jurisdicional coletiva**. 3. ed. São Paulo: Atlas, 2001.

VILLA, Fernando Gil. **La cultura de la corrupción**. Madrid: Maia Ediciones, 2008.

VILLAREJO, Julio Díaz-Maroto y. La corrupción en las transacciones comerciales internacionales: el art. 445 del código penal español. **Icade, Revista Cuatrimestral de las Facultades de Derecho y Ciencias Económicas y Empresariales**, n. 74, p. 199-223, mayo/agosto 2008.

VITORELLI, Edilson. **Manual de Direitos Difusos**. Salvador: Juspodivm, 2019.

ZANELLA, Everton Luiz. O combate da corrupção e o princípio da eficiência no Direito Penal. *In*: CASTRO, Manuella Santos de (org.) *et al.* **Governança, *compliance* e corrupção**. São Paulo: Almedina, 2019.

ZAVASCKI, Teori Albino. **Processo coletivo**: tutela de direitos coletivos e tutela coletiva de direitos. São Paulo: Revista dos Tribunais, 2006.

ZIESEMER, Henrique da Rosa; PINHEIRO, Igor Pereira. **Nova lei de improbidade administrativa comentada**. Leme: Mizuno, 2022.

ZILLI, Marcos Alexandre. A colaboração premiada nos trópicos. Autonomia das partes e o imperativo controle judicial. Leituras sobre a Lei 12.850/13 à luz da eficiência e do garantismo. *In*: CUNHA FILHO, Alexandre Jorge Carneiro da (coord.) *et al.* **48 visões sobre a corrupção**. São Paulo: Quartier Latin, 2016.

__________. Ainda sobre as saúvas. *In*: BECHARA, Fábio Ramazzini (coord.) *et al.* **Corrupção**. São Paulo: Almedina, 2020.

ZUGAZA, Laura Alcaide. Corrupción: obstáculo al desarrollo económico. **Economía Exterior**, n. 31, p. 125-132, 2004.

ZULAUF, Urs. Fondi provenienti da corruzione e fondi di potentati. **Rivista Trimestrale di Diritto Penale dell'Economia**, v. 45, n. 3, p. 629-643, 2002.